초심상담사를 위한

아동 및 청소년 상담

CHILD AND ADOLESCENT COUNSELING

김영경 · 이헌주 · 류성준 공저

학지사

머리말

상담 전공생들을 교육할 때 자주 받는 질문 중에 하나가 "어느 연령대의 내담자가 상담하기가 쉬운가요?"이다. 질문을 받으면 되돌려 줘서 스스로 생각해 보게끔 하는데, 각자 저마다의 이유로 선호하는 연령대를 선택하여 설명을 할 때 아동 및 청소년을 선호하는 경우는 대체로 적당히 눈높이를 맞춰 놀아 주면 되기에 쉽다는 반응이다. 성인처럼 복잡한 문제가 있는 것도 아니고 오랫동안 묵은 주제도 없으며 상담사의 전문성을 평가할 정도의 능력을 갖추고 있지 않기 때문에 수월하다고 생각한다. 그래서 상담 같지 않다는 표현까지 사용하는 경우도 종종 있다. 과연 그럴까?

아동 및 청소년과 상담을 할 때 공감대를 형성하는 것은 쉽지 않다. 이들이 상담실에 오는 경우는 대체로 보호자라는 명목하에 성인의 권유로 비자발적 참여를 하기 때문에 침묵의 방식으로 또는 행동으로 자신의 불편한 감정을 표현하며 마음의 문을 열어 주지 않는다. 상담사는 그들이 접한 성인들과는 다른 사람임을 느끼게 하고 경험하게 하도록 진정성을 가지고 그들을 만나야 한다. 감정의 눈높이를 맞추면서 그들이 마음의 문을 열 때까지 그 문 앞에서 기다리는 인고의 시간이 필요하다. 아무것도 안 하고 있으면 방치하는 것이고, 그렇다고 무리하게 개입하면 마음의 문을 더 굳게 닫아 버리기에 그 수위를 조절하는 과정이 쉽지 않다. 더욱이 아동기와 청소년기는 변화가 많은 시기이고 계속 성장하는 과정 중에 있기 때문에 이들을 이해하고 분석하는 과정은 생각보다 복잡하다. 상담사가 경험한 시기라는 이유로 섣부른 판단이나 개입을 하는 것은 오히려 해가 되기도 한다. 그러면 어떻게 해야 할까?

저자들은 이 질문에 답하기 위해 이 책을 집필하였다. 아동 및 청소년을 올바르게 이해하고 상담하기 위해 필요한 기본적인 내용을 중심으로 이 책을 구성하였다. 또한 아동 및 청소년의 변화와 성장을 위해 문제보다는 문제를 예방하고 보호하기 위해 필요한 발달과제들을 중심으로 상담사가 꼭 기억해야 할 내용으로 구성하였다. 특히 상담 현장에서 아동 및 청소년 상담에 주로 많이 사용되는 이론을 중심으로 실제 사례를 어떻게 적용하고 상담설계하는지에 대해서도 제안하였다. 상담 현장에서 아동 및 청소년을 상담하면서 경험한 내용들을 중심으로 초심상담사가 상담 시 고려했으면 하는 내용도 포함하였다. 다만, 이러한 사항들은 저자들의 경험에 의한 것으로 하나의 참고용이지 정답은 아니다. 앞으로 더 공부하고 상담하면서 더 적절한 방안들을 찾게 되면 수정 · 보완될 수 있음을 양해해 주길 바란다.

이 책의 제3장, 제4장, 제7장, 제8장, 제11장, 제13장은 김영경이 집필하였고, 제1장, 제5장, 제6장, 제9장, 제14장, 제15장은 이헌주가 집필하였으며, 제2장, 제10장, 제12장은 류성준이 집필하였다. 이 책이 아동 및 청소년 상담을 진행하는 상담사들에게 실질적인 한 권의 안내서가 되길 바란다. 아동 및 청소년 상담도 전문성을 갖춘 상담사가 진행해야 할 전문 영역임을 강조하기 위해, 그리고 이러한 전문성을 갖추기 위해 계속 노력하는 상담사가 되길 바라는 마음에서 이 책에서는 상담자가 아니라 '상담사'로 칭하였다. 저자들뿐 아니라 이 책을 접하는 상담사들이 모두 한마음으로 상담사의 전문성을 갖추기 위해 지속적으로 노력하길 바라고, 상담 현장에서 꼭 필요한 상담사가 되길 바란다.

이 책에 사용된 사례들은 내담자와 부모의 동의하에 익명으로 사용하였지만, 내담자를 한 번 더 보호하기 위해 많은 부분을 각색하였음을 밝힌다. 유사한 상황의 대상자를 알고 있다고 해서 동일한 인물로 오해하지 않길 바란다. 무엇보다 초심상담사의 배움을 위해 사례 사용을 동의해 주신 분들께 감사의 마음을 전한다. 이 책을 통해 상담사로서 실력을 갖추어 유능한 상담사가 되는 것이 이들에게 보답하는 길이라 생각한다. 끝으로, 이 책이 출판될 수 있도록 함께해 주신 학지사 관계자들께 감사드린다.

2022년 9월
저자 일동

차례

제2부 아동 및 청소년 상담과정

제3부 아동 및 청소년 상담이론

제4부 발달과제와 상담

제5부 주제별 상담

제13장 중독문제 • 235

제14장 다문화상담 • 257

제15장 아동 및 청소년 상담에서의 가족상담 • 279

제1부

아동 및 청소년 상담의 이해

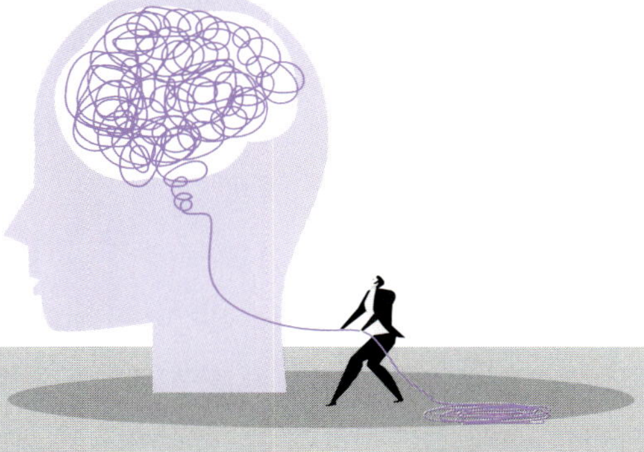

아동 및 청소년 상담은 크게 두 가지의 특징이 있는데, 첫 번째는 발달이다. '아동'과 '청소년'이라는 구분은 발달 단계에 따른 구분이며, 이는 신체적 · 심리적 발달을 포함한다. 두 번째는 발달과 연관되는 여러 특수한 과업이다. 따라서 제1부에서는 아동 및 청소년의 발달적 특성과 과제를 살펴보고 더 나아가 상담의 특성을 살펴보고자 한다. 아울러 아동 및 청소년은 부모에게 큰 영향을 받는 나이이기 때문에 부모역할에서 어떤 부분을 주의 깊게 살펴보아야 하는지를 다루고자 한다.

제1장

아동 및 청소년의 발달적 특성 및 과제

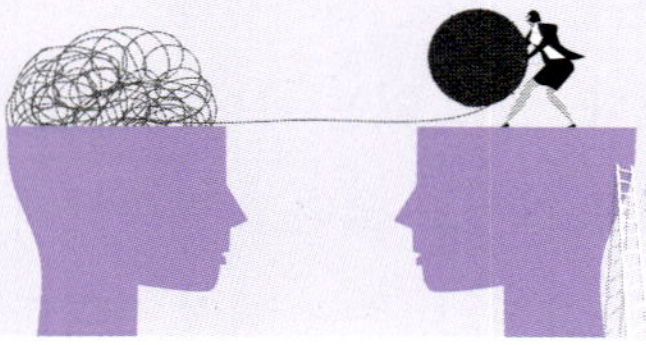

1. 아동 및 청소년의 발달적 특성

인간은 수정에서부터 사망에 이르기까지 신체적·심리적·사회문화적으로 변화를 겪는다. 특히 발달적 관점으로 살펴보면 신체적·심리적 특징이 양적으로 증대되기도 하고 정밀해지며 질적 변화가 나타나기도 하지만, 어느 경우엔 이러한 특징이 부정적으로 변화되고 노화되기도 한다.

생의 초기로 내려갈수록 인간은 다른 동물보다 상대적으로 급격한 변화를 맞이하는데, 그 이유는 인간이 좀 더 무력한 상태로 태어나기 때문이다. 돌고래는 태어날 때부터 헤엄을 치고 기린은 생후 몇 시간이면 일어나는 법을 배우며 얼룩말은 생후 약 45분이면 달릴 수 있다. 그러나 인간은 걸음마를 하기까지만 해도 약 1년이 걸린다. 이렇듯 유아는 철저히 부모에게 의존하나 시간이 지나면서 넘어짐을 반복하다가 직립보행을 하게 되며, 심지어 전속력으로 달릴 수도 있게 된다. 키나 몸무게, 근력, 뇌의 기능 등 1차 성징과 함께 현저한 성장을 이루고 한 동안 잠잠했다가 이후 2차 성징을 거치면서 신체발달은 폭발적으로 증가한다. 그러나 변화의 폭이 신체적 측면에만 국한되는 것은 아니다. 오히려 이와 더불어 아이는 심리적인 발달과업을 갖게 되는데, 언어 및 사회화 능력이 비약적으로 발달하는 동시에 사고·인지·정서·지적 능력 역시 정교화되며 관심사가 다양해지고 복잡다단한 행동 방식으로 이뤄지게 된다.

발달은 크게 다음의 특징으로 이루어져 있다.

첫째, 점성원리이다(Erikson, 1982). 모든 성장하는 존재는 하나의 발달에 기반을 두고 다른 발달을 이루게 된다. 그것은 일정한 순서와 방향성을 지니고 있으며, 이 때문에 발달을 예측할 수 있다. 기고 있는 아이가 걸음마를 시도할 때 부모는 이후 아이가 달릴 수 있는 잠재태를 가지고 있다고 예측하게 된다. 반대로 기고 있는 아이가 갑자기 뛰는 것은 불가능하다. 이는 신체적으로도 상부에서 하부로, 중심에서 말초 신경으로, 전체 운동에서 특수 운동으로, 미분화 운동에서 분화 운동으로 진행되며, 양적 팽창과 질적인 정교함이 하나의 발달에 기반을 두고 이뤄지고 이는 다른 발달을 위한 점성이 되며, 점차 이뤄진다는 것을 의미한다.

둘째, 유전과 환경의 상호작용이다. 발달에서 유전과 환경이 어느 정도의 지분을 가졌는지는 학자들 사이에서도 첨예한 논쟁거리다. 유전을 강조하는 입장은 사회생물학적 이론으로서 아동의 내재적 능력의 자연적 계발을 강조한다. Gesell(1946)은 타고난 유전적 요인에 따라 발달이 이뤄지며 발달의 속도 역시 유전적 기재의 차이에 있기 때문에 발달과정을 예측할 수 있다고 하였다. 하지만 Bowlby, Mahler, Erikson, Maslow, Kohlberg, Piaget와 같은 많은 학자는 유전적 요인과 환경이 상호작용하며 분화와 통합의 과정과 발달에 영향을 미치고 있음을 주창했다. 발달의 경향에서 아동일수록 유전적 요인에 더 영향을 받고 있어 발달을 좀 더 쉽게 예측할 수 있는 반면, 노인이 될수록 다양한 환경의 영향을 많이 받기 때문에 발달을 예측하기가 어렵다. 초기 발달심리학의 연구는 예측 경향성의 용이성 때문에 초기 발달에 더 많은 관심을 보였다.

셋째, 결정적 시기이다. 신체적·심리적으로 발달하는 과정에 결정적 시기가 있으며, 이 시기에 발달의 과업이 완수되지 못하면 이후 발달의 속도에 현저한 저해를 유발할 수 있다. 예를 들어, 인간에게 언어능력을 구사할 수 있는 잠재태가 있다고 하더라도 발현할 수 있는 일정한 나이까지 언어와 관련된 적절한 자극과 환경이 제공되지 않으면 해당 능력은 사장되고 발휘되기가 어렵다. 이를테면, Lenneberg(1967)는 언어발달이 비슷한 시기와 순서로 이뤄진다고 주장하는데, 생후

2~3개월엔 옹알이를, 첫 돌엔 한두 가지의 말을, 4~6세경에는 수천 개의 단어의 의미를 이해하고 문장으로 표현할 수 있다는 것이다. 실제로 1970년 미국 로스앤젤레스에서 발견된 지니(Genie)라는 소녀가 있었다. 소녀는 출생 후 13세까지 작은 방에 격리되어 죄수복을 입고 격리되어 있었다. 지니는 특히 언어적으로 자극을 받지 못했는데, 이후 구출된 이후 전문가에 의해 언어 교육을 배웠지만, 그녀의 언어 수준은 약 2세 정도에 머물러 있었다. 한편, 이 결정적 시기는 발달의 초반에 집중되어 있는데, 사실상 발달과업이 생후 초기에 이뤄지기 때문에 초기 발달의 저해는 이후 발달의 장애에 현저한 영향을 주며 발달의 결손은 이후 누적이 되어 전체 발달 자체를 저해할 수 있다.

넷째, 발달은 연속성을 지닌 채 전 생애에 걸쳐서 진행된다. 발달의 속도엔 개인차가 있으나 그런데도 발달은 연속성을 지니고 전 생애를 통해 이뤄진다. 신경생물학적 측면에 가까운 뇌 발달 역시 이전엔 생애 몇 년간 이뤄지는 것이 아니라 전 생애에 걸쳐서 변화가 일어난다(van der Kolk, 2014). 한편, 외상 후 스트레스 장애와 같은 장애에서도 환경적 요인에 의해 뇌의 구조적이고 기능적인 변화가 일어나고 있다는 연구가 있다(Geuze et al., 2008; Milad et al., 2005).

[그림1-1] **인간의 발달**

이를 종합하면, 인간의 발달과정은 하나의 단계에서 다음 단계로 이뤄지고, 유전과 환경의 다양한 상호작용으로 성장하며, 결정적 시기와 연속성을 지니고 있다는 것으로 종합할 수 있다. 특히 생애 초기일수록 발달의 속도가 훨씬 더 크고, 하나의 발달은 다른 발달의 기초가 되며, 어떤 특정한 시기에 발달이 잘못되면 이를 보충하는 것은 매우 어려우므로 초기에 더 많은 관심과 개입에 주안점을 둘 필요가 있다.

2. 아동 및 청소년의 발달이론

발달은 신체적 · 심리적 · 사회문화적 측면을 모두 가지고 있으나 이 책에서는 이 중 아동 및 청소년의 심리적 측면과 상담적 개입에 중요한 대표적인 인물인 Freud, Erikson, Piaget의 이론을 소개해 보려 한다.

1) 심리성적 발달단계

Freud는 오스트리아의 빈 출신으로 정신분석학의 창시자이며, 20세기 사상사에서 매우 중요한 인물로 지목되는 사람 중 한 명이다. 그는 인간의 정신은 다양한 에너지가 상호작용하는 힘의 체계를 가지고 있으며, 정신은 에너지를 방출하고 긴장을 완화하는 역할을 한다고 하였다. Freud는 이 에너지를 '추동(drive)'이라고 불렀으며, 이를 '리비도(libido)'라는 성적 추동이라고 지칭했다. 리비도는 흐르는 성질을 지니고 있어서 만약 하나의 수로가 어떤 이유에서든지 막히게 되면 당장엔 그것이 없는 것처럼 보이더라도 이후엔 막힌 만큼의 수로가 한꺼번에 쏟아질 수 있는데, 이것을 Freud는 억압에 의한 '신경증'의 증상이라고 불렀다. 즉, 인간의 내부에 내적 갈등이 존재하면서 불안 요소가 드러나고 이것이 증상으로 발현된다는 것이다. 한편, Freud가 그의 이론을 과학적인 접근으로 구축하려고 했음에도 여기에는 한계가 존재했다. 정신분석학의 핵이라 할 수 있는 추동 자체가 외부적 관찰이 불가하다는 것으로서, 정신분석학은 귀납법 원리를 취하면서도 실제 관찰 대상이 아닌 보이지 않는 추동에 대한 해석학적 접근의 토대에 기반을 두고 있었기 때문이다. Freud는 이 이론 중 심리성적 발달단계를 들여다보며 추동의 흐름이 어디로 향하는지를 살펴보고자 했다.

한편, 성격 구조는 세 가지의 심리적 구조로 되어 있는데, 이는 원초아(id), 자아

(ego), 초자아(super ego)가 그것이다. 첫째, 원초아(id)는 충동적이고 무의식적인 에너지의 저장소이며, 즉각적 만족을 추구하는 쾌락 원리(pleasure principle)를 추구한다. 둘째, 자아는 초자아와 자아를 중재하고 환경에 대한 현실적 적응을 담당하며 합리적 생각과 행동을 할 수 있도록 작동한다. 원초아가 쾌락을 일차적으로 추구했다면 자아는 쾌락을 지연시키고 행동을 통제하는 현실 원리(reality principle)를 추구하는데, 자아는 현실원리에 따라 불안과 갈등을 조절하며, 현실에 적응하는 힘을 길러 준다. 셋째, 초자아는 양심과 자아 이상(ego ideal)으로 이뤄져 있으며 이는 부모의 사회의 도덕 및 윤리 규범에 따라 발달하게 된다. 부모는 자녀가 어떤 행동을 잘했다면 이를 칭찬하고 잘못했을 때 처벌하는 등 훈육을 담당하는데, 이때 아이는 자신의 행동에 대한 부모의 다른 모습이 어떻게 다른지를 자각하기 시작하며 이를 통해 무엇이 옳은지 그른지를 인식하게 된다. 초자아는 아동에게 부모의 규범과 사회적 규칙을 형성하며 도덕 원리(moral principle)를 형성한다.

한편, 에너지 체계인 추동은 항상 흐르고 특정한 신체 부위나 성감대에 부착(fixation)되어 만족을 추구하는데, 발달과정에서 그 부위가 바뀌게 된다. 또한 원초아는 본능이자 타고난 에너지이기 때문에 생애 초기에 강력한 힘을 갖는다. 그러나 발달과정을 지니면서 양육 환경에서 형성되는 도덕과 양심의 성격적 요소인 초자아와 이 둘을 중재하며 의식적이고 현실적인 측면을 고려하는 자아가 그 균형을 찾으며 성격적 특징이 발전된다. 심리성적 발달은 크게 다섯 단계로 구분된다. 출생 직후부터 약 1세까지의 구강기, 1세에서 3세까지 형성되는 항문기, 3세에서 6세까지 형성되는 남근기, 6세에서 12세까지 구축되는 잠재기, 12세 이후부터의 성기기이다. 이를 자세히 살펴보면 다음과 같다.

(1) 구강기(oral stage): 출생 직후~1세

이 시기의 유아는 입과 입술을 통해 만족을 얻는다. 입으로 엄마의 젖을 빨며 최초로 쾌감을 느끼고 외부 대상과 관계를 맺기 시작한다. 특히 이 시기의 유아는 입을 통해 즉각적인 충족과 좌절을 경험하는데, 이 시기의 좌절 경험이 극심할 때 타인에 대한 불신, 고립감이 형성될 수 있다. 즉각적 만족을 추구하는 단계이기 때문에 섭식장애, 알코올 중독과 같은 중독적 경향으로도 발현될 수 있다.

(2) 항문기(anal stage): 1~3세

쾌락을 추구하는 신체 부위가 항문으로 옮겨지며 배변 활동을 통해 만족을 얻는 시기이다. 이 시기에 아동은 항문의 수축과 이완을 통해 긴장감과 배설감을 느끼는데, 이 시기의 아동은 좀 더 주변 환경에 관심을 가질 수 있기 때문에 이 활동과 더불어 양육자의 표정과 정서, 반응을 주시한다. 구강기가 철저한 의존기라면 항문기의 배변 활동은 특히 아이가 주체적으로 하는 활동이기 때문에 이러한 활동이 충분히 지지될 때 독립성이 발전될 수 있다. 하지만 이러한 배변 활동이 지나치게 통제될 때 아동은 깊은 불안과 수치심을 경험하며 항문 보유적 성격으로 발전되는데, 강박성, 완벽주의, 죄책감, 완고함, 인색한 성격이 그 예이다.

(3) 남근기(phallic stage): 3~6세

쾌락을 담당하는 신체 부위가 성기로 옮겨 가며 자신의 성기에 큰 관심을 갖게 되는 시기이다. 남자 아동일 경우 이성 부모에게 성적 욕구를 갖는 동시에 동성 부모에게는 경쟁심과 거세불안(castration anxiety)을 갖게 되며, 여자 아동일 경우 이성 부모에 대한 남근 선망을 갖고 동성 부모에게는 경쟁심, 질투, 시기심을 느낄 수 있다. 이 단계는 초자아가 본격적으로 형성되는 시기로서 심리성적 발달단계에서 주요한 위치를 점유하고 있다. 아동은 동성 부모에 대한 동일시를 통해 초자아를 내면화하며 원초아, 자아, 초자아 간의 균형이 역동적으로 형성되는데, 이것에 실패할 때 권위적 인물에게 지나치게 위축되고 복종된 형태를 띠거나 경쟁적인 성격 특징을 가질 수 있으며, 죄책감과 신경증이 나타날 수 있다.

(4) 잠재기(latency stage): 6~12세

남근기가 성기에 큰 관심을 가졌다면 잠재기는 새로운 학습, 학교, 운동, 취미 및 성적 관심의 다양화로 인해 뚜렷한 성적 경향성이 드러나지 않는다. 비교적 조용한 시기로 원초아, 자아, 초자아가 원만한 균형을 찾아가며, 사회화 과정이 일어나게 된다. 만약 이 시기에 좌절감이 생길 때, 소극적이고 회피적인 성격으로 발전될 수 있으며, 깊은 열등감이 나타날 수 있다.

(5) 성기기(genital stage): 12~18세

성기기는 청소년기와 중첩되며 2차 성징과 성인으로 발돋움하는 시기이다. 이 시기엔 오래전의 남근기 주제가 되살아나지만 이는 이성 부모가 아니라 이성에 대한 관심사로 확장된다. 더불어 친구, 진로, 학습, 등 다양한 영역에 대한 관심사가 늘어나며 자아정체성, 부모와의 분화 문제가 나타나기도 하는데, 이는 성인의 성격 형성을 구축하는 역할을 담당한다.

2) 심리사회적 발달단계

Erikson은 1902년 독일 프랑크푸르트에서 태어났으며, Anna Freud, Heinz Hartmann 등과 함께 정신분석학의 학파인 자아와 방어기제를 중시하는 자아 심리학자에 속한다. 그는 정신분석에 깊은 영향을 받은 인물이나 여기서 한발 더 나아가 인간을 생물학적인 충동뿐만 아니라 사회와 환경과 관계를 맺는 사회심리학적 존재로 정의한다. 심리적 요소는 내부에만 있는 것이 아니라 친구, 가족, 사회, 연인, 문화, 공동체적 배경과 끊임없는 상호작용을 한다는 것이다(Erikson, 1982). 이렇듯 Erikson(1963)은 사회적 맥락과 상호작용하는 자아의 기능을 중시했으며, 자아는 원초아와 초자아를 중재할 뿐 아니라 현실적인 어려움에 봉착했을 때 적극적으로 그 문제를 해결할 수 있는 기능을 하고 있다고 보았다. 또한 Freud가 발달이론을 구축할 때 18세까지에 집중한 반면, Erikson은 발달이 평생을 거쳐 이뤄진다고 주창하였다. 이는 총 8단계로 다음과 같다.

(1) 1단계: 신뢰 대 불신(trust vs. mistrust)

이 시기는 심리성적 발달단계의 구강기에 해당하는 시기로서 나이는 출생부터 약 1세 사이이다. 태어난 지 얼마 안 된 유아는 철저히 부모에게 의존적일 수밖에 없다. 따라서 유아에게 세상은 신뢰의 세계인지와 불신의 세계인지가 매우 중요해진다. 왜냐하면 그것은 삶과 죽음을 가름 짓게 하는 생존의 문제이기 때문이다. 특히 어머니의 존재는 이 신뢰의 핵을 차지하는데, 엄마의 신체적 · 심리적 보살핌과 사랑은 아이에게 환경에 대한 기본적인 신뢰감을 형성케 한다. 유아는 젖을 빨고 잠을 자며 배변을 한다. 이 모든 행위엔 돌봄의 주체가 있어야 하고 이는 생존에 필수적이다. 그러나 이는 타인으로부터 수행되어야 하기 때문에 이 시기의 아이에게 가장 중요한 주제는 신뢰이다. 만약 철저하게 의존하고 있는 환경이 신뢰할 만하지 못하다면 유아는 세상은 믿을 수 없는 곳이라는 불신감을 느끼게 된다(Erikson, 1963). 이 단계의 주제는 '희망'이며, 이는 대극적인 절망적인 고통을 견디게 하는 중요한 가치이다.

(2) 2단계: 자율성 대 수치심과 의심(autonomy vs. shame & doubt)

이 시기는 심리성적 발달단계의 항문기에 해당하는 시기로서 나이는 약 1세부터 3세 사이이다. 이 시기의 아동은 여전히 부모에게 의존하고 있지만, 자율성을 최초로 획득하게 된다. 괄약근을 수축하고 이완하는 것은 아이 스스로 할 수 있는 일이며, 이것은 생리적으로 아이에게 무엇인가를 스스로 할 수 있다는 것을 경험케 한다. 더 나아가 좀 더 세상을 멀리 탐색하고 도전해 볼 수 있는 힘을 얻기도 한다. 그러나 이러한 자율성이 사회적 마찰을 일으키거나 통제될 때 아동은 이를 거부하거나 떼를 쓰는 행동을 할 수 있다. 이 시기의 주제는 '의지'이다. 아동은 자신이 할 수 있는 범위를 탐색하고 이를 시도해 보며 자기 가치감을 높이게 된다. 그러나 적절한 자율성이 지나친 통제에 의해 발휘되지 못할 때 아이는 수치심과 의심을 느낄 수 있다.

(3) 3단계: 주도성 대 죄의식(initiative vs. guilt)

이 시기는 심리성적 발달단계의 남근기에 해당하는 시기로서 나이는 약 3세부터 6세 사이이다. 이 단계의 아동은 놀이, 활동, 모험 등을 통해 환경을 통제하고 주도권을 쥐려고 한다. 그러나 아동은 다양한 시도를 해 보며 세상이 그리 호락호락하지 않다는 것을 자각하기도 하고, 세상에 대한 두려움이나 죄책감으로 인해 도전을 주저하는 경향성을 띠기도 한다. 이 시기에 아동의 신체적 기능이 현저하게 상승하며 활동 영역이 비약적으로 증가한다. 아동은 놀이, 활동, 모험을 통해 좀 더 주도권을 발휘하여 어떤 목적을 갖고 그에 따라 활동을 하는 경향성을 띤다. 사용설명서를 보고 완성된 로봇을 생생하게 그린 뒤 이를 조립하는 과정 역시 그 예이다. 만약 아이가 가지고 있는 주도성을 부모가 통제하고 억압하게 되면 아이는 죄책감을 겪게 된다. 이 시기의 주제는 '목적'이며, 이는 자아에 대한 이상과 이에 대한 주도적 활동을 의미한다.

(4) 4단계: 근면성 대 열등감(industry vs. inferiority)

이 시기는 심리성적 발달단계의 잠재기에 해당하는 시기로서 나이는 약 6세부터 12세 사이이다. Freud는 이 시기를 특별한 활동이 드러나지 않는 잠복의 시기로 정의했으나, Erikson은 이 시기가 아동의 근면성을 기를 수 있는 결정적 시기라고 생각했다. 이 시기는 학령기로서 아동은 가족의 품을 넘어 학교에서 다양한 지식을 배우기 시작한다. 읽기, 쓰기, 말하기 등의 능력이 현저하게 향상되며, 만나는 사람의 숫자가 비약적으로 증가하며 사회화를 겪게 된다. 이때 규칙을 준수하고 또래와 협력적 작업을 하고, 학업 능력이 형성되는 과정을 통해 아동은 유능성을 획득할 수 있으나, 반대로 이러한 근면성을 적절히 발전시키지 못하면 아동은 또래와 자신을 비교하면서 열등감을 겪을 수 있다. 열등감은 자신이 무능력하다는 느낌을 갖게 되고 자기 비하나 동기 부족을 가질 수 있다. 이 시기의 주제는 '능력'이며, 이는 유능감과 무능력감이라는 두 가지 요소로 나타날 수 있다.

(5) 5단계: 정체감 대 혼돈(identity vs. role confusion)

이 시기는 Freud의 성기기에 해당하는 나이는 약 12세에서 18세 사이이다. Erikson은 특히 이 시기를 중요하게 생각하며 아동이 청소년기로 발달하며 자아정체감의 확립을 갖게 되는 시기로 보았다. 이 단계의 청소년은 "나는 누구인가?" "나는 무엇을 해야 하는가?" "나는 어떻게 살아야 하는가?"와 같은 개인적인 정체성, 사회에서의 정체성, 진로의 정체성 등을 고민하게 된다. 특히 이 시기는 2차 성징과 성적인 성숙이 눈에 띄게 관찰된다. 이 시기는 아동과 성인의 과도기인 동시에 과거와 미래의 자신을 대비하며 이를 적절히 통합하는 것이 중요하다. 물론 자아정체감은 평생 달성하고자 노력해야 할 필생의 과제이지만 특히 이 시기의 기본적인 정체감의 확립은 앞으로의 삶을 향한 기본 방향과 토대를 형성할 수 있는데, 이 시기가 실패되면 깊은 혼란에 빠지게 된다. 이 시기의 주요한 주제는 '충성'이며, 이는 또래와의 유대와 협력, 좀 더 넓은 사회에서의 공동체 망을 의미한다.

(6) 6단계: 친밀감 대 고립감(intimacy vs. isolation)

이 시기부터는 Freud의 심리성적 발달단계에는 부재한 개념으로서 전 생애에 걸친 발달단계를 주창한 Erikson의 주요한 공헌이 빛을 발휘하는 지점이라고 할 수 있다. 이전 단계 역시 심리사회적 단계로서 심리성적 단계에서 사회 및 환경과의 상호작용으로 한 단계 더 나아갔다면, 5단계부터는 Erikson의 독창적이고도 정교한 발달적 관점이 드러나며, 이는 이후 생애주기별 발달적 학문에 깊은 영향을 주었다. 이 시기는 성인 초기에 해당하며 나이는 약 20~40세 사이이다. 이 단계에서는 타인과의 친밀감이 중요하며, 타인에게 깊은 관심을 두게 되는 단계이다. 친밀감은 타인과 깊은 신뢰와 애정을 형성하며, 상호성을 발전시킨다. 앞의 5단계가 나의 정체성에 깊은 물음을 가지는 방향으로 발달이 구축되었다면, 이 시기는 나를 이해하고 타인과 관계를 맺을 수 있는 공감 능력과 수용적 자세가 매우 중요한 시기로 대두된다. 그러나 만약 이 시기에 적절한 관계성이 나타나지 않을 때 개인은 깊은 고립감과 외로움을 경험하고 위축감을 드러낼 수 있다. 특히 누군가와 관계한다는 것은 나의 정체성 확립과도 깊은 연관성을 지닌다. 스스로의 욕구와 기대를 명확히 알고, 그것을 누군가에게 표명하고 상호작용하는 것은 그만큼 자신과 타인의 욕구와 기대를 명확히 이해하고 수용할 수 있는 것이기 때문이다. 따라서 6단계인 친밀감과 고립감의 과업은 5단계의 자아정체감 확립을 토대로 타인과 교류할 수 있는 능력을 의미한다. 이 시기의 주제는 '사랑'이며, 누군가를 사랑하고 누군가에게 사랑받을 수 있는 것이 이 시기에 중요한 과정으로 드러나며 이를 통해 누군가와 적절히 교류할 수 있는 능력을 함양하게 된다.

(7) 7단계: 생산성 대 침체성(generativity vs. stagnation)

이 시기는 성인 중기, 즉 중년기에 해당되며, 나이는 약 40~65세 사이이다. 이 단계의 생산성의 과업은 자신을 위한 생산성에 국한되지 않고 자녀를 낳고 기르고 가정을 유지하며, 사회에 이바지하는 것과 깊은 연관성을 지닌다. 이때 개인은 처음으로 자신의 성장이 멈춘 것 같은, 자신의 삶이 정체되고 있다는 인식을 가질 수 있다. 그래서 이때 중년은 자신의 인생이 조금씩 하향하고 있다는 것을 경험하는 동시에 사회에 자신이 중요하게 생각하는 가치나 이상이 뿌리내리고 영향력을 갖기를 원한다. 그러나 이러한 욕구가 충족되지 않을 때 개인은 깊은 침체성을 느낄 수 있다.

중년기는 생물학적 생산성을 통해 자녀를 양육하고 직업적 생산성을 통해 다음 세대에게 직업적 역량을 전수하며, 문화적 생산성을 통해 사회와 문화에 이바지하려고 한다. 이 시기의 주제는 '배려'이며, 가정을 배려하고 다음 세대를 인도하고 사회의 여러 역할에 봉사한다.

(8) 8단계: 통합감 대 절망감(integrity vs. despair)

이 시기는 성인 후기, 즉 노년기에 해당되며, 65세 이상을 의미한다. 이때의 통합감은 자신의 전 생애를 되새기고 통합하며 삶에 대한 의미를 형성하는 것을 의미한다. 또한 이 시기에 개인은 죽음을 맞이하게 되는데, 이때 자신의 유한성을 기꺼이 받아들이고 인생의 종착지인 죽음을 받아들이게 된다. 반면에 자신의 삶이 무가치하고 무의미하다고 느낄 때 절망감에 빠질 수 있으며, 죽음은 다른 사람과 같이 경험할 수 있는 것이 아니라 철저히 홀로 경험하는 것이기에 깊은 고통을 가질 수 있다. 또한 신체적 기능뿐만 아니라 사회적 역할이 현저히 저하되며, 무력감과 인생무상이라는 비탄감에 빠질 수 있다. 이 시기에 통합감은 중요하나 결국 절망감을 피할 수는 없다. 절망감 속에서 의미와 가치를 통합해 나가는 시기라고 보는 것이 좀 더 적절하다. 이 시기의 주요한 주제는 '지혜'이며, 이 지혜는 나에 대한 통합적 이해, 삶에 대한 통찰과 직관을 통한 사회로의 기여를 의미한다.

3) 인지발달이론

정신분석학은 인간에 대한 무의식과 이를 통해 인간을 이해하려는 입장을 취한다. 이는 인간 이해에 대한 깊은 해석학적 관점을 형성하여 좀 더 전인적으로 인간을 바라볼 수 있도록 돕는 관점을 갖게 했으나, 사실상 이는 눈으로 관찰될 수 없으며 의식의 영역이 아니기 때문에 이를 어떻게 검증할 것인지에 대한 논란이 끊이지 않았다. 인지발달이론은 무의식이 아닌 의식적 사고를 중시하고 이것이 어떻게 행동으로 발현되는지에 많은 관심을 둔다. 이 중 Piaget의 인지발달이론을 통해 아동과 청소년의 인지발달이 어떻게 이뤄지는지를 살펴보자.

당시 심리학계는 무의식을 중시하는 정신분석학적 접근과 직접적으로 관찰 가능한 인간의 행동을 중시하는 행동주의적 접근이 주를 이루고 있었다. 특히 행동주

의적 입장은 자극(stimulus)과 반응(response)의 조작을 통해 변화된 행동을 구축할 수 있다고 보았는데, 고전적 조건형성과 조작적 조건형성이 그것이다. 이러한 자극과 반응은 다양한 조작에 의해 다르게 구성되므로 인간은 수동적 객체로 머물게 된다. 그러나 Piaget는 특정 자극과 반응은 강화와 근접성에 의해 새겨지고 뇌에 표상된다고 주창했다(Ginsburg, 1988). 요컨대, Piaget는 자극과 반응 사이에 있는 '인지'라는 영역을 대두시키며 인간이 주관적인 현실을 가지고 있으며, 그러므로 개인의 정서, 사고, 행동은 개인이 현실 세계를 어떻게 바라보느냐에 따라 첨예하게 달라진다고 보았다. 인지란 인간의 정신적 사고과정을 의미하는 개념으로 영아기에 급속도로 이뤄지는데, Piaget는 유기체가 다양한 환경과 상호작용하면서 변화하고 성장할 수 있다고 보았으며, 인지적 적응, 인지적 조직화, 인지적 평형화를 통해 학습하고 인지적 성장을 이룬다고 보았다(Piaget, 1999).

Piaget는 1896년에 스위스에서 태어났고, 21세에 뇌샤텔 대학교에서 자연과학으로 박사학위를 받았다. 그는 이후 생물학, 인식론, 심리학에 관심을 두었고, 정신분석학에 대해서도 흥미를 가졌다. 그는 자신의 세 자녀를 관찰하면서 인지발달에 대한 이론을 전개했는데, Ernst von Glasersfeld(1991)는 Piaget를 '구성주의 인식론의 위대한 선구자'라고 불렀다. Piaget는 아동의 인지발달이론에 가장 지대한 영향을 준 학자이며, 현재의 발달심리학 역사에서 중요하게 언급된다.

(1) Piaget 이론의 주요 개념

Piaget의 인지발달이론의 주요한 개념엔 도식(schema), 적응(adaption)이 있으며, 적응엔 동화(assimilation), 조절(accommodation), 평형(equilibration)이 있다. 먼저, 도식은 사물이나 사건에 대한 전체적인 틀을 의미한다(Piaget, 1999). 아동은 '보기(looking)' '뻗기(reaching)' '쥐기(grasping)' '빨기(sucking)'와 같은 대표적인 반사 반응을 하며, 이 외에도 눈 깜박임, 찾기 반사, 수영 반사, 모로반사, 파악반사, 목 강직반사, 걷기 반사, 바빈스키 반사 등 타고난 고유의 반사 기능이 있다. 그리고 이러한 어떤 자극을 받을 때, 특정한 반사 반응으로 대처하려고 드는데, 이는 자동적으로 형성된 도식이다. 이를테면, 영아가 자극물이 무엇이든 무엇을 빨려고 드는 것은

'빨기 도식'이다. 다음으로, 적응이란 주위 환경과의 상호작용을 통해 도식이 변화하는 과정으로서 '동화'와 '조절'로 나뉜다. 동화란 새로운 자극 사건이나 대상을 자신이 이미 가지고 있는 도식에 맞게 맞추는 인지적인 과정이라고 볼 수 있다. 앞서 예로 든 영아가 음식뿐만 아니라 엄마의 손도 가져가 빨기 시작한다면 그것이 동화라고 할 수 있다. 한편, 조절은 기존의 도식이 새로운 대상을 동화하는데 적합하지 않을 때 새로운 대상에 맞게 기존의 도식을 변경하게 되는 것을 의미한다. 예를 들어, 가재를 한 번도 보지 못한 아이가 가재를 보고 꽃게라고 할 때 이는 동화되기가 어렵다. 왜냐하면 알고 있는 꽃게와 비교해 외관이나 이동 방식이 너무나 다르기 때문이다. 그럴 때 부모가 이건 '가재야'라고 이야기한다면 '가재'라는 새로운 도식이 형성되는 것이다. 평형은 동화와 조절의 균형으로서 새롭게 정의된 도식과 이전의 도식이 서로 평형을 이루는 과정이다.

(2) 인지발달단계

Piaget(1999)는 인지발달에는 네 가지 단계가 있다고 했는데, 이는 감각운동기, 전조작기, 구체적 조작기, 형식적 조작기이다. 각 단계는 질적으로 다르며, 새로운 단계는 이전 단계와 별개가 아니라 서로 통합된다(Ginsburg, 1988).

첫째, 감각운동기(sensorimotor stage)는 출생 직후부터 약 2세까지 형성된다. 이 시기는 언어가 부재하고 조작할 수 있는 능력이 현저하게 떨어지기 때문에 사고보다는 반응이 강한 시기이다. 이 시기에 아동은 언어가 없으므로 사물이 무엇인지를 잘 알지 못한다. 따라서 환경과의 상호작용은 감각운동에 의존할 수밖에 없다. 감각운동기는 크게 여섯 단계로 나뉘는데 이는 다음과 같다. ① 출생부터 1개월까지의 반사활동 단계이며, 빨기 도식이 이 예이다. ② 1개월에서 4개월까지의 1차 순환반응 단계이며, 이 단계는 자기 내부의 만족 단계에 집중하는데, 공굴리기나 딸랑이를 흔드는 행위가 여기에 속한다. ③ 4개월에서 10개월까지의 2차 순환반응 단계이며, 자기 내부를 넘어 환경과 관계를 맺는 단계이다. ④ 10개월에서 12월까지의 2차 도식의 협응 단계이다. 이는 어떤 의도된 결과를 얻기 위해 원래는 분리된 도식을 협응하는 단계로서 목적을 성취하려는 의도된 행동을 수행하는 단계이다. 이를테면, 사탕을 사기 위해 엄마를 잡아끄는 행위가 이에 속한다. ⑤ 12개월에서 18개월까지의 3차 순환반응 단계로서 외부세계를 탐색하고 실험적 접근을 하는 단계이다.

북채로 북을 치다가 이후 연필로 쳤다가 이후 젓가락으로 쳐 보며 서로 다른 소리가 나는 것을 아는 경우가 이와 같다. ⑥ 18개월에서 24개월까지의 상징적 표상 단계로서 실제 눈앞에 대상이 존재하지 않는다고 하더라도 스스로 상징을 구축하여 그것에 대해 생각할 수 있는 능력이다. 이를 대상 영속성(object permaneuce)이라고 한다(이화도, 2021; Ginsburg, 1988; Piaget, 1999).

둘째, 전조작기(preoperational stage)는 약 2세에서 7세까지 형성된다. 이는 전 개념적 사고와 직관적 사고로 나뉘는데, 전 개념적 사고는 약 2세에서 4세까지 형성되며, 유사성에 기반하여 특정한 범주를 구성할 수 있는 능력을 의미한다. 그러나 해당 사고는 변환적 추론에 머물러 있는데, 이를테면 산타할아버지는 수염이 있으므로 수염이 있는 할아버지는 산타클로스라는 믿음을 갖는 경우가 여기에 속한다. 직관적 사고는 약 4세에서 7세까지로 직관적으로 문제를 해결하려는 경향을 의미한다(이화도, 2021; Ginsburg, 1988). 또한 대상이 가지고 있는 지각적 속성에 의해 대상의 성격을 판단하려고 하는데, 좁은 잔에 있는 주스를 넓은 그릇으로 옮겨 넣을 때 양이 적어질 것이라고 인지하는 것으로서 아직 비가역적 사고에 머물러 보존개념을 획득하지 못한 단계이다. 전조작기에는 자신의 관점과 타인의 관점을 적절히 구분하기 어려워하는 자아 중심성, 무생물에 생명을 부여하는 물활론, 모든 대상이 사람의 필요에 따라 만들어졌다고 믿는 인공론적 사고의 특징이 나타난다.

셋째, 구체적 조작기(concrete operational stage)는 약 7세에서 12세까지 형성된다. 이 시기는 논리적으로 사고할 수 있는 능력을 형성하나 이는 추상적 사고를 의미한다기보다는 관찰 가능한 사물이나 상황에 한정되어 있으므로 구체적 조작기라고 지칭한다. 또한 이 시기에 보존개념이 형성되는데, 보존개념이란 실체의 외형이 변하더라도 총량은 그대로 보존될 수 있다고 판단할 수 있는 능력이며, 범주화는 전체와 부분 간의 차이와 공통점, 상관성을 이해할 수 있는 능력이다. 서열화는 어떤 것이 길고 짧은지, 무거운지 가벼운지를 판단하여 이를 서열화할 수 있는 능력이다(이화도, 2021; Piaget, 1999).

넷째, 형식적 조작기(formal operational stage)는 약 12세에서 성인기까지 형성되며, 이 시기에는 추론적으로 사고와 가설적 상황을 다룰 수 있다. 형식적 조작기의 특징은 현재의 경험을 넘어 과거와 미래의 경험을 활용할 수 있는 특징이 있다. 즉, 구체적 조작기는 비교적 현재에 가치에 몰두하는 반면, 형식적 조작기는 과거, 현재, 미래의 시간의 스펙트럼이 좀 더 넓다는 특징이 있다(Piaget, 1999). 이러한 특징 때문에 진로나 가치, 이상 등을 상상하고 생각할 수 있고, 미래를 예측할 수 있다. 더 나아가 추상적인 미래에 대해 계획을 세우고 이에 대한 계획을 세울 수 있는 능력이 있다.

이 책에서는 지금까지 Freud의 심리성적 발달이론, Erikson의 심리사회 발달이론, Piaget의 인지발달이론을 다루었다. 그러나 이 밖에도 발달이 뇌의 성숙과 이에 대한 아동의 양육 환경 적응에서 조망한 정보처리이론, 숙련된 사회 구성원 및 사회화 과정에서 발달을 조망하는 사회문화이론 등이 있으며, 이러한 이론들은 아동과 청소년의 발달이 연속적인가 아니면 비연속적인가, 유전과 양육 중 어디에 초점을 두어야 하는가, 발달은 여러 경로로 진행되는가 아니면 하나의 경로로 진행되는가에 대한 첨예한 시각의 차이와 공통점을 가지며, 아동 발달에 대한 다양한 관점을 형성하고 있다.

3. 아동 및 청소년의 발달적 특징과 상담적 과제

1) 아동 및 청소년의 발달적 특징

인간은 잠시도 멈추지 않고 흐르는 강물처럼 시간의 흐름에 따라 변화한다. 여기엔 신체적 · 심리적 발달이 포함되는데, 인간은 태어난 뒤 시간의 흐름에 따라 기고 걷게 되며, 운동기능이 발달하고 여러 역할을 효과적으로 수행할 수 있다. 그러나 시간이 더욱 지나 노인이 되면 걷기조차 힘든 상태가 될 수 있으며, 이러한 성장과 쇠퇴는 발달이라는 긴 흐름의 횡단을 형성한다. 유아는 아주 작은 옹알이도 간신히 하기 시작하는 것처럼 보이지만 시간이 지나면서 상상할 수 없을 정도로 복잡한 어휘를 구사할 수 있다. 사고도 경험에서 형성되는 단편적 사고에서 복합적이고 보이지 않는 것을 상상할 수 있는 능력을 갖추게 된다. 이 책에서는 이러한 복합적인 발달적 특징 중 신체적 발달과 인지 및 언어발달, 정서 및 대인관계 능력으로 나눠서 살펴볼 것이다.

(1) 신체적 발달

인간은 여타 동물과 비교해 신체 성장 기간이 긴 편이다. 쥐는 수명의 2%, 침팬지는 수명의 16% 정도 동안 성장 과정이 일어나는 데 비해 인간은 전체 수명의 약 20%가 소요된다(Berk, 2008). 영아기인 출생 후 첫 1년 사이에 신체와 뇌가 급격히 이뤄지며, 출생 후 몇 개월간 매일 30g씩 체중이 늘며, 매월 2~3cm씩 키가 자라며, 골격, 근육, 중추신경계 등도 발전한다(정옥분, 2018). 출생 직후 영아의 뉴런은 서로 연결되어 있지 않으나 이 시기 뇌에서는 매초 200만 개의 새로운 뉴런이 연결되면서 시냅스가 형성되고, 생후 2년 정도가 되면 뉴런들이 복잡하게 얽히게 되며 100조 개가 넘는 시냅스를 지니게 된다. 한편, 이렇게 많은 시냅스는 이후 자극받지 않은 영역을 가지치기(synaptic pruning)하면서 약 40%가 아동기와 청소년기 동안 잘려나가 성인 수준의 시냅스에 다다른다(Berk, 2008). 평균적으로 영아의 신장은 1년 동안 1.5배, 체중은 3배 정도 증가하며 두 살 정도가 될 때의 키가 성인 키의 절반에 해당하고 체중은 출생 직후보다 약 4배 증가한다(정옥분, 2018).

발달은 영·유아기 동안 중심에서 신체 외부로 중신에서 말초 방향으로 진행되는데, 이에 따라 머리, 가슴, 몸통이 먼저 발달하고 그 이후 팔과 다리, 그 이후 손과 발이 발달하며 중심에서부터 시작하여 주변부로 확산되는 특징을 갖는다(Berk, 2008). 그러나 사춘기가 되면 성장은 이전과는 반대로 진행되는데, 먼저 손과 발이 성장하고 그 이후에 몸통이 성장한다. 태아의 골격은 처음에는 연골(cartilage)이라고 부르는 유연한 조직으로 이뤄져 있으나 임신 8주가 되면 성기가 형성되고 근육과 연골조직이 발달하기 시작한다. 한편, 이 무렵 얼굴의 입, 눈, 귀가 분화되고 팔과 다리, 손발이 형성된다. 내부기관 역시 신장, 췌장, 장, 간 등이 형성되며 신경 조직이 정교화되고 현저한 발달을 갖추게 된다(정옥분, 2018).

신체의 발달은 유전적 설계와 개인의 특수한 환경에 따라 차이가 있으며, 신체 성장은 비동시적이다. 영아기엔 급격한 성장을 하며, 유아기와 아동 중기엔 느리게 증가하며, 청소년기에 다시 급격한 성장을 한다(Berk, 2008). 한편, 이러한 신체의 발달은 적절한 영양소의 공급에 기인한다고 생각할 수 있으나 심리적 돌봄체계 역시 매우 중요하다. 정서적 박탈은 심리사회적 왜소증(psycho-social dwarfism)이나 비기질적 성장장애(nonorganic failure to thrive) 등의 장애로 이뤄질 수 있으며, 이는 인지적·정서적 어려움과 동시에 신체 발달에 심대한 장애를 갖게 한다(Berk, 2008).

7~12개월에 아이는 혼자서 기고 걷고 앉을 수 있으며, 손을 뻗고, 무엇인가를 잡을 때 정확성과 유연한 특성이 나타난다. 24개월 무렵이 되면 신체적 능력이 비약적으로 상승하며, 무엇인가를 잡고 기어오르기도 하고 달릴 수도 있다. 2~4세는 0~2세보다 신장과 체중 증가가 현저히 느려지며, 좀 더 균형적인 자세를 갖추며 북채나 장난감과 같은 여러 도구를 사용할 수 있다. 또한 4세 무렵이 되면 그림이나 색상을 이용한 놀이를 해내며, 걸음걸이나 달리기의 균형이 현저히 증가한다. 5~8세에 아동은 다리가 현저히 길어지고 신체가 날씬해지면서 성인과 비슷한 비율을 갖게 된다. 또한 신발 끈을 스스로 묶거나 옷을 스스로 입고 벗는 등 여러 도구를 효과적으로 활용할 수 있다. 또한 복잡한 그림을 혼자서 그릴 수 있고, 그림은 2차원이 아니라 3차원의 정보를 갖게 되기도 한다. 아동 중기인 9~12세에 꽤 복잡한 매듭이나 퍼즐을 풀어 내기도 하고 축구나 농구와 같은 복잡한 운동 경기에서 자신의 운동능력을 활용하고 규칙을 지키며 협동할 수 있는 능력을 갖추게 되고 누군가와 협동력을 발휘할 수 있게 된다. 한편, 여아는 11세경부터, 남아는 13세경부터 2차 성징이 시작된다. 여성의 경우 초경이 시작되고 체지방이 증가하고 가슴과 엉덩이가 커지기 시작

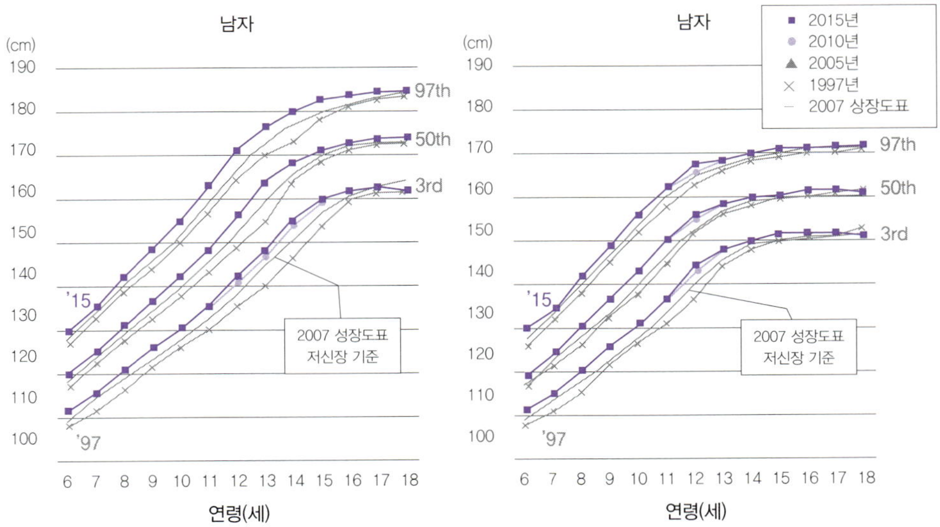

※분석자료원
1997년: 1997년 신체발육측정조사(보건복지부 질병관리본부)
2005년: 2005년 신체발육측정조사(보건복지부 질병관리본부)
2010년: 2010년 학교건강검사 표본조사(교육부)
2015년: 2015년 학교건강검사 표본조사(교육부)

[그림 1-2] 2017 소아청소년 성장도표

한다. 한편, 아동과 청소년은 1차 성징과 2차 성징이 진행되며 신중과 체중이 증가한다. 남성인 경우 성적 경향성이 눈에 띄게 증가하고 발기와 사정을 시작하기도 한다. 수염이 나고 목소리가 굵어지며, 근육량이 증가하고 대근육 운동 수행이 현저히 발달하며 체지방이 감소한다(강문희, 2007; 정옥분, 2018).

(2) 인지 및 언어 발달

아동은 신체적 · 생리적으로만 발달하는 것이 아니라 현저한 인지발달을 보이기 시작한다. 질적인 측면에서 아동은 청소년기를 거치며 추상적이고 연역적 사고를 하기 시작하며, 양적 측면에서 동일한 지적 과제를 효과적으로 성취한다(Ginsburg & Opper, 1988). 이를 세부적으로 살펴보면 다음과 같다.

출생 후 6개월 사이에 유아는 성인의 표정을 즉각적으로 모방하기 시작한다(정옥분, 2018). 또한 대상영속성과 관련된 개념을 습득하여 지금 부재한 물체가 어디에 사라졌을지 추론할 수 있다. 또한 간단한 수와 중력, 여러 물체가 가진 속성을 이해하기 시작하며, 유사한 자극을 범주화할 수 있고 다양한 환경에 대해 재인 기억이 증가한다. 언어적으로는 옹알이하기 시작하며, 일상적 소음과 언어의 차이를 구분하고 엄마의 목소리를 구별하여 반응하기 시작한다.

한편, 출생 후 7개월에서 24개월 사이에 유아는 사물, 사람, 환경에 대한 기억을 비약적으로 향상되며, 북을 치기 위해 북채를 가져오려고 방에 들어가거나 하는 목표 중심적 행동을 시작한다. 또한 사물의 속성과 범주에 대한 인식 능력이 발달하며, 인형을 돌보고 장난감으로 요리를 하는 모습을 보이는 등 부모 또는 성인의 행동을 모방하기 시작한다. 사물의 속성에 대해 깊은 관심을 두게 되고 주의력이 향상한다. 언어적으로는 첫 단어를 말하기 시작하며, 향후 발달과정에서 단어, 구, 절의 경계를 구분하고 두 단어를 조합하기 시작하며, 어휘력이 수백 개의 어휘로 증가하기 시작한다.

2세에서 4세 사이에 유아는 더욱 복잡한 성인의 행동을 모방하기 시작하고 엄마, 아빠, 아이가 한 집에 있다는 식의 놀이를 시작하며 타인과 이를 조합하여 이를 놀이로 진행할 수 있게 된다. 유아는 아직 자기중심적이지만 애착 대상이나 친숙한 대상에 대한 조망 수용 능력을 갖추게 된다. 또한 아픈 곰돌이를 위해 주사를 놓아 주는 등 여러 상징적 활동을 시작하며, 사진과 현실 자체의 차이와 이것이 무엇을 의미하는지를 점차 인식하게 된다. 간단한 수를 세거나 이해할 수 있고, 주의력과 재인 기억이 발달한다. 언어적으로는 여러 단어를 함께 사용하고 문법적 규칙을 적용하기 시작하며, 타인과 대화를 주고받을 수 있다. 조망 수용 능력이 발달함에 따라 타인에 맞게 자신의 어휘를 조정하여 쓰기도 한다.

5세에서 8세 사이에는 상식과 지식이 확장되고 더하기와 빼기와 같은 좀 더 복잡한 수식 계산을 할 수 있다. 또한 추론 능력이 형성되고 주의력이 좀 더 계획적 형태를 띠게 되며 좀 더 조직화된다. Piaget의 구체적 조작기에서 형성되는 보존개념, 유목화, 서열화를 효과적으로 형성할 수 있다. 언어적으로는 어휘 수가 10,000단어를 넘을 만큼 복잡한 어휘 구사 능력을 갖추게 되고, 음운론적 인식의 확장과 단어의 음소를 구분할 수 있게 된다. 전화나 화상 교육과 같은 여러 상황에서의 의사소통을 구사할 수 있게 되며, 좀 더 구체적으로 사물이나 환경, 대상에 대한 어휘를 선택하여 활용하기도 한다.

9세에서 12세 사이에는 추측과 기억, 비교 등을 구별하는 능력이 현저히 증가하며, 지식이 확장되고 조직화되기 시작되고 자기 규제력, 다양한 기억 전략을 갖게 된다. 여러 기억 전략을 함께 사용하기도 하며, 이야기 구술 능력과 추론 능력이 발달한다. 또한 행동에 영향을 주는 과제의 난이도, 내적 · 외적 동기 등을 구축할 수 있다. 언어적으로는 어휘 수가 40,000단어가 넘으며, 언어의 음절 강세의 형태를 구분하여 상용하기 시작한다. 상징, 은유, 예시, 단어의 이중적 의미, 단어마다 미묘한 의미 차이를 구분하기 시작하며 복잡한 문법 능력을 구사할 수 있다.

13세에서 18세 사이 Piaget의 구체적 조작기를 넘어 형식적 조작기의 과정에 진입하며 가설적 사고와 추론적 능력이 비약적으로 형성된다. 또한 자신의 정체성, 이상, 가치, 진로에 대한 인식이 점차 증대된다. 자아의식이 발전되며, 문제 해결을 위해 여러 경험적 준거와 이론 등을 조합하여 활용하며 의사 결정 능력이 향상된다. 언어적으로는 시, 문학, 속담의 숨은 상징과 뜻을 유추할 수 있으며, 복잡한 어휘를 다양한 상황에서 구사하며 성인과 비슷한 수준의 언어 능력을 갖추게 된다.

(3) 정서 및 대인관계 능력

출생 후 12개월 사이 유아는 엄마의 표정과 감정을 읽어내며 협응하여 함께 웃는데, 이러한 표현 능력은 향후 다양한 패턴으로 구축되기 시작하며 신체적인 구분과 주관적 자기에 대한 의식을 형성한다. 또한 양육자를 탐색하려는 패턴과 애착이 형성되며 12개월 무렵엔 낯선 이와 친숙한 이를 구분하여 분리불안이나 분노, 공포 등의 표현이 나타나기 시작한다. 13개월에서 24개월 사이의 주관적 자기 이후에 객관적 자기에 대한 조망 능력이 형성되어 거울에 비친 나와 지금의 자신, 휴대폰 사진에 있는 나와 지금의 나를 인지하기 시작한다. 또한 자신과 타인을 구분하여 타인의 정서적 신호와 자신의 정서적 신호가 다를 수 있음을 인식하기 시작한다. 한편, 또래와 여러 협응 놀이를 하기 시작하고, 정서적 표현을 위해 짧은 어휘를 사용하기 시작한다. 또한 주 양육자의 부재를 좀 더 잘 인내하고 자기 통제 또는 만족 지연을 할 수 있게 된다. 놀이 인형이나 로봇과 같은 것에 관심을 보이며 함께 정서적 대화를 시도하기도 한다.

2세에서 4세 사이에는 정서를 표현하고 정교화된 언어를 구사할 수 있게 되고, 또래 관계와 좀 더 복잡한 놀이 활동이 나타나는 동시에 도구적 공격성이 나타난다. 그러나 4세에 가까워질수록 도구적 공격성과 신체적 공격성은 감소하나 적대적·언어적·관계적 공격성은 증가한다. 또한 자아존중감이 좀 더 뚜렷하게 형성되기 시작하고, 자신에 대한 의식 능력의 증대와 자기에 대한 평가를 좀 더 명확하게 할 수 있다. 또한 이 시기에 아동은 정서를 어떻게 표출해야 하는지 배우기 시작하고 자신의 욕구나 기대, 타인에 대한 신뢰와 믿음을 조직화하기 시작한다.

5세에서 8세 사이에는 언어에 정서적 어휘를 적극적으로 활용하여 감정이입을 하기 시작하고, 타인의 감정 상태를 보고 읽으며 이를 해석하여 표현하기도 한다. 또래 관계와 좀 더 복잡한 상호작용과 우정에 기반을 둔 놀이를 시작하는데, 동성 친구와의 유대관계가 비약적으로 증가한다. 남자아이는 구슬치기를 하거나 여자아이는 인형 놀이를 하는 등, 젠더 역할과 정형화된 성 패턴이 나타나기 시작한다. 한편, 죄책감, 수치심, 열등감과 같은 좀 더 복잡한 감정을 이해하기 시작하고 도덕 기준과 규칙을 따르기 시작하며 다양한 측면에서의 자아존중감과 자아개념을 구축하기 시작한다. 사회성과 규칙에 기반을 둔 신체 놀이가 나타난다.

9세에서 12세 사이에는 학문적 능력, 또래관계, 부모와의 관계, 신체 놀이, 신체적 외모 등 다양한 변별로 이뤄진 자아존중감 개념이 형성되기 시작한다. 여러 성공 경험과 실패 경험 속에서 내부/외부 귀인 요인을 스스로 판단하기 시작하고 사회의 규칙, 관습과 개인의 욕망, 선택을 조율하기 시작한다. 남성과 여성에 대한 차이를 좀 더 명확하게 이해하는 동시에 좀 더 유연한 협응을 할 수 있다.

13세에서 18세 사이에는 자아정체성이 발달하며 자기주장이 강해지고, 심리적 독립 이슈가 가정 안에 제기되며 다양한 내부적이고 관계적인 갈등이 나타난다. 이 시기에 아이는 부모의 울타리에서 벗어나 또래 관계와 관계를 맺기 시작하고 이러한 관계성은 하나의 공동체로 확장된다. 또한 2차 성징과 맞물려 이성에 관한 관심이 증가하고 이상적 관계를 꿈꾸기도 한다. 또한 자아정체성이 성공적으로 달성될 때 성취를 맛보기도 하는 동시에 이러한 과정이 실패되면 깊은 무기력과 우울감에 빠지기도 하는 특징이 보인다. 또한 이러한 발달과정과 함께 나와 타인, 나와 세계, 나와 환경에 대한 조망 수용 능력이 비약적으로 상승하는 것이다.

2) 발달적 특징에 따른 상담사의 과제

아동 및 청소년과 상담할 때 발달적 측면을 고려할 필요가 있다. 아동 및 청소년은 신체적 · 심리적으로 비약적 성장을 갖는다. 또한 가족, 사회, 문화에 긴밀한 상호작용을 하며 발달과업을 완수한다. 발달적 특징에 따라 가져야 할 상담사의 과제는 크게 세 가지다.

첫째, 발달적 특징을 고려한 상담적 개입이다. 또한 9세, 14세는 5살 밖에 차이가 나지 않는다. 그러나 전자는 Freud의 심리성적 발달단계로는 잠재기이자 Erikson의 심리사회적 발달단계로는 근면성 대 열등감에 속하고, Piaget의 인지발달이론에 따르면 구체적 조작기에 속한다. 한편, 후자는 심리성적 발달단계로는 성기기, 심리사회적 발달단계로는 정체감 대 혼돈, 인지발달이론에 따르면 형식적 조작기에 속한다. 이는 양적 또는 질적으로 신체 · 사고 · 인지 · 정서 등의 차이가 현저하므로 상담사는 이러한 발달적 요소를 고려할 필요가 있다. 이를테면 구체적 조작기에 있는 아동에겐 관찰 가능하고 실제 손으로 만질 수 있는 다양한 도구를 매개하여 상담적 개입을 할 수 있으며, 형식적 조작기에 아동에겐 언어적 상담을 실시하면서 사고와 정서를 증진하며 상담적 개입을 진행할 수 있다. 이러한 이해는 아동의 정서를 있는 그대로 수용할 수 있는 깊은 이해를 갖게 하며, 발달적 과제에 맞는 상담적 개입을 할 수 있다.

둘째, 가족 자원의 구축이다. 아동 및 청소년은 가족에서 사회로 그 영역이 비약적으로 증가하지만 이러한 과정에서 가족의 지원은 발달적 과제에서 여전히 지대한 영향을 미친다. 아동일수록 이러한 영향력은 절대적인 힘을 갖기도 한다. 따라서 아동 및 청소년 상담사는 상담 시 부모 또는 가족 체계의 자원을 구축할 필요가 있다. 이를테면 학업만 강요하는 부모에게 억눌려 회피적 방식을 취하며 불안을 호소하는 아동이 있다면, 아동의 불안을 적절히 경감할 수 있는 상담적 개입을 취하는 동시에 이 근저에 있는 부모상담, 가족상담 등 지원체계망을 좀 더 확장하여 개입할 수 있다.

셋째, 사회지원체계의 구축이다. 아동 및 청소년은 성장이 가파르게 이뤄지며, 해야 할 과업도 비약적으로 상승하는 동시에 여러 어려움에 취약한 상태이다. 이를테면 학업에 대한 압박, 또래로부터의 소외감, 성 문제, 가정 및 학교 폭력 문제, 가족 해체, 경제적 문제로 인한 빈곤 등이 그것이다. 특히 아동 및 청소년은 상담사를 미리 선별하고 능동적으로 찾아서 상담실에 내방하기가 쉽지 않으며 상담의 필요성을 인식하지 못할 수 있다. 그러므로 상담사는 지자체, 학교, 정부, 다양한 봉사단체, 상담 전문 기고나 등 다양한 사회지원체계를 구축하여 상담에 대한 동기를 고취하고 연계망을 두텁게 할 필요가 있다. 또한 이 시기엔 사회성, 자아정체감, 근면성, 자기효능감, 자존감, 내적 동기, 진로 및 학업 등 다양한 과업이 있으므로 상담의 방식 역시 진로상담, 개인 상담, 집단 상담, 가족상담, 부모 아이 상담 등 다양한 형태의 상담을 구축하여 돌봄의 망을 좀 더 체계적으로 구축할 필요가 있다.

● 학습문제 ●

1. Freud의 심리성적 발달단계 5단계의 특징을 토대로 자신의 발달단계는 어떻게 이뤄졌을지 상상해 보고 이러한 발달단계가 얼마나 적절한지에 대해 비평적으로 고찰해 보자.
2. Erikson의 심리사회적 8단계 중에서 자신의 발달단계와 과업을 스스로 점검해 보자. 더 나아가 자신의 내담자는 어떤 발달단계에 위치해 있는지 탐색하고 이러한 발달적 과제를 어떻게 상담에서 다룰 수 있을지 생각해 보자.
3. Piaget의 인지발달의 네 가지 단계를 토대로 실제 각 단계에 있는 아동에게 상담을 진행한다면 어떤 요소를 고려하면 좋을지 한번 생각해 보자.

제2장

아동 및 청소년 상담의 특성

1. 아동 및 청소년 상담의 특성

아동 및 청소년 상담은 성인상담과 본질적으로 공통적 요소를 지니면서도 다른 특징적 모습을 보인다. 상담사와 내담자가 서로 간의 존중을 바탕으로 내담자의 심리적 성숙을 돕는 과정인 점은 성인상담과 마찬가지로 아동 및 청소년 상담에서도 가장 중요한 요소이다(정문자, 제경숙, 이혜란, 신숙재, 박진아, 2016). 이와 같이 상담의 목표와 방향성은 공통적인 면을 지니고 있지만, 이에 도달하는 과정에서 일반상담과 아동 및 청소년 상담의 중요한 차이점이 존재한다. 아동 및 청소년 상담은 내담자의 성별, 연령, 가족, 학교, 친구 등의 환경적인 요소에 대한 개입이 필수적이다. 제1장에서 언급한 아동 및 청소년의 발달적 특성과 과제에서 이러한 환경적인 면이 미치는 영향이 성인상담에 비해 매우 크기 때문이다. 그러므로 상담 시 접수면접에서의 기본 정보와 교사 및 부모(가족) 관계를 파악하고 이들과 협력관계를 유지하여 상담에 임하는 것이 내담자의 주 호소 문제에 접근하는 데 효과적이라 할 수 있다. 성인상담과 차별된 아동 및 청소년 상담의 공통적 특성은 다음과 같다.

첫째, 상담 시 고려해야 할 대상이 내담자뿐 아니라 내담자와 밀접하게 관련된 주

변인을 포함한다. 아동과 청소년은 모두 부모, 가족, 이웃, 또래 등의 영향을 많이 받는 특성을 지니고 있기 때문에 내담자를 둘러싼 주변 환경 및 주요 관계에 대한 적절한 개입이 필수적이다. 특히, 부모와 상담사 간의 관계 형성은 매우 중요하다. 접수상담 때 아동면접을 통한 아동의 어려움뿐만 아니라 부모의 호소와 요구를 파악하고 반응함으로써 불안감을 완화하고 상담을 신뢰할 수 있도록 하는 것이 상담 효과성 측면에서도 중요한 부분이다. 상담과정에서도 부모에게 필요한 정보를 제공하고 내담자가 상담목표에 도달할 수 있도록 협력관계를 형성한다. 다만, 중요한 것은 상담과정에서 부모의 목표에 치중하는 것이 아니라, 철저히 아동을 위한 목표에 다가갈 수 있도록 상담을 설계해야 한다. 그리고 부모와의 협력과정에서 부모에게 상담에 관한 정보를 제공 시 내담자와의 신뢰를 위해 반드시 내담자에게 동의를 구하고 부모에게 정보를 전달해야 한다. 하지만 아동의 안전이나 법적인 문제에서는 예외도 존재하는데, 이는 앞으로 다룰 '아동 및 청소년 상담사의 태도와 윤리'에서 살펴보고자 한다.

둘째, 아동 및 청소년의 상담은 비자발적 특성, 즉 상담동기에 대한 고려가 필수적이다. 아동과 청소년은 본인이 자발적으로 상담을 요청하기보다 부모, 교사 등의 권유에 의해 상담을 시작하는 경우가 많다. 이 때문에 상담을 권유받은 아동 및 청소년은 성인들이 자신을 문제아로 인식한다고 생각하고 상담을 변화에 대한 강요로 받아들일 가능성이 있다. 이 점이 내담자를 수동적이게 하고 상담에서 저항을 불러일으킬 수 있다. 특히, 청소년의 경우에는 상담사를 자신을 가르치고 평가하며 벌을 주는 '어른'으로 인식하거나 상담사를 부모나 교사의 요구사항을 관철시키는 대리인으로서 생각하는 경향성이 나타난다. 이러한 비자발적 특성 때문에 상담사는 내담자의 저항을 수용하고, 상담에 대한 정확한 인식, 비밀보장 등 상담 자체의 거부감을 완화하기 위해 노력해야 한다. 또한 탐색을 목적으로 지나친 질문은 오히려 내담자로 하여금 불안과 방어를 가져오게 되므로 좀 더 조심스러운 접근이 필요하다. 무엇보다 상담동기를 활성화하기 위해 상담관계 형성에 역점을 두어야 한다.

셋째, 아동 및 청소년 상담은 다양한 방법이나 기법을 사용하여 개입한다. 아동의 경우 발달수준에 따라 이성적이고 논리적으로 사고하는 데 한계가 있을 수 있고, 언어를 통해 개입하는 것이 어려울 수 있다. 따라서 소통을 위해 놀이, 미술, 게임, 음악, 독서 등을 활용하는 것이 효과적이다. 청소년상담에서도 내담자의 상황에 따라 다른 접근을 시도할 필요가 있다. 이를테면, 같은 또래의 역동을 이끌어 내기 위한 집단상담이나 아동과 마찬가지로 상담에 동기를 최대한 끌어내기 위한 놀이, 게임을 활용한 상담 등이 효과적일 수 있다. 이렇게 아동 및 청소년 상담에서 다양한 방법 및 기법, 즉 매체를 활용하는 것은 내담자와의 상담관계를 촉진하고, 내담자의 정서를 안전하게 표현하도록 도울 수 있다. 또한 자신의 문제를 스스로가 재구성할 수 있도록 하는 기능이 있고, 자신의 문제를 스스로 적절하게 대처방법을 고안해 내도록 하는 순기능이 있다(김춘경 외, 2021; 정순례 외, 2020; 최영희 외, 2016).

넷째, 아동 및 청소년 상담은 예방적 측면의 개입이 필요하다. 아동의 경우 학대, 방임 등 가정, 보육시설의 환경적 요인이 문제를 일으킬 수 있으며, 또한 발달과정상의 문제로 인해 한 영역의 문제가 다른 영역의 문제로 파생될 수 있다. 예를 들어, 언어발달의 문제를 안고 있는 아동이 사회성에 어려움을 가져올 수 있고, 또한 학습에 어려움을 겪는 문제로도 파생될 수 있다. 따라서 이러한 아동의 문제를 예방적 차원에서 통합적 접근이 필요한데, 상담사뿐 아니라 다양한 집단의 전문가, 즉 소아청소년과(소아정신과) 의사, 교사, 사회복지사 등의 협력적 도움이 효과적이다. 청소년의 경우에도 학교폭력, 자살, 학대, 성적 문제 등 심리적 위기뿐 아니라 사회경제적으로 위기에 처한 청소년이 존재하기에 상담현장에서 이를 예방하기 위한 노력이 크게 요구되는 특성을 지니고 있다(정순례 외 2020; 최영희 외, 2016).

2. 아동 및 청소년 상담사의 자질

앞서 살펴본 대로 아동 및 청소년 상담은 일반 성인상담과 다른 독특한 특성을 지니고 있다. 따라서 아동 및 청소년 상담사는 일반적이고 보편적으로 지녀야 할 상담사로서의 인간적 자질과 전문적 자질 외에도 아동 및 청소년 상담사로서의 전문적 자질 또한 필수적으로 요구된다. 이 절에서는 상담사로서의 필수적인 자질을 간단히 살펴보고, 이와 관련된 아동 및 청소년 상담사에게 특별히 요구되는 자질을 살펴보고자 한다.

1) 인간적 자질

Brammer(1988)는 상담사가 갖추어야 할 인간적 자질을 제시하였는데, 이를 간략히 살펴보면 다음과 같다.

• 자기인식
상담사는 자신의 욕구, 감정을 인식하고 이를 잘 처리할 수 있는 능력이 요구되며, 또한 자신의 가치관에 대한 자각이 필요하다. 이러한 자질을 자기인식이라 하는데, 이것이 상담현장에서 내담자에게 미치는 영향을 상담사는 자각하고 있어야 한다.

• 사람에 대한 관심
상담사는 인간에 대한 관심과 사람의 긍정적 변화에 대한 관심이 있어야 한다. 상담사 자신과 살아온 환경과 가치관, 생각이 다른 내담자를 진심으로 존중하고 문제를 해결하려는 열정이 특별히 필요하다.

• 내담자의 모델
상담사는 상담과정에서 내담자에게 삶의 모델이 된다는 것을 염두에 두고 상담사 자신의 삶에서 만족스러운 삶을 영위해야 한다.

• 인간관계의 능력
상담사는 대인관계에서 편안하게 관계를 맺고 담화를 이끌어가는 능력이 요구된다. 유머의 사용, 상대방 감정을 인식하는 능력, 감수성 등이 이에 해당한다.

Brammer의 상담사의 인간적 자질을 살펴보았는데, 이와 같은 인간적 자질에 기초하여, 아동 및 청소년 상담사가 갖춰야 할 인간적 자질은 다음과 같다.

(1) 아동 및 청소년 상담에 대한 사명의식

이형득(1999)은 청소년 상담사가 지녀야 할 최우선적 요건은 상담 직분에 대한 사명의식이라고 말했다. 이와 같이 아동・청소년 상담사는 아동과 청소년에게 실질적 도움을 주며 사랑하는 마음으로 내담자를 맞이하는 특수한 전문직이라는 사명감이 필요하다. 아동 및 청소년 상담에 관심을 가지고 이것이 자기의 천직이라고 여기며 사명을 가져야 오랜 기간 아동 및 청소년 상담사로서의 수련을 통해 전문적인 역량을 갖출 수 있다(정순례, 양미진, 손재환, 2020).

(2) 아동 및 청소년에 대한 바람직한 관점

상담사는 아동과 청소년에 대한 개인적인 편견에서 벗어나 바람직한 관점을 가지는 것은 매우 중요하다. 아동과 청소년을 상담하며 상담사가 겪는 오류 중 하나는 내담자를 성인의 기준에 바람직한 '착한' 대상으로 변화 시키고자 하는 것이다. 대상관계 이론가인 Winnicott(1971)은 아동이 순결하고 정직해야 한다는 이상주의적 견해는 아동이 자기 감정과 욕구를 스스로 살피기 이전에 착한 척하고, 어른의 평가에 맞추게 되는 '거짓 자기'를 생겨나게 한다고 얘기했다. 아동의 정서와 욕구를 아동의 관점에서 바라보는 능력이 매우 중요하다. 청소년을 바라보는 관점에서도 청소년을 '비행' '문제' 등의 부정적 관점을 지니게 될 경우가 많은데, 이럴 때 청소년을 대상으로 하는 상담에 대한 접근이 '통제' '교육' 등에 국한되는 우를 범할 수 있다. 따라서 아동 및 청소년에 대한 관점을 교육과 통제의 대상으로서의 관점이 아닌 자신의 욕구와 감정을 인식하고 건강하게 표현하는 대상으로서의 관점이 필요하다.

(3) 아동 및 청소년과의 관계형성 능력

Pledge(2004)는 아동 및 청소년을 상담사가 상담하려면 자신의 '내면아이'와 접촉해야 한다고 말했다. 이것은 상담사가 자신의 아동기, 청소년기 기억들과 현재의 발달단계에 대한 지식을 통합시키는 노력을 말하며, 상담사의 내면에 있는 어린아이의 기질을 아동 · 청소년 내담자와 관계를 형성하는 데 이끌어 내는 것을 말한다. 아동 및 청소년 상담사는 무엇보다 이들과의 만남을 좋아하며 이들과 원활히 상호작용하는 능력이 필요한데, 이것은 앞서 언급한 것처럼 자신의 '내면아이'와 접촉하는 것뿐만 아니라 원활한 의사소통을 위해 현재의 아동과 청소년이 가지는 가치관, 관심, 흥미, 행동패턴을 이해하며 습득해야 한다. 이렇듯 성인인 상담사는 아동 및 청소년 내담자의 눈높이에서 반응하며 경청하여, 그들의 세계로 들어가는 능력이 매우 중요하다(정순례, 양미진, 손재환, 2020).

2) 전문적 자질

인간적 자질과 더불어, 상담사는 전문적 자질도 갖추어야 한다. 일반 상담사가 갖추어야 할 전문적 자질, 즉 내담자의 문제에 대해 이론적으로 설명하고, 이것을 개념화하는 능력이 필요하다. 그리고 이것을 구조화하여, 상담현장에서 적절히 효과적인 상담전략과 기술을 사용하는 능력이 필수적이다. 이러한 일반 상담사의 전문적 자질에 더해 아동 및 청소년 상담사는 추가적인 전문적 자질이 요구된다. 그것은 인간발달에 대한 깊은 이해, 아동과 청소년이 주로 겪는 주제별 이해 및 접근방법, 매체를 활용한 상담의 유능성, 그리고 가족상담 역량 등이다.

(1) 인간발달 단계의 이해

아동 및 청소년 상담사는 인간의 발달에 관한 단계의 특성을 이해하고 있어야 하며, 관련하여 변화하는 지식의 습득을 위해 부단히 노력해야 한다. 아동과 청소년의 자녀를 둔 부모들이 가장 고민하고 혼란스러워하는 것 중 하나는 우리 아이가 현재 하고 있는 행동이 정상행동인지 이상행동인지 궁금해하고 불안해한다는 것이다. Macfarlane 등(1954)의 연구에서는 부모들이 자녀가 문제행동이라고 인식하는 것 가운데 상당수가 해당 연령층에서 정상 범주에 들어가는 것으로 나타났다. 이렇듯 아동 및 청소년 상담사는 연령과 발달단계에 해당하는 정상 범위의 행동과 사고 그리고 정상 범주에서 벗어난 행동이나 사고에 대한 지식을 지니고 있어야 한다. 또한 발달적인 관점에서 특정한 시기에 맞는 행동과 사고를 할 것으로 생각하기 쉽지만, 이 또한 개인마다 차이가 존재한다. Neubauer(1996)는 발달상태는 비슷한 연령대의 아동 · 청소년과 비교했을 때와 더불어 각 개인 내에서도 영역별로 차이가 나타날 수 있다고 했다. 이것은 개인 내에서도 신체적 · 정서적 · 인지적 · 사회적 측면에서 발달속도가 다르다는 의미이다. 이렇듯 아동 및 청소년 상담사는 일반적인 인간발달의 특성을 이해하고 있는 것과 더불어 같은 연령 내 그리고 개인 내에서도 차이가 존재한다는 것을 염두에 두고, 폭넓은 발달심리학의 이론과 최신 연구들을 습득하고 적용하고자 하는 노력이 필요하다.

(2) 특정한 주제에 관한 상담 이론 및 기법의 이해

아동 및 청소년 상담은 일반상담에서 다루어지는 주제뿐 아니라 다양한 주제의 상담이 진행되고 있다. 또래관계, 가족관계, 진로, 중독, 다문화, 비행, 스마트폰 과의존, 학습 등 특정한 시기에 다루어지는 주제들이 다양하다. 아동 및 청소년 상담사는 이러한 주제들을 상담하기 위해 다양한 접근과 기법을 적용할 수 있어야 한다. 이를 위해 관련 이론을 습득하는 것뿐 아니라 세월이 흐름에 따라 현재 부각되는 주제들에 대해 기민하게 대처하고 섭렵해야 한다. 시대가 변화함에 따라 이 시기에 문제가 되는 주제들이 시시때때로 빠르게 변화하기 때문이다. 이에 대처하기 위해 최근 사례에 대한 사례발표회의 참여, 최근 연구에 대한 습득, 슈퍼비전 등이 필요하다. 특정한 주제별 상담은 제5장에서 자세히 다루고 있다.

(3) 가족상담 역량

필자가 대학원 '아동 · 청소년 상담' 수업 때 담당교수가 수업 중 했던 말이 생각난다. "아동 및 청소년 상담은 가족상담이다."라고 말하며 아동 및 청소년 상담에 가족상담이 필수적임을 강조했다. '가족상담이 필요하다'가 아니라 여기서 더 나아가 필연적으로 아동 및 청소년 상담은 '가족' 특히 '부모'라는 변인을 제외할 수 없다. 실제 미국 내에서의 가족상담의 대부분은 청소년 문제와 연관이 되어 있다는 보고도 존재한다. 이렇듯 아동과 청소년의 문제는 상당 부분 부모, 가족들과의 의사소통 문제에서 발생한다. 따라서 아동 및 청소년 상담과정에서 가족상담 회기를 적절히 삽입하여, 상담의 효과를 극대화하는 노력이 필요하다. 그렇기에 아동 및 청소년 상담사는 가족상담을 할 수 있는 역량을 지녀야 한다. 제3장에서는 아동 · 청소년에게 부모역할의 중요성을 중점적으로 살펴보고자 한다.

● 학습문제 ●

1. 일반상담과 다른 아동 및 청소년 상담의 특징을 설명해 보자.
2. 상담사로서의 인간적 자질과 아동 및 청소년 상담사의 인간적 자질을 생각해 보고, 자신이 앞으로 무엇을 준비해야 할지 생각해 보자.
3. 아동 및 청소년 상담사로서 갖추어야 할 전문적 자질에 대해 생각해 보고, 자신이 앞으로 무엇을 준비해야 할지 생각해 보자.

제3장

부모역할의 중요성

1. 부모역할

아동 및 청소년 상담 시 부모역할을 중요하게 여기는 것은 자녀들이 부모의 영향을 받고 있어서 부모가 문제의 근원지이기도 하지만 회복의 기반이 되기 때문이다. 그러나 부모가 문제의 근원지라고 해서 모든 문제 상황을 부모 탓으로 하는 것은 무모하고, 회복의 기반이라고 해서 모든 상황을 부모에게 의존하는 것 또한 건강한 개입이라고 보기 어렵다. 아동 및 청소년은 미성년자이므로 상담 시작과 종결이 부모에 의해 결정되는 경우가 많은데, 부모가 자녀의 문제 상황을 어떻게 인식하고 있는지에 따라 차이가 발생한다. 상담이 효과적 · 효율적으로 진행되기 위해서는 부모와의 협력관계가 중요하고 이를 위해 부모상담은 필수라 하겠다. 그만큼 부모가 자녀에게 미치는 영향이 크기 때문인데 이런 의미에서 부모역할에 대한 이해는 중요하다.

부모역할은 부모라는 지위를 가진 사람에게 주어진 권리와 의무로 문화에 따라 차이가 있으나, LeVine(1988)은 부모역할의 공통적인 목표를 세 가지로 설명하고 있다. 첫째, 자녀가 성장하기까지 건강을 유지하게 하는 생존의 목표가 부모역할의 일차적 목표이다. 둘째, 자녀가 경제적으로 자립할 수 있도록 교육하는 경제적 목표이다. 셋째, 자아실현의 목표로 자녀가 가치를 추구하도록 양육하는 것이다. 그러나 이러한 목표를 이루기 위해 실천한다는 것이 말처럼 쉽지 않다. 현실적으로 자녀가 성장하도록 건강을 유지시키고 자립할 수 있도록 교육하는 것도 쉽지 않은데, 자아실현을 이루지 못한 부모가 자녀의 자아실현을 이룰 수 있도록 부모의 역할을 한다는 것은 더 어려운 일이다. 부모가 자녀의 자아실현 목표를 달성하지 못하더라도 이를 지향하며 나아가야 함을 강조하는 목적은 궁극적으로 부모의 역할이 자녀의 자아실현 성취에 영향을 미칠 수 있을 만큼 중요하기 때문이다.

부모는 부모역할을 수행하기 위해 여러 유형의 양육태도를 취하게 되는데, 부모의 양육태도가 자녀에게 미치는 영향은 생각보다 다양하고 크다. 청소년의 경우, 부모의 양육태도 중 애정적 · 성취적 양육태도가 스트레스를 대처하는 데 영향을 미치는 것으로 나타났다(조복순, 안상근, 2017). 특히, 부모애착은 청소년에게 자신에 대한 긍정적인 개념을 형성하게 하고, 스트레스에 대해 적응적으로 대처할 수 있게 하는 주요한 요인 중 하나이다(홍세희 외, 2018). 또한 아버지의 정서적 · 인지적 공감, 어머니의 정서적 공감이 청소년의 문제해결 능력에 영향을 미친다는 보고도 있다(강규리, 2014). 즉, 아버지가 자녀의 상황에 대해 잘 알아차리고 이해하고 수용할수록 청소년의 문제해결 능력이 높아지고, 부모가 자녀 정서에 관심을 가지고 정서적 공감을 할수록 문제해결 능력이 높아짐을 의미한다. 부모의 공감은 청소년이 자신의 감정을 신뢰하고 감정 관리와 조절을 가능하게 하여 또래관계에서도 안정적일 뿐 아니라 문제를 해결하는 방법을 터득할 수 있도록 도움을 준다(이승은, 남은영, 2011; Hooven, Katz, & Gattman, 1994). 특히 어머니의 공감은 청소년 자녀의 자아강도와 관련이 높고, 아버지의 공감은 사회적 능력과 관련이 높은 것으로 보고되었다(Balse, 1980).

부모의 양육태도가 자아탄력성에 영향을 미친다는 연구들도 있다(강고운, 2015; 김경수, 김화경, 2011; 이다경, 2015; 정소희, 김진숙, 2017; 정원, 2019; Garmezy, 1993). Garmezy(1993)는 부모가 자녀와 적극적으로 대화하고 애정적인 양육태도를 보일 때 자녀의 자아탄력성이 증가한다고 하였다. 정소희와 김진숙(2017)이 청소년 대상으로 진행한 연구에서 부모의 양육행동 중 부모 애정요인이 자아탄력성과 가장 관계가 깊은 요인으로 나타났다. 부모의 무관심이나 방임은 자녀의 자아탄력성을 낮추는 요인으로 작용하지만, 이러한 현상은 중학생보다 초등학생이 더 크게 영향을 받는 것으로 나타났다.

부모의 양육태도는 자녀의 학교생활 적응에도 영향을 미친다. 정원(2019)이 청소년 대상으로 진행한 연구에서 부모의 양육태도가 긍정적이고 자아탄력성이 높을수록 학교생활 적응이 높은 것으로 나타났다. 즉, 부모의 일관된 양육태도가 자녀에게 안정감을 줘서 자아탄력성을 높이고 학교생활 적응에도 영향을 미친다고 볼 수 있다. 부모의 양육태도는 청소년의 자아탄력성이나 학교생활 적응뿐 아니라 대학생활 적응에까지 영향을 미치고 있다. Kenny와 Donaldson(1991)은 부모와의 관계가 대학생활 적응에 영향을 미친다고 보았으며, 양혜선(2004)의 연구에서도 안정 애착 유형이 대학생활을 더 잘하는 것으로 나타났다.

부모의 양육태도가 청소년의 스트레스 대처, 문제해결 능력, 자아개념 및 자아탄력성 형성에도 영향을 줄 뿐 아니라 학교생활 적응 등 다양한 면에서 자녀의 건강한 성장에 영향을 미치는 주요한 보호요인 중 하나인 것으로 확인된다. 그러나 부모의 부적절한 양육방식은 자녀에게 부정적인 영향을 미친다는 연구도 있다. 부모의 학대가 청소년의 자살생각에 영향을 미치는 높은 위험요인이라는 연구가 있고(홍세희, 정송, 노언경, 2016), 특히 가정폭력은 청소년의 부정적 자아정체성 형성에 영향을 미치는 등(류은주, 2019) 부모의 부적절한 역할은 자녀에게 치명적인 영향을 미치는 것으로 나타났다.

2. 아버지 역할 및 어머니 역할

자녀들의 건강한 성장을 위해서는 부모의 역할이 중요함을 잘 알고 있다. 이때 부모라 함은 아버지와 어머니를 의미하는데, Freud와 Bowlby는 일반적으로 자녀 양육에 있어서 어머니의 역할을 강조하였다. 신체발달에 있어서 어머니는 모유수유를 통해 영양 공급뿐 아니라 신체 접촉을 통한 정서발달 측면에까지 영향을 주고 있다. 특히 정서발달에 있어서는 태내에서부터 영향을 미치기 때문에 어머니의 정서 상태는 중요하다. 어머니와 형성된 애착관계는 전 생애에 걸쳐 사회성발달에도 영향을 미치는데, 이에 대한 근거를 Bowlby(1969)의 내적 작동 모델(internal working model)에 두고 있다.

자녀 양육에 있어서 어머니의 역할과 아버지 역할을 명확하게 구분하는 학자들도 있다. Parsons와 Bales(1955)는 아버지 역할을 생계유지를 위한 '도구적 역할(instrumental role)'로, 어머니 역할을 정서적 욕구를 충족시키는 '표현적 역할(expressive role)'로 구분한다. Winch(1971)는 아버지의 역할을 '통제적 역할'로, 어머니의 역할을 '양육적 역할'로 구분한다. 어머니의 역할은 임신과 출산에서부터 양육에 이르기까지 중요한 양육자로서의 역할 비중이 크게 자리 잡고 있으나 이로 인해 여성이 죄의식에 사로잡히게 된다는 비판을 받고 있다. Mead(1968)는 아버지의 존재를 '생물학적으로는 필연적이지만, 사회화 과정에서는 우발적인 인물'로 묘사한다. 이는 양육에 있어서 어머니에 비해 아버지의 역할이 미비하고 어머니의 역할에 있어서 보조 역할 정도로 위치하고 있는 듯하다. 국내 연구에서도 최경순(1992)은 아버지의 양육 참여를 가사 참여, 여가활동, 학습지도, 생활지도로 범주화하였고, 이영환(2008)은 일상적인 양육, 상호작용, 훈육 및 양육, 외출 함께하기, 정서적 지지, 시간이나 에너지 제공의 활동으로 정의하였다. 그러나 사회변화로 인해 아버지의 역할이 단순한 생물학적 기여자나 경제적인 책임만 제공하는 존재가 아니라 어머니 못지않게 자녀의 건강한 발달과 양육을 위해 중요한 역할 담당자임이 인식되고 있다.

아버지 역할이 중요하게 부각되면서 부모의 양육태도와 관련된 연구에서도 변화가 나타났다. 부모나 어머니뿐 아니라 아버지의 양육에 초점을 둔 연구들이 진행되고 있다. 아버지의 자녀 양육이 적극적이고 양육 참여 수준이 높을수록 자녀에게 긍정적인 영향을 미치는 것으로 나타났다(강고운, 2015; 안수미, 2013; Amato & Gilbreth, 1999; Garmezy,1993; Krampe & Newton, 2006; Lamb et al., 1985; Liu, 2006). Liu(2006)는 아버지와 자녀가 긍정적인 애착관계를 유지할수록 자녀의 대인관계, 사회성, 갈등해결 능력이 향상된다고 보고하였다. 윤경자와 임주영(2014)의 연구에서는 아버지의 자녀 삶에 관여 정도가 낮을수록 자녀에게 부정적인 영향을 미치는 것으로 나타났다. 강고운(2015)이 청소년 대상으로 진행한 연구결과에서는 아버지의 양육 참여가 적극적일 때 자녀의 자아탄력성이 더 높게 나타났다. 이는 아버지의 양육 참여는 어머니의 보조적인 역할 이상이라는 의미이다.

이처럼 부모역할에 변화가 일어나고 있는데, 정옥분(2017)은 부모역할의 변화에 영향을 미치는 요인으로 세 가지를 제시하고 있다. 첫째, 핵가족화이다. 가족형태의 변화는 자녀양육에 아버지의 참여를 촉진하는 역할을 하였다. 핵가족화는 역할모델이 부모 외에는 존재하기 어렵기 때문에 부모가 제 역할을 감당하지 못할 때 문제가 발생할 수 있다. 뿐만 아니라 가정에서 자녀와의 관계에서도 자녀중심의 수평적 관계로 변화하면서 기존의 권위적 양육방식은 부모-자녀의 갈등을 야기할 수 있다. 둘째, 여성의 사회참여이다. 핵가족화 상황에서 여성의 사회참여는 자녀를 돌봄에 있어서 아버지의 참여를 유발한다. 셋째, 결혼의 불안정성이다. 이혼 증가로 인해 한부모가족이나 새 가족이 증가하고 있다.

시대적 변화와 함께 아버지가 '아동발달의 숨은 공로자'로 자녀양육의 중심인물로 간주되고 있다(Lamb, 2004). Lamb(2004)이 제시한 아버지 역할의 네 가지 기능은 도덕적 안내자(the moral teacher), 가족부양자(the breadwinner), 성역할 모델(the sex role model), 양육적인 보호자(nurturance caretaker)이다. 아버지는 자녀의 성역할발달에 영향을 미치는데, 부모를 통해 자신의 성뿐 아니라 이성에 대한 이해와 학습을 통해 전통적인 성역할에 얽매이지 않고 융통성 있는 발달이 가능하다. 아버지도 사회성발달에 영향을 미치는데, 놀이를 통해 상호작용을 학습하게 되어 관계형성을 경험하게 된다(Hamner & Turner, 1996). 물론 어머니도 자녀와 놀이를 하지만 차이가 있다. 아버지는 신체적인 놀이가 주가 되지만 어머니는 정적인 놀이를 하는 경향이 있다. 그러나 이러한 구분도 별 의미가 없는데, 아버지가 양육에 적극적으로 참여하면서 자녀가 원하는 놀이를 제공하는 형태로의 변화가 발생했기 때문이다. 아버지역할과 어머니 역할로 부모의 역할을 구분 짓기보다는 자녀양육에 함께 참여하고 특히 아버지의 역할이 경제적인 부양자나 성역할 모델로서의 부차적 역할이기보다 주 양육자로서 적극적으로 참여하도록 함이 필요하다.

3. 부모역할이론

개인의 정서발달과 밀접한 관련이 있는 부모역할을 애착이론과 사회학습이론으로 살펴보고자 한다. 애착이론에서는 부모-자녀관계를 중요시하는데, 특히 정서규제(emotion regulation)는 부모가 보여 주는 양육의 질에 따라 부모와의 상호작용을 통해 형성되며, 정서와 행동을 조절하는 방법을 배우게 된다. 부모와의 안정적 애착 경험이 아동기 또래관계뿐 아니라 성인이 되어서까지 대인관계에 영향을 미친다고 본다. 미네소타 종단연구(Erickson, Sroufe, & Egeland, 1985)에 따르면, 안정애착 유아 중 부모의 적절한 지도가 없는 경우 아동기에 문제행동을 보였고, 불안정애착 유아라 할지라도 이후에 부모가 적절한 보살핌을 제공할 때 적응을 보다 잘하는 것으로 나타났다. 즉, 자녀들의 정서발달을 위해서는 부모역할이 중요하다.

정서발달에 있어서 부모의 역할이 중요하듯이 정서교육도 부모-자녀의 상호작용에서 시작되기 때문에 부모의 역할이 중요하다. 정서교육은 부모가 자녀 스스로 자신의 정서를 인식하도록 함께하고, 그 감정에 대한 존중을 통해 시작된다. 정서발달에서 애착관계가 중요하듯이 정서교육 또한 부모-자녀의 애착관계가 중요하다. 발달 초기에 부모와 안정애착을 형성한 경우 자신을 가치 있는 존재로 인식하고 어려운 상황에서도 자신을 보호할 대상이 있음을 알고 대처하는 등 안정적인 행동을 보인다. 이렇게 정서교육을 통한 자녀의 정서적 반응에 대한 부모의 강화는 자녀의 정서발달을 더 단단하게 할 수 있다.

사회학습이론에서도 부모의 역할을 중요하게 여긴다. 사회학습이론에서는 부모의 정서적 행동을 아동이 관찰을 통해 모델링한다고 본다. 특정 상황에서 부모가 보여 주는 정서 반응을 자녀가 모방하고 대처방법을 학습하게 된다. 특히 부모가 만드는 가정 내에서의 정서적 분위기가 자녀에게 영향을 미치기 때문에 사회학습이론에서도 자녀들의 정서발달에 있어서 부모역할을 중요하게 여기고 있음을 알 수 있다.

한 연구(Eisenberg, Fabes, & Losoya, 1997)에 따르면, 스트레스 상황에서 자녀의 정서 표현에 대한 부모의 격려는 대처능력을 향상시키는 것으로 나타났다. 자녀가 자신의 감정을 표현할 수 있도록 부모가 격려하고 수용해 줄 때 자녀는 자신의 감정을 인식하고 존중하며 적절한 조절과 대처가 가능하다(이지선, 정옥분, 2002). 또한, 부모가 부정적인 감정을 건강하게 표현하고 대처하는 모습을 보여 줄 때 자녀도 이를 모방하고 학습하게 된다. 그러나 부모는 긍정적인 정서에는 관대하나 부정적인 정서 표현에 대해서는 수용하지 않고 민감하게 반응하는 경향이 있다. 또한 부정적 감정을 표현하는 것은 미성숙한 것이고 자신의 약점을 드러내는 것으로 약해 보일 수 있기 때문에 최대한 감춰야 하는 감정으로 교육하는 경우가 종종 있다. 이처럼 부모가 부정적 감정에 대해 무시하거나 수용하지 않고 억제하게 함으로 인해 자녀들은 오히려 혼란스러워한다. 자녀의 부정적인 감정을 무시하여 억압하게 만들기보다는 먼저, 부정적 감정을 공감하고, 자녀가 스스로 어떻게 인식하고 이해하며 대처해야 하는지에 대해 함께 방안을 모색하는 과정이 필요하다.

4. 발달단계별 부모역할 및 부모유형

1) 발달단계별 부모역할

발달단계별 부모역할에 대해 살펴보면 다음과 같다(정옥분, 정순화, 2020).

첫째, 태내기 부모역할은 임신에 대한 긍정적인 자세로 임신 자체를 긍정적으로 인정하고 수용하는 태도이다. 임신으로 인해 우울증을 경험하는 경우가 있는데 이는 태아에게도 영향을 미치지만 출산 후에도 임신에 대한 부정적인 생각이 자녀에게 알려질 경우 자신의 존재성 자체가 부인된 것으로 큰 상처를 안고 살아가는 경우가 종종 있다. 이를 예방하기 위해서는 배우자의 역할이 중요한데 임신 중인 아내에 대한 적극적인 정서적 지지를 통해 아버지의 역할을 수행한다. 특히 분만 과정에 참여할 경우 자녀 양육에도 적극적으로 참여한다는 연구결과(Parke, 1996)를 볼 때, 태내기부터 아버지의 역할이 있음을 알고 수행할 필요가 있다.

둘째, 영아기 부모역할을 수행하기 위해서는 부모역할에 적응이 선행되어야 한다. 자녀 출산으로 인한 결혼생활의 변화가 스트레스 요인으로 작용하게 되고, 양육기술의 미숙과 막중한 가사노동으로 인해 부부 대화가 감소하는 등 적응에 어려움이 발생할 수 있다. 이때 배우자의 협조가 필요하고 아버지 역할이 중요하다. 부모가 서로 협력하에 양육자의 역할을 수행하면서 영아의 다양한 감각이 발달할 수 있도록 자극을 할 뿐 아니라 영아기의 주요 발달과제인 신뢰감과 자율감이 발달할 수 있도록 영아의 욕구에 반응하고 충족시키면서 역할을 수행한다.

셋째, 유아기의 부모역할은 보호자와 훈육자의 역할이 중요하다. 유아의 발달에 자극이 되는 것을 안전하고 자유롭게 탐색할 수 있도록 제공하면서 안전을 유지해야 하고 식사습관이나 배변훈련과 같은 필요한 습관을 습득할 수 있도록 훈련하는 역할이 필요하다. 뿐만 아니라 다양한 학습 기회와 지적 자극을 제공하여 사회적 기술을 습득하고 언어적 상호작용을 활성화시키도록 한다.

넷째, 아동기 부모역할은 성취감을 경험할 수 있도록 적절한 수준의 과제를 제공하여 근면성을 발달시킨다. 또한 또래와의 상호작용을 통해 좀 더 넓은 사회로의 관계 확장과 학교생활 지도 등 새로운 사회적 관계형성 경험을 학습할 수 있도록 한다. 좀 더 넓은 사회에서의 경험에 대한 불안과 두려움으로 문제행동이 나타날 수 있는데 이때 부모의 역할이 중요하다. 문제행동을 교정하기에 급급하기보다 아동의 상황을 파악하고 이해하여 적절히 대처할 수 있는 방안을 함께 모색하는 과정이 필요하다.

다섯째, 청소년기 부모역할에서는 부모-자녀관계를 점검하고 수정 · 보완이 필요한 시점이다. 갈등이 발생할 경우 부모의 권위에 대한 도전으로 인식하고 지나치게 통제하고 비난하는 태도를 보일 때 청소년은 자신의 동굴로 들어가서 대화를 차단하게 된다. 그 어느 때보다 더 자녀에 대해 경청하고 공감적 자세가 필요하며 대화를 통한 조율이 필요하다.

2) 부모유형

부모유형에 대해서 Baumrind(2012)는 애정과 통제라는 두 차원을 중심으로 분류하였고([그림 3-1] 참조), 청소년 상담원(1996)에서는 자애로움과 엄격함이라는 두 차원으로 부모유형을 설명하고 있다([그림 3-2] 참조).

먼저, Baumrind의 분류에 따르면, 첫째, '권위 있는 부모(authoritative parents)'로 애정과 통제가 모두 높은 유형이다. 자녀에게 애정적 반응을 보이면서도 자녀의 훈육에 있어서도 논리적 설명을 통해 성숙한 행동을 요구하는 부모이다. 이런 부모에게 양육된 자녀는 책임감뿐 아니라 자신감과 사회성이 높다. 둘째, '권위주의적 부모(authoritarian parents)'는 애정은 낮고 통제는 높은 유형이다. 엄격한 통제와 규칙을 강요하지만 논리적 설명을 하지 않는 부모이다. 대체로 이들의 자녀는 사회성이 부족하고 복종적이거나 반항적 성격을 보이며 비효율적인 대인관계를 맺는다. 셋째, '허용적 부모(indulgent parents)'는 애정은 높고 통제는 낮은 부모유형이다. 애정적 반응을 보이지만 자녀에 대해 통제가 없고 훈육에 있어서 일관적이지 못하다. 이 경우 자녀는 자신감이 있고 적응을 잘하는 편이나 규율을 무시하고 통제력이 부족하다. 넷째, 애정과 통제가 모두 낮은 '무관심한 부모(neglectful parents)'유형이다. 애정도 없고 엄격하지도 않으면 말 그대로 무관심하기 때문에 자녀는 자기통제력이 부족하여 문제행동을 많이 보인다.

다음으로, 청소년상담원(1996)에서는 자애로움과 엄격함이라는 두 차원을 중심으로 '자애롭기만 한 부모' '엄격하기만 한 부모' '엄격하면서 자애로운 부모' '엄격하지도 자애롭지도 못한 부모' 등 네 가지 유형으로 설명하고 있다. 이 중에서 가장 바람직한 유형은 '엄격하면서 자애로운 부모'로 자녀에게 적절한 좌절 경험을 통해 자기 훈련의 기회를 제공한다. 또한, 자녀의 장단점을 모두 수용하면서 자녀의 잠재력을 인정하고 자녀의 장점을 발견하여 키워 주는 부모이다. 이들의 자녀들은 자신감 있고, 사리분별력이 있으며 원만한 인간관계를 유지하는 것으로 나타났다.

		애정	
		고	저
통제	고	권위 있는 부모	권위주의적 부모
	저	허용적 부모	무관심한 부모

[그림 3-1] Baumrind(2012)의 부모유형

		자애로움	
		고	저
엄격	고	엄격하면서 자애로운 부모	엄격하기만 한 부모
	저	자애롭기만 한 부모	엄격하지도 자애롭지도 못한 부모

[그림 3-2] 청소년상담원(1996)의 부모유형

부모유형을 통해서 알 수 있듯이, 부모는 애정이나 자애로움과 같이 자녀를 사랑으로 양육해야 할 뿐 아니라 통제나 엄격함을 통해 자녀에게 필요한 규칙을 알려 주고 익히도록 해야 한다. 다만, 이러한 두 차원을 어떻게 균형 있게 사용해서 건강한 부모-자녀관계를 유지하느냐가 관건이다.

건강하고 바람직한 부모-자녀관계를 위해 부모가 중요하게 고려해야 할 사항은 다음과 같다(김유숙, 2012). 첫째, 정서적 유대를 중요시해야 한다. 정서적 유대는 정서적으로 긴밀하게 연결되는 과정으로 부모-자녀관계에서도 이러한 정서적 유대감이 형성될 때, 즉 부모의 애정이 기반이 될 때 자녀가 건강하게 성장하게 된다. 둘째, 훈육을 위해 필요한 권위를 건강하게 사용할 수 있어야 한다. 자녀가 사회생활을 할 수 있도록 가정에서의 교육이 이루어져야 하는데 이때 부모의 적절한 권위가 필요하다. 자유와 책임에 대해 생각하고 학습할 수 있도록 훈련해야 한다. 이때 부모가 일관된 자세로 통제를 하되 자녀의 이야기를 경청하고 스스로 선택과 책임을 지는 경험을 할 수 있도록 훈육한다. 셋째, 자녀와 상호작용할 수 있어야 한다. 상호작용이 어느 한쪽만의 시도로 형성되지 않기 때문에 부모-자녀의 상호작용을 위해 서로 노력해야 한다. 부모라는 이유로 자녀를 마음대로 할 수 없고, 자녀도 부모에게 무조건적으로 순종하지 않는다. 상호작용을 위해서는 연결 통로가 필요하고 이를 위해서는 상호 간의 노력이 중요하다. 넷째, 자녀를 한 걸음 뒤에서 지켜봐 줄 수 있어야 한다. 즉, 자녀의 생각을 존중하고 믿어 주는 부모이다. 먼저 경험했다는 이유로, 자녀를 위한다는 목적으로 앞서갈 때 오히려 부모-자녀관계는 어려워진다. 믿고 지켜봐 줄 때 자녀는 부모의 믿음에 힘입어 자신감을 가지고 세상으로 나아가게 된다.

지금까지 언급한 내용을 토대로 저자는 건강한 부모를 위해 구속-울타리 모델([그림 3-3] 참조)을 제안한다. 부모와 안정 애착 관계를 형성하고 있는 영유아는 부모를 안전기지(security base)로 경험하기 때문에 낯선 상황에서 주저하지 않고 새로운 환경으로 탐색해 나간다(Ainsworth, 1982). 모험의 세계에서 위기에 직면했을 때, 영유아는 안전기지를 바라보며 도움을 요청하게 된다. 이때 주 양육자인 부모가 아이를 품어 주며 안전기지 역할을 수행할 때 자녀는 안정감을 느끼고, 다시 탐색을 위해 도전하며 나아갈 수 있는 힘을 얻어 자신의 활동 영역을 넓혀 나가게 된다. 그러나 자녀의 안전을 위한다는 명목으로 자녀의 탐색 영역을 제한하고 통제할 때 자녀의 도전은 부모가 만들어 놓은 그 영역 이상을 넘기가 어렵다. 이는 부모의 조급함과 불안에 기인한 것으로 자기점검이 우선적으로 필요하다. 자녀가 안전하게 도전할 수 있도록 울타리를 만들어 주는 것은 필요하나 거기에 줄로 묶어서 부모가 만들어 놓은 울타리 반경에서만 머물게 하는 것은 울타리이기보다는 구속이다. 자녀는 부모가 생각하는 것보다 더 많은 잠재능력을 가지고 있기 때문에 스스로 울타리의 영역을 넘나들면서 넓혀 나갈 수 있도록 해야 한다. 그러나 부모의 불안이 높을

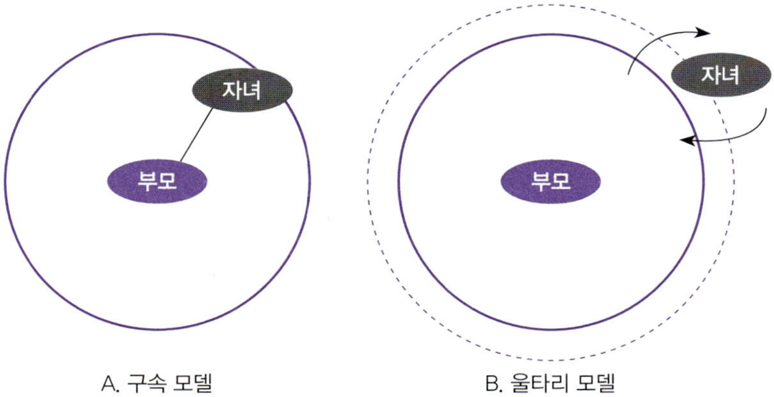

[그림 3-3] 양육방식의 구속-울타리 모델

수록 이러한 울타리의 크기는 작고 심지어 줄까지 묶어서 구속하는 경향이 나타날 수 있다. 부모는 자녀가 스스로 선택하여 도전하고 탐색한 뒤에 돌아와 쉴 수 있고 재충전할 수 있는 안전기지와 같은 든든한 울타리가 되어 준다면 자녀는 좀 더 안전하게 세상을 향해 도전할 수 있을 것이다.

5. 부모상담의 필요성

부모상담은 발달단계별이나 가족 유형에 따라 특별히 주의해야 할 부분이 있지만 건강한 부모역할을 위한 부모상담의 필요성을 여섯 가지로 설명하고자 한다.

첫째, 부모역할에 대한 교육을 받은 적이 거의 없고, 책을 통해 배우거나 자신들의 부모를 보면서 경험한 것이 전부이기 때문에 양육방식을 잘 몰라서 상담이 필요하다. 기본적으로 자녀 발달 및 양육을 위한 지식과 기술이 부족하다. 특히 자녀를 위해 하는 양육방식이 오히려 해가 되고 있음을 모르고 있는 경우가 많기 때문에 이에 대한 점검이 필요하다. 그러나 대체로 부모들은 상담 참여를 꺼려 한다. 비용과 시간의 문제로 거부하고 있지만 상담의 효과성을 믿지 못하는 경우도 많고, 자신의 체면과 직위 등을 고려하여 자신의 양육방식의 문제점을 인정하고 싶지 않기 때문인 경우도 있다.

둘째, 자녀의 눈높이에서 필요를 찾는 자세를 점검하고 배우기 위해 부모상담이 필요하다. 부모상담을 하다 보면 억울하다는 말을 자주 듣는다. 필요를 다 채워 주었는데 무엇이 부족해서 이렇게 반항을 하는지 모르겠다고 한다. 그러나 이런 말을 들은 자녀들은 웃기만 한다. 부모가 필요를 채워 준 것은 자신이 원하는 것이라기보다 부모의 생각과 판단에 따라 채워졌기에 준 사람은 있지만 받은 사람은 없는 상황이 된다. 그렇다고 자녀가 원하는 것을 모두 채워 줘야 한다는 것이 아니라 자녀의 눈높이에서 자녀의 필요를 관찰하고 탐색하는 부모의 기본 태도가 중요하다.

셋째, 자녀의 욕구를 채워 주기 위한 방안을 자녀와 함께 모색하는 방법을 배우기 위해 부모상담이 필요하다. 자녀의 욕구를 알았다면 이를 해소하기 위한 방안을 자녀와 함께 모색해야 한다. 자녀가 스스로 하게 방치하거나 부모가 독단적으로 결론을 내려서 통보하는 방식은 자녀의 자립심과 책임감 형성에도 유익하지 않을 뿐 아니라 부모-자녀 관계에서도 문제가 발생할 수 있다. 그러나 함께 방안을 모색한다는 것이 쉽지 않다. 이를 위해 부모상담이 필요하다. 자녀의 욕구를 눈높이에서 찾는 것과 자녀의 욕구를 채워 주기 위한 방안 모색을 상담전문가와 함께할 때 훨씬 효과적이고 효율적일 수 있다. 이는 객관화가 되기 때문이다. 부모도 부모역할을 어떻게 해야 할지에 대해 배운 적이 없기 때문에 건강한 부모가 되고 싶지만 방법을 몰라 의도와 다른 결과를 마주하며 난색을 표하는 경우가 종종 있다. 이때 상담전문가와 함께 상담을 받고 자문을 구할 때 시간적으로 성과 면에서도 효과적일 수 있다. 특히 상담현장에서 자녀만 상담받는 것보다 부모가 함께 상담을 받을 때 자녀의 변화가 훨씬 빠르고 안정적인 것을 경험한다. 자녀들이 생각하기에 부모도 문제가 있다고 생각이 드는데 자신만 상담을 받으라고 하면 상담이 필요하다는 것을 알면서도 자신에게만 문제가 있음을 인정하는 것 같아 억울해하는 경향이 있다. 이때 부모가 상담을 받으면 훨씬 안정적으로 상담에 임하는 태도를 보인다. 부모도 부모로서의 자신을 돌아보고 점검하면서 자녀와 소통하는 방법에 대해 방안을 모색하고 효율적인 방안을 찾아 자녀와의 소통을 통해 안정을 찾는 것을 보게 된다. 이러한 목적으로 부모상담은 필수라 하겠다. 특히, 부모상담을 통한 부모-자녀 관계 개선 상담과 이를 위한 지원 체계를 구축하여 운영할 필요가 있다.

넷째, 부모로서의 자기점검을 위해서 필요하다. 부모-자녀관계를 위해 여러 면에서 노력했는데도 불구하고 관계가 개선되지 않을 경우 부모도 지치게 된다. 이때 자신을 돌보지 않고 방치하게 될 경우 무력감과 우울 등의 문제가 발생할 수 있다.

부모-자녀 관계를 개선하기 위해서는 부모 자신의 심신을 돌아보고 점검이 우선적으로 진행될 때 여유 공간이 마련되어 건강한 부모역할을 감당할 수 있게 된다. 또한 부모 자신의 해결되지 않은 문제로 인해 부모-자녀관계에 영향을 미치는 부분이 있기 때문에 이에 대한 심층적 상담을 위해서이다. 이를 다루지 않을 경우 부모의 문제가 자녀에게 대물림될 수 있기 때문에 이를 점검하고 자녀에게 영향을 미치지 않도록 차단하기 위함이다. 부모의 문제도 자신의 부모로부터 대물림된 것일 가능성이 높기 때문에 문제인식을 시작한 대에서 자녀에게 이를 더 이상 대물림하지 않도록 차단하는 것이 중요하다.

다섯째, 상담 시 내담자를 만나는 것은 주 1회 정도이고 대부분이 부모가 가정에서 관찰할 기회가 많기 때문에 상담의 효과성을 높이기 위해 협력을 목적으로 진행한다. 즉, 상담에서 다룬 내용을 부모와 함께 실험하고 자녀의 시도에 대해 즉시적으로 반응을 할 수 있기 때문에 더 효율적이라 하겠다. 단순히 상담사가 부모에게 지시하고 그것을 그대로 흉내 내는 방식이 되어서는 안 된다. 부모가 스스로 판단하고 다양한 상황에서 적용해 갈 수 있는 자립심을 가질 수 있도록 상담이 진행되어야 한다.

여섯째, 건강한 부모역할 수행을 위해서는 부부의 시간이 필요한데 이를 점검하기 위해 부모상담이 필요하다. 건강한 부부에게서 건강한 부모역할이 가능하기 때문이다. 건강검진을 정기적으로 받는 것처럼 부부상담도 자녀의 발달단계별 그리고 부부 발달단계별로 한 번씩 상담을 받아서 스스로를 점검하고 새로운 변화에 대비하는 것을 권한다.

부모에 따라 부모상담의 필요성이 다를 수 있는데 부모의 상황이나 상담회기 등에 따라 적절한 목표를 선택해서 진행할 수 있다. 다만, 부모상담이나 부모교육이라는 표현을 혼재해서 사용할 경우, 부모상담은 문제가 심각한 부모이고, 부모교육은 덜 심각한 부모로 생각하는 경향이 있기 때문에 이를 구분하기보다는 부모상담이라는 표현을 통해 상담이 문제가 있어야만 받는 것이 아님을 경험적으로 이해할 수 있도록 하는 것이 필요하다.

부모 및 양육자가 상담에 참여하는 유형은 네 가지로 구분된다(Southam-Gerow, 2016). 첫째, 최소한으로 상담에 참여하는 유형으로 결과 관찰이다. 상담이 진행되는 동안 내담자가 어떻게 하고 있는지 등 관찰한 것을 이야기 나누면서 상담에 참여시키는 방법이다. 둘째, 상담진전에 대한 지지로 상담에서 다루고 있는 내용과 과제 등을 알려 주고 이를 자녀들이 수행할 수 있도록 지지와 격려하도록 하면서 상담에 참여시킨다. 셋째, 병행상담으로 상담시간을 나눠서 일부는 자녀상담을 하고 일부는 부모 및 양육자 상담을 하거나 격주로 나눠서 진행하는 경우도 있다. 자녀는 정서 조절하는 방법에 대해 상담을 하고 부모 및 양육자는 자녀가 이를 잘 수행할 수 있도록 하는 방법에 대해 개입한다. 넷째, 결합상담으로 부모 및 양육자를 상담사의 협력자 또는 코치로 간주하고 협력하여 진행한다.

아동 및 청소년 상담 시 부모상담이 필요하다고 했는데 첫 상담 때 부모와 자녀가 함께 만나야 하는지 아니면 처음부터 분리해서 만나야 하는지에 대해 고민하는 경우가 있다. Oaklander(2006)는 첫 상담 시 자녀가 있는 곳에서 부모의 이야기를 들어야 한다고 한다. 자녀는 자신이 무엇이 잘못됐음을 알고 있으나 실제보다 더 나쁘게 상상하는 경향이 있어서 이를 완화시키기 위함이고, 부모-자녀의 역동을 살피기 위함이고, 부모와 자녀의 입장을 함께 있는 자리에서 듣고 확인하면서 중립적 자세를 취함을 자녀에게 알게 하기 위함이라고 한다. 그러나 저자는 자신에 대해 지나치게 부정적으로 생각하는 자녀가 아니라면 분리해서 상담을 진행하길 권한다. 자녀보다는 부모가 자녀에 대해 더 심각하게 생각하는 경향이 많기 때문에 자신을 이해하지도 못하는 부모가 낯선 상담사에게 자신에 대해 부정적인 생각을 표현하는 것을 불편해하고 오히려 방어적인 자세를 취할 수 있다. 초심상담사인 경우에 중립을 취하기보다 어느 한쪽으로 치우쳐서 오히려 양쪽 모두를 수용하고 이해하지 못하는 것으로 비춰져 상담에 방해가 될 수 있기 때문에 처음부터 개별 상담을 권한다.

아동 및 청소년을 상담하는 상담사는 부모-자녀의 상호작용에 대한 관계 역동을 파악할 수 있어야 한다. 일방적인 영향이라기보다 상호작용에 의한 영향력이다. 특히 이 시기와 관련된 상담사 자신의 문제 상황을 상담을 통해 점검하지 않았다면 상담장면에서 역전이로 나타나거나 아동 및 청소년 상담이나 부모상담을 기피하는 태도를 보이는 경우가 발생하기도 한다. 부모상담에 대한 기대감을 충족시키기 위함도 있지만 상담사로서의 자기 점검이 선행될 때 상담 성과도 높기 때문에 아동 및 청소년 상담을 진행하는 상담사는 자기 점검을 통해 부모상담에 대한 준비도 병행하기 바란다.

● 학습문제 ●

1. 부모가 자신에게 어떤 역할을 했고, 그 역할로 어떤 영향을 받았는지 이야기해 보자.
2. 자신이 부모라면 자녀에게 어떤 영향을 주는 부모인지 이야기해 보자.
3. 아동 및 청소년 상담을 효과적으로 진행하기 위해 부모를 어떻게 조력자로 함께할지에 대한 방안을 모색해 보자.

제2부

아동 및 청소년 상담과정

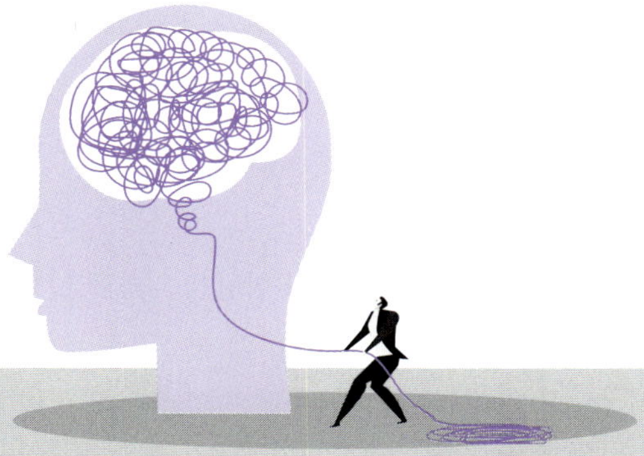

상담을 진행할 때 상담사의 태도가 상담에 영향을 미칠 수 있기 때문에 상담사 태도에 대한 점검은 중요하다. 특히 아동 및 청소년은 자신의 경험으로 상담사에게 방어적인 태도를 보일 수 있기 때문에 이를 예방하기 위해서 아동 및 청소년 상담에 임하기 전에 상담사 자신의 태도에 대한 점검이 필요하다. 또한, 아동 및 청소년은 미성년자로 상담 진행 시 윤리에 대한 이해는 내담자와 상담사 모두를 보호하기 위해 반드시 숙지해야 할 내용이다. 제2부에서는 아동 및 청소년 상담에 초점을 두고 상담사의 태도와 윤리, 상담과정 및 지침에 대해 살펴보겠다.

제4장

아동 및 청소년 상담사의 태도와 상담윤리

1. 상담사의 태도

아동 및 청소년 시기는 발달단계상 급변하는 상황 속에 있으나 자신의 생각과 감정을 제대로 표현함에 있어서는 한계가 있고, 예민해져 있다. 또한 부모뿐만 아니라 또래, 학교, 지역사회 등 다양한 환경 속에서 영향을 받고 있기 때문에 이러한 복잡미묘한 상황과 감정을 접촉하여 알아차리고 상담을 진행함에 있어서는 상담사의 전문성이 필요하다. 이때 상담사의 전문성이 이론과 기법에 능통한 것만을 의미하는 것은 아니다. 아동 및 청소년과 소통하기 위해서는 그들이 마음의 문을 열어 줘야 하는데 그 출입구에서 얼마나 기다릴 수 있는지 그리고 무엇을 하면서 어떻게 기다릴 것인지에 대한 준비가 필요하다. 그러나 의도적인 개입이 아니라 진정으로 만나고 접촉하고자 하는 진정성이 선행되어야 한다. 그렇지 않으면 닫힌 문은 더욱더 견고해져 열기가 더 어려울 수 있다.

아동 및 청소년을 대상으로 상담을 진행하는 상담사라면 아동 및 청소년 상담사로서 갖추어야 할 자세와 태도에 대해서 자신을 점검하길 권한다. Oaklander(2006)는 아동 및 청소년 대상으로 일하는 사람이라면 알고 있어야 할 기본 원칙을 ① 아이들을 좋아하기, ② 수용과 신뢰관계 형성하기, ③ 성장 발달 및 학습단계에 대해 이해하기, ④ 연령별 중요한 주제 이해하기, ⑤ 아동 및 청소년의 가족체계에 대해 이해하기, ⑥ 이들이 속해 있는 학교 및 다른 기관에 대해 이해하기, ⑦ 이들에게 부과된 문화적 기대에 대해 이해하기, ⑧ 존중받아야 할 존재라는 인식, ⑨ 개방적이고 진솔한 태도, ⑩ 유머로 제시하였다. 여기에서는 저자가 상담현장에서 중요하게 적용했던 내용 중심으로 다음의 여덟 가지로 정리해서 살펴보고자 한다.

1) 모름의 태도

아동 및 청소년 상담을 진행할 때 모름의 태도가 필요하다. 상담사가 이러한 태도를 취할 때 인간에 대해 그리고 자신의 인간관에 대해 살피고 점검하는 과정이 가능하게 된다. 아동과 청소년에 대한 관심을 가지는 것도 중요하지만 인간에 대한 관심과 자신의 인간관에 대한 점검이 필요하다. 인간을 어떻게 바라보고 이해하느냐에 따라 상담이론이 달라지고 개입방법도 달라진다. 아동 및 청소년 상담에 대한 소명의식을 가지고 상담을 하는 상담사도 있지만 성인상담을 주로 진행하는 상담사라 할지라도 인간에 대한 이해를 위해서는 아동기 및 청소년기에 대한 이해는 필수라고 하겠다. 그들을 상담하면서 오래전에 자신이 거쳐 지나온 시기를 다시 한번 바라보면서 인간에 대한 이해와 수용적 자세로 상담에 임하는 것이 필요하다. 물론, 현재 상담사들이 만나는 아동 및 청소년들과 상담사 자신이 아동기 및 청소년기였을 때와는 많은 차이가 있겠지만 보편적인 면에 있어서의 이해와 수용이 필요하다. 다만, 보편적 이해만으로 지금 세대의 아동 및 청소년을 이해하기에는 한계가 있기 때문에 아는 척을 하기보다는 모름의 태도로 그들 자체를 새롭게 이해하려는 태도가 필요하다. 가끔 상담사들이 자신은 아동이나 청소년 상담은 맞지 않다며 성인상담만 진행하려는 상담사들을 보게 되는데 어떤 점이 안 맞는 것인지 점검이 필요하다. 대체로 아동 및 청소년과 진행하는 상담은 상담 같지 않다는 이야기를 많이 하는데 이 또한 상담에 대한 자신의 정의를 점검할 필요가 있다.

아동 및 청소년의 눈높이에서 상담진행이 안 된다는 것은 성인상담에서도 대화가 되는 것 같아 보일지 모르지만 내담자 중심의 상담이기보다는 상담사 중심의 상담이 진행될 가능성이 높다. 아동 및 청소년 상담을 진행하다 보면 자신이 상담에 임하는 자세를 돌아보게 되는데, 자신을 점검하는 데 사용하기보다는 상담이 맞지 않다는 결론을 내리고 성장하고 예방할 수 있는 기회를 스스로 포기하는 경우를 종종 보게 된다. 상담 시 내담자의 눈높이에서 내담자 중심으로 상담이 진행되어야 한다는 태도를 취하고 있는지에 대해 상담사를 돌아보게 해 주는 내담자는 아동 및 청소년들인 경우가 많다. 성인은 예의를 갖추면서 상담을 종결하지만 아동 및 청소년은 비언어적이든 언어적이든 날것 그대로 표현을 하는 경우가 많다. 이를 알아차리지 못하고 상담사를 공격한다고 생각하거나 상담에 대해 비자발적이라는 이유로 내담자 탓을 하면서 상담사의 자기점검을 회피하는 경우가 있는데 이에 대한 점검이 필요하다.

2) 발달 이해 및 적용

아동 및 청소년에 대한 기본 지식을 사전에 점검하고 숙지하는 자세가 필요하다. 아동 및 청소년 발달에 대한 이해는 필수라 하겠다. 이때 상담이라고 해서 심리정서적 발달에 대한 이해만 하고 있어서는 안 되고, 발달단계별 신체적 · 인지적 · 사회정서적 등 발달에 대한 전반적인 이해가 필요하다. 예를 들면, 아동 및 청소년 시기는 신체적인 변화가 심리사회정서적인 면에 영향을 미치고 있기 때문에 그들의 신체적 발달에 대한 이해는 기본적으로 필요한 영역이다.

초등학교 6학년 남자 자녀를 둔 부모가 자녀상담을 요청한 사례가 있다. 부모 모두 키가 평균 이하이다 보니 자녀도 키가 작을 것을 염려하여 자녀에게 계속해서 운동과 건강한 음식, 영양제 등을 권하고 있었다. 부모는 자녀를 위한다는 심정으로 키가 작음으로 인해 사회에서 받게 될 불편함을 자녀에게 계속 언급하면서 예방하려고 했지만 오히려 자녀는 위축되고 사회성 문제가 발생하여 상담을 요청하였다. 상담실 방문 당시 아동의 실제 키는 평균 범위에 속했기 때문에 앞으로 여러 변화 가능성이 있었다. 그러나 부모의 지나친 관심이 오히려 자녀를 위축시켰고, 아동은 친구관계와 사회성에서 자신의 역량을 발휘하지 못하고 차단된 상황이었다. 아동의 키가 평균에 속하기 때문에 이에 대한 이해를 돕는 것으로 상담이 간단하게 끝날 것으로 예상했지만 그렇지 않았다. 아직 일어나지도 않은 자신의 신장에 대한 불안(물론, 곧 닥칠 미래일 수도 있다)이 심리사회정서적 측면에 영향을 줌으로써 사회성에 문제가 발생했기 때문이다. 이럴 경우, 상담사는 내담자의 발달적 요인들로 인해 어떤 영향을 받고 있는지에 대한 파악과 함께 이해가 우선적으로 되어야 실질적인 개입이 가능하다.

3) 문화 이해 및 적용

아동 및 청소년 상담사는 이들이 속해 있는 문화에 대한 관심과 이해하려는 태도를 갖추어야 한다. 현재의 아동 및 청소년이 성장하면서 접하는 학습 방법이나 놀이 문화는 이전 세대와는 현격한 차이가 있다. 또한 동시대를 살고 있지만 성인이 경험하는 사회와 아동 및 청소년이 경험하는 사회는 다르다. 성인은 그동안의 자신의 경험과 지식에 의해 선별적으로 현재의 사회와 문화를 경험하고 재해석하지만 아동 및 청소년은 그들만의 방식으로 이해하고 경험하기 때문에 경험의 차이가 발생할 수밖에 없다. 그렇다고 그것을 흉내 내거나 모방하려고 할 때 오히려 역효과가 날 수 있다. 문화에 대한 이해가 필요하다는 말은 모방을 하라는 의미가 아니다. 그들의 문화를 경험해 보고 그들에게 물어보면서 그들의 안내에 따라 그들의 세계로 들어가서 함께 해 보라는 의미이다. 여기서 중요한 것은 물어보는 태도이다. 아동 및 청소년은 대체로 자신이 관심 없는 것에 대해 어른이 이야기하는 것을 들어야 하는 입장에 있다가 질문을 받게 되면 처음에는 낯설어한다. 그러다가 자신의 세상에 대해 관심을 가지고 있음이 진정임을 알게 되면 마음을 열고 자신의 세상으로 들어가도록 문을 열어 주면서 신나서 대답을 하는 경우가 있다. 이러한 만남이 있어야 상담이 가능하다. 그들의 문화를 모두 알고 있어야 할 필요는 없다 할지라도 관심을 가지고 이해하려는 자세가 필요하다. 모르면 아는 척하지 말고 물어보면서 함께 하려는 자세를 갖는 것이 중요하다. 그렇다고 질문하고 듣는 형태의 소극적인 자세만 취하게 되면 진정성 없는 것으로 오해를 받을 수 있으니 적극적인 자세가 필요하다.

오래전에 슈퍼비전을 진행했던 사례를 제시하고자 한다. A 상담사가 만나는 청소년이 일반인에게 익숙하지 않은 장르의 곡을 작곡하고 상담사에게 들려줬다고 한다. 이때 A 상담사가 이를 기뻐하면서 그 곡만 들은 것이 아니라 관련된 장르의 다른 곡들을 듣고 곡에 대한 감상을 표현하면서 상담을 진행한 사례를 보면서 저자는 슈퍼바이저로서 감동을 받았다. 내담자의 문화를 이해하기 위해 바쁜 가운데서도 시간을 내어 관련된 음악을 찾아보고 내담자가 그 음악 장르에 매료될 수밖에 없었던 점을 더 이해하려고 애쓰는 상담사의 자세가 참으로 귀했기 때문이다. 내담자를 이해하기 위해서는 이처럼 능동적인 상담사의 자세가 필요하다.

아동 및 청소년 문화 이해를 위해 그들이 사용하는 은어에 대한 이해도 필요하다. 그러나 그러한 표현을 그대로 사용하기보다는 내담자가 표현하고자 하는 감정을 다른 방식으로도 표현 가능함을 모델링이 되어서 보여 주는 것이 더 효과적이다. 그런 말을 하면 안 된다는 형식의 교정을 하다 보면 오히려 반감만 살 수 있으니, 기존의 성인과는 다른 경험을 할 수 있도록 함에 초점을 두기 바란다.

4) 법과 윤리 적용

법과 윤리에 관한 지식을 숙지하고 필요시에는 이를 적절하게 활용하는 태도가 필요하다. 아동 및 청소년은 미성년자이므로 법 적용에 있어서 성인과 다른 점이 있기 때문에 관련 법규에 대한 이해를 가지고 이들에 대한 상담이 이루어져야 한다. 특히 아동학대나 성폭력, 학교폭력 등과 같은 영역에 있어서 미성년자로 적절한 보호를 받기 위해서는 상담사의 즉각적인 개입과 대응이 필수적이기 때문에 관련 법규에 대한 이해가 중요하다. 법과 윤리에 대해서는 '아동 및 청소년 상담윤리' 절에서 자세히 다룬다.

5) 상담사의 전문성

상담사로서의 이론과 기법에 대한 이해와 사례에 적용할 수 있는 전문성을 갖추어야 한다. 모든 이론에 능통할 수 없지만 적어도 한 이론이라도 자신의 전문 이론으로 제대로 적용할 수 있도록 정기적인 슈퍼비전을 통해 숙지해야 하며, 새로운 이론에 대해서도 지속적으로 배우고 익혀 나가야 한다. 가끔 상담사 2급 자격증 취득 후 배움을 멈추는 상담사들이 있는데, 너무 지쳐서 그럴 수도 있지만 이대로 중단하게 되면 적절한 개입을 하지 못했다는 것도 모른 채 내담자에게 피해를 줄 수 있으니 주의가 필요하다. 자격증 취득이 목표가 아니라 슈퍼비전을 통한 점검을 지속적으로 받을 때 성장하게 되며, 자신의 개입에 대해 확신을 가지게 되면 소진을 예방할 수 있는 측면에서도 상담사를 위해 필요하다. 오히려 자격증은 그 이후에 받게 되는 선물일 수 있다. 이는 자격증 취득 자체에 목표를 두고 맹목적으로 달려가지 말라는 의미이지 자격증이 중요하지 않다는 의미는 아니다.

6) 유관기관 협력

다양한 유관기관과 협력하고 소통하려는 태도가 필요하다. 가끔 혼자서 내담자에 대한 모든 것을 해결하려는 상담사를 보게 된다. 그런데 이는 불가하다. 특히 위기상황 시 적절한 시기에 개입하고 협력하기 위해 협력기관에 대한 정보와 의뢰 방법 등에 대한 사전 검검이 필요하다. 상담사는 위기개입 능력을 갖추고 있어야 하지만, 학대나 성폭력 사례인 경우에는 격리가 필요하기 때문에 상담사 혼자 이를 감당하기는 어렵다. 이때 유관기관의 협조를 받아 진행하면 훨씬 안전하고 시기적절한 대처를 할 수 있다. 현재 상담사가 활동하고 있는 지역에 있는 유관기관들의 정보를 파악해 둠으로써 모든 사례를 상담사가 진행하기보다 더 특성화된 기관에 의뢰하여 상담의 효과를 높이는 것도 상담사가 해야 할 중요한 일 중에 하나이다. 예를 들면, 도박이나 스마트폰 과의존과 같은 문제에 대해서는 전문기관이 운영되고 있기 때문에 내담자의 상담효과를 높이기 위해 기관에 의뢰하는 것도 적절한 방법이다.

7) 보호자 상담

유관기관과의 협력뿐 아니라 보호자 상담도 진행하기 위해서는 보호자와의 의사소통 능력뿐 아니라 성인상담에 대한 대비도 필요하다. 아동 및 청소년 상담만 진행한 상담사들의 경우 성인상담을 진행할 때 위축되는 경우가 가끔 있다. 어떤 점에서 위축이 되는지에 대한 점검이 필요한데, 대체로 익숙하지 않은 대상이라서 그런 점도 있지만, 성인내담자의 상담사에 대한 평가를 염려하여 상담진행에 어려움을 경험하는 경우도 있다. 이러한 경우라면 그동안 아동 및 청소년을 대상으로 진행한 상담이 상담적이었는지에 대해 스스로 반성해 보길 바란다. 아동 및 청소년 상담은 그들과 함께 놀아 주면 된다고 생각하며 친구처럼 대화만 하고 속풀이 대상 역할만 하는 경우가 있다. 이는 상담이라고 보기 어렵다. 이런 방식에 익숙해진 상담사가 보호자상담을 진행하고자 할 때 상담적 개입을 하기는 어렵다. 제대로 된 상담이 되기 위해서는 그 대상에 관계없이 상담적 개입을 할 수 있도록 준비가 되어야 한다. 특히 아동 및 청소년을 대상으로 상담을 진행할 때는 보호자상담이 중요하기 때문에 이에 대한 대비가 필요하다. 아동 및 청소년은 부모의 영향을 많이 받고 있고, 이전과 달리 부모도 자녀에게 선한 영향력을 미치고 싶어 하지만 생각대로 잘 되지 않아 고민을 하고 있기 때문에 이러한 부모의 생각이 효과적 · 효율적으로 활용되도록 상담사가 이들과 함께하려는 자세가 필요하다.

8) 존중하는 태도

지금까지 언급한 것들보다 더 중요한 것은 아동 및 청소년에 대한 존중하는 태도이다. 단순히 어린 사람으로 생각하고 친밀감이라는 이유로 말을 놓거나 가볍게 행동하는 경우가 있는데 이는 주의가 필요하다. 성인 내담자에게는 친밀감이라는 이유로 말을 놓지 않으면서 아동 및 청소년에게는 너무 가볍게 생각하는 경향이 있다. 존중의 태도를 취하는 것은 쉽지 않기 때문에 아동 및 청소년이 존중받는다는 생각을 갖도록 상담사의 태도 점검이 필요하다. 특히 존중의 태도는 비자발적인 상담을 자발적으로 바꿀 수 있는 중요한 태도이기 때문에 이에 대한 상담사의 자기 검검이 필요하다. 아동 및 청소년은 이미 수많은 성인을 접했는데, '어른은 자신들을 이해하지 못하고 잔소리하며 교정하려는 대상'이라고 경험한 경우에는 그 경험의 눈으로 상담사를 바라보기 때문에 방어적이거나 경계적인 자세를 취할 수 있다. 그들이 알고 있는 성인 중 한 사람으로 생각할 가능성이 높기 때문이다. 아동 및 청소년이 경험한 여느 어른과는 다른 대상임을 경험하게 할 때 상담에 자발적 참여를 가능하게 할 수 있다.

2. 아동 및 청소년 상담윤리

아동 및 청소년 상담사는 아동 및 청소년 관련 법률 조항을 숙지하고 있어야 한다. 특히 「아동복지법」, 「아동학대범죄의 처벌 등에 관한 특례법」, 「성폭력범죄 처벌 등에 관한 특례법」, 「아동 · 청소년의 성보호에 관한 법률」 등에 대한 내용을 숙지할 필요가 있다. 상담사가 아동(18세 미만의 사람)에 대해 아동학대 범죄를 알게 된 경우나 의심이 있는 경우에는 아동보호전문기관 또는 수사기관에 즉시 신고해야 할 의무가 있고(「아동학대범죄의 처벌 등에 관한 특례법」 제10조 제2항 제18호), 아동 및 청소년(19세 미만의 사람) 대상 성범죄 발생 사실을 알게 된 때에도 즉시 수사기관에 신고해야 할 의무가 있다(「아동 · 청소년의 성보호에 관한 법률」 제34조 제2항 제18호). 이를 위반했을 경우 과태료가 부과된다.

법적 처벌 등에 대한 내용을 보면 두렵기도 하고 불안한 생각에 사로잡혀 아동이나 청소년과 같은 미성년자는 상담을 하면 안 되겠구나 하는 생각을 하는 상담사도 있다. 그러나 내담자뿐 아니라 상담사를 위해서도 법률을 잘 숙지하여 대응한다면 소중한 생명을 살릴 수 있다. 상담사는 내담자를 보호해야 하는 주요한 임무가 있음을 인지하고 회피하기보다 적절한 대처를 위한 방안을 숙지하는 데 에너지를 사용하길 권한다. 또한 혼자 대처하기보다는 슈퍼바이저의 지도하에 필요한 경우에는 법률 전문가의 자문을 받아 대처한다면 내담자와 상담사 모두를 위한 안전하고 적절한 대처가 가능하다.

1) 상담윤리 원칙

슈퍼바이저의 지도를 받는다고 해도 상담사가 일반적으로 알고 있어야 할 윤리 내용들은 숙지하고 대처해야 한다. 일반적인 윤리 원칙으로 자율성, 무해성, 공정성, 성실성이 있다(Kitchener, 1984).

첫째, 자율성(autonomy)은 선택과 결정권이 내담자에게 있고, 이를 존중해야 한다는 의미이다. 단, 타인이나 자신에게 해가 되지 않는 범위 내에서이다. 특히 아동 및 청소년은 비자발적으로 상담에 참여하는 경우가 많고, 상담주제 또한 부모에 의해 결정되어 오는 경우가 종종 있다. 상담료를 납부하는 사람이 부모이고, 아동 및 청소년은 미성년자로 부모의 보호 아래에 있어야 하기 때문에 부모의 의견이 의식되는 것이 현실이긴 하지만 상담사는 아동 및 청소년의 상담 주제나 목표가 내담자와의 합의하에 진행됨을 보호자에게 안내해야 한다. 이에 대한 부모의 이해와 동의가 선행되어야 상담이 진행될 수 있다. 미성년자나 자발적인 동의를 할 수 없는 사람이 내담자일 경우, 내담자의 최상의 복지를 염두에 두고 내담자의 권리를 생각하며 상담에 임해야 한다. 즉, 상담사도 아동 및 청소년이 자신이 원하는 주제를 선택할 수 있도록 대화를 강요하지 않도록 주의해야 한다. 가끔은 성인에 대한 부정적 경험으로 불만을 표현하면서 상담사가 불편해할 수 있는 주제, 예를 들면 성경험에 관한 내용을 이야기하거나 거친 어투로 이야기를 이끌어 가는 경우도 있다. 비록 이러한 행동을 보이더라도 이를 수용하고, 무엇이 이러한 반응을 하게 하는지, 정말 하고 싶은 말은 무엇인지를 궁금해하는 공감적 경청의 자세가 중요하다.

둘째, 무해성(nonmaleficence)은 상담사의 개입이 내담자에게 해가 되어서는 안 된다는 의미이다. 상담사의 개입방법에 대해 내담자의 동의를 얻고 이러한 개입이 내담자에게 해가 되지 않도록 주의를 기울여야 한다. 상담 개입방법에 대해 설명을 할 때는 아동 및 청소년이 이해할 수 있도록 쉽게 설명하고 안내하여 동의하에 진행해야 한다. 동의를 해서 개입을 하더라도 내담자가 자신의 생각과 다르게 불편감을 표현한다면 무리하게 진행할 것이 아니라 한 발짝 물러서서 불편감과 염려에 대해 표현하게 하고 안전장치를 하면서 개입하거나 혹은 다음으로 미루는 것이 효율적이다. 상담사에게는 익숙한 개입일 수 있으나 내담자는 처음 접하는 경우가 대부분이기 때문에 변화를 원하면서도 새로운 것을 시도하는 데 주저하는 경우가 종종 있다. 이럴 때는 서두르기보다는 적절한 때를 기다려야 한다. 다만, 그냥 기다리는 것이 아니라 개입을 위한 준비를 해야 한다. 내담자가 두려워하는 것이 무엇인지 확인하고 그것을 조금이라도 낮추는 개입이 선행되어야 하고, 방법이 적절한지 등에 대해서도 생각하면서 다른 개입방법을 모색하는 시도도 필요하다.

셋째, 공정성(justice)은 모든 내담자에게 균등한 기회를 제공하여 공정해야 한다는 의미이다. 위기상담이나 특수한 상황에서 더 자주 상담을 진행해야 하는 예외적인 경우를 제외하고 특정 내담자에게만 상담사의 더 많은 시간과 혜택이 제공되는 것은 공정성에 위배된다. 상담을 진행하다 보면 더 많은 애정과 관심이 가는 내담자가 있다. 그렇다고 그 내담자에게 더 많은 시간과 에너지를 사용하면서 상담을 제공하는 것은 재고해야 한다. 왜 그 사람에게 더 많은 관심이 가는지에 대해 확인하고 이것이 상담사 내면의 주제와 관련이 있다면 교육분석을 통한 점검이 필요하다. 한 명에게 좀 더 많은 에너지를 쏟게 되면 다른 내담자들에게는 그만큼 에너지가 적게 갈 경향이 있기 때문에 이는 공정성에 위배된다.

넷째, 성실성(fidelity)은 상담관계에서의 신뢰를 의미한다. 약속을 지키지 않거나 내담자에 대한 사례개념화가 되어 있지 않아 내담자에 대해 숙지해야 할 내용을 기억 못하는 등 상담에 성실하게 임하지 않는 경우가 이에 해당된다. 저자와는 여러 여건이 맞지 않아 한 내담자를 다른 상담사에게 의뢰한 적이 있다. 한 달 정도 지나서 내담자가 그 상담사에게 상담받기가 어렵다고 연락이 와서 이유를 확인하니 상담사가 바쁘다면서 계속 상담시간에 늦게 도착한다는 것이다. 차라리 상담시간을 변경하면 되는데 그렇게 하지도 않은 채 상담시간에 늦게 도착하는 상담사를 신뢰할 수 없다고 하였다. 저자가 늦은 것이 아닌데도 상담사로서 내담자에게 너무 부끄럽고 미안했다. 그 이후로 그 상담사에게 상담을 의뢰하는 일은 하지 않았다. 신뢰는 작은 것을 지키면서 하나씩 쌓이게 된다. 상담이 진행되면 내담자로부터 받은 많은 정보가 축적되고 상담사는 이 정보들을 귀하게 정리하여 사례개념화를 통해 상담개입의 방향성을 수정 · 보완하는 작업을 한다. 그런데 슈퍼비전을 진행하다 보면 상담사가 상담의 방향성을 잃고 헤매는 경우를 자주 보게 된다. 이런 경우의 대부분이 상담 초기에 잡은 사례개념화와 상담이 진행되어 작업단계에 들어간 사례개념화가 동일함을 확인할 수 있다. 즉, 상담을 진행하면서 내담자가 제공한 정보들이 점점 많아졌음에도 이를 정리하지 않고 상담을 진행하면서 생긴 일이다. 상담 초기에 정리한 사례개념화에 변화가 없다면 무방하나 상담이 진행되면서 다른 정보들을 통해 내담자에 대한 이해가 보완되었다면 그러한 내용이 반영된 사례개념화에 근거한 작업이 진행되어야 한다. 이 모든 것이 성실성과 관련되어 있고, 이는 상담사가 지켜야 할 기본적인 일반적 윤리이다. 사례개념화는 슈퍼비전을 받기 위해 정리해야 할 내용이 아니라 내담자에게 효과적 · 효율적인 상담진행을 위해 상담사가 정리하고 지켜야 하는 기본 윤리임을 명심하길 바란다.

2) 윤리적 문제 발생 시 대처 방안

윤리적 문제 발생 시, Welfel(2020)의 윤리적 의사결정 모델을 기반으로 대처방안을 살펴보고자 한다. 1단계는 윤리적 민감성 개발 단계이다. 법적 처벌에 관해서는 민감하게 반응하고 염려하여 관련 상담을 진행하지 않으려고 하는 등 회피하기까지 하는데 그 외 윤리적 측면에서는 모르고 상담을 진행하는 경우가 많다. 한국상담심리학회 및 한국상담학회 윤리강령에도 상담사는 윤리강령 및 적용 가능한 타 윤리강령을 숙지해야 할 의무가 있음을 명시하고 있다. 윤리 기준에 대해 모르고 있거나 잘못 이해하고 있다고 해서 비윤리적 행위에 대해 면죄가 되는 것은 아니기 때문에 윤리적 민감성을 개발할 필요가 있다. 2단계는 사례와 관련된 사실과 사회문화적 상황 파악 단계이다. 상담에 적용되는 윤리가 공식처럼 일대일 대응이 되는 경우는 드물다. 사례별로 사례와 관련된 특수한 상황이나 사회문화적 상황 파악이 선행되어야 한다. 이를 위해서는 전체 상황을 파악할 수 있는 능력이 필요하다. 3단계는 핵심 쟁점과 대안 확인 단계이다. 사례에서 주요하게 다루어야 할 핵심 쟁점이 무엇인지 명료하게 하고 이에 대한 대안을 확인하는 과정이다. 4단계는 관련된 윤리 및 법 규정 확인 단계이다. 핵심 쟁점과 관련된 윤리 및 법 규정을 확인하는 것은 또 다른 윤리적 쟁점을 만들지 않기 위해서도 꼭 필요한 과정이다. 여러 법 규정이 있기에 이에 대한 확인 작업이 선행되어야 객관적 대처방안을 모색할 수 있다. 5단계는 4단계에서 확인된 윤리 및 법 규정에 근거한 윤리 관련 문헌 확인 단계이다. 이러한 과정을 거쳐 근거가 명료화되면 6단계에서 윤리적 원칙을 상황에 적용하게 된다. 이때 적절성을 한 번 더 확인하기 위해 7단계에서 슈퍼바이저나 관련 전문가에게 자문을 구하는 과정이 필요하다. 그런 다음에 8단계, 심사숙고하여 결정하고, 9단계, 슈퍼바이저에게 개입 사항을 알리고 기록한다. 이렇게 기록하는 과정은 또 다른 하나의 근거를 마련하기 위한 안전장치이기도 하고, 유사한 상황 발생 시 하나의 기준이 될 수 있기 때문에 필요한 과정이다. 마지막 10단계는 결정에 대한 반성적 고찰의 시간으로 전반적인 과정을 점검하고 상황을 종료하는 단계이다.

윤리적 문제 발생 시 대처를 위해서는 긴 과정을 거쳐서 방안을 모색해야 하는데, 혼자 진행하기에는 어렵고 적절한 대응을 하고 있는지에 대한 염려가 생길 수 있다. 그러므로 문제 발생 시점부터 슈퍼바이저의 자문을 통해 함께 진행할 때 훨씬 안정적이고 적절한 대응을 할 수 있기 때문에 상담사는 자신의 슈퍼바이저와의 관계를 계속 유지하면서 자문을 구하길 권한다. 또한 학회 윤리위원회에 자문을 구하는 것도 한 가지 방법이다.

3) 비밀보호에 대한 윤리

상담을 진행할 때 내담자와의 비밀보호는 상담을 진행함에 있어서 중요한 주제이다. 그러나 내담자의 생명이나 사회의 안전을 위협하는 경우에 한해서는 내담자의 동의 없이도 내담자에 대한 정보를 관련 전문인이나 사회에 알릴 수 있다. 비밀보호의 한계에 대해서는 상담 시작 전에 내담자에게 안내되어야 한다.

내담자 중 자해 및 자살 충동이 있는 경우에는 보호자에게 알려야 할 책임이 상담사에게 있음을 안내하고 이 또한 내담자에게 먼저 이야기하여 동의를 받아 진행할 것임을 알린다. 물론, 상담사는 내담자에게 동의를 받지 않아도 보호자에게 말해야 할 의무가 있지만 동의하에 진행하고 싶은 마음을 전달하여 내담자가 가지고 있는 자해 및 자살을 멈추고 싶어 하는 그 생각의 씨앗을 확고하게 하는 과정으로 활용한다. 고지에 대한 필요성을 함께 숙고할 때 단순히 보호자에게 알리는 의무 수행을 넘어 내담자 스스로 자신을 보호하고자 하는 생각을 더 확고하게 하는 데 중점을 두어 개입하는 것이 효과적이다.

비밀보호는 상담사들 사이에서도 지켜져야 하는 윤리이다. 간혹 상담사들이 대화할 때 내담자의 이름을 거론하면서 이야기하는 경우를 보게 되는데, 누구나 알고 있는 대상자라 할지라도 이름을 직접적으로 거론하는 것은 주의가 필요하다. 슈퍼비전에서도 내담자 보호를 위해 익명으로 된 보고서를 중심으로 지도하는데 이 또한 비밀보호를 위함이다. 행정적인 문서를 다룰 때도 문서 번호나 내담자 고유 번호를 사용하는 방식으로 진행되도록 하고 상담사들이나 직원들 사이에서도 내담자의 비밀이 보호되도록 노력해야 한다.

비밀보호는 성인을 상담할 때도 주의가 필요하지만 아동 및 청소년 상담 시에는 미성년자이기 때문에 보호자뿐 아니라 교사 등 협력해서 소통해야 하는 상황으로 인해 더욱 더 복잡한 면이 있다. 보호자의 알 권리도 존중받아야 하기 때문에 비밀보호와 보호자의 알 권리 간의 균형이 중요하다. 대체로 부모가 보호자이기 때문에 그들이 자녀에 대해 알 권리가 있고, 이를 존중하면서 내담자의 비밀보호를 지켜야 상담이 원만하게 진행이 되기 때문이다. 생명의 위협과 같은 예외 상황이 아닌 경우에는 가능한 한 내담자의 동의를 받아 보호자에게 공유할 정보를 선별하여 제공하는 것이 상담관계를 방해받지 않을 수 있다. 위기 상황에서 보호자에게 알리면 상담을 중단하겠다고 할 때 내담자의 위기 상황을 보호할 안전장치가 있는지 확인하고 평가해서 개입해야 한다. 보호자는 자녀의 위기 상황을 알고 대처해야 할 의무와 책임이 있기 때문에 상담사는 보호자에게 알리고 협조체계를 갖추는 것이 필요하다. 다만, 공유할 정보를 선택함에 있어서도 상담사가 고려해야 할 부분은 내담자를 위함인지, 상담의 효과와 효율성을 높이기 위해서인지, 보호자의 요구에 어쩔 수 없이 하는 것인지 등을 분별할 수 있어야 한다. 그런데 이를 분별하기가 쉽지 않기 때문에 슈퍼바이저의 지도하에 경험을 쌓아 나가길 권한다.

보호자는 상담사를 통해 자녀에 대해 알고 싶어 하고 상담사가 상담내용을 공유해 주길 바랄 뿐 아니라 상담사를 통해 보호자가 원하는 대로 자녀를 변화시키고자 한다. 반면에 자녀는 상담사에게만 알리고 싶은 마음과 상담사를 통해 보호자에게 자신의 요구가 전해지길 바라는 양가적인 면이 있기에 이러한 상황에서 상담사는 흔들리지 않고 중심을 잡고 있어야 한다. 이러한 상황을 예방하기 위해서 상담구조화 시 보호자와 자녀 모두에게 비밀보호에 대한 명확한 안내가 선행되어야 한다. 또한 아동학대나 방임이 의심되는 상황에서는 이를 신고해야 할 의무가 있다. 다만, 신고로 의무가 끝나는 것이 아니라 아동을 보호할 대상자가 거주할 곳이 있는지도 확인하고, 이러한 확인이 불분명할 때는 기관과 연계하여 아동을 보호해야 한다. 간혹 상담 중에 흘리는 말로 자신의 상황을 이야기하는 경우도 있기 때문에 상담사는 내담자의 동의하에 매회기 녹음을 하여 필요시 아동학대를 증명하는 자료로 활용한다. 녹음과 함께 내담자와 상담한 내용을 기록 · 정리하는 과정은 내담자뿐 아니라 상담사를 보호하는 안전장치가 될 수 있다. 또한 이러한 상황에서는 슈퍼바이저와 의논하고 이를 기록으로 남겨 적절한 개입과 함께 상담사의 대처법을 확인할 수 있도록 하는 것이 효율적이다.

보호관찰이나 법원 명령 또는 학교 징계 등으로 아동 및 청소년 상담이 진행될 경우, 상담에 대한 내용을 전달해야 하는 상황이 발생한다. 이때 상담 전에 내담자에게 상담 내용이 전달됨을 알리고, 내담자가 상담을 거부할 수 있으나 이로 인해 받게 될 결과에 대해서도 설명하여 선택할 수 있도록 개입해야 한다. 설명 시 내담자의 눈높이에서 설명하고, 명확하게 이해했는지를 확인하는 과정이 필요하다. 상담사가 기관에 제출할 보고서를 작성할 때에는 정직하고 정확하게 객관적으로 보고서를 작성해야 한다. 이 모든 과정이 민감한 사안이기 때문에 이러한 상황을 처음 접하는 초심상담사는 슈퍼바이저의 지도하에 진행하길 권한다.

4) 상담동의서 및 개인정보수집 동의서 작성

상담을 진행할 때 상담에 대한 안내와 함께 상담동의서 및 개인정보수집 동의서를 작성한다. 특히 개인정보수집 동의서는 내담자가 만 14세 미만일 경우에는 보호자의 동의도 필요하다. 상담동의서 및 개인정보수집 동의서를 받을 때 내담자의 눈높이에서 이해할 수 있도록 설명하고 이해 정도를 확인하는 과정이 중요하다. 보통 보호자가 자녀에게 자신이 하겠다고 하며 설명하지 않고 직접 사인 후 이름만 적게 하는 경우가 있는데, 간편할 것 같지만 이러한 방법은 아동·청소년 내담자가 상담에 임하는 자세를 더 소극적으로 만들 수 있다. 문서 작업에서부터 내담자가 스스로 생각하고 판단할 수 있도록 설명하고 안내하는 과정은 중요하다. 상담사가 내담자에게 설명하는 과정을 통해 내담자는 자신이 존중받는 경험을 하게 되고, 상담동의서에 대한 이해를 가지고 스스로 동의를 표할 때 좀 더 능동적으로 책임감 있게 상담에 임할 수 있다. 상담사는 내담자가 상담계획에 참여할 권리, 어떤 개입에 대해서는 거절할 권리, 거절에 따른 결과에 대해 설명을 들을 권리 등 상담진행 시 내담자의 권리가 있음을 안내해야 한다. 이러한 안내가 상담동의서를 작성할 때 진행되어야 하기 때문에 상담사는 내담자의 권리에 관한 윤리를 숙지하고 있어야 한다.

5) 신체 접촉에 대한 주의

아동 및 청소년 상담 시 너무 슬프게 울어서 달래는 목적으로 혹은 지지와 격려 차원에서 안거나 신체 접촉을 하는 경우가 종종 있는데, 이는 주의가 필요하다. 간혹 상담사 중에는 가벼운 토닥임이나 포옹 정도는 격려 차원에서 가능하지 않냐고 생각하고 오히려 이러한 행동을 하지 않는 것이 삭막하고 정서적 소통이 되지 않는다고 생각하는 경우가 있다. 그러나 정서적 소통은 신체 접촉이 아니어도 상담사의 눈빛과 자세와 언어적 표현만으로도 진솔하게 전달이 가능하다. 내담자와의 신체적 접촉은 여러 오해의 소지가 있기 때문에 자제를 권하고, 해야 할 필요성이 있는 경우에는 내담자의 동의하에 진행해야 한다.

● 학습문제 ●

1. 아동 및 청소년 상담을 진행하면서 스스로 점검해야 할 상담사의 태도는 무엇인지 생각해 보고 방안을 모색해 보자.
2. 상담 진행 시 윤리적 문제 상황을 경험한 적이 있다면 나눠 보고, 유사 상황 시 어떻게 대처할 지에 대해 이야기해 보자.
3. 법과 윤리에 대해 새롭게 알게 된 점을 나눠 보고, 윤리의식을 고취하기 위한 방안을 모색해 보자.
4. 지역별로 협조 가능한 상담기관들에 대한 정보를 조사해 보자.

제5장

상담 과정 및 지침

1. 상담환경의 조성

레스토랑에 갈 때 음식만 먹으러 가는 것은 아니다. 그 레스토랑의 분위기, 테마, 서비스 등은 음식 본연의 맛과 떼려야 뗄 수 없는 관계가 있다. 상담의 환경 역시 마찬가지이다. 특히 개인상담은 내담자와 상담사가 단둘이 만나는 매우 특수한 관계이다. 단둘이 여러 번에서, 많게는 수십 번을 만나며 내면을 이해할 수 있는 장은 상담 이외엔 거의 존재하지 않는다. 내담자는 저마다의 심리적 이슈와 내밀한 이야기를 하는데, 상담사는 내담자의 내면을 존중하고 수용하는 토대에서 통찰할 수 있는 질문, 공감적 반영, 실행할 수 있는 동기를 고취하는 역할 등을 수행한다. 이를 위해서는 먼저 상담 공간이 안전하고 편안할 필요가 있다. 대기실은 스트레스를 완화할 수 있는 음악과 편안한 조명, 차 등을 배치하여 내담자가 편안한 느낌을 가질 수 있도록 준비한다. 특히 아동과 청소년이 관심을 가질 수 있는 책자나 간단한 장난감, 볼거리 등을 구축하여 친근감을 가질 수 있도록 한다. 또한 상담실 안은 방음 시설이 되어 내부 소리가 외부로 나가지 않도록 주의할 필요가 있다. 가구의 배치 역시 아늑하고 편안하여 좀 더 내담자가 자신의 이야기를 꺼낼 수 있는 분위기를 조성할 수 있다. 단, 안락한 의자나 소파만 있는 경우엔 상담의 과정에서 필요한 심리검사 및 다양한 활동 도구들을 활용하는 데 제약이 있을 수 있으므로 탁자와 의자가 같이 있는 상담실이 배치되어야 한다. 특히 아동 또는 청소년은 부모가 상담을 신청해서 같이 오는 경우가 많으므로 부모와 같이 만날 수 있는 크기가 확보되었는지, 더 나아가 상담 진행 시에 부모가 기다릴 수 있는 독립된 공간이 있는지도 고려할 수 있다. 또한 처음 상담에 올 때에 부모와 자녀는 상담이 어떻게 진행될지 모르는 경우가 있으므로 이에 대한 적절한 절차와 방식을 안내하고 합의할 수 있다.

2. 접수 면접

접수 면접이란 상담 이전에 내담자의 상담 동기 및 주 호소문제, 사회적 지지체계 및 개인사, 가족관계를 수집하는 단계이다. 실제로 접수 면접 때 내담자는 상담에 대한 첫인상을 갖게 되는 경우가 많고 이는 상담의 지속 여부에 큰 영향을 줄 수 있어 접수 면접은 상담과 분리되는 것이 아니라 연속선상으로 이해하는 것이 좀 더 바람직하다.

흔히 접수 면접 시 다양한 개인 정보를 제한된 시간 안에 파악해야 하므로 쉴 새 없이 질문을 쏟아내는 경우가 있다. 이는 내담자의 태도를 수동적으로 바꿀 수 있고, 대답 역시 단답형으로 바뀔 수 있는데, 이는 상담동기의 저해 요소가 된다. 따라서 접수 면접 시 중요한 것은 정보의 수집 이전에 관계를 수립하는 것이 먼저이다. 접수 면접자나 상담사는 내담자를 따뜻하게 맞이하면서 내담자가 가장 고통스러워하는 심리적 고통이 무엇인지를 경청하고 수용하며, 이에 대한 여러 요인을 하나씩 탐색할 수 있다. 접수 면접 시에 파악할 수 있는 것은 크게 다음과 같다.

- 내담자의 개인 정보: 성별, 연락처, 나이, 학교, 종교, 주소, 부모의 직업, 정신적 · 신체적 질병에 관한 정보, 약물 복용 여부, 상담 경험, 신청 경로 등 일반적인 정보
- 인상 및 행동 특성: 두발 상태, 표정, 의사소통 시의 특징, 시선 처리, 옷차림, 태도, 비언어적 메시지 등
- 주 호소문제, 촉발요인, 목표 및 동기: 주 호소문제, 배경과 목표, 상담동기, 촉발요인 등

• 스트레스 요인 및 사회적 지지체계: 진로, 가족 갈등, 또래 갈등, 발달과정, 미디어 요인, 학업, 건강 등 다양한 스트레스 요인 및 사회적 지지체계

특히 상담은 상담사가 원하는 방향이 아닌 철저히 내담자의 주 호소에서 시작하기 때문에 주 호소문제는 상담사의 해석보다는 내담자가 호소한 문제를 그대로 상담 일지에 적는 것이 필요하다. 이는 상담사의 해석을 방지할 수 있는 장치이며, 이후 상담사가 사례 개념화와 상담설계, 상담 목표 및 전략을 수립하고 상담을 수행할 시의 근거 자원이 된다. 또한 내담자는 아직 미성년자이기 때문에 부모나 법정대리인의 동의가 필요하고 이를 내담자와 관계인에게 충분히 안내할 수 있어야 한다. 더 나아가 접수 면접 때 진술했던 정보는 얼마든지 틀릴 수 있고 달라질 수 있다는 것에 유념하여 정보에 귀속되지 않고 정보를 다시 확인하고 필요하다면 재구성할 수 있는 유연한 태도가 필요하다.

또한 상담사는 항상 상담을 진행하고 있으므로 내담자가 으레 상담의 과정을 알고 있을 것으로 간주할 수 있는데, 이는 명백한 오류로 나타날 수 있다. 오히려 내담자는 상담이 어떻게 진행되는지 전혀 모를 수 있어서 어떻게 진행해야 하는지 막막해할 때가 많다. 이를테면, 10세 아동이 "제가 무슨 말을 해야 하나요?"라는 질문을 했을 때 이는 방어기제가 아니라 정말 몰라서 묻는 말일 수 있다는 것이다. 또한 대중매체나 책으로 상담과정을 접한 내담자 중에서는 상담 과정을 오해하고 상담사에게 어떤 '해결책'을 제공해 줄 것을 기대하는 때도 있다. 한편, 부모의 경우 아이의 문제행동만 경감하고 학업에 다시 복귀할 수 있을 것을 은근히 종용할 수 있다(예: "선생님, 아이가 손톱 물어뜯는 것을 좀 고쳐 주시고 다시 학업에 힘을 내게 해 주세요."). 그러나 실제로 아이의 특정한 문제 행동 이면엔 촉발요인, 유발요인, 유지요인, 스트레스 요인 등 다양한 보이지 않는 체계가 숨어 있을 수 있으므로 문제 행동만을 경감하는 것은 다른 부적응적 패턴을 강화할 수 있다. 또한 본질적으로 상담사는 내담자의 상담사이지, 내담자 부모의 상담사가 아니기 때문에 이러한 이해 당사자의 욕구 및 기대를 적절히 조율하는 것이 중요하다.

3. 상담의 초기 · 중기 · 종결 단계

1) 초기 단계

상담의 초기 단계는 이후 상담에 대한 동기 및 효과성을 결정하는 데 중요한 역할을 하게 된다. 이를 위해서 크게 세 가지 측면을 진술하고자 한다.

첫째, 상담구조화와 상담의 안내이다. 상담사는 접수 면접 시 어떤 배경으로 상담에 오게 되었는지, 이전 상담이 있었다면 그때 다뤘던 주제와 효과성은 무엇이었는지, 상담에서 기대하는 바가 무엇인지를 하나씩 탐색하는 동시에 상담 과정과 절차를 안내하고 상담에는 내담자의 자발적 동기와 의지가 매우 중요할 수 있음을 초반에 안내하고, 상담의 효과성 및 한계성을 적절히 설명할 필요가 있다. 또한 예상되는 회기, 비용, 비밀보장과 비밀보장의 한계, 심리검사 필요 여부 등을 내담자 및 부모와 함께 합의해야 하며, 상담과정에서의 상담사의 역할과 내담자의 역할을 정립할 필요가 있다.

둘째, 상담사와 내담자의 관계 맺기이다. 상담은 전문가에 의한 진단이나 지시적인 해결책을 주는 장이라기보다는 철저히 내담자의 말과 감정을 경청하는 과정에 가깝다. 또한 상담의 관계 형성이 두터울수록 신뢰의 바탕하에서 깊은 이야기를 할 수 있다. 따라서 상담사와 내담자는 수직적 관계라기보다는 상호 신뢰에 바탕을 둔 수평적 관계에 가깝다. 따라서 상담사는 내담자와 적절한 눈 맞춤을 하고 내담자에게 관심을 가지며 적극적으로 경청하고 이를 수용하고 적절히 공감하며 내담자와의 라포를 형성한다. 공감이란 내담자가 느끼는 감정, 욕구, 기대, 열망, 가치관 등에 대한 주관적 세계를 나의 주관적 세계로 가져와 그것을 느낀 뒤 표명해 주는 것이다. 상담 과정에서 가장 강력한 효과를 지닌 공감적 과정은 내담자가 겪고 있는 거절감, 외로움, 고립감, 불안, 우울과 같은 요소를 상담사와 진솔하게 나눌 수 있도록 터전을 형성할 수 있다.

또한 아동 또는 청소년은 부모에 이끌려 상담에 온 경우가 많아 비자발적이기 쉬우며, 깊은 심리적 고통을 누군가에게 이야기하는 것에 서툰 경우가 많다. 특히 발달과업상 언어 상담이 익숙지 않아 상담사의 질문이 어떤 것을 의미하는지 모를 가능성이 있다. 또한 청소년기라고 하더라도 내면의 극심한 혼란 때문에 자신이 원하는 바나 기대하는 바를 분명히 모르는 경우가 많이 있다. 상담사는 적대자나 지시자가 아니라 내담자의 문제를 깊이 이해하고 동맹관계를 수립하며 내담자가 좀 더 자신의 문제 상황과 핵심 감정을 구체적으로 회상하고 생각할 시간을 주고 이를 표현할 수 있도록 도와주는 동시에, 내담자가 자신의 부적응적 정서, 사고, 행동을 스스로 관찰하고 접촉할 수 있도록 재진술, 요약, 공감, 반영과 같은 상담기법을 시도하며 도울 수 있다.

〈초기 단계에서 상담사의 관계 맺기의 예〉

- 상담 시작 시 내담자를 환대하며 맞이하기
- 무조건적 수용하기
- 강력한 지지자 되기
- 개방적 질문 활용하기
- 눈 맞춤 하기
- 허리를 내담자 쪽으로 약간 기울이기
- 내담자보다 적게 말하기
- 공감하기
- 편안한 자세 취하기
- 진실한 태도 취하기
- 내담자의 말과 비언어적 메시지에 적절히 반응하기

셋째, 사례개념화와 적절한 심리평가에 근거한 상담적 개입이다. 초기 상담에는 상담의 구조화, 관계 맺기, 심리검사, 심리평가 및 해석 상담, 사례개념화, 상담 설계, 상담 목표, 전략이 포함된다. 특히 내담자의 주관적인 호소가 주호소문제이고 상담사의 주관적 해석이 사례개념화라면 주 호소와 사례개념화 사이에 과학 기반에 해석학적 기반을 갖게 하며 적절한 개입을 형성할 수 있도록 도와주는 것이 심리검사와 심리평가이다. 내담자의 발달, 인지, 감정, 지적 능력, 사고, 패턴, 병리적 측면에 따라 적절한 심리검사를 선택하고 이에 따라 심리평가와 적절한 해석 상담을 하는 것은 앞으로의 회기 구성과 상담의 개입 시에 효과적으로 기능할 수 있다.

2) 중기 단계

중기 단계는 작업 회기이기 때문에 공감적 반영의 토대 안에서 내담자 스스로 자기 생각이나 욕구, 비합리적 생각, 기대를 생각할 수 있도록 탐색할 수 있는 질문을 구축할 필요가 있다. 또한 이에 대한 내담자의 반응이 있을 때 이에 대한 요약과 재진술을 하고 다시 좀 더 깊게 자신을 볼 수 있는 질문을 다시 수행함으로써 내담자의 의식이 확장될 수 있도록 개입할 수 있다. 다음의 상담 대화를 살펴보자.

내담자: 저는 그 친구들의 째려보는 듯한 눈빛이 두려웠어요. 뭔가 판단되는 듯한 느낌. 그게 너무 두려워 황급히 교실 문을 열고 나갔어요.
상담사: 저였어도 그 친구들의 째려보는 눈빛이 두려웠을 것 같아요. 마치 그 눈빛이 나를 판단하는 것 같은 그런 느낌이었을 것 같아서 너무 두려웠을 것 같아요. 〈요약, 재진술〉

내담자: 네, 선생님 말씀이 맞아요. 모두 저를 판단하는 느낌, 그 느낌이에요. 그게 너무 두려웠어요.
상담사: 혹시 그 친구들의 눈빛을 한번 여기서 떠올려 본다면 어떤 마음이 들어요? 〈탐색 1〉

내담자: 두려워요. 피하고 싶어요.
상담사: 나는 두렵고 그래서 피하고 싶었군요. 그 째려보는 눈빛을 다시 한번 떠올려 보실까요. 그 눈빛은 안에 어떤 말을 머금고 있길래 나는 그것이 그렇게 두려웠을까요? 〈탐색 2〉

내담자: 너는 우리 모임에 들어올 자격이 없어.
상담사: 제가 느낄 때 그 말은 너무나 차갑고 나는 그러면 소외감을 느낄 것 같아요. 〈반영〉

내담자: 맞아요. 제가 느낀 두려움은 소외감이에요.
상담사: 그 소외감이 참 많이 아팠을 거 같아요. 그 모임에 들어갈 자격이 없다는 그 소외감은 내게 무엇을 의미하나요? 〈탐색 3〉

내담자는 친구들의 눈빛이 두려우므로 그것을 벗어나고자 교실 문을 열고 나갔다. 상담사는 요약과 재진술, 적절한 반영과 함께 내담자가 두려워하는 것이 무엇인지를 탐색하고 있다. 이러한 탐색 질문은 수직적으로는 내담자의 표면 감정과 이면 감정, 심층 감정을 살펴볼 수 있도록 도울 수 있으며, 수평적으로는 내담자의 의식을 확장하여 자기 생각과 감정을 되새기고 확장한다. 한편, 이러한 탐색 질문과 이로 인한 통찰은 반드시 내담자의 주호소문제와 합의된 목표를 달성하는 데 어떤 영향을 주고 있는지를 탐색할 필요가 있다. 또한 상담의 과정은 유동적이고 가변적 상황이 있을 수 있어서 초기 목표와 전략을 점검하며 재구성해 볼 수 있다. 또한 회기를 5분 정도 남겨 놓았을 때 "오늘 이야기하면서 깨달은 점이나 느낀 점이 있다면 어떤 것이 있을까요?"와 같은 질문을 하여 내담자 스스로 자신의 사고와 감정을 정리하고 회기에서의 성과를 스스로 가져갈 수 있도록 도울 수 있다.

많은 상담사가 내담자의 마음을 다루는 것으로 만족하기도 하나 실제로 상담은 이러한 통찰을 토대로 어떻게 실제 일상생활에서 변화가 일어나는지를 확인해야 한다. 특히 이 중에서 사고와 감정을 다룬 것이 실제 행동과 일상 세계에서 어떤 변화로 이뤄지는지를 함께 나누고 피드백하며, 내담자의 변화된 사고, 감정, 행동 모두가 초반에 세웠던 목표와 어떻게 합치되는지를 함께 점검해 볼 수 있다.

3) 종결 단계

상담은 영원한 관계가 아니라 구조적 장소에서 이뤄지는 일시적 관계이다. 또한 직원관리 프로그램(Employee Asssistance Program: EAP), 청소년 상담복지센터, 건강가정지원센터, 민간 센터 등에서 진행하고 있는 많은 상담이 15회기 이내로 이뤄지고 있어 단기상담이 주를 이룬다. 따라서 상담사는 짧은 회기 동안 어떻게 목표가 달성되고 있는지를 점검할 필요가 있는 동시에 종결 회기에서는 초반 회기와 지금의 변화가 어떤 것이 있는지를 내담자와 이야기할 수 있다. 따라서 척도 질문이나 의미 질문을 토대로 합의된 목표가 얼마만큼 달성되었고 그것이 어떤 의미와 가치가 있는지를 재점검해 볼 수 있다. 또한 변화를 일으킨 원인은 여러 가지가 있을 수 있으므로 상담사 변인, 내담자 변인, 상담과정 변인, 환경적 변인 등을 구체화하여 이를 구체적이고도 체계적으로 인식할 수 있도록 돕는다. 또한 이러한 변화 지점을 유지하고 좀 더 확장하기 위한 인적 자원과 지지망을 활용하는 방법이 어떤 것이 있을지를 함께 논의할 수 있다.

또한 상담 전체를 통합하며 이를 토대로 상담에서 좋았던 과정이 어떤 것이 있었는지를 탐색할 수 있다. 또한 상담사와 내담자 역시 의미 있는 관계의 대상이기 때문에 상담 과정에서 느껴졌던 감정을 물어봄으로써 내담자의 심층 감정을 좀 더 표현할 수 있는 계기로 활용하는 동시에 상담사 역시 내담자에게 진술한 자신의 마음을 표현함으로써 수용적 대상 경험을 할 수 있는 계기로 종결 회기를 쓸 수 있다. 또한 그 이후 상담에서 아쉬웠던 점을 탐색함으로써 자연스럽게 미해결과제가 무엇인지를 함께 정의하고 이를 위해서 필요한 개인적·사회적 자원이 무엇이 있을지를 다룰 수 있다. 또한 상담 과정에서 아쉬웠던 점은 상담사의 성장에도 좋은 약이 된다. 다음의 상담 대화를 살펴보자.

상담사: 방금 그렇게 좋은 것들을 나누게 되어 저도 기뻐요. 이번엔 반대의 질문을 해 볼게요. 좋은 점이 많았지만, 그럼에도 이번 상담에서 아쉬웠던 점이 있다면 어떤 것이 있을까요?

내담자: 음, 사실 다 좋았는데 저희가 불안을 많이 다뤘잖아요. 근데 저는 진로를 다루지 못해서 조금 아쉬워요. 사실 동기도 올라갔는데 이제 어떻게 시도해 볼 것인가 하는 게 남은 것 같아서요. 진로를 탐색하는 데 불안이 방해가 되었던 것 같거든요. 조금 걷어지니 진로를 어떻게 탐색할지 궁금하기도 해요.

상담사: 그렇군요. 고마워요. 우리가 진로에 장벽이 될 수 있는 불안은 다뤘지만, 그 이후에 진로에 대한 명확한 방법을 아직 다루지는 못했어요. 어떻게 하면 이 부분을 채워 나갈 수 있을까요?

내담자: 이제 학기가 시작하지만, 여름방학이 되면 선생님과 진로 검사도 해 보고 그 부분을 갖고 상담을 좀 더 진행해 보고 싶어요.

상담사: 네, 저도 함께 진로를 꿈꾸고 다룰 생각을 하니까 기대돼요. 그 부분에 대해 좀 더 이야기해 보죠.

이 대화에서는 실제 미해결과제를 다루는 동시에 상담과정에서 겪었던 아쉬웠던 점을 이야기할 수 있도록 독려하고 있다. 이는 내담자가 좋은 피드백이든 안 좋은 피드백이든 의미 있는 대상에게 해 볼 기회를 주는 동시에 상담사의 성장에도 좋은 밑바탕이 될 수 있다.

한편, 내담자가 실제 변화된 것이 어떻게 이어지고 있으며, 어려움의 요소가 무엇이 있는지를 점검하기 위해 추수 상담회기를 정하는 것도 도움이 될 수 있다. 이는 상담 회기를 넘어 가족과 사회에 복귀하는 내담자가 다시 겪는 어려움의 요소를 좀 더 면밀하게 다룰 수 있는 기점을 형성할 수 있다. 만약 내담자가 갑자기 조기 종결할 경우 이는 내담자에게도 도움이 되지 않고 상담사도 상처를 받을 수 있다. 상담사는 조기 종결한 내담자에게 배신감을 느끼기도 하고, 자신의 문제가 무엇인지 끊임없이 생각할 수 있다. 내담자가 만약 조기 종결을 원하는 경우 마지막 한 번의 회기를 더 잡을 수 있도록 안내하는 것은 좋은 이별을 구축하는 동시에 오히려 상담의 장애물을 딛고 더 도약할 수 있는 회기를 구축할 수 있고, 더 나아가 조기 종결의 이유를 내담자에게 솔직히 물어봄으로써 상담사의 자기 점검과 내담자의 사정을 좀 더 균형적으로 알 수 있는 이점이 있다. 또한 조기 종결임에도 불구하고 상담에서의 미해결과제가 긴급하고 중대한 경우 이에 대한 해결방안을 함께 논의하고 상담사 스스로 다루기 어려울 때 다른 전문가에게 연계하는 방법을 함께 고민해 볼 수 있다.

● 학습문제 ●

1. 상담 경험을 떠올리며 아동 및 청소년의 접수 면접 시 잘한 것은 무엇이 있는지 살펴보고 보완해야 할 점은 무엇이 있는지 생각해 보자.
2. 상담 경험에서 아동 및 청소년 상담에서 상담 초기와 중기에 어떠한 관계를 맺고 개입을 했었는지 생각해 보면서 여기에 보완하고 적용할 부분이 있다면 무엇이 있는지 함께 논의해 보자.
3. 상담 종결 경험을 떠올려 보며 종결 회기 때 무엇을 다뤘는지를 생각해 보고 놓친 것이 있다면 향후 종결 회기 때 다룰 것은 무엇이 있을지 같이 토의해 보자.

제3부

아동 및 청소년 상담이론

제6장 단기 대상관계상담

제7장 게슈탈트상담

제8장 인지행동상담

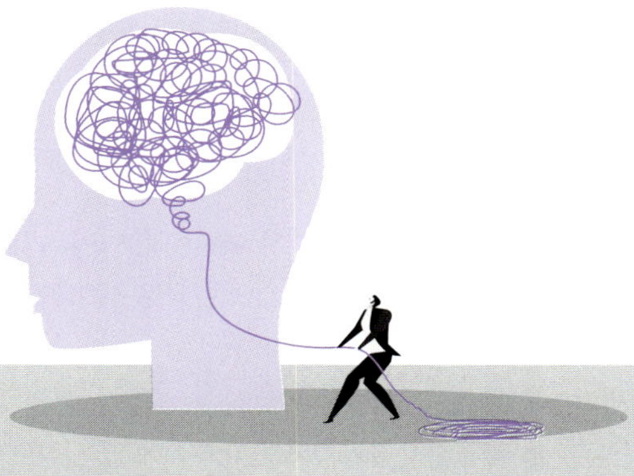

아동 및 청소년 상담 시 다양한 이론으로 접근이 가능하지만, 이 책에서는 단기 대상관계상담, 게슈탈트상담, 인지행동상담 등 세 가지 이론을 중심으로 살펴보고자 한다. 상담 시 사례에 더 적합한 이론이 있을 수 있으나 그 어떤 이론을 적용해도 성과가 있기 때문에 하나의 사례를 중심으로 세 가지 이론을 적용하여 어떻게 사례개념화가 진행되고, 이론마다 어떤 차이가 발생하는지에 대해 살펴보고자 한다. 세 가지 이론에 적용할 사례는 다음과 같다.

중학교 3학년인 A양은 4년 전에 부모님의 이혼 후, 아버지, 언니와 살고 있다. 부모님이 이혼 전 2년의 별거 기간으로 부모님의 이혼에 대한 마음의 준비가 되었다고 생각했지만 시간이 지날수록 가슴이 답답하고 화가 나고 슬퍼지면서 학업에 집중할 수 없다. 가장 힘든 것은 자신의 고통을 함께 나눌 사람이 없다는 점이다. 부모의 이혼으로 가족 모두가 힘든 상태에 있음을 알기에 누구에게도 자신의 속마음을 털어놓을 수 없고, 가정에서도 학교에서도 언제나 씩씩하고 밝게 지내며 착한 아이로 살고 있다.

이와 같은 거짓된 삶에서 벗어나기 위해서 A양은 대학 진학보다는 빨리 취업하여 독립할 수 있는 직업전문학교에 진학하고 싶지만, 아버지의 반대로 스트레스를 받게 되면서 더 이상 견딜 수 없는 상태라며 상담을 요청하였다.

A양은 부모 이혼 후, 매일같이 술을 마시는 아버지에 대한 걱정과 원망이 컸고, 자신이 아직 어려서 혼자 외롭게 살고 있는 어머니에게 아무런 도움도 줄 수 없다는 사실에 대한 죄책감을 함께 갖고 있다. 웃고 다니지만 삶이 신나지 않고, 어딘가에 가서 큰 소리로 속에 있는 모든 것을 토해내고 싶어 한다.

제6장

단기 대상관계상담

우리는 진공 속에서 태어나지 않으며 지금의 나는 하늘에서 뚝 떨어진 것이 아니다. 오히려 현재의 내가 서 있는 것은 과거의 내가 있었기 때문이다. 즉, 내 삶을 뒤돌아보면 일련의 내가 숨어 있다. 이전에 내가 했던 경험은 지금 현재의 나와 연속선상에 있기 때문에 나의 사고, 정서, 행동에 지대한 영향을 미친다. 특히 인간이 태어난지 얼마 안 되었을 땐, 신체적으로 무력하고 타인의 돌봄이 절대적으로 필요하듯이 인간은 그 시기에 심리적으로도 취약하고 정서적 돌봄을 필요로 한다. 만약 유아가 부모에게 버려지는 경험을 했거나 쓸모없다는 느낌을 지속적으로 받았다면 이는 당시 유아에게 깊은 공포와 불안을 형성할 수 있는데, 이는 유아기 때 세상을 바라보는 관점을 형성하여 발달사를 거치며 성인이 된 이후에도 타인에 대한 깊은 불신감과 유기불안을 가질 수 있다. 단기 대상관계상담을 통해서 이러한 발달적 측면을 유아 초기까지 거슬러 올라가며 이때 나타난 역동이 현재의 역동과 어떻게 연관되는지를 통찰하고 상담의 과정에서 전이와 역전이 관계를 수립하며, 수용적이고 일관된 관계를 토대로 역동을 치료적으로 변화할 수 있는 계기를 가질 수 있다. 이러한 토대에서 개입을 하기 이전에 단기 대상관계상담의 토대가 되는 정신분석학적 대상관계이론의 개관을 살펴보고 단기 대상관계상담의 치료과정에 대해 살펴보도록 하자.

1. 정신분석학적 대상관계이론의 개관

대상관계이론은 정신분석학이란 거대한 토양 위에서 자라난 한 그루의 나무라고 할 수 있다. 시간의 흐름에 따라 대대적인 수술이 있어서 그 나무는 독자적인 형태를 가진 것 같으나 사실상 그 뿌리엔 정신분석학이라는 거대한 토대가 그대로 숨겨져 있다. 그렇다면 정신분석학이란 무엇일까? 정신분석학은 '추동(drive)'이라는 흐름과 그것에 대한 대가에 방점을 둔다. 마치 물리학적 메커니즘에서 열역학의 법칙에 따라 에너지는 소거되지 않고 반드시 변환되어서라도 존재한다는 인식과 궤를 같이한다고 볼 수 있다. 이와 같이 추동은 흐름이기 때문에 이를 담고 있는 수로가 어떤 이유에서든지 막히게 되면 당장엔 표시가 안 나더라도 반드시 어떤 신호가 나타나는데, 이 신호를 신경증이라고 한다. 즉, 억압은 불안을, 불안은 억압을 일으키며, 이는 증상으로 나타난다(Stadter, 1996).

근대적 도덕주의와 산업혁명이 교차되고 있던 후기 빅토리아 시대의 19세기 말 오스트리아 빈의 정신과 의사였던 Freud가 주창한 '정신분석'은 약 150년의 역사를 지나면서 많은 진화와 발달을 거쳤다. 특히 현대 정신분석학에서 주요한 입장을 취하고 있는 대상관계이론에서는 몇 가지 지점의 상이점이 있다. 그중 몇 가지를 살펴보도록 하자.

첫째, 외상의 시기이다. Freud는 전 생애의 발달과정을 '구강기' '항문기' '남근기' '잠복기' '성기기'라고 칭했는데, 이 중 특히 '남근기'라고 부르는 오이디푸스 콤플렉스 기간의 외상과 결핍에 집중했다. 그러나 대상관계이론의 효시를 마련한 Melanie Klein은 무의식적 환상(unconscious phantasy)이라는 개념을 등장시키며 이 외상의 시기를 훨씬 앞당겼고, 그녀가 구축한 대상관계학파는 보통 '전 오이디푸스 단계'에 보다 집중한다.

둘째, 추동에 대한 다른 이름이다. Freud는 추동을 '성적 추동(libido)'과 '죽음 추동(thanatos)'이라고 불렀고 그 자체에 대한 과학적이며 생물학적 관점에 대한 해석학에 큰 방점을 둔 반면, 이후의 대상관계학파는 외부 개체와의 역동적 측면과 이를 내면화하는 관점을 토대로 '대상관계'를 구축하였다. Freud의 정신분석학은 이후 다양한 학자에 의해 변화되는데 이는 크게 세 가지이다. 먼저, Anna Freud를 중심으로 한 자아심리학은 원망(願望)과 방어기제에 대한 내부적 요소에 집중하여 이에 대한 자아의 기능을 탐색하며 주로 오이디푸스 단계에 집중한다. 다음으로, 대상관계이론(object relations theory model)은 관계의 메커니즘 과정을 주목한다. 여기에서 관계란 현재의 대인관계보다는 이와 맞물려 패턴처럼 반복되는 초기의 주 양육자와의 대상관계에서 구축된 표상이다. Klein은 내부 대상(internal object)으로, Winnicott은 주관적으로 품게 된 대상(subjectively conceived object)으로, 그리고 Jacobson은 대상 표상(object representation)이라 표현한다(Clair, 1996). 이는 내부적으로 자리 잡은 내적 대상이라는 함의를 지닌다. 마지막으로, 자기심리학은 심리학적 구조에서의 자기의 정동을 탐색하여 이에 대한 야망의 축과 포부의 축 이면에 숨겨진 파편화된 자기(self)에 대한 응집성에 큰 관심을 가진다(Mitchell & Black, 2016).

2. 단기 대상관계상담의 치료과정

대상관계이론은 '지금 현재' 만나는 내담자와의 관계 안에는 무의식적인 표상이 있다는 것을 전제한다. 표상은 자기 표상과 대상 표상으로 나뉘는데, 자기 표상이 자기에 대한 이미지라면, 대상 표상은 타인에 대한 이미지이다. 예를 들어, '아무짝에도 쓸모없는 것 같은, 벌레 같은 나'가 자기 표상이라면, 대상 표상이란 '나를 존중하지 않고 경멸하는 타인'일 수 있다. 이는 생애 초기 3세 이전의 주 양육자와의 관계 안에서 형성되며, 삶을 살아가는 데 주요한 하나의 틀(templete)을 구축하게 된다. 내담자는 상담의 관계에서 점차적으로 무의식적인 역동을 형성하며 상담사를 자신 내부의 표상으로 맺혀 있는 부모의 이미지로 바라볼 수 있게 된다. 또한 상담사 역시 이러한 내담자의 전이가 자신의 무의식으로 스며들며, 자신의 대상관계를 재현케 하며 내담자를 바라보게 하는데, 이것이 역전이적 과정이다.

만약 내담자가 자신을 철저히 외면했고 방치했던 엄마의 이미지로 상담사를 바라보기 시작한다면, 내담자는 상담사에게 깊은 분노를 느끼며 공격적이고 집요한 말투로 상담사의 일상을 캐물을 수 있다. 상담사는 이러한 과정에서 내담자의 전이를 자신의 무의식적 과정으로 가져오며 지나치게 요구적이고 침범했던 아버지를 떠올릴 수 있다. 즉, 상담사와 내담자 사이엔 현재 패턴에 과거의 중요한 패턴이 재현되어 상담의 장에서 펼쳐지는데 이를 병행적 재현(parallel reenactment)이라고 한다. 따라서 역동적 관계에서 상담사가 내담자의 전이 관계를 피하거나 반사하지 않고 버텨 주는 환경(holding environment)을 제공하거나 담아 주는 환경(containing environment)을 제공할 수 있다(Bion, 2004; Greenberg, 1983). 이러한 과정은 내담자가 가지고 있는 결핍에 '재부모화(reparenting)' 과정인 다른 대상관계의 질을 체험하게 함으로써 부적응적 패턴에 대한 수정을 형성케 한다. 또한 내담자가 무의식적 대상관계를 깨닫고 이를 인격 속에 통합하는 과정을 훈습(working through)이라고 하는데, 이때 상담사의 적절한 해석(optimal interpretation)은 안전하고 신뢰할 수 있는 돌봄을 하는 과정이다. 이 장은 대상관계이론의 기본적 철학과 가정을 바탕으로 단기 대상관계상담을 진행하고자 한다. 이 중 단기 정신역동으로 불안의 삼각형을 제시한 Malan의 역동 모형을 따라가 보고자 하는데, 이를 그림으로 제시하면 [그림 6-1]과 같다(Malan,1979).

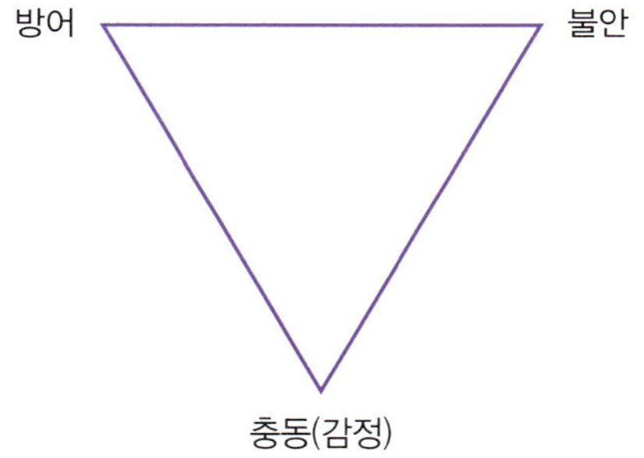

[그림 6-1] 갈등의 삼각형(Malan, 1979)

이 그림은 내담자의 방어 기제와 그로 인한 내담자의 불안(증상)을 보여 준다. 방어기제란 사회화 기능, 원초적 추동을 포장하는 형식을 취하고 있다. 또한 이 불안을 일으키는 충동, 또는 원초적 정서는 삼각형의 밑바닥에 위치해 있다. 이 원초적 정서는 방어기제와 불안을 진동하며 갈등을 일으키고 있다. 이는 증상을 형성하고 불안은 증폭시킨다.

단기 대상관계상담의 관점에서 상담사는 어떻게 상담적 개입을 할 수 있는가? 첫째, 내담자는 상담의 과정에서 방어기제를 보이거나 불안 증상을 나타내거나 무의식적인 충동을 재현하는데, 상담사는 지지적 관계에서 '지금 여기'에서 재현되는 역동을 인식하고 재현할 수 있는 터전을 형성할 수 있다. 둘째, 전이 관계가 발생할 때 단순히 전이의 감정을 해석하거나 반사하지 않고 내담자의 심층 감정과 무의식적 이미지가 충분히 드러날 수 있도록 정서적 연결을 유지한다. Strupp(1989)은 상담사와 내담자의 정서적 연결이야말로 핵심적 치유 요인이라고 주창하였는데, 역동적 관계에서 가장 훌륭한 치료적 도구는 바로 상담사 자신이다. 상담사가 받고 있는 강렬한 역전이 반응을 어떻게 다루느냐에 따라 상담의 성패가 달려 있는 것이다. 셋째, 상담사는 현재 재현되고 있는 무의식적 관계와 상담사와의 전이적 연결을 토대로 일관되고도 안전기지(secure base)의 경험을 제공할 수 있다. 이러한 터전에서 내담자의 무의식적 결핍에 다른 대상관계의 질의 관계를 현존의 장에서 체험하게 함으로써 변화가 일어날 수 있다(Bion, 2004). 이를테면 사춘기 내담자가 현재 친구에게서 느끼는 깊은 소외감과 외로운 느낌을 토로할 때, 이러한 감정은 다섯 살 때 부모가 이혼을 하게 되면서 느꼈던 무의식적인 버려짐과 외로움의 감정과 연결될 수 있다. 이때 상담사는 이를 해석하지 않고 전이적 관계에서 "깊은 외로움이 느껴지네요, 그 외로움에 조금 더 머무르면 어떤 것이 떠오르세요?"라고 탐색함으로써 내담자의 역동이 지지적인 토대에서 드러날 수 있도록 도울 수 있다.

3. 사례개념화 및 상담설계

앞에서 제시한 사례를 단기 대상관계상담에 근거하여 사례개념화를 하고 상담목표 설정 및 상담진행 방향에 대해 살펴보고자 한다.

1) 사례개념화

중학교 3학년인 내담자는 빨리 취업하고 싶어 직업전문학교에 진학하고 싶었으나 아버지의 반대로 스트레스를 받게 되며 상담을 요청한 자발적 내담자이다. 주 호소는 스트레스가 너무 심하고 아버지로부터 벗어나고 싶은 분화와 독립의 욕구를 보이고 있다. 내담자가 이러한 호소문제를 진술한 배경에는 매일 술을 마시는 아버지와의 스트레스 요인과 맞물려 직업전문학교 진학을 반대하는 아버지의 반대로 인해 촉발된 것으로 사료된다.

내담자는 4년 전 부모의 이혼 후 아버지, 언니와 살고 있다. 내담자는 의식적으로는 부모의 이혼을 잊으려고 노력했으나 시간이 지날수록 부모의 이혼 이후 가슴이 답답하고 화가 나고 슬퍼지면서 학업에 집중할 수가 없었다. 한편, 내담자는 현재 이러한 이야기를 나눌 수 있는 안전한 관계가 부재하다. 역동적 측면에서 내담자는 가정과 학교에서는 밝은 아이라는 반동형성의 방어기제 이면엔 불안이 숨겨져 있고 이 불안은 대상을 상실할지도 모른다는 유기 불안과 슬픔이 자리 잡고 있을 수 있다. 더 나아가 내담자의 자기 표상은 '유기되어 버려진 나', 대상 표상은 '나를 떠나는 대상'이 숨어 있는 것으로 해석될 수 있다. 또한 내담자는 자신을 억누르고 침범하는 아버지로부터 벗어나고 싶은 욕구를 표출하고 싶은 동시에 어머니에 대한 죄책감과 애도의 과정을 억누르고 있다.

이를 통해 추론하면 내담자는 가정을 적절히 돌보지 않고 술에 취한 아버지에게 깊은 원망을 가지며 부정적 내사과정을 겪었을 가능성이 있다. 한편, 이혼 후 외롭고 슬픔에 빠진 것으로 보이는 어머니를 구해 낼 수 없다는 것에 대한 죄책감을 형성하였고, 이는 내담자가 독립해서 빨리 생계를 책임져야 한다는 독립과 분화 욕구를 형성했을 것이다. 다른 한편, 가정의 해체 이후 어머니를 만나는 것이 어려워지면서 외로움을 느끼게 되고 이는 고립감으로 자리잡으며 현재의 대인관계 맺기를 형성하는 데 부적응적 패턴을 형성할 수 있다.

상담사는 내담자의 가슴이 답답하고 화가 나고 슬퍼하는 감정을 하나씩 공감하고 수용하며, 신뢰할 수 있고 지지적인 관계를 형성할 수 있다. 또한 독립을 하고 싶은 배경과 가족의 해체, 부모에 대한 미해결된 감정을 '지금 여기'에서 충분히 꺼내놓을 수 있도록 도울 수 있다. 또한 이러한 역동 안에 숨겨져 있는 내담자가 가족을 회복하고 싶은 소망과 어머니를 상실했다는 슬픔과 죄책감의 느낌을 '지금 여기'에서 충분히 재현할 수 있도록 독려하고 이러한 과거 역동이 현재 나의 삶에 어떤 영향력으로 나타나고 있는지를 충분히 조망할 수 있도록 상담적 개입을 할 수 있다.

2) 상담설계

① 상담목표

–내 안에 있는 속마음을 찾아 표현하고, 주체적으로 삶을 설계하고 살아가기

② 상담전략

–자신이 아버지에게 원하는 것을 인식하고 무엇인지를 이야기해 볼 수 있도록 반영 및 지지

–부모의 이혼 이후 느껴지는 두려움과 유기불안, 거절 이슈에 대해 구체적인 사건과 정서를 탐색하여 이를 토대로 상담 공간에서 상담사를 활용하여 '지금 여기'에서 재현해 보고 전이 과정을 형성하여 내담자가 갖는 역동에 대한 통찰 및 역동 발생에 대한 인식 구축

–안정된 상담경험을 통해 응집된 자기를 구축하고 이를 토대로 실제 대인관계 패턴에서 적절한 친구 및 언니 자원을 발견하고 활용하여 적절하게 자신을 표현해 보고 이러한 대화를 토대로 한 피드백을 상담 공간에서 재현

③ 회기별 상담계획(안)

회기	목표	내용	기법 및 도구
1	상담의 구조화 및 핵심문제 선정	• 주 호소문제와 촉발요인을 탐색하고 핵심 문제를 정의 • 핵심감정의 탐색과 내담자의 변화에 대한 동기 및 합의를 구축 • 상담의 목표 및 전략을 수립	핵심문제 선정, 사례개념화 구축, 상담동기 구축
2~5	구체적 사건과 이로 인한 감정과 생각, 핵심감정을 인식	• 지지적 관계를 수립하며 현재 아버지, 어머니, 친구 관계의 대인관계 패턴이 어떻게 나타나고 있는지 탐색 • 핵심문제인 아버지와의 관계에서 원하는 바가 무엇인지를 명확히 인식하고 표현	현재 관계의 패턴 인식, 역동 인식 질문

6~10	역동의 인식과 과거의 역동과 현재의 역동을 연결	• 부모의 이혼 이후 느껴지는 유기 불안 및 두려움을 지금 여기에서 다루고 안전한 대상관계 확립 • '전이와 역전이' 관계에서 중요한 대상인 어머니에 대한 감정을 지금 여기에 재현하여 다루고 적절한 피드백을 구축하여 통합적 대상관계를 구축	현존의 감정을 다루며 안전한 대상관계 구축, 전이와 역전이 관계를 치료적으로 구축
10~14	상담사와의 상호작용을 토대로 교정적 정서체험을 형성하고 새로운 대인관계 구축하기, 진로 및 비전 설계	• 어머니와의 미해결된 감정 및 가정의 해체에 따른 내적 상처를 통찰하고 이를 표현하고 수용할 수 있는 토대 구축 • 새로운 교정적 정서 체험을 촉진하고 아버지와 새로운 관계를 맺고 분화 이슈 개입 • 상담의 장에서 구축한 상호작용 회기를 토대로 좀 더 진실한 친구관계를 맺도록 돕고, 진로 및 비전 설계	지지적 관계 형성, 적극적 경청
15	상담 마무리	• 상담목표 달성 여부 확인 • 미해결과제 및 상담 종결 후 안내하기 • 이별 감정 다루고 상담사에 대한 느낌, 내담자에 대한 느낌을 진실하게 표현 • 상담과정에서 새롭게 깨달은 자신의 모습을 표현할 수 있도록 독려	목표달성 여부 확인, 미해결과제, 요약, 의사 확인, 적극적 경청

접수 면접과 1회기 상담을 시작하며 문제를 지나치게 탐색하기보다는 내담자와 지지적 관계를 형성하여 내담자의 주 호소문제와 주관적 고통의 정도를 탐색할 수 있도록 한다. 더 나아가 이러한 주 호소문제의 촉발요인이 어떻게 나타났는지를 함께 논의해 본다. 이를 토대로 상담의 목표와 전략을 수립한다.

2~5회기 때, 내담자는 누구에게 자신의 속마음을 털어놓을 수 없고 씩씩하고 밝게 살고 있다고 진술하는데, 이는 상담에서 밝아 보이는 내담자의 기지 이면에 있는 심층감정에 들어가는 것이 쉽지 않을 수 있음을 인식하고 충분한 공감적 반영 안에서 현재 대인관계 및 가족관계를 탐색하고 이를 지지적 · 수용적 태도로 반영할 필요가 있다. 한편, 중요한 관계를 토대로 아버지, 어머니, 친구 관계의 대인관계 패턴이 어떻게 나타나고 핵심 감정은 무엇인지를 탐색하고, 현재 드러나고 있는 아버지

와의 관계에서 내담자가 정말로 원하는 것이 무엇인지를 인식하고 표현하게 할 수 있다.

6~10회기 때는, 부모의 이혼 이후 느껴지는 유기 불안이나 두려움을 '지금 여기'에서 다루고 안전한 대상관계를 확립할 수 있다. 특히 상실이슈는 언어적으로 꺼내기 어려울 수 있으므로 놀이나 콜라주를 통해 꺼내기 어려운 내면의 이슈를 상징적 형태로 드러낼 수 있도록 하고 매체를 통해 '전이와 역전이'를 치료적으로 구축함으로써 상담사와 관계를 형성할 수 있다. 이러한 작업을 통해 가정의 해체와 엄마의 상실에 대한 감정을 재현하여 다루고 재부모화(reparenting) 과정을 체험할 수 있도록 함으로써 굳건하고 일관적인 대상관계를 구축할 수 있다.

10~14회기 때는, 응집된 자기를 구축한 토대 안에서 어머니와 미해결된 감정 및 가정의 해체로 인한 내담자의 내적 성찰과 이를 아프지만 수용할 수 있는 터전을 구축하고 상담에서 이뤄진 교정적 정서 체험을 토대로 아버지와의 새로운 관계를 맺고 분화 이슈를 다룰 수 있다. 한편, 상담사는 교정적 정서 체험을 구축하는 동시에 내담자의 분화 이슈와 진로에서의 갈등을 하나씩 다시 생각해 볼 수 있는 장을 열어줌으로써 내담자의 생각의 기지를 형성할 수 있다. 이를테면 내담자에게 적합한 진로 설계를 구축하는 동시에 내담자가 독립을 위해 선택한 직업전문학교에 대한 문제를 스스로 조율할 수 있도록 독려할 수 있다. 또한 아버지의 갈등이 격화되고 있으므로 상담사와의 역할 연습을 통해 이를 아버지에게 시연해 보고 다시 이를 피드백해 보는 장을 가짐으로써 내담자가 아버지에게 유연하면서도 명확히 자신의 의견과 욕구를 전달할 수 있도록 돕고 실제 아버지와의 관계적 메커니즘을 적절히 상담 회기 안에서 다룰 수 있다. 한편, 또래관계의 지지망을 좀 더 두텁게 형성하고 지지망을 구축하고 현실적인 학교생활을 위해 필요한 실행계획을 하나씩 점검할 수 있다. 또한 내담자가 현재 있는 상황에서 변화할 수 있는 요소를 인식하고 시험하고 경험해 볼 수 있는 환경을 조성할 수 있다. 거짓된 삶에 숨겨져 있는 내담자의 소망과 욕구를 지금 여기에서 충분히 재현하고 교정하는 장은 내담자가 현재 호소하고 있는 분화의 이슈와 여러 복합적 감정을 통합하고 조율하고 적응적 패턴을 형성하는 데 활용될 수 있다.

15회기 때, 상담을 마무리하며 상담목표의 달성 여부를 확인하고 미해결과제 및 상담 종결 후의 과제를 안내한다. 더 나아가 이별 감정을 다루고 상담사에 대한 느낌, 상담사는 내담자에 대한 느낌을 진실하게 표현할 수 있도록 한다. 또한 새롭게 깨달은 자신의 모습을 상담을 정리하며 표현할 수 있도록 한다.

●학습문제●

1. 현재의 내가 하고 있는 정서, 사고, 행동, 대인관계 패턴이 실제 과거의 무의식적 역동과 어떠한 관계가 있을지를 스스로 생각해 보고 비평적으로 고찰해 보자.
2. 정신분석적 배경이 상담에서 유용하게 쓰일 수 있는 점이 무엇이 있을지, 자신의 임상 경험에서 고찰하고 함께 토의해 보자.
3. 단기 대상관계상담에 입각하여 자신의 사례에 대한 대상관계이론 기반의 사례개념화를 연습해 보자.

제7장

게슈탈트상담

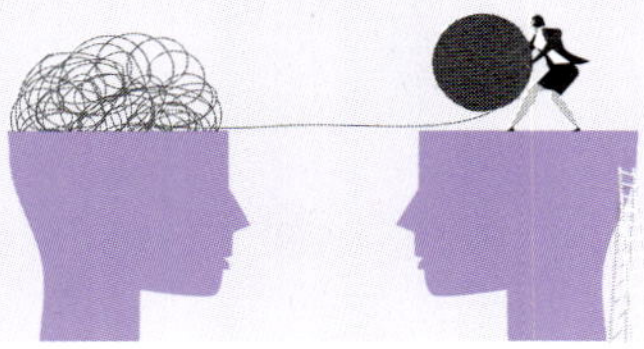

게슈탈트상담은 실존적 만남을 통해 자각을 중요시하며, 대인관계 갈등 대처와 대인관계 활성화를 효과적이고 창의적으로 학습하여 서로에게 피드백해 주는 방식을 중시한다(Zinker, 1978). 게슈탈트상담은 관계성 향상을 중요시하기 때문에 청소년의 다양한 관계적 문제를 다루기에 용이하고, 자각과 성장을 중요시하기 때문에(김정규, 1995; 노안영, 2011) 청소년상담에 적합하다. 또한 정체성에 대해 고민하는 청소년에게 게슈탈트의 알아차림과 접촉은 청소년의 발달 과제를 해결하는 데 효과적이고 유용하게 활용될 수 있다.

게슈탈트 집단상담 프로그램 효과에 대한 메타분석 연구에 따르면 아동 및 청소년에게 효과적임이 확인되었다(남보라 2017; 이미숙, 2017). 특히 자아개념, 자기조절, 학교생활 적응, 대인관계, 사회성, 행동문제, 부정정서 등에서 효과적인 것으로 나타났다. 이미숙(2017)의 연구에서는 가정폭력 경험 청소년, 가출 청소년, 우울 성향 청소년, 인터넷 중독 경향 청소년 등 문제가 있는 특정 집단의 청소년보다 일반 집단의 청소년에게 게슈탈트 집단상담의 효과크기가 높게 나타났다. 이를 통해 볼 때 게슈탈트상담은 문제가 발생하기 전에 예방적 접근으로 활용할 때 더 효과적일 수 있다.

이러한 연구결과들을 볼 때 게슈탈트상담 이론이 아동 및 청소년에게 적용했을 때 효과적인 이론 중 하나임을 확인할 수 있다. 이 장에서는 아동 및 청소년 대상에게 효과적으로 적용되고 있는 게슈탈트상담 이론에 대한 주요 개념, 상담목표 및 상담사 역할, 주요 기법 등을 중심으로 살펴보고, 개인상담에서의 사례개념화 적용 방안을 모색해 본다.

1. 주요 개념

1) 전경과 배경

게슈탈트상담에서는 유기체가 관심을 가지고 에너지를 집중하는 부분이 전경이고, 관심을 두지 않는 부분은 배경이다. 관심을 끄는 부분이 전경이 되고, 이것이 해소되면 전경은 다시 배경이 되는 등 순환과정을 거치게 된다. 건강한 유기체는 자신의 욕구나 감정을 선명하게 구분하여 전경을 형성하는데, 그렇지 못한 경우에는 전경을 배경으로부터 구분하지 못한다.

2) 지금 여기

게슈탈트상담에서 중요하게 여기는 시점은 현재이며, 현재를 온전히 경험함이 중요하다고 보았다. 그렇다고 과거에 관심이 없는 것이 아니라 과거는 현재와의 접촉을 피하는 하나의 방법으로 간주하고 지금 이 순간을 인식하고 경험하는 것을 중시한다. 내담자는 자신의 문제에 대한 원인을 과거 부모의 잘못된 교육이나 외상적 사건 때문이라고 생각하는 경향이 많은데, 지금 여기에 집중함으로써 인과적 사고를 희석시키고 내담자 스스로 자신의 행동에 대한 책임을 자각할 수 있게 해 준다. 과거를 후회하고 미래를 계획하기보다 지금 이 순간을 인식하는 것이 더 생산적이다. 과거가 내담자의 현재에 주요한 영향을 미치고 있다면 과거를 현재로 가져와서 개입할 수 있다. 즉, 현재와 관련된 과거는 중요하게 다룬다. 과거의 문제도 현재로 가져와 지금 여기에서 경험하는 것처럼 상황재연을 통해 다루게 된다. 이때 내담자는 자신의 과거 경험을 새롭게 지각하거나 통찰을 갖게 되어 마침내 과거 경험을 통합할 수 있게 되는 것이다. 또한 지금 여기에서 내담자의 직접적 접촉을 통한 자각을 중요시한다.

3) 알아차림과 접촉

알아차림이란 개체가 개체-환경의 장에서 발생하는 생각, 감정, 행동, 욕구 등을 인식하는 것으로 방어하거나 피하지 않고 있는 그대로 경험하는 행위이다. 접촉은 유기체가 알아차림을 통해 게슈탈트를 형성한 후 이를 해소하기 위해 환경과 상호작용하는 행위이다. 게슈탈트상담의 상담목표는 알아차림과 접촉의 회복이라 할 수 있는데, 알아차림을 통해 환경과 상호작용을 하여 접촉이 가능해질 때 게슈탈트가 해소된다. 알아차림은 지금 여기에서의 현상들을 분석하지 않고 그 자체로 자연스럽게 자각하고 경험함으로써 자신의 감정과 욕구를 표현하고 고통조차도 직면하여 자신에 대해 책임을 지고 온전히 자신이 되도록 한다(Naranjo, 2013). 알아차림을 통해 접촉이 유지되고 행동하기 위해서는 힘이 필요한데, 이 힘이 '지지(support)'이다. Perls(1976)는 환경적 지지와 자기지지로 분류하고 지지와 접촉의 관계를 중요시하였다. 특히 아동 및 청소년에게는 지지가 중요한데, 조수경(2017)은 청소년 대상으로 진행한 연구에서 청소년에게는 자기지지뿐 아니라 또래집단과 같은 환경적 지지의 중요성을 강조하였다.

접촉은 알아차림과 더불어 유기체의 게슈탈트 형성과 해소라는 순환과정을 갖게

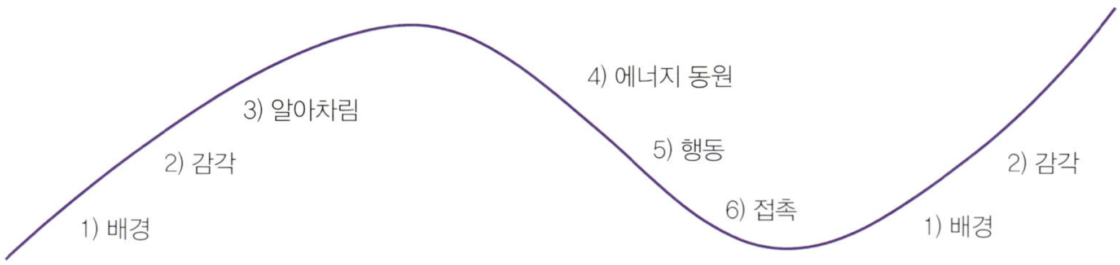

[그림 7-1] 알아차림-접촉 주기

출처: Zinker (1978).

되며 이를 알아차림–접촉 주기라고 한다([그림 7–1] 참조). Zinker(1978)는 알아차림–접촉 주기를 배경, 감각, 알아차림, 에너지 동원, 행동, 접촉의 6단계로 제시하였다. 6단계 중 어느 단계에서든 차단되면 게슈탈트 형성과 해소가 되지 않게 되고, 이런 경우 게슈탈트는 미해결과제로 남게 된다.

인간은 환경과의 접촉을 통해 게슈탈트를 완성해야 하는데 접촉을 방해하는 것이 게슈탈트의 완성을 방해하여 문제가 발생한다. 유기체의 자각을 통한 접촉이 결여될 때 문제가 된다. 예를 들면, 직장에서 업무 수행 중에 가정에서 있었던 자녀와의 갈등 상황이 계속해서 떠오르면서 접촉을 방해한다면 문제라고 볼 수 있다.

4) 접촉경계 혼란

게슈탈트상담에서 접촉은 변화와 성장을 위한 필수 조건이다. 효과적인 접촉은 자신의 개성을 지키면서 타인과 상호작용하는 것을 의미한다(Corey, 2004). 접촉에 대한 저항도 중요한데 현재 있는 그대로를 경험하고자 하는 것을 방해하는 방어체제로 알아차림–접촉주기가 방해되는 것을 '접촉경계 혼란(contract boundary disturbance)'이라고 한다. 접촉을 방해하는 저항 기제는 내사, 투사, 반전, 편향, 융합 등이 있다(Polster & Polster, 1973).

첫째, 내사(introjection)는 타인의 신념과 기준을 자신의 필요에 따라 재구성하지 않고 무비판적으로 수용하려는 경향이다. 둘째, 투사(projection)는 내사의 반대로 자신의 감정이나 욕구 등을 타인의 것으로 돌리는 것이다. 자신의 일부로 받아들이지 않음으로 인해 고통에서 벗어날 수 있다. 셋째, 반전(retroflection)은 타인에게 하고 싶은 행동을 자신에게 하는 것으로 타인에게 공격하고 싶은 행동을 두려워서 하지 못하고 오히려 자신을 공격하는 것이다. 넷째, 편향(deflection)은 초점을 흐리는 것으로 유머나 추상적인 일반화를 통해 접촉이 유지되지 못하게 하여 다른 사람이 말하는 것처럼 이야기하는 경향이다. 다섯째, 융합(confluence)은 자기와 환경 간 경계가 희미한 것으로 내적 경험과 외부 현실을 명확하게 구분하지 못한다. 융합은 자신의 생각과 감정을 표현하지 않고 타인의 의견에 동조하는 방식을 취한다.

5) 미해결과제와 회피

미해결과제란 인간 감정 고착의 핵심이며 과거에 형성되어 처리되지 않아 현재도 영향을 미치는 것이다. 인간의 어떤 욕구가 해결되지 못하면 미해결과제로 남게 되고, 이러한 미해결과제는 표현되지 않은 감정과 함께 현재에 대한 자각과 기능을 방해하는 요인으로 작용하게 된다. 배경에서 드러났으나 해결하지 못했을 경우에 미해결감정을 갖게 되는데, 분노, 고통, 불안, 슬픔, 죄책감 등 표현되지 못한 감정들로 나타난다. 이러한 감정이 완전히 자각되지 않았기 때문에 자신이나 타인과의 접촉을 방해하는 형태로 현재에 영향을 미치며, 신체증상으로 나타나기도 한다. 특히 미해결과제와 관련된 회피는 미해결과제를 직면하거나 표현되지 않은 부정적 정서를 경험하는 것을 방해하는 요인으로 작용한다. 게슈탈트 이론은 미해결과제를 해결할 뿐 아니라 개인의 욕구를 자각하고 건강하게 해소하도록 돕는다(Perls, Hefferline, & Goodman, 1951). 고통스러운 감정에 머물게 하고 표현하게 함으로써 그 감정이 자신을 매몰시키지 않음을 경험하게 한다.

6) 신경증 층

인간의 인격은 다섯 가지 신경증 층으로 되어 있는데, 심리적 성숙을 위해 신경증 층을 벗겨야 한다. 첫 번째, 가짜 층(cliche layer)은 진실함이 없는 상투적인 거짓된 상태를 의미하는 것으로 형식적 · 의례적 방식으로 산다. 이 단계에서는 형식적이고 피상적인 만남을 한다. 두 번째, 공포 층(phobic layer)은 자신의 본 모습이 아니라 부모나 환경의 기대에 따라 행동하는 단계이다. 자신의 욕구를 억압하고 환경이 요구하는 역할행동을 하며 살아간다. 문제는 이러한 삶이 자신의 진짜 모습인 것으로 착각하고 진정한 자신과 마주하는 것을 두려워한다. 공포 층은 자신이 모면했던 자신의 모습을 직면하면서 느끼는 고통을 피하려고 한다. 있는 그대로의 자신을 인정하지 못하고 자신의 모습을 인식하고 드러내는 순간 타인들이 자신을 거부할 것이라는 공포를 경험한다. 가짜 층과 공포 층은 게슈탈트 형성이 잘 되지 않는 단계이다. 세 번째, 난국 층(impasse layer)은 자신의 욕구를 드러내고자 하나 역할연기가 아닌 자립을 함에 있어서 어려워하는 단계이다. 자신에 대해 자각은 되었지만 자립하기에는 준비가 되지 않아 총체적 난국에 직면한 상태이다. 이러한 상태를 직면하고 견디게 되면 변화가 일어난다. 난국 층은 게슈탈트 형성은 되었으나 에너지가 부족한 단계이다. 네 번째, 내파 층(implosive layer)은 자신의 욕구를 인식하지만 표현하지 못하고 속으로 억압하는 단계이다. 그동안 차단했던 자신의 욕구와 감정을 자각하지만 이를 표현함으로써 발생할 상황들에 대한 두려움으로 자기 내면을 공격하고 비난하는 행위를 하게 된다. 내파 층은 게슈탈트를 형성하고 에너지가 있지만 행동으로 옮기지 못하고 게슈탈트가 해결되지 못한 상태이다. 다섯 번째, 폭발 층(외파 층, explosive layer)은 감정이나 욕구를 억압하지 않고 표현하는 단계이다. 자신의 감정과 욕구를 자각하고 환경과의 접촉을 통해 미해결과제들을 전경으로 떠올려 해결한다. 폭발 층은 게슈탈트를 해소하고 해결하는 단계이다.

7) 에너지와 에너지 차단

에너지 차단은 저항의 한 형태로 긴장, 경직, 시선 회피, 감각 억누르기, 위축된 목소리, 말하지 않기 등으로 나타난다(Corey, 2004). 상담사는 내담자가 자신의 에너지와 에너지 위치, 에너지 차단하는 방식을 깨닫도록 함께하면서 차단된 에너지를 행동으로 표현될 수 있도록 개입한다.

2. 상담목표 및 상담사 역할

1) 상담목표

게슈탈트상담의 기본 목표는 내담자가 자신과 환경 등에 대해 인식하고 더 나은 선택을 하게 하는 것이다(Corey, 2004). 이를 위해 자신의 감정과 욕구를 알아차리고 무엇을 하고 있는지 자각하여 접촉을 통해 게슈탈트를 완성하고 통합하게 한다. 또한 내담자가 자신을 수용하고 존중하며 책임지는 것을 배우게 한다. 따라서 게슈탈트상담에서의 주요 목표는 진정한 알아차림과 접촉이라 하겠다.

2) 상담사의 역할

게슈탈트이론에서 상담사는 내담자와의 관계에서 능동적인 상호관계를 중요시하면서 내담자의 현실감각을 존중하고 스스로의 자각이 가능하도록 함께한다(Yontef & Jacobs, 2010). 즉, 상담사와 내담자와의 관계를 통해 내담자가 자신을 인식하고 현재 자신이 어떤 상태에 있는지를 경험하게 하는 것이다. 또한 내담자가 새로운 실험을 경험할 수 있도록 실험을 제안하고 분위기를 조성하는 역할을 한다(Yontef, 1993). 이를 위해서 상담사는 내담자와 인간 대 인간으로서의 만남을 통해 내담자를 있는 그대로 수용하면서 내담자에 대해 진솔한 반응을 표현하여 내담자의 알아차림을 위한 작업에 함께한다. 상담사의 반응은 내담자로 하여금 지금 여기에서의 새로운 경험을 가능하게 할 수 있기 때문에 게슈탈트상담에서는 기법보다 상담사 자체가 더 중요하다(Polster & Polster, 1973).

3. 상담기법

앞서 언급했듯이 게슈탈트상담에서는 다양한 기법이 사용되고 있지만, 기법 자체보다는 상담사의 역할을 더 중요하게 여긴다. 상담사의 반응을 통해 내담자가 알아차림과 접촉을 경험하기 때문에 상담사의 민감성, 개입 시기의 적절성, 창조성, 공감, 내담자에 대한 존중이 없으면 오히려 기법 사용에 있어서 문제가 발생할 수 있으니 주의가 필요하다(Zinker, 1978). 다양한 기법을 숙지하고 제대로 사용하기 위해서는 상담사 자신에 대한 점검이 선행되어야 하며, 다양한 기법의 목적과 의도에 대한 이해를 가지고 올바르게 사용하길 바란다.

1) 자각

자각은 욕구, 감정, 신체, 환경, 언어 자각을 통해 게슈탈트를 형성하고 환경과의 접촉이 가능해지기 때문에 이러한 자각이 활성화되도록 함이 필요하다. 지금 어떤 느낌인지, 원하는 것이 무엇인지 등과 같은 질문을 통해 내담자의 욕구와 감정 자각이 이루어지게 한다. 그러나 이러한 욕구나 감정에 대한 알아차림이 잘 되지 않을 때 신체 자각을 통해 감정과 욕구를 알아차리게 할 수 있다. 호흡, 심장박동, 신체 일부의 움직임이나 통증 등에 집중하게 하여 알아차림으로써 소외된 자신의 부분과 접촉하고 통합하게 한다. 환경 자각은 주위 환경이나 사물에 대해 자각함으로써 단절된 현실과 접촉하도록 하는 방법이다. 지나치게 자신에게 몰입되어 있는 경우 상황이나 환경을 알아차리지 못함으로 인해 공상 속에서 생활하는 경우가 발생하는데, 환경 자각은 현실에 대한 분별력을 갖게 한다. 언어 자각은 내담자가 사용하는 언어 속에서 자신과의 접촉을 회피하는 경향을 보일 때, 내담자가 책임지는 표현으로 바꾸어 말하게 함으로써 자각하게 하는 방법이다. 예를 들면, '우리'를 '나'로 표현하게 하거나, '할 수 없다'를 '하지 않겠다'로 표현하게 함으로써 자신의 말과 행동에 대해 좀 더 스스로 책임지도록 한다. 또는 추상적인 표현을 자주 사용하는 내담자에게는 구체적인 사례로 설명하도록 요청하여 언어 자각을 활용하기도 한다.

2) 과장하기

앞에서 언급한 자각이 명확하지 않고 모호할 때, 과장하기를 통해 자각을 명료하게 할 목적으로 과장하기를 사용한다. 즉, 상담사는 내담자의 어떤 행동이나 언어를 과장하여 표현하도록 요구함으로서 내담자로 하여금 자신의 무의식적 욕구나 감정 혹은 행동을 명료하게 자각하도록 하는 방법이다.

3) 실연

실연(enactment)이란 내담자에게 영향을 미치고 있는 과거의 어떤 상황이나 미래의 어떤 장면을 현재로 가져와서 실제로 경험하게 하는 방법이다. 이러한 경험을 통해 상상이 아니라 현재에서 실험하고 탐색함으로써 알아차림과 접촉이 가능하게 한다. 이러한 실연을 위해서는 상담사의 실험정신에 의한 창의성도 필요하지만 내담자의 자발성도 중요하기 때문에 내담자의 준비도를 확인하면서 존중의 자세로 초대하는 방식으로 진행되어야 한다. 이러한 실연은 내담자로 하여금 새로운 변화행동을 직접 경험하게 함으로써 새로운 행동방식을 시도하는 실험의 장으로도 활용할 수 있다.

4) 빈의자기법

게슈탈트상담에서 가장 많이 쓰는 기법 중에 하나로 현재 상담장면에 참석하지 않았지만 내담자에게 영향을 미친 사람과 관련된 상황을 다룰 때 사용하는 기법이다. 일반적으로 내담자는 자신에게 영향을 미친 사람에 대해서 말을 하는데, 이를 그 사람에게 직접적인 말로 표현하게 함으로써 그 사람에 대한 자신의 감정을 좀 더 명료하게 하고, 역할 바꾸기를 통해 그 사람에 대한 입장과 감정을 이해할 수 있게 한다. 다만, 역할 바꾸기를 할 때는 내담자가 어느 정도 타인에 대한 생각을 재점검할 준비가 되었을 때 사용하지 않으면 오히려 죄책감과 수치심을 확대시킬 수 있으니 주의가 필요하다.

빈의자기법은 자기 부분 간의 대화를 위해서도 사용할 수 있다. 내담자의 내사로 인해 분열되었을 때 내담자의 내적 대화를 자기 부분들 간의 외적 대화로 내담자의 내면을 통합할 수 있도록 한다. 내면에 존재하는 지배와 피지배의 성격 부분이 서로 통제하기 위해 다투는데 빈의자기법으로 각 역할을 하게 하여 두 측면을 수용하고 통합함으로써 갈등을 해결해 나가는 방법이다. 이 기법을 통해 내담자가 접촉하지 못했던 자신의 감정이나 어떤 부분과 접촉할 수 있게 한다. 인간 내면에 존재하는 양극단의 갈등을 제거하는 것이 아니라 이러한 양극성을 수용하고 통합할 수 있도록 하는 것이 목적이다.

5) 꿈 작업

게슈탈트상담에서 꿈은 내담자의 실존적 측면을 보여 주고, 꿈을 통해 감정을 투사한다고 보았다(Perls, 1973). 꿈 작업 시 정신분석처럼 해석·분석하기보다 현재로 가져와 지금 여기에서 다시 재연하게 함으로써 자신의 감정과 욕구와 접촉하게 한다. 즉, 꿈속에 나타난 것들의 부분이 되어 보기, 꿈속의 분위기나 상항을 기억해 내기, 가능한 범위 내에서 꿈을 행동화하고 대화해 보기 등의 방식으로 자기 내면의 경험과 접촉할 수 있도록 개입한다. 이러한 작업을 통해 내담자는 자신의 감정을 인식하게 된다. 꿈에 나타난 상반되는 부분들과 대화하고 행동화하면서 불일치된 자신을 인정하고 수용하게 될 때 통합이 가능하다.

6) 과제

게슈탈트상담에서도 과제를 통해 상담장면에서 실험하고 경험한 것들을 자신의 삶의 현장에서 적용하여 검증하는 기회를 갖는다. 상담 장면은 안전한 공간이기 때문에 상담 장면에서의 실험만으로는 부족하다. 실제로 일상에서 시도해 봄으로써 새로운 방법을 익힌다는 의미도 있지만, 내담자의 알아차림과 접촉의 경험을 혼자 시도해 봄으로써 현실적으로 좀 더 강화하는 목적도 있다.

7) 매체 활용

내담자들의 능력은 다양하기 때문에 그들의 발달된 감각을 알게 되면 내담자가 선호하는 방식으로 상담적 개입이 가능해져서 상담진행을 원활하게 할 수 있다(Amendt-Lyon, 2001). 게슈탈트상담에서는 내담자의 선호 방식에 따라 다양한 예술매체를 활용하여 창의적이고 효과적인 개입이 가능해진다. 게슈탈트상담이 예술매체를 활용하지만 창조적 표현의 생산물에 초점을 두는 것이 아니라 그것이 이루어지는 과정에 초점을 두기 때문에 상담에서의 활용이 가능하고 의미 있다. 또한 창조물에 자신의 내면을 투사하고, 창조적 활동을 통해 자신의 미해결과제를 알아차리고 표현할 수 있기 때문에 그 자체로도 효과적이다(Oaklander, 1997, 2006). Oaklander(2006)는 투사를 아동이 자신을 열어 보이는 통로라고 하였다. 그래서 투사한 것을 해석하기보다는 자신을 자각하고 책임을 질 수 있도록, 그래서 자신을 이해하고 수용할 수 있도록 한다. 게슈탈트상담에서 다양한 예술매체 활용은 내면의 감정을 표현하면서 억눌렸던 부정적 감정들을 해소하게 하는 창의적인 개입으로 상담에 효과적이다(이영이, 2001).

게슈탈트 놀이상담은 접촉 경험을 통해 아동의 감각에 대한 알아차림을 향상시키고, 자신과 다른 것에 대한 구분을 명확히 하면서 자기감을 강화한다(Oaklander, 2006). 또한 아동의 환상을 통해 그들의 내면세계를 볼 수 있는데, 아동의 상상세계는 실제 생활과 유사하여 현재 아동에게 어떤 일이 벌어지고 있고, 회피하는 것들이 무엇인지를 확인할 수 있다(Oaklander, 2006). 다만, 아동의 행동보다는 감정에 초점을 맞춰야 한다. 현재의 행동은 자신이 두려워하는 것으로부터 벗어나서 자신을 보호하기 위한 것이기 때문에 그러한 감정을 반영해 줄 때 자신의 행동을 이해하고 수용하게 된다. 이는 아동뿐 아니라 부모에게도 필요하다.

아동의 환상작업은 인형극, 그리기, 만들기, 글쓰기 등 다양한 예술매체를 통해서도 가능하다. 환상작업을 통해 아동이 두려워하고 불안해하는 것을 표현하고 다뤄서 해결할 수 있도록 함께해야 한다. 매체를 활용한 개입을 할 때는 내담자에게 하기 싫은 것이나 하고 싶지 않은 말을 하게 해서는 안 되고, 해석을 하는 것도 삼가야 한다. 그렇다고 모든 권한이 아동이나 청소년에게 있는 것은 아니다. Oaklander(2006)는 아동 및 청소년에게도 선택권이 있듯이 상담사에게도 선택권이 있어서 아동이 제안한 놀이를 하고 싶지 않은 것에 대해서는 말할 수 있다고 하였다. 이러한 상호작용을 통해 내담자는 현실적인 새로운 경험을 통해 알아차림과 접촉이 가능해진다.

게슈탈트상담에서 예술매체를 활용한 연구들이 최근에 빈번하게 진행되어 그 효과성이 검증되었다. 조환진(2015)은 우울 성향 청소년을 대상으로 게슈탈트 예술치료 프로그램을 진행한 결과 자기표현과 대인관계 향상에 효과적이었다. 언어 표현이 어려운 청소년들에게 게슈탈트 예술매체를 통해 자신의 감정을 표현하는 방법으로 활용 가능성을 확인하였다. 또한 대인관계에서도 내면의 욕구를 건강하게 해소시키고 상호 간의 관계를 증진시키는 데 효과적임을 확인하였다. 게슈탈트 놀이프로그램이 학령 후기 아동의 자기수용에 효과적이라는 연구결과도 있다(김채현, 김숙희, 2020). 게슈탈트 음악치료 활동 중 즉흥연주는 비행청소년의 공격성에 효과적인 개입을 위한 방안으로 제안되었다(김성기, 황정숙, 2021).

4. 사례개념화 및 상담설계

1) 사계개념화

현재 중학교 3학년인 내담자는 초등학생 때부터 부모님의 별거로 인해 이혼에 대한 준비를 했다고 생각했으나 부모님이 이혼을 한 지 4년이 지난 현재에도 가슴 답답함과 감정 기복 등으로 인해 학업에 집중할 수 없는 상황이다. 상담실에 내방한 현재는 자신의 감정과 신체에 대한 접촉과 알아차림은 하고 있는 듯하나 부모의 이혼으로 가족 모두가 힘든 상태라는 생각으로 이를 차단하고 있다. 자신의 혼란과 고민을 알아차리고 이를 더 깊이 있게 접촉하기보다 차단한 채 오히려 자신의 욕구를 억압하고 환경이 요구하는 밝고 씩씩한 역할행동을 하는 것을 볼 때 공포 층에 머물고 있는 듯하다. 이러한 모습이 자신의 진짜 모습인 것으로 착각하고 진정한 자신과 마주하는 것을 두려워함으로 인해 자신의 욕구가 해결되지 않은 미해결과제로 남아 있는 것으로 보인다. 게다가 아버지에 대한 원망, 외롭게 살고 있는 어머니에게 실질적으로 해 줄 수 있는 것이 없다는 죄책감, 자신의 미래에 대한 불안 등과 같은 미결감정으로 버거워하고 있는 상황이다. 이러한 미결감정이 가슴 답답함과 같은 신체증상으로도 나타나고 있는 듯하다. 불편감과 불안에 대한 알아차림이 건강하게 게슈탈트를 해소하는 방향으로 나아가기보다 빨리 취업하려고 하면서 오히려 아버지와의 갈등 상황에 놓여 있다. 내담자의 취업 희망이 본인의 진정한 욕구에 근거한 선택인지 아니면 회피적 반응인지에 대한 확인이 필요하다. 또한 내담자의 진정한 감정과 욕구를 알아차리고 접촉하여 접촉을 방해하는 요인을 해소하고 접촉 경계를 명료화하여 현실적으로 할 수 있는 책임 있는 방안을 모색하고 시도하는 개입이 필요하다.

2) 상담설계

① 상담목표

–자신의 감정과 욕구를 자각하여 가족원 중 한 명에게 건강하게 표현해 보기

② 상담전략

–자신의 감정, 신체, 행동, 언어 자각을 통해 자신의 감정과 욕구를 알아차리도록 개입

–빈의자기법을 통해 감정 정화와 함께 자신의 내면뿐 아니라 가족과의 대화 시도로 자신의 감정과 욕구를 알아차리도록 개입

–공감과 나–전달법 및 실연을 통해 가족원 중 한 명에게 건강하게 표현하기를 연습

–과제를 통해 상담장면에서 경험한 것을 삶 속에서 시도해 보고 점검

③ 회기별 상담계획(안)

회기	목표	내용	기법
1	상담 구조화	1. 상담목표 설정 2. 내담자 주 호소문제와 촉발요인 및 핵심감정 파악	공감, 적극적 경청, 명료화, 의사 확인, 탐색 질문
2~3	감정 정화	1. 내담자의 쌓여 있는 감정 쏟아냄으로써 알아차림을 위한 공간 확보	반영, 빈의자기법
4~5	감정과 욕구 알아차리기	1. 자신의 감정, 신체, 행동, 언어 자각을 통해 감정과 욕구 파악 2. 자신의 내면뿐 아니라 가족에게 하고 싶은 말을 상담장면에서 시도해 봄으로써 자신의 감정과 욕구 파악	알아차리기 기법, 빈의자기법
6~8	자신의 감정과 욕구 표현 연습	1. 가족 중 한 명을 선정하여 자신의 감정과 욕구를 표현하기 연습 2. 예상되는 다양한 상황을 연출하여 연습하면서 대응할 수 있도록 준비	공감, 나–전달법, 실연
9~11	실제 생활에서 감정과 욕구 표현하기	1. 상담장면에서 연습한 것을 실제 상황에서 시도해 보고, 어렵고 버거웠던 상황에 대해 준비하여 익숙해지도록 시도 2. 상담 종결 준비	나–전달법, 실연, 과제
12	상담 마무리	1. 상담목표 달성 여부 확인 2. 미해결과제 및 상담 종결 후 안내 3. 이별 감정 다루기	공감, 적극적 경청, 명료화, 의사 확인, 반영

접수 면접과 1회기 상담을 진행하면서 내담자와 합의하에 상담목표와 상담회기를 결정한다. 초심상담사의 경우 1~2회 만난 후 내담자에 대해 아는 것이 없어서 상담목표를 잡는 것이 어렵다고 한다. 초심상담사나 혹은 공공기관에 종사하는 상담사는 대체적으로 단기상담을 진행하게 되는데, 그 짧은 6~12회기 중 상담목표를 잡기 위해 4~5회를 정보수집에 사용하고 나면 정작 내담자의 상담목표를 달성하기 위해 작업해야 할 회기는 몇 회기 남지 않는다. 게다가 단기상담이기 때문에 내담자로부터 수집한 많은 정보와 상담주제를 모두 다룰 수도 없기 때문에 정보수집을 하면서 내담자를 더 힘들게 할 뿐 아니라 많은 것을 말했으니 많은 것을 해결해 줄 것이라는 헛된 기대를 갖게 할 수 있다. 단기상담에서는 내방하여 첫 회기에 자신의 힘듦을 언급한 그 주제만 다루기도 버거운 상황이고, 회기가 짧기 때문에 더 큰 목표를 잡기도 어렵다. 즉, 장기상담에서는 다를 수 있으나 단기상담에서는 첫 회기에 잡은 목표와 4~5회기 이후에 잡은 목표가 다를 수가 없다는 것이다. 1회기에 내담자가 힘들어하는 주 호소문제와 촉발요인 및 핵심감정을 확인하고 내담자와 합의하에 상담목표를 잡아 구조화하는 작업이 진행되어야 남은 회기를 효율적으로 사용할 수 있다. 즉, 내담자의 주 호소문제와 관련한 정보만 수집하여 상담구조화를 한 다음에 내담자로부터 확보한 정보를 기반으로 상담사는 사례개념화를 진행하여 상담을 설계한다.

이 사례에서 내담자는 "누구에게도 자신의 속마음을 털어놓을 수 없고, 언제나 씩씩하고 밝게 살고 있다." "어딘가에 가서 큰 소리로 속에 있는 모든 것을 토해 내고 싶다." 등과 같은 표현을 볼 때 자신의 감정을 접촉하기보다 억압하고 차단해 온 것으로 여겨진다. 이에 대한 개입을 위해 2~3회기에서는 감정 정화를 통해 알아차림을 위한 공간 확보에 집중한다. 감정 정화 과정을 진행하면서 내담자의 취업 희망이 본인의 진정한 욕구에 근거한 선택인지 아니면 회피적 반응인지에 대한 확인도 함께 병행한다. 빈의자기법을 통해 누군가에게도 털어놓을 수 없는 속마음을 표현하게 하고, 이때 상담사는 공감과 반영을 통해 내담자가 안전함을 경험하면서 속 이야기를 할 수 있도록 한다.

2~3회기에서 자신과 접촉할 수 있는 작은 공간이라도 마련됨이 확인되면, 4~5회기에서는 내담자의 신체, 감정, 행동, 언어 등에 대한 알아차림을 확인한다. 그리고 자신의 내면뿐 아니라 자신이 이야기하고 싶은 대상을 선정하여 순차적으로 하고

싶은 이야기를 시도해 보게 한다. 날것 그대로 표현할 수 있도록 해야지 처음부터 정돈된 표현을 하게 하면 내담자는 다시 억압하고 차단할 수 있으니 주의가 필요하다. 다만, 날것 그대로의 표현을 대상에게 실제로 표현하지 않도록 하고 상담장면에서 충분히 표현하게 하여 자신의 진짜 감정과 욕구를 확인하는 것이 중요하다. 이러한 과정을 통해 내담자 스스로 자신의 욕구를 파악하고 확인하게 된다. 이때 상담사는 내담자가 안전함을 경험할 수 있도록 적극적 경청의 자세로 공감과 반영을 통해 내담자와 함께한다.

6~8회기는 내담자가 대화하고 싶어 하는 대상 한 명을 선택하여 자신의 감정과 욕구를 건강하게 표현할 수 있도록 공감과 나-전달법을 익히는 시간을 갖는다. 내담자의 실제 상황을 가지고 공감과 나-전달법을 연습할 수 있도록 하면 훨씬 집중도도 높고 실질적인 연습이 가능하다. 또한 이러한 의사소통을 실제로 했을 때 그대로 수용이 되기도 하지만 반대의 상황도 있기 때문에 예측되는 여러 상황을 가지고 반응하는 연습을 하게 될 때 유연성과 자신감을 가질 수 있다.

9~11회기는 그동안 상담장면에서만 연습했던 것을 실제 자신의 삶에서 시도해 보고 보완하며 익히는 회기이다. 여러 상황을 고려하면서 준비를 했다고 해도 실제 상황은 다를 수 있다. 그런데 이를 적용해 보지 않으면 상담 종결 후 내담자 혼자 시도하기에는 버거울 수 있기 때문에 상담 진행 중에 실제로 적용해 보고 상담장면에서 그것으로 인해 파생되는 상황들을 다루면서 내담자가 자신의 감정과 욕구를 지속적으로 접촉할 수 있도록 한다. 또한 상담 종결이 다가오고 있음을 알리고 종결에 대한 준비를 할 수 있도록 한다. 단기상담이라고 할지라도 지속적으로 자신을 믿어주고 공감해 준 대상이 사라진다는 것은 내담자에게 또 하나의 염려가 될 수 있기 때문에 미리 준비할 수 있도록 한다.

12회기는 마무리 회기로 상담에 대한 전반적인 정리와 상담목표 달성에 대한 점검과 상담목표를 달성했다면 그것을 가능하게 한 방법을 내담자가 어느 정도 숙지하고 있는지 등에 대한 점검과 확인의 시간으로 진행된다. 또한 상담목표 이외에 내담자 자신에 대해 알게 된 점과 유익했던 점이 무엇인지 확인하고, 아쉬웠던 점 등을 점검한다. 상담에서 모든 것을 다루지 못하기 때문에 추후 다뤄야 할 주제를 내담자가 어느 정도 파악하고 있는지 확인한다. 그리고 그 주제로 인해 내담자가 어떤 경향을 받을 수 있고, 그것을 해결하기 위한 방안 등에 대한 안내를 진행하여 스스로 대처할 수 있도록 한다. 서로에 대한 이별 감정을 나누고, 이 또한 내담자와 상담사 모두가 책임져야 할 자신의 감정임을 수용하도록 하면서 상담을 마무리한다.

사례개념화에 근거하여 상담설계를 할 경우, 방향성을 가지고 상담이 진행되기 때문에 효율적으로 회기를 사용할 수 있다. 그러나 상담설계에 매이게 되면 내담자의 반응을 놓치게 되어 적절한 개입을 하기 어렵고, 내담자가 안내해 주는 주요한 정보를 놓칠 수 있기에 주의가 필요하다. 상담 시작 전에는 내담자에 대해 최선을 다해 열심히 분석하고 준비해야 하지만, 상담이 진행되면 그 모든 것을 잊고 오롯이 내담자에게 집중해야 한다. 즉, 그동안 상담을 위해 준비한 자신을 믿고, 내담자의 반응에 유연하게 대처하면서 상담을 진행하는 것이 중요하다.

● 학습문제 ●

1. 자신에 대한 탐색을 통해 신경증 층 중 어디에 머물고 있는지 생각해 보고 나눠 보자.
2. 10분 정도 시간을 정해 두고 지금 여기에서의 감정에 대한 알아차림을 동료들과 연습해 보자.
3. 빈의자기법을 동료들과 함께 연습해 보자. 각자 한 번씩 상담사 역할을 하면서 빈의자기법 활용 시 어려운 점이 무엇인지 나누고 해결방안을 모색해 보자.
4. 앞서 제시한 사례를 토대로 게슈탈트이론에 근거한 사례개념화를 실시해 보자.

제8장

인지행동상담

아동 및 청소년을 대상으로 진행하는 상담에서 인지행동상담 이론이 빈번하게 사용되고 있는데, 특히 우울증상에서 효과적인 것으로 보고되고 있다(김나진, 진주은, 2019; 신경민, 2018). 우울증상에 인지행동상담 이론이 사용되는 것은 개인의 인지적 왜곡을 수정하여 우울증상을 완화하고, 일상생활 속에서 기능할 수 있는 효과적인 대처전략을 수립하는 등 우울증에 대한 근거가 잘 확립된 이론이기 때문이다. 그러나 권태연(2015)이 아동 및 청소년 우울 예방 프로그램 효과에 관한 메타분석 결과, 프로그램 내용 구성 시 인지행동상담 이론이 가장 많이 사용되고 있지만 우울의 효과크기에는 차이가 없는 것으로 나타났다. 오히려 자아존중감에서는 인지행동 상담적 접근의 프로그램 효과크기가 가장 큰 것으로 나타난 것을 볼 때, 우울이라는 한 영역에 제한되기보다 다양한 주제에서의 활용 가능성이 확인되었다.

우울 이외에 불안이나 분노 관련한 연구에서도 인지행동상담 이론이 주요 이론으로 사용되고 있다. 최명희와 김진숙(2017)이 청소년 대상 사회불안 조절을 위한 집단 프로그램에 대한 메타분석 결과, 프로그램 유형에 따른 분석에서 인지행동상담과 자기주장훈련과 같은 인지행동상담 이론에 기반을 둔 프로그램의 효과성이 매체중심의 이론보다 높게 나타났다. 구슬이와 김진숙(2017)은 분노조절 집단 프로그램의 효과에 대한 메타분석 결과, 프로그램 유형에서 통계적으로 유의하지는 않았지만 아동집단은 인지행동상담이, 청소년은 사회적 기술이 가장 효과가 있는 것으로 나타났다. 아동 및 청소년의 분노조절 집단상담 프로그램에서는 전체 90% 정도가 인지행동상담 이론과 인지정서행동상담 이론이 차지할 만큼 편중되어 있다.

인터넷 중독과 금연 등에 대한 개입에서도 인지행동상담 이론이 주요 이론으로 활용되고 있다. 청소년 대상 인터넷중독 집단상담 프로그램 효과에 관한 연구에서 인지행동상담과 동기강화인지행동상담 이론(Motivational Interviewing and Cognitive-Behavior Therapy: MI-CBT)에 기반을 둔 프로그램의 효과 크기가 가장 큰 것으로 나타났다(이준기, 강근모, 2015; 하지연, 신성만, 2016). 그러나 김희영과 조미경(2015)의 연구에서는 인지행동상담 이론보다 현실상담에서의 효과크기가 더 크게 나타나 연구결과에 상이한 차이를 보이고 있다. 이는 분석을 위한 논문 선정 방법의 상이함과 적용 이론 선정 차이로 다른 결과를 보이고 있으나 청소년 대상 인터넷중독 집단상담에서 중독에 대한 인지행동적 접근이 가능한 인지행동상담 이론이 효과적임을 알 수 있다. 인터넷 중독 외에 청소년 금연 집단상담 프로그램 효과에 관한 연구에서는 인지행동상담이 유의미한 큰 효과 크기를 보이고 있다(하지연, 신성만, 2016). 청소년의 금연 행동을 위해서 인지적 개입을 통한 행동변화 도모가 효과적인 것으로 보인다.

아동 및 청소년을 대상으로 한 연구들을 볼 때 인지행동상담 이론이 빈번하게 사용되고 있고 그 효과성이 검증됨을 확인할 수 있다. 이 장에서는 아동 및 청소년 대상에게 효과적으로 적용되고 있는 인지행동상담 이론에 대한 주요 개념, 상담목표 및 상담사 역할, 주요 기법 등을 중심으로 살펴보고, 개인상담에서의 사례개념화 적용 방안을 모색해 본다.

1. 주요 개념

1) ABC이론

ABC이론은 사고가 감정과 행동을 유발한다는 개념에서 나온 이론으로 상황(A), 생각(B), 결과(C: 감정, 행동, 신체반응)의 흐름을 파악하는 것이 중요하다. ABC이론은 자동적 사고를 찾는 기법으로도 사용이 가능한데, 이때 상황에서 생각을 바로 찾기보다는 상황(A)에서 내담자가 느끼는 감정, 행동, 신체반응(C)을 통해 그때 스쳐 지나간 자동적 사고(B)를 찾게 하는 방법이 내담자의 이해를 더 쉽게 한다.

2) 핵심신념과 중간신념

핵심신념은 어린 시절부터 형성된 근원적이고 깊은 수준의 믿음으로 절대적으로 생각하는 경향이 있다. 핵심신념은 태도, 규칙, 가정들로 구성된 중간신념에 영향을 미치고 중간신념은 자동적 사고에 영향을 미치고 있기 때문에 핵심신념을 당연하게 생각하고 도전하거나 점검하지 못한 채 여러 영향을 받고 행동하게 된다.

중간신념은 어떤 상황에서 취하는 자세나 입장을 의미하는 태도, 지키기로 정한 규칙, 임의로 설정한 조건을 의미하는 가정으로 구성된다. 예를 들어, '사랑받을 수 없는 사람'이라는 핵심신념은 '성실해야 한다'는 입장의 태도를 취하면서 '힘들어도 참아야 한다'는 규칙을 갖게 하고, '사랑받으려면 상대가 원하는 것을 해 줘야 한다'는 조건으로 가정하게 된다. 모든 상황에서 성실해야 하고, 힘들어도 참아야 하며, 상대가 원하는 것을 해 주는 것이 표면적으로는 타당한 것 같지만, 이러한 중간신념이 '내가 사랑받을 수 없는 사람'이라는 핵심신념에 뿌리를 두고 있다면 이는 건강한 신념이라고 보기 어렵다. '내가 사랑받을 수 없는 사람'이라는 핵심신념으로 인해 자신이 무엇을 잘못한 것은 아닌지 살피고, 타인의 눈치를 보면서 지나치게 참으며 상대가 원하는 것을 제공하려고 전전긍긍하게 되는 것은 기능적이라고 보기 어렵다.

3) 자동적 사고

개인이 어떤 생활사건을 접했을 때 자동적으로 떠오르는 생각을 자동적 사고라고 한다. 자동적 사고는 정서적 반응을 일으키는 자극에 의해 생기는 생각으로 아주 빠르게 스쳐 지나가기 때문에 인식하지 못한 채 감정이나 신체반응으로 인식하는 경우가 많다. McKay, Davis와 Fanning(1981, 노안영, 2012 재인용)이 제시하는 자동적 사고의 주요 특징은 다음과 같다. 첫째, 자동적 사고는 구체적이며 분리된 메시지이다. 둘째, 자동적 사고는 축약된 언어, 이미지의 형태로 나타나고, 또는 둘 다의 형태를 취하기도 한다. 셋째, 자동적 사고는 역기능적이라 할지라도 믿게 된다. 넷째, 자동적 사고는 자발적인 것으로서 경험된다. 다섯째, 자동적 사고는 당위적인 의미를 가진 말로 표현된다. 여섯째, 자동적 사고는 극단적인 경향성을 보인다. 일곱째, 자동적 사고는 개인에 따라 독특하게 나타난다. 여덟째, 자동적 사고는 중단하기가 어렵다. 아홉째, 자동적 사고는 학습된다.

인간의 심리적 문제는 자동적 사고로 인해 유발되는 것으로 우울증 같은 경우 자기 자신, 세상 그리고 미래에 대해 편파적인 방식으로 정보 처리를 하는 것과 관련이 있다(Beck & Weishaar, 2017). 이를 인지삼제(cognitive triad)로 개념화할 수 있다. 인지삼제는 자기 자신과, 세상과 미래에 대해 비관적 · 부정적 · 염세적 관점을 가짐으로 인해 자신이 문제를 해결할 수 없다는 판단으로 자살과 같은 충동적인 행동이나 타인에게 의존하는 행동을 보이게 되는 것을 말한다.

4) 인지왜곡

인지왜곡은 다음의 열 가지로 설명할 수 있다. 첫째, 임의적 추론(arbitrary inference)은 증거가 없음에도 불구하고 어떤 결론을 내리는 것을 의미한다. 둘째, 선택적 추상화[selective abstraction, 정신적 여과(mental filtering)로도 불림]는 다른 자료는 무시한 채 일부 정보만을 선택하여 결론을 내리는 경우이다. 셋째, 과잉일반화(overgeneralization)는 하나의 상황으로 내린 결론을 다른 상황에까지 확장시켜 광범위하게 적용하는 경우이다, 넷째와 다섯째로, 과장(magnification)과 축소(minimization)는 어떤 상황을 실제보다 더 과장되게 생각하거나 덜 중요하게 생각하는 것이다. 여섯째, 개인화(personalization)는 자신과 무관한 외적 상황을 자신과 연결시켜서 생각하는 것이다. 일곱째, 이분법적 사고(dichotomous thinking)는 대부분의 상황을 흑백논리에 따라 극단적으로 범주화하는 사고이다. 여덟째, 정서적 추론(emotional reasoning)은 객관적인 증거가 아니라 개인적인 느낌대로 결론을 내리는 것을 의미한다. 아홉째, 긍정 격하(disqualifying the positive)는 긍정적인 경험을 임의로 부정적으로 격하시키는 경우이다. 열째, 파국화(catastrophizing)는 현실적인 것을 고려하지 않고 지나치게 부정적으로 예상하고 두려워하는 경우이다.

2. 상담목표 및 상담사 역할

1) 상담목표

인지행동상담의 목표는 인지적 재구성이다. 내담자의 인식방식 점검을 통해 대안적 사고를 찾아 부적응적 정서와 행동을 효율적으로 변화시키는 것이다. 즉, 편향되고 왜곡된 인지과정을 점검함으로써 자동적 사고를 찾아 대안적 사고로 대체하고 현실적인 대처행동으로 나아갈 수 있도록 정서 · 행동적 문제해결 도모를 목표로 한다. 목표는 내담자와 합의하에 구체적으로 정한다. 예를 들면, 부모의 이혼 이후 우울증이 생긴 아동의 경우, 대체로 자신의 잘못으로 인해 부모가 이혼했다고 생각하기 때문에 자신을 비난하고 후회하며 죄책감에 힘들어한다. 이때 상담목표는 우울증 감소가 아니라 부모의 이혼을 자신의 잘못으로 생각해서 엄마와 대화를 하지 않은 채 우울감을 호소하는 경우이기 때문에 아동의 자동적 사고를 대안적 사고로 수정하여 정서와 행동의 변화를 이끌어 내는 것이다. 이를 경우 상담목표는 '자기 생각을 엄마와 이야기해 보기'로 정할 수 있다. 아동 및 청소년을 대상으로 인지행동상담을 진행할 때는 이들의 발달상태와 사회문화적 요인을 고려한 개입이 필요하다. 인지능력과 언어능력이 필수적이긴 하나 그러하지 못하다고 해서 인지행동상담을 못하는 것이 아니라 대상자의 발달상태에 맞는 언어 사용과 이해 정도에 적절한 도구를 활용하여 진행할 수 있다. 이는 상담기법에서 조금 더 다루도록 하겠다.

2) 상담사 역할

아동 및 청소년을 대상으로 상담하는 상담사를 코치라는 개념으로 설명하는 경우도 있다(Kendall, 2012). 코치는 세 가지 개념, 즉 '자문가 및 협력자' '진단자' '교육자'라는 의미로 사용된다. 첫째, 자문가 및 협력자는 문제 상황에 대해 정답을 가지고 있는 해결사가 아니라 내담자가 스스로 방안을 모색할 수 있도록 함께 협력하는 관계임을 의미한다. 둘째, '진단자'는 진단명을 붙이는 진단체계의 관점으로 사용되는 용어이나 Kendall(2012)은 아동 및 청소년의 자료들을 통합하고 정신병리, 정상 발달 및 심리적 환경에 대한 지식을 종합하여 의미 있는 결정을 내린다는 개념으로 사용하고 있다. 그러나 '진단자'라는 단어가 가지고 있는 일반적인 의미가 강하기 때문에 이 개념을 사용함에 있어서 주의가 필요하다. Kendall이 강조하는 것은 상담사가 부모나 일부 몇몇 사람에 의해 병리적으로 판단되는 것을 예방하고 다양한 관점에서 전문적인 이론에 근거한 통합적인 분석과 이해가 진행되어야 한다는 점이기 때문에 저자는 '진단자'보다는 '분석자'로 사용하길 권한다. 셋째, '교육자'는 인지와 정서 발달에 대한 개입과 새로운 행동을 배우고 익히는 과정에 함께하는 역할을 의미한다. 일방적인 가르침이 아니라 스스로 생각하도록 자극하고 그 과정 속에서 건설적인 피드백을 제공한다. 교육자의 개념도 가르치는 의미가 강하기 때문에 상담사가 주도적인 역할을 할 수 있으니 이를 예방하기 위해 '교육자'보다는 '안내자'로 이해하길 바란다. '안내된 발견(guided discovery)'에서 잘 드러나듯이, 내담자에게 지시하거나 가르치기보다는 내담자가 스스로 기능적인 생각을 통해 방안을 모색하도록 안내하며 함께하는 것이다. 내담자의 사고에 호기심을 가지고 생각의 자극을 통해 의문을 가지고 다시 생각할 수 있도록 하는 과정에 상담사가 함께하는 것이 중요하기 때문에 내담자와 협력적인 상담관계가 형성되어야 한다.

아동 및 청소년에게는 상담사가 주요한 모델링의 역할도 한다. 부정적인 감정을 공격적이지 않고 건강하게 표현하는 방법과 적절한 대처행동을 상담사를 통해 직접 보고 경험하게 된다. 아동 및 청소년 내담자의 참여를 높이기 위해서는 상담개입 시 상담사의 유연한 적용과 융통성이 중요하다. Joungbluth와 Shirk(2009)의 연구에서도 상담사가 구조화에 매이기보다 아동 및 청소년의 경험에 초점을 맞추는 개입을 할 때 내담자와의 동맹관계가 긍정적인 것으로 나타났다. 여기서 중요한 것은 내담자에게 초점을 두어야 한다는 것이지 구조화가 중요하지 않다는 의미가 아니다.

상담사의 역할을 수행하기 위해 Beck은 인지행동 상담사의 특성으로 따뜻함, 정확한 공감, 진실성을 언급하고 있다(Beck, Rush, Show, & Emery, 1997). 상담사의 따뜻함과 공감은 내담자로 하여금 새로운 대인관계 경험을 가능하게 하므로 자신의 인지도식에 대한 점검을 가능하게 한다. Beck(2011)은 감정의 변화를 자각함으로써 자동적 사고를 식별하여 인식할 수 있다고 하였는데, 감정이 자동적 사고를 찾기 위한 하나의 통로인 셈이다. 상담사의 따뜻함과 공감보다 선행되어야 하는 것은 바로 진실성이다. 단순히 개입을 위한 의도된 반응이 아니라 내담자에 대한 진실된 마음으로 만남이 이루어질 때 변화가 가능하다. 이때 진실성이라는 명목하에 모든 것을 직선적으로 표현하라는 의미가 아니다. 내담자의 증상이나 상황을 고려해서 내담자에게 유용한 진실성이 표현되어야 한다(Beck, Rush, Show, & Emery, 1997).

인지행동상담에서는 아동 및 청소년 상담에 부모가 함께해야 함을 권하고 있다(Kendall, 2012). 부모는 아동 및 청소년의 문제 상황을 유발 내지 유지시키는 요인 중 하나이기 때문에 자녀와 함께 상담을 받아야 하는 내담자이기도 하고, 상담효과를 높이기 위한 상담의 협력자이기도 하다. 이로 인해 상담사는 아동 및 청소년 상담뿐 아니라 부모상담도 진행할 수 있어야 하고, 이들과 협력관계를 유지하는 것도 상담사의 역할 중 하나이다.

3. 상담기법[1)]

1) 인지 개입 기법

(1) 소크라테스 질문법

소크라테스 질문법은 내담자와 상담사 간의 상담적 상호작용을 드러내는 기법으로 내담자로 하여금 스스로 자신의 생각에 대해 평가하고 점검하도록 자극을 주는

1) 상담기법에 대한 자세한 내용은 구자경, 김영경(2021)의 인지행동상담: 이해와 활용(서울: 학지사)을 참고하기 바란다.

방법이다(Kazantzis et al., 2018). 소크라테스 질문법을 통해 내담자의 호기심을 자극하여 상담과정에의 능동적 참여를 촉진할 수 있다. 다만, 상담 초기에 소크라테스 질문법을 사용할 경우에는 방어적이거나 회피적 행동을 초래할 수 있기 때문에 자신에 대해 새로운 통찰력을 수용할 준비가 되었는지를 확인하면서 사용할 때 효과적이다.

(2) 안내된 발견

안내된 발견(guided discovery)은 귀납적 추론을 통해 내담자가 새로운 정보를 찾고 효과적인 방법을 선택할 수 있도록 상담사가 함께하는 방법이다. Padesky(1993)는 안내된 발견의 4단계 과정을 제시하였다. 1단계는 정보를 얻을 수 있는 질문 단계이다. 2단계는 듣기이다. 질문을 통해 내담자의 이야기에 호기심을 가지고 적극적 경청이 필요하다. 3단계는 요약으로 내담자가 생각한 것을 정리하고 요약할 수 있도록 개입한다. 4단계는 상담을 통해 파악한 내용을 자신에게 적용할 수 있도록 질문을 통해 마무리하는 단계이다. 이러한 과정을 통해 내담자 스스로 해결 방안을 모색하도록 함께 한다.

(3) 하향식 화살 기법

하향식 화살 기법(downward arrow technique)은 내담자의 생각을 수용한다는 전제하에 순차적인 질문을 통해 적합한 추론이 가능하도록 하는 질문법이다. 하향식 화살 기법은 상담사가 내담자와 함께 심층으로 한 계단씩 내려간다는 자세로 공감과 함께 사용할 때 내담자가 안전감을 느끼면서 자신의 내면과 마주할 수 있게 된다.

(4) 타자를 준거점으로 사용

타자를 준거점으로 사용하는 방법은 일종의 거리두기이다. 자신의 생각에 빠져 있다 보면 상황이나 생각을 객관적으로 점검하고 판단하기가 어렵다. 이때 '다른 사람이라면 어떻게 할까?' 또는 '다른 사람이 유사한 상황을 경험하고 있다면 무엇이라고 말해 주고 싶은가?' 등을 통해 자신의 생각에 대해 객관적으로 재점검하도록 하는 방법이다.

(5) 사고기록지

Beck(2011)의 사고기록지는 '상황' '감정' '자동적사고' '적응적 반응' '결과'로 구성되어 있고, Wright 등(2006)은 '상황' '자동적 사고' '감정'을 기록하도록 구성하였다. 그런데 내담자가 상황에서 자동적 사고를 바로 찾기가 쉽지 않기 때문에 저자는 '상황'에서 그때 느꼈던 감정이나 행동 또는 몸의 반응을 기술하게 한 후, 그 상황에서 했던 생각을 찾아 기록하게 하는 방식을 사용하고 있다. 이것이 어느 정도 익숙해지면 그 상황에서 했던 생각에서 자동적 사고를 찾는다. 그런 다음에 '대안적 사고'와 '대안적 행동'도 함께 기록하게 하여 행동의 변화까지 시도한다면 더욱 효과적이다([그림 8-1] 참조). 다만, 회기가 짧거나 여러 상황상 대안적 행동까지 다루기 어렵다면 무리하게 개입하기보다는 자동적 사고를 대안적 사고로 수정하는 것까지만 진행하는 것도 한 방법이다.

상황	감정/행동/ 몸의 반응	그 상황에서 했던 생각	자동적 사고	대안적 사고	대안적 행동

[그림 8-1] 사고기록지 양식

(6) stop 기법

stop 기법은 사용하기 용이한 방법으로 내담자의 머릿속에 맴돌고 있는 자동적 사고를 'stop'이라고 외치면서 멈추게 하는 방법이다. 단순하기 때문에 과연 이러한 방법으로 효과가 있을까 의문을 제기하기도 하지만 상담장면에서 자동적 사고를 분별하기 시작할 때 한 번 시도하게 하여 경험할 수 있도록 권한다. 자동적 사고를 멈춘 다음에 그대로 비워 두면 안 되고 새로운 대안적 사고를 하게 하여 빈자리를 채워야 효과적이다.

(7) 증거 점검

증거 점검은 자동적 사고에 대한 타당성 평가로 내담자의 생각에 대한 증거를 점검하도록 하는 방법이다. 이를 위해서는 상담사가 다양한 관점에서 사고할 수 있어야 하고, 내담자가 보지 못하는 관점에서 다시 생각해 볼 수 있도록 사고에 자극을 줄 수 있어야 한다.

2) 정서 개입 기법

(1) 감정에 초점 맞추기

Beck 등(1997)은 내담자의 감정에 대한 공감을 강조하였고, 감정이 인지로 가는 지름길이라고 할 만큼 감정을 중요하게 여겼다(Padesky, 1993). 내담자 중에는 감정에 대한 알아차림이 안 되는 경우가 종종 있는데 이때 상담사의 공감은 내담자의 얼어 있는 감정을 활성화할 수 있게 한다. 내담자가 감정을 알아차릴 때 자동적 사고에 대한 개입이 가능해지기 때문에 단순히 인지에만 초점을 맞추는 것이 아니라 감정에 초점을 맞추는 개입이 필요하다. 감정에 초점을 맞춘 개입을 위해서는 상담의 기본 기법인 경청, 반영 및 공감이 중요하게 사용될 수 있다. 다만, 기법으로 마음을 움직여 감정에 대한 알아차림이 가능하도록 하기보다는 상담사와 내담자 간에 진솔한 만남이 중요함을 숙지하기 바란다.

(2) 심상 활용

감정 접촉을 어려워할 때 사용 가능한 방법 중 하나가 심상이다. 심상을 통해 자동적 사고 찾기, 대안행동 연습 외에 정서 개입 시에도 사용 가능하다. Beck(2011)은 정서적 측면에서 활용할 수 있는 심상 활용 방안 세 가지를 제안하고 있다. 첫째, 내담자를 고통스럽게 만드는 생각을 심상을 통해 변화시키기 위해 활용할 수 있다. 내담자가 원하는 심상의 결과를 이루기 위한 다양한 시도를 해 보면서 적절한 방안을 모색할 수도 있다. 둘째, 거리두기이다. 이는 문제 상황과 거리를 두게 할 때 심상을 활용할 수 있다. 셋째, 긍정적 심상 만들기를 통해 위협 정도를 다른 관점에서 바라보게 하여 현실적인 접촉이 가능하도록 하고자 할 때 사용 가능하다.

3) 행동 개입 기법

(1) 역할극

역할극은 다양하게 활용될 수 있는데 첫 번째 자동적 사고를 찾고자할 때 사용 가능하다. 내담자가 실제 경험했던 상황에 노출되는 것을 꺼려 할 때 안전장치를 마련한 후, 역할극을 활용한 상황 재연을 통해 자동적 사고에 대해 탐색한다. 역할극을 사용할 때는 내담자의 준비도, 역할극을 할 정도의 충분한 시간 확보, 그리고 명확한 목적성을 가지고 사용하기 바란다. 둘째, 감정과의 접촉을 시도할 때 역할극을 사용할 수 있다. 셋째, 새로운 대안행동에 대해 준비할 때 사용 가능하다. 상담장면에서 시도한 것을 바로 삶 속에서 적용하기에는 어려움이 있기 때문에 현실에서 일어날 수 있는 여러 상황을 역할극으로 재연하면서 대안행동을 연습할 수 있다.

(2) 과제

상담장면에서 배우고 있는 것을 삶 속에서 적용해 보고 익숙하게 하거나 수정 · 보완해야 할 부분을 점검하고자 할 때 과제를 활용할 수 있다. 과제는 내담자와의 합의하에 결정하고, 성과에 대한 부담으로 무리하게 진행하기보다 적절한 과제를 한두 가지만 순차적으로 부여하는 것이 효과적이다. 또한 과제를 부여하기 전에 상담장면에서 연습을 통해 어느 정도 배운 다음에 시도하도록 한다.

(3) 체계적 둔감법

점진적 노출 기법으로도 알려진 체계적 둔감법(systematic desensitisation)은 불안 정도에 따른 위계목록을 만들어 순차적으로 노출시켜 불안에 대해 덜 민감한 경험을 할 수 있도록 하는 방법이다. 점진적으로 노출한다고 하더라도 극심한 공포를 경험한 사람에게는 쉽지 않은 작업이기 때문에 갑작스러운 공포가 강하게 느껴질 때는 'stop'이라고 외치게 하여 그 상황에서 빠져나올 수 있음을 안내하는 등 안전장치를 통해 상담사를 신뢰하고 시도할 수 있도록 개입한다.

(4) 이완훈련

이완훈련은 긴장을 감소시켜서 신체 반응을 점검하고 풀어 주어 적절한 대처를 할 수 있도록 하는 기법이다. 이완훈련에는 점진적 근육이완, 횡경막 호흡, 주의집중 연습, 행동이완 훈련 등이 있다. Kendall과 Braswell(Dobson, 2010 재인용)은 '로봇인형 게임'이라는 이름으로 아동들에게 이완훈련을 사용하였다. 로봇처럼 온몸에 힘을 주고 다니게 하다가 신호를 주면 힘을 빼고 늘어지는 경험을 통해 이완훈련을 익히게 된다. 특히 아동에게는 놀이처럼 여겨져 쉽게 경험하게 할 수 있는데, 이와 같이 창의적인 방법을 찾아 아동에게 적절한 개입이 가능하도록 상담사의 노력이 필요하다.

4) 매체 활용 기법

인지행동상담에서 매체 활용은 여러 가지 목적으로 사용 가능한데, 특히 아동 및 청소년의 경우 자신의 생각을 확인하고 수정하고자 할 때 매체를 자주 활용한다. 뿐만 아니라 감정이나 상황과의 접촉과 감정 표현을 위해서 그리고 이완 목적과 변화 경험을 극대화하고자 할 때도 매체를 활용한다.

음악과 춤이라고 했을 때 형식을 갖추어야 할 필요는 없다. 모든 소리는 음악이 될 수 있고, 모든 몸짓은 춤이 될 수 있다. 이를 어떻게 활용해서 내담자가 자신의 생각을 점검하고 새로운 관점에서 생각하게 할 것이냐가 관건이다. 집단에서 매체를 활용할 때는 도구를 활용해서 만든 소리로 음악을 만들고 그 음악에 맞춰 몸을 움직여 보면서 이완의 경험과 함께 감정과의 접촉을 시도한다. 이러한 과정을 통해 마음의 공간이 만들어질 때 자신의 생각에 대해서도 관심을 가지고 다른 관점에서 바라볼 수 있는 여유가 생기게 된다. 집단에서 이루어질 때는 집단원 간의 상호작용 경험을 통해 대인관계에 대한 점검과 변화가 가능하고, 성취감을 통한 자기효능감과 창의성에 대한 자극까지도 가능하게 된다.

음악과 춤은 자신을 표면적으로 드러내는 방법이기 때문에 부담을 가질 수 있는데 이때 대체할 수 있는 것이 미술이다. 음악과 춤에 대한 부담감을 가진 경우에는 미술을 통해 만들기나 색을 활용함으로써 자신과 마주할 수 있게 한다. 다만, 미술작품이라는 표현이 평가에 대해 민감한 경우에는 불편감으로 표현을 주저할 수 있으니 이 또한 격식을 갖추기보다 자율적으로 표현하도록 한다. 예를 들면, 물감을 사용할 때 붓을 이용해서 표현하기보다 손이나 발로 또는 휴지를 활용해서 표현하는 등 자유롭게 자발적으로 참여할 수도 있도록 함이 중요하다.

스토리텔링(storytelling)을 통한 개입도 가능하다. 스토리는 등장인물, 상황 등으로 구성된 개념이고, 텔링은 영상, 만화, 컴퓨터 게임 등과 같은 여러 매체를 통한 전달을 포함하는 개념이다. 스토리가 어떻게 이야기되느냐에 따라 대상자에게 다르게 전달될 수 있다. 스토리텔링은 내담자의 정서, 자기 및 관계에 대한 이해, 문제해결 방식 등을 이해하고 변화시키는 데 활용된다. 이때 책을 활용하기도 하고 상담사가 창의적으로 만든 이야기를 들려줄 수도 있다. 또한 내담자가 이야기를 만들 수도 있고, 상담에서 경험한 것을 이야기 속 인물에게 적용해 보게 할 수도 있다. 이러한 작업을 통해 이야기 속 인물의 정서와 자동적 사고를 이해하고 대안적 사고와 대안적 행동을 탐색하여 새로운 시도의 장으로 나아가게 할 수 있다.

이러한 매체를 활용할 때 주의할 점은 아동과 상담하는 것이 어렵기 때문에 시간을 때우기 위한 목적으로 사용해서는 안 된다. 매체를 활용할 때도 목적이 있기 때문에 내담자의 목표를 고려하면서 필요시에 적절하게 사용해야 효과적이다.

4. 사례개념화 및 상담설계

1) 사례개념화

부모의 이혼이라는 상황을 경험하면서 슬픔과 화를 느낄 뿐 아니라 가슴 답답증과 같은 신체증상을 호소하고, 학업에 집중할 수 없는 상태인 내담자는 주 호소문제로 이러한 고통을 함께 나눌 대상이 없음을 언급하고 있다. '힘들면 안 돼.'라는 자동적 사고를 하고, '나의 힘듦을 말하면 부모님을 더 힘들게 할 거야.'라는 중간신념에 대한 보상전략으로 언제 어디서나 씩씩하고 밝고 착한 아이로 생활하고 있다. 게다가 부모의 힘듦을 해소하기 위해서 그리고 아버지의 알코올 의존이나 어머니의 외로운 상황에서도 '난 아무것도 할 수 없어.' '난 안 돼.' '난 쓸모없어.' 등과 같은 자동적 사고를 가지고 있음으로 인해 죄책감을 느끼며, 무능력이라는 핵심신념과 맞닿아 있는 듯하다. 이를 직면하고 대처하기보다는 회피적인 방법으로 독립이라는 명목하에 직업전문학교 진학을 선택하려고 한다. 이러한 선택은 오히려 부와의 갈등을 크게 만들면서 문제를 악화시키고 있는 상황이다. 이러한 갈등이 지속됨으로 인해 모든 것을 토해 내고 싶을 정도로 감정이 쌓여 있고, 답답한 신체증상을 보이고 있기 때문에 감정에 대한 개입을 통해 내담자의 자동적 사고를 점검하고 내담자의 선택에 대한 확인 작업이 필요하다. 이상적으로 무리하게 뭔가를 하려고 섣부른 선택을 하고 있는 것은 아닌지 내담자의 자동적 사고를 점검하면서 현실 가능한 대안 행동을 찾아 시도해 보게 한다. 또한 내담자의 고민을 공유할 대상을 물색하여 상담 종결 후에도 함께 의논할 수 있도록 개입한다.

2) 상담설계

① 상담목표

- 현 상황에서 부모와 자신을 위해 할 수 있는 일이 무엇인지 찾아서 시도해 보기
- 자신의 고민을 나눌 수 있는 대상을 찾아 생각 공유하기를 시도해 보기

② 상담전략

- 심상과 역할극을 통해 내담자의 쌓여 있는 분노와 슬픔을 해소할 수 있도록 개입
- ABC기법과 소크라테스 질문법을 통해 내담자의 자동적 사고를 찾아 대안적 사고로 전환할 수 있도록 개입
- 체크리스트를 활용하여 부모와 자신을 위해 현재 실현 가능한 범위 내에서 할 수 있는 것을 작성하고 시도하도록 개입
- 역할극을 통해 다양한 상황을 재연하고 일상에서 직접적으로 적용할 수 있도록 준비
- 과제를 통해 상담장면에서 경험한 것을 삶 속에서 연습할 대상을 정해서 시도해 보고 점검

③ 회기별 상담계획(안)

회기	목표	내용	기법
1	상담구조화	1. 상담목표 설정 2. 내담자 주 호소문제와 촉발요인 및 핵심감정 파악	공감, 적극적 경청, 명료화, 의사 확인, 탐색 질문
2~3	감정 정화	1. 내담자의 쌓여 있는 감정 쏟아냄으로써 감정 정화를 통해 자신에 대해 생각할 수 있는 공간 확보	반영, 심상, 역할극
4~6	자동적 사고 및 대안적 사고 찾기	1. 내담자의 상황에서 일어나고 있는 자신의 자동적 사고에 대한 이해 2. 자동적 사고 찾기 3. 대안적 사고 찾기	ABC기법, 소크라테스 질문법, 과제
7~8	자동적 사고, 대안적 사고 및 대안적 행동 찾아 연습하기	1. 자동적 사고 및 대안적 사고 찾기 2. 대안적 행동 찾아 연습	ABC기법, 소크라테스 질문법, 대안행동을 위한 체크리스트, 역할극, 과제
9~11	일상에서 적용하기	1. 상담장면에서 연습한 것을 실제 상황에서 시도해 보고, 적절히 대처할 수 있도록 준비하여 시도 2. 상담 종결 준비	ABC기법, 소크라테스 질문법, 대안행동을 위한 체크리스트, 역할극, 과제
12	상담 마무리	1. 상담목표 달성 여부 확인하기 2. 미해결과제 및 상담 종결 후 안내 3. 이별 감정 다루기	공감, 적극적 경청, 명료화, 의사 확인, 반영

접수면접과 1회기 상담을 진행하면서 내담자와 합의하에 상담목표와 상담회기를 결정하여 상담구조화를 진행한다. 내담자의 주호소문제가 자신의 고통을 함께 나눌 사람이 없다는 점을 감안하여 자신의 고민을 공유할 대상을 찾아 시도하는 것이 필요하다. 또한 부모를 위해 자신이 할 수 있는 일이 없다고 하면서 자책하고 있는데 현 상황에서 내담자가 실제로 할 수 있는 일이 무엇인지를 함께 찾아 시도하는 것을 목표로 잡고 12회기 구조화를 진행하였다. 1회기 이후 내담자로부터 확보한 정보를 기반으로 사례개념화를 진행한 결과 내담자는 부모님의 이혼을 나름 준비

했다고 생각했지만 정작 부모님의 이혼 후에 가슴 답답함과 화를 경험하고 있다. 게다가 자신이 아무것도 할 수 없다는 생각에 죄책감까지 들면서 힘겨운 시간을 보내고 있지만 주변 사람은 이러한 사실을 모르고 있다. 오랫동안 쌓여 있는 감정이지만 이를 인정하지 않을 뿐 아니라 내담자의 죄책감이 내담자의 자동적 사고를 강화하는 것으로 파악되기 때문에 감정에 대한 개입을 통해 내담자의 자동적 사고를 점검하고 내담자의 선택에 대한 확인 작업이 필요하다. 이를 위해서는 2~3회기에 심상과 역할극을 통해 자신의 감정을 쏟아 내고 감정정화를 경험하게 개입한다. 심상을 진행하고자 하는 것은 내담자가 화, 슬픔, 불안, 원망, 죄책감 등 다양한 부정적 감정을 경험하고 있기 때문에 이를 안전하게 다루기 위해서 심상기법을 선택하였다. 심상을 통해 내담자가 어느 정도 안전함을 느낀다면 역할극을 통해 이를 좀 더 극대화하여 표출시키는 것도 한 방법이다.

감정 정화를 통해 자신과 마주할 공간이 확보되면 4~6회기에는 내담자의 자동적 사고와 대안적 사고 찾기를 진행한다. 사례개념화를 통해 확인된 내담자의 자동적 사고가 '힘들면 안 돼.' '난 아무것도 할 수 없어.' '난 안 돼.' '난 쓸모없어.' 등인데 이를 사례로 활용하여 내담자가 자동적 사고에 대한 이해가 가능하도록 개입한다. 또한 내담자의 상황에서 경험하고 있는 유사한 자동적 사고를 찾아 대안적 사고로의 전환을 시도한다. 이때 상담사는 ABC기법과 소크라테스 질문법을 사용하여 내담자의 사고를 자극하면서 자신에 대해 다른 관점에서 좀 더 생각할 수 있도록 개입한다. 상담장면에서 연습한 다음에 일상에서 자동적 사고 찾기를 시도해 볼 수 있도록 과제를 부여한다. 이렇게 부여한 과제를 가지고 상담장면에서 다루게 되면 내담자가 고민한 상황이기 때문에 훨씬 구체적 · 실질적으로 와닿게 되어 효과적이다. 또한 과제를 통해 내담자가 자동적 사고 찾는 것에 대해 어느 정도 이해가 되었는지에 대한 확인도 가능하기 때문에 과제 부여는 필요하다.

자동적 사고와 대안적 사고를 찾는 것이 쉬운 일이 아니지만 어느 정도 파악을 하면 7~8회기에는 이러한 작업을 계속하면서 대안적 행동을 찾아 연습해 보기를 진행한다. 대안적 행동에 있어서 상담사가 제시하기보다는 내담자와 함께 찾는 것이 중요하다. 물론 내담자가 잘 모르기에 상담사가 어느 정도 방향성을 갖고 다양한 대안행동에 대해 알고 있어야 한다. 하지만 내담자마다 적절한 대안이 다를 수 있기 때문에 기계적으로 대입하기보다는 적절한 대안행동을 함께 찾도록 하고, 내담자 스스로도 생각할 수 있도록 하여 상담과정에 참여시키는 것이 필요하다. 내담자에게 적절한 대안적 행동이라는 점에 내담자와 상담사의 합의가 이루어지면 9~11회기에는 이를 일상에서 적용해 보고 예측하지 못한 상황이 발생했을 때 대처할 수 있도록 대비한다. 다만, 자동적 사고와 대안적 사고를 찾는 것이 어느 정도 익숙하지 않을 경우에는 대안적 행동을 찾아 연습하기보다는 자동적 사고를 대안적 사고로 바꾸는 것에 집중하는 것이 더 효과적일 수 있다. 인지행동상담은 사고가 행동과 감정에 영향을 미치고 있다고 보기 때문에 짧은 회기에 무리하게 개입하기보다는 내담자가 스스로 자신의 자동적 사고를 찾아 대안적 사고로 바꿀 수 있다면 그것만으로도 큰 성과라 하겠다. 같은 맥락에서 단기상담에서는 핵심신념이나 중간신념을 찾아 무리하게 개입하기보다는 주어진 회기를 효율적으로 사용하여 자동적 사고와 대안적 사고 찾기에 집중하는 것이 더 효과적일 수 있다.

12회기는 마무리 회기로 상담과정에 대한 점검과 함께 내담자가 생각하는 상담성과에 대해 정리하는 시간을 갖는다. 특히 내담자가 생각하는 성과가 가능하게 했던 방법들을 확인하고 스스로 할 수 있음에 대한 지지와 격려를 한다. 가끔 상담 종결 회기에 새로운 주제를 가지고 와서 상담 연장을 요청하는 경우가 있는데, 상담사는 지금까지 진행한 주제의 연장선상에 있는 내용인지 아니면 상담을 연장해서라도 다뤄야 하는 주제인지를 분별하여 연장 여부를 결정한다. 이별에 대한 아쉬움을 해소하기 위해 또는 의존성 때문에 상담 연장을 요청하는 경우라면 상담 연장이 오히려 내담자에게 해가 될 수 있기 때문에 상담 연장에 대해 신중하게 결정해야 한다. 지금까지 진행한 주제의 연장선상에 있는 내용이라면 내담자가 스스로 적용해 보도록 하여 그동안 익힌 것을 스스로 대처할 수 있음을 종결 회기에 한 번 더 확인시켜 주는 것도 의미 있다.

상담교육을 진행하다 보면 정신분석이나 대상관계로 진행하는 상담은 깊은 상담이고, 게슈탈트나 인지행동상담 이론으로 진행하는 상담은 얕은 상담이어서 내담자의 근원적인 문제를 개입하지 않기 때문에 상담효과에 한계가 있지 않느냐는 식의 질문을 하는 경우가 있다. 정말 그럴까? 저자는 깊은 상담이나 얕은 상담이 있다기보다는 효과적인 상담과 비효과적인 상담이 있다고 생각한다. 지역아동센터나 청소년상담복지센터와 같은 공공기관에서 아동 및 청소년 대상으로 진행하는 상담은 현실적으로 단기상담인 경우가 대부분이다. 그렇기 때문에 주어진 회기 동안 내담자에게 효과적인 상담을 진행해야 하고, 이를 위해 고민해야 한다. 상담사 자신이 사용하는 상담이론에 따라 깊은 상담, 얕은 상담으로 판단하며 스스로의 능력에 대한 에너지를 소모하기 이전에 주어진 회기 내에서 내담자에게 얼마나 효과적인 개입을 하고 있는지에 대해 고민하는 상담사가 되길 바란다.

● 학습문제 ●

1. 자신의 자동적 사고를 탐색하고 나눠 보자.
2. 사고기록지를 활용해서 자동적 사고를 찾아 상담하는 방법을 연습해 보자. 상담사 역할을 한 번씩 바꿔 하면서 어려운 점을 나누고 해결 방안을 모색해 보자.
3. 심상 방법을 연습해 보고, 심상 활용 시 상담사로서 보완해야 할 점이 무엇인지 나눠 보자.
4. 앞서 제시한 사례를 토대로 인지행동상담 이론에 근거한 사례개념화를 실시해 보자.

제4부

발달과제와 상담

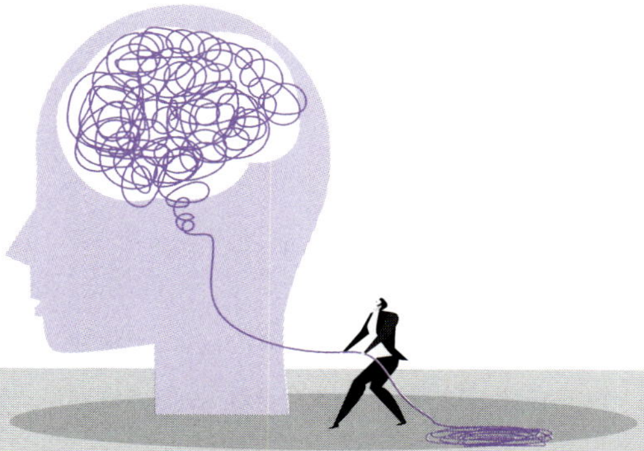

인간은 평생에 걸쳐 발달하며 성숙한다. 특히 아동 및 청소년 시기에는 신체적 발달과 더불어 심리적 발달이 두드러진 시기이다. 학자마다 이견은 있지만 대체로 인간의 발달은 일정한 방향이나 순서가 있으며, 각 시기마다 결정적으로 발달해야 할 과제들이 있다. 따라서 아동 및 청소년 상담사가 각각의 발달단계마다 달성해야 하는 과제를 이해하고, 발달과제에 따른 상담적 개입을 숙달하는 것은 매우 중요하다. 제4부에서는 유아, 아동, 청소년 시기에 중요하게 다루어야 할 발달과제를 이해하고, 각각의 발달과제를 증진하기 위해 상담 시 고려해야 할 사항을 중심으로 살펴보고자 한다.

제9장

유아기 발달과제와 상담

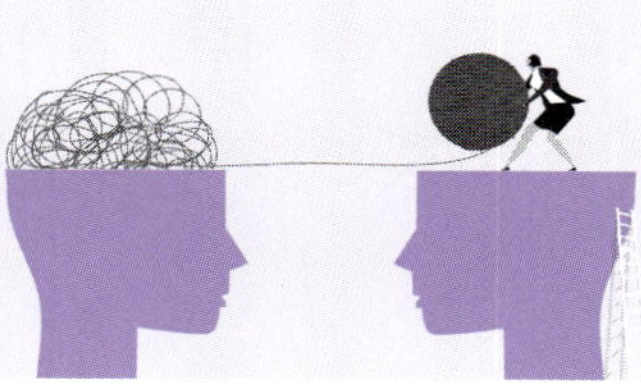

유아기는 아동 전기에 해당하며, 걸음마, 이유기, 언어의 발달 등 그 발달이 인간의 모든 발달 중 가장 두드러지는데, 이는 심리적으로도 마찬가지이며 이는 향후 아동 후기, 청소년기에 지대한 영향을 미친다. 인간은 가족의 울타리에서 탄생한다. 일차적으로 유아는 부모에게 안전과 생존에 필요한 생활 요소를 지원받는다. 다른 한편 유아는 부모와 애착을 형성하며 정서적 접촉과 안전한 환경을 느낄 수 있다. 유아는 자라면서 서서히 자아존중감을 획득하기 시작하는데 이때 가족, 사회, 환경의 울타리가 복합적으로 작용한다. 이 장에서는 이러한 애착과 자아존중감의 요소를 탐색하고 이에 대한 적절한 상담적 개입을 살펴보기로 한다.

1. 애착

1) 애착 형성의 단계

Bowlby(2019)는 애착이 무엇인가를 먹으려는 행위와 같은 일차적 욕구 충족과는 별개로 존재하는 다른 차원의 욕구라고 보았다. 인간이 생래적으로 가지고 있는 반사 반응인 빨기, 뻗기, 쥐기, 보기 역시 음식을 쟁취하기 위한 일차적 욕구 충족을 위한 생존적 반응인 동시에 이는 정서적 영역으로서 어머니에 대한 애착 충족을 위한 반응이라고 보았다. 또한 어머니 역시 아이를 돌보고 감정 접촉을 하려는 경향성이 있는데, Bowlby는 이렇게 아이와 어머니 사이의 정서적 교류와 접촉이 애착을 발달시킬 수 있다고 보았다. 즉, 부모와 자녀의 애착은 상호적 관계라는 것이다 (Shaffer, 2000). 애착 형성의 단계는 〈표 9-1〉과 같다.

〈표 9-1〉 **애착 형성의 단계**

단계	특징
전애착 단계 (Preattachment phase) 출생~6주	영아는 빨기, 울음, 시선 접촉 등 여러 신호체계를 통해 사람과 관계를 맺으나 아직 특정 대상을 구분하지는 못하며, 불특정 다수에게 애착을 보인다. 따라서 이 시기엔 낯선 이와 있다고 하더라도 유아는 이를 별로 개의치 않는다.
애착형성 단계 (Attachment in the making) 6주~8개월	영아는 친숙한 사람과 낯선 이를 구분하기 시작하며, 어머니와 본격적인 애착을 형성하기 시작한다. 이때 영아는 어머니를 바라보고 옹알이를 하고 웃고 어머니를 손가락을 쥐는 등 애착 행위를 시도하고, 자신의 행위에 어머니가 반응할 것이라는 믿음을 가지고 있다. 어머니의 얼굴과 다른 이의 얼굴을 구분함에도 어머니가 부재할 시에 분리불안을 경험하지는 않는다.
애착 단계 (Clear-cut Attachment) 8~18개월	특정 대상에 대해 적극적으로 접근하고 강한 집착을 보인다. 또한 애착대상이 부재할 시에 분리불안을 보인다. 타인에 대한 낯가림은 1세 정도까지 지속되며 분리불안은 1세가량 시작되어 15개월까지 유지된다.
상호관계의 형성 단계 (Formation of reciprocal relationships) 18개월~2세	아이는 어머니의 반응과 행동을 예상할 수 있다. 따라서 어머니가 부재할 시에도 다시 돌아올 것을 예측할 수 있어서 어머니가 부재할 때에도 분리불안이 감소된다.

2) 애착 유형 단계

1963년 Ainsworth는 볼티모어에서 초기 발달 연구를 진행하기 위해 가정 방문을 하며 26명의 예비 엄마를 모았다. Ainsworth와 동료들은 각 가정을 18차례 방문하고 매번 약 4시간 동안 머무르며 다양한 자료를 수집했고, 이는 이후 애착이 특정한 유형과 패턴을 보이고 있음을 이해하게 되었다(Ainsworth, 1978; Wallin, 2010). 이러한 일련의 관찰을 진행하면서 이후 Ainsworth(1978)는 그의 동료인 Wittig와 함께 볼티모어와 유아들에게 낯선 상황 실험을 실시했는데, 이는 다음과 같다.

먼저, 약 20분간 실험실에서 엄마와 12개월이 된 유아는 장난감이 있는 방으로 안내받는다. 그 이후 영아가 장난감을 가지고 노는 순간 어머니는 곁에 있는다. 그 이후 낯선 이가 들어와 어머니와 모종의 대화를 하고 어머니가 나간다. 대신 낯선 이가 유아와 상호작용을 하며, 이후 어머니가 돌아와 유아를 반겼다. 이러한 패턴을 두 번씩 진행했는데, 유아와 어머니가 함께하는 시간, 어머니와 분리 및 두 번의 재회, 유아와 낯선 이와의 시간이 모두 2회씩 진행되었다(Ainsworth, 1978; Wallin, 2010). 이를 토대로 유아에겐 세 가지의 특정한 애착 행동이 발견되었는데, 이는 안정애착(secure attahment), 회피애착(avoidant attachment), 양가애착(ambivalent attahment)/저항애착(resistent attachment)이다. Ainsworth의 연구 이후 약 20년 뒤에 Main과 그녀의 제자였던 Solomon(1990)은 비디오테이프를 분석하며 앞의 세 가지 애착 범주에 속하지 않는 다른 애착 유형을 발견했는데, 이를 혼란애착(disorganized attachment)이라고 지칭한다. 이 중 회피애착, 양가애착 또는 저항애착, 혼란애착은 모두 불안정 애착에 속한다. 애착 유형은 다음과 같다.

(1) 안정애착

안정애착(secure attachment) 유형의 유아는 낯선 이보다 어머니에게 큰 관심을 보이며, 어머니가 부재한 상황에서도 어느 정도의 주위를 탐색할 수 있다. 그러나 안정애착이 불안정애착과 현격한 차이가 나는 지점은 어머니의 부재보다는 어머니가 돌아왔을 때의 반응이다. 유아는 어머니의 분리 때문에 불안을 느꼈다고 하더라도 다시 엄마를 재회했을 때 다시 안심하고 위안을 찾으며, 반갑게 맞이하고 놀이를 재개하는 특징을 보였다(Shaffer, 2000). 이는 아이가 가지고 있는 유연성(resilience)을 보여 주는 것으로 아이가 설령 고통을 겪는다고 하더라도 유아의 의사소통에 민감하게 반응한 어머니와의 상호작용에 의한 결과라고 해석될 수 있다. 이를테면 아이가 배가 고파 울 때 어머니는 즉시 다가와서 머리를 쓰다듬으며 정서적 접촉과 함께 젖을 줄 수 있으며, 아이가 그만 자려고 할 때 어머니는 편안하게 내려놓을 수 있는 양육적 경험이 반복되고 일관적으로 제공될 때, 아이는 안전기지로서 부모를 경험할 수 있고 이는 안정애착을 형성하는 데 주요한 틀을 형성할 수 있다(Ainsworth, 1978; Fonagy, 2001; Wallin, 2010).

(2) 회피애착

회피애착(avoidant attachment) 유형의 유아는 어머니가 존재할 때도 별로 반응을 보이지 않고 어머니가 부재할 시에도 무관심하고 특별한 반응을 보이지 않으며, 다시 재회할 때도 뚜렷한 변화가 나타나지 않는다. 이 유형의 유아는 어머니가 부재하든지 돌아오든지 상관하지 않고 놀이에 열중하거나 다른 영역을 탐험하기 시작한다. 그러나 이들이 실제로 무감각한 것은 아니다. 실제로 이후 연구에서 드러난 낯선 상황의 절차 이전과 이후에 측정한 코르티솔 수치의 증가량이 안정애착 유형의 아이보다 유의하게 높았다(Spanger & Grossmann, 1973).

Ainsworth는 이 유형 아이의 회피적 반응은 방어적인 대처라는 것이라고 주창했는데, 어머니는 아이의 애정욕구를 지속해서 거부했으며, 아이는 지속적인 자신의 욕구가 수용받지 못할 것을 인지하여 체념하였고 이에 따라 이러한 회피적 반응이 나타나는 것으로 보았다(Fonagy, 2001; Wallin, 2010). 이러한 회피애착은 자신이 어머니가 필요할 때 지속적으로 부재하거나 둔감하게 반응함으로써 아이에게 상실감을 형성할 수 있는데, 이러한 지속적인 좌절경험은 아이로 하여금 어머니와의 접촉에 회의적인 반응과 포기하는 것 같은 행동양식으로 나타날 수 있다는 것이다(Ainsworth, 1978; Shaffer, 2000). 다른 한편, 어머니가 아이를 지속적으로 거절하거나 아이의 감정 표현과 시도에 회피적으로 반응할 때 역시 이러한 회피애착을 형성하는 데 기능할 수 있다(Ainsworth, 1978)

(3) 양가애착/저항애착

양가애착(ambivalent attahment)/저항애착(resistent attachment)은 크게 두 가지 유형이 있는데, 분노하는 유형과 수동적인 유형이다. 두 유형 모두 어머니가 존재할 때도 어머니에게 계속 안기고 집착하며 낯선 상황을 탐색하지 못했으며, 어머니가 부재할 시엔 극심한 고통을 호소했다. 또한 어머니와 재회했을 때 분노하는 유형의 아이들은 어머니에게 집착하고 접촉하려고 하는 동시에 거부를 표현하기도 했는데, 이를테면 어머니가 안아 주려고 해도 몸을 뒤로 젖히거나 분노를 폭발하는 형식을 취하였다. 한편, 수동적인 유아는 깊은 무기력에 빠져 있듯이 어머니에게 집착하면서도 적극적으로 다가가지는 못하였고, 어머니와 다시 만나는 것이 고통을 잦아들게 하지 못하는 것처럼 관찰되었는데, 그들은 존재하고 있는 엄마 앞에서 부재한 어머니를 계속해서 찾고 있는 것처럼 보였다(Wallin, 2010). 실제 양가적인 유아의 어머니는 회피적 유아의 어머니처럼 거절적 반응을 보이지 않으면서도 유아의 요구에 대해 둔감했으며, 유아의 요구에 비일관적이고 예측 불가능한 방식으로 반응함으로써 아이의 자율성을 좌절시켰다(Wallin, 2010).

(4) 혼란애착

혼란애착(disorganized attachment) 유형의 아이는 불안정애착 중 가장 심한 형태로 회피애착과 양가애착/저항애착이 결합한 형태이다. 실제로 이 유형의 아이는 부모 앞에서 괴상한 반응을 하거나 이해할 수 없는 행동을 했는데, 어머니를 재회했을 때 어머니에게 등을 돌리거나 얼어붙거나 멍한 혼수상태를 보이기도 하였다(Wallin, 2010). 그들은 마치 Michael Eigen이 저술한 『오염된 양분(Toxic Nourishment)』(1999)처럼 먹어야 하나 그 안에 독이 있어 깊은 딜레마에 빠진 것처럼 보였다. 이 유형의 아이에게 부모는 안전지대인 동시에 위협 공간으로 경험되었으며, 유아는 접근할 수도 회피할 수도 없어 얼어붙은 표정으로 접근하거나 어머니가 다가와도 먼 곳을 응시하는 패턴을 보였다(Solomon & George, 2011). 이러한 유아의 혼란스러운 감정은 아이의 안전지대인 어머니에게 느끼는 공포심과 같은 양가감정과 관련이 있다. 혼란애착을 형성한 아이는 예측 불가능한 분노나 학대받는 양육경험 또는 압도적인 공포를 경험하는 환경을 지속적으로 느끼며 혼란스러운 감정을 나타낸다(Fonagy, 2011; Solomon & George, 2011).

Ainsworth는 안정애착과 불안정애착을 구분하면서 애착관계에서 가장 중요한 것이 부모와의 상호작용임을 밝혀냈다. 안정애착의 어머니는 유아의 비언어적 신호를 민감하게 알아차렸으며, 수용적이고 협력적 분위기를 구축했고, 의사소통의 질이 매우 높았다는 것을 밝혀냈다.

이후 많은 연구가 이뤄졌고, 초기 3년간의 애착 유형은 패턴으로 자리 잡으며 이후 아동기, 학령기, 청소년기, 성인기 등 전 생애에 지대한 영향을 줄 수 있다는 것이 계속적으로 제기되고 있다. 한편, 애착은 인간이 단순히 생존적 욕구만 있는 것이 아니라 심리적 · 정서적 욕구를 생래적으로 갖고 태어났다는 것을 시사하고 있다. 실제로 안정애착 유형은 자존감, 자기효능감, 스트레스 대처기술, 주도성, 사회적 능력, 회복 탄력성 등의 능력이 높다(Wallin, 2010; Bowlby, 2019). 가 생래적으로 타고난 패턴을 보이고 있으며, 이에 대한 주 양육자의 적극적 수용과 민감성이 매우 중요하다는 것을 발견했다는 데 있다.

(3) 애착 증진을 위한 상담개입 및 고려사항

첫째, 유아상담 시 고려해야 하는 점이다. 유아와의 상담과정에서 섣불리 아이의 생각을 빠르게 바꾸려고 하거나 많은 상담적 개입은 오히려 아이와의 상담동맹의 질에 부정적 영향을 줄 수 있다. 오히려 유아는 아직 애착을 형성하는 중이기 때문에, 교육보다는 경험과 체험 요소에 방점을 두고 상담사와 유아 간의 신뢰로운 환경과의 접촉을 구축하여 안정적인 양육 환경을 조성하는 데 방점을 둘 수 있다. 안정적인 양육 환경은 안정된 의사소통 패턴과 예측가능하고 일관적인 훈육이 이뤄지는 것을 의미한다(Fonagy, 2001). 안정형애착의 유아는 엄마가 자신의 행동에 대해 적절한 반응을 해 줄 것이라는 기대를 갖고 있고, 또 엄마가 잠시 부재한다고 하더라도 다시 돌아올 것이라는 희망을 가질 수 있다. 이에 따라 아이는 자신의 감정과 욕구를 조율하고 탄력적 생각을 할 수 있는 기지를 획득하게 된다. 상담의 장에서 상담사는 유아의 요구에 적절히 반응하여 이러한 안정적인 환경을 실제 경험할 수 있도록 도울 수 있다. 상담사는 제2의 양육자로서 아이를 판단하거나 무심하거나 침범하지 않고 그 모습 그대로를 반영하고 아이가 화를 내거나 기분이 좋을 때 항상 일관적이고 안정적이며 여유로운 모습으로 아이를 반길 수 있다(Shaffer, 2000). 또한 아이의 경험에 함께 교감하고, 아이의 감정에 예민하게 반응하고 이로 인해 상담사 스스로 든 속감정을 건강하게 표현하여 공명의 장을 형성할 수 있도록 돕는 애착의 형성의 장을 '지금 여기'에서 경험할 수 있도록 도울 수 있다. 이러한 상호주관적 장은 아이가 가지고 있는 경직된 표상을 유연하게 하고 좀 더 안정적인 애착으로 발돋움할 수 있는 안전기지(secure base)를 형성한다.

둘째, 유아 상담 시엔 부모상담이 중요할 수 있다는 것이다. 초기에 부모와 맺은

애착은 마음에 하나의 구조화된 패턴을 형성한다. 이는 "세상은 안전한 곳이야." "나는 사람을 믿을 수 있어."와 같은 도식을 형성할 수도 있지만, "세상은 위험한 곳이야." "다른 사람은 나를 이용만 할 걸."과 같은 부호화를 형성할 수 있다는 것이다. 이는 세상을 바라보는 관점의 차이를 갖게 하여 인생에 지대한 영향을 줄 수 있다. 전자가 세상의 여러 상황과 대인관계 상황에서 안전감, 성취감, 행복감을 느낄 수 있다면, 후자는 박탈감, 두려움, 불안에 더 취약해질 수 있는 패턴을 형성할 수 있다(Bowlby, 2019). 실제로 안정애착의 아이는 불안정애착의 아이에 비해 자존감, 정서 조절, 회복 탄력성, 긍정적인 정서, 주도성, 사회화 능력, 몰입하는 능력이 뛰어나다는 연구결과가 있다(Wallin, 2010). 한편, 불안정애착의 아이는 정신병리나 성격장애에 좀 더 취약해질 수 있는 위험이 있다(Aaronson et al., 2006; Crauford et al., 2007; Kobak & Bosmans, 2019). 또한 이러한 부호화된 패턴은 부모와의 상호작용이 정신적인 표상을 형성하고 이는 이후의 여러 사회적 · 문화적 경험을 할 때 개인의 생각, 감정, 행동을 결정하는 주요한 패턴을 형성한다는 것이다. 따라서 유아상담을 실시할 때 상담사는 유아 자체만 보기보다는 부모와 유아의 상호작용에 깊은 주의를 기울일 필요가 있다. 그 이유는 아직 유아는 애착이 형성되는 시점과 맞닿아 있을 가능성이 크기 때문이다. 상담사는 부모와 아이의 상호작용을 관찰하며, 둘의 관계가 안전하고 신뢰가 있으며, 일관적이고 예측 가능한 의사소통과 양육이 형성되고 있는지를 관찰하고, 적절한 부모관계의 상호작용을 수립할 수 있도록 돕는 상담적 개입이 선행되어야 한다. 부모상담, 부모-자녀, 가족상담이 적극적으로 구축되어 유아 개인보다는 패턴화된 관계를 포착하여 이를 수정할 수 있는 상담적 개입이 필요하다.

셋째, 애착의 세대적 전이를 감안할 때, 부모의 애착 패턴을 통찰하고 이를 통해 아이와의 관계를 변화할 수 있는 개입을 활성화할 수 있다. 내적 작동 모델은 작동하는 방식, 하나의 구조화되고 과정적으로 형성되어 있는 패턴이라고 말할 수 있다(Main et al., 1985, p. 77). 그러나 이는 한 사람의 일생에만 영향을 주는 것은 아닐 수 있다. 성인 애착 면접을 한 결과 나타난 유형의 75%가 유아가 낯선 상황 유형의 유형과 유사하게 나타난다는 것이 보고되었다(Main et al., 1985). 이는 불안정애착을 가진 부모의 양육방식은 다시 아이가 불안정애착을 형성할 수 있는 내적 작동 모델을 형성케 한다는 것이다. 유아의 애착에 대해 갖는 기대는 부모가 아이를 대하는 애착에 대한 작동 모델과 유의한 연관을 갖고 있다는 것이다. 실제로 회피형의 부모는 애착을 도외시하거나 최소화하는 경우가 있어 일관적이지 않은 양육을 보였고, 이는 회피형의 애착 유형을 갖는 아이와 연관되었다. 또한 양가형 부모는 집착적이고 침범적 경향을 보였으며, 이는 아이가 부모와의 경계를 힘들어하고 부모에게 다시 집착하는 형태로 반복되었다. 마지막으로 혼란스러운 부모의 아이는 혼란스러워하고 어리둥절해 하는 반응을 보이기도 하였다(Wallin, 2010). 즉, 우리가 갖고 있는 애착에 대한 패턴은 우리의 어린 시절을 넘어 세대적 역사를 지니고 있다는 것을 추론해 볼 수 있다. 상담사는 'I 전달법' '비폭력 대화'와 같은 의사소통 모델이나 육아의 팁에 대한 광범위한 지식을 갖고 있기 때문에 부모상담 시 의사소통 방식을 교육하거나 육아에 대한 해결사적 태도를 보일 때가 종종 있다. 그러나 애착의 패턴이라는 것이 부모 안에 있는 내적 작동 모델에 기인하고 이것이 부모의 어린 시절에 형성되어 있다는 것을 감안할 때(Fonagy, 2001), 부모상담은 부모가 아이를 그렇게 대하고 있는 패턴 안에 있는 자신의 욕구, 감정, 기대 등을 깊게 탐색할 수 있는 상담적 개입을 할 필요가 있다. 다음의 개입을 한번 살펴보자.

내: 저는 아이가 아침에 어린이집 가방이나 자기 옷을 스스로 챙기지 않으면 불 같이 화가 나요. 그래서 "너 똑바로 안 해? 엄마한테 혼 좀 나볼까?" 라고 인상을 쓰며 소리를 질러요.

상: 불 같이 화를 냈다고요. 그렇게 말씀을 하면 아이가 경직돼요. 저번에 배웠던 의사소통으로 한 번 바꿔 볼까요?

실제로 이러한 개입은 일시적으로 아이와의 의사소통을 개선할 수 있어도 깊은 내면 차원에서의 정서적 요소가 처리되지 않아 근본적 해결책이 되기 어려울 수 있다. 또한 부모는 이성적으로는 알고 있으나 감정적으로 이를 제어하지 못해 다시 이러한 행동이 반복된다거나 이러한 행동을 하고 난 뒤 아이에 대한 죄책감과 상담사와 함께 연습한 방식이 전혀 되지 않고 있다는 자괴감을 형성할 수 있다. 따라서 상담사는 이 화의 기원을 부모와 함께 찾아봄으로써 내담자가 자신의 화 이면에 있는 자신의 결핍 요소를 함께 탐색할 수 있도록 터전을 열 수 있을 것이다.

내: 저는 아이가 아침에 어린이집 가방이나 자기 옷을 스스로 챙기지 않으면 불 같이 화가 나요. 그래서 "너 똑바로 안 해? 엄마한테 혼 좀 나볼까?"라고 인상을 쓰며 소리를 질러요.

상: 아이가 자기 스스로 가방과 옷을 챙기지 않을 때 불 같이 화가 났군요. 충분히 화가 날 수 있어요. 아이가 어떻게 해 주기를 바랐길래 나는 그렇게 화가 났을까요?

내: 음, 아이가 스스로 자신을 챙겨야 한다고 생각했어요. 그런데 이렇게 엉망진창으로 자신의 것을 챙기지 않으니 화가 난 거죠.

상: 음, 아이가 스스로 자신을 챙겨야 한다고 생각했군요. 아이가 자신의 것을 챙기지 못한다는 것은 어머니께 어떤 것을 의미하나요?

내: 씨앗을 보면 열매를 안다고 하잖아요. 아이가 저 정도 자기 관리를 못 하니까 험한 세상을 앞으로 어떻게 살아갈 수 있을지 걱정이 되었어요. 그러고 보니 제 아이가 아직 네 살밖에 안 되었네요. 왜 그렇게 과하게 화를 냈을까요.

상: 아이가 험한 세상에서 어떻게 살아갈 수 있을까 하는 걱정이 들어 화가 났던 거군요.

내: 네 맞아요. 선생님, 걱정이 되었던 것 같아요.

상: 맞아요. 걱정이 될 수 있어요. 그렇다면 나에게 있어서 험한 세상이란 어떤 세상일까요?

내: 제 것을 잘 챙기지 않으면 사람들이 와서 빼앗아 가죠. 사람들을 믿을 수가 없어요. 물건을 잘 챙기지 않으면 누군가가 그것을 뺏을 수도 있고, 피도 눈물도 없는 그런 세상인 거죠.

상: 피도 눈물도 없는 그런 세상, 그런 세상에 아이가 놓이지 않기를 바라는 어머니의 걱정과 염려 덕분에 사실은 화가 났던 것이었어요. 우리 아이가 이 험한 세상에서 꿋꿋이 잘 살아가야 할 텐데…….

내: (눈물) 맞아요. 제가 그랬거든요. 정말 믿을 수 있는 사람이 없었으니까, 내 한 몸 잘 챙기려면 내 걸 잘 챙겨야 한다.

상: 내 한 몸 잘 챙기려면 내 걸 잘 챙겨야 한다……. 그 말씀을 하시면서 떠오르는 사건이 있나요?

이 상담사는 수용과 반영을 통해 어머니가 아이에게 화를 내는 배경 안에는 아이에 대한 걱정이 있음을 인식할 수 있도록 도와주고 있다. 또한 그 걱정은 사실 자신이 세상을 바라보는 방식이었다는 것을 통찰할 수 있도록 도와주고 있다. 이러한 방식은 부모의 내면의 작동 방식, 세상을 바라보는 시각과 관점을 형성시키는 기점을 갖고 있다. 따라서 상담사는 회상 경험을 탐색하면서 부모의 내적 작동 방식에 대한 기원과 발전과정을 탐색해 들어가고 있다.

이러한 개입은 내담자가 화를 내는 이면에 있는 아이에 대한 걱정과 염려, 그리고 이러한 걱정과 염려 이면에 있는 자신 내면에 있는 결핍 요소를 탐색할 수 있도록 안내할 수 있다. 더 나아가 자신의 애착 유형을 인식하고 이에 대한 기원과 발달과정을 탐색하는 동시에 이러한 요소 이면의 결핍 요소, 좌절된 욕구, 기대를 상담 공간에서 재현하고 이를 상담사가 충분히 담아 주고(holding), 버텨 주는 환경(holding environment)을 제공할 때 내담자는 행동의 이면에 있는 정서를 조절하고 숙고할 수 있는 힘을 갖게 된다. 이는 다시 아이와의 현재 관계로 연결 지어 어떻게 아이와 행동에 달라진 인식과 감정을 처리하는 동시에 달라진 관점에 따라 아이에게 적절한 양육이 무엇인지를 같이 탐색할 수 있다.

● 학습문제 ●

1. 자신의 애착 패턴은 어떤지를 한번 추론해 보고 이에 대한 어린 시절의 경험이 어떤 연관이 있을지를 탐색해 보자.
2. 나와 가까운 사람에게 내가 행동하는 패턴을 점검하고 이러한 패턴이 실제 상담 과정에서는 어떻게 나타나고 있는지를 한번 고찰해 보자.
3. 상담사가 불안정 애착의 내담자와 상담을 할 때 고려해야 할 요소는 무엇이 있을지 찾아보고 함께 토의해 보자.

2. 자아존중감

1) 자아개념

자아존중감에 앞서 자아개념(self-concept)을 살펴보면, 이는 "나는 누구인가?"에 대한 세계와 환경 속에서 자신에 대한 정의를 추구하는 특성, 능력, 의미, 가치의 총체에 대한 질문과 맞닿아 있다고 볼 수 있다. Carl Jung(1946)은 의식은 자각하고 있는 상태 전체를 의미하며, 이 중심엔 '나'가 존재하는데, 자아라는 말은 어떤 의지, 무엇인가에 대한 갈망, 성찰능력, 행동을 일으키는 중심적인 추라고 이해하기도 했다. 또한 자아란 정신의 내용이 표상(representation)되는 주체이며, 따라서 자아는 무엇인가를 보고 인식할 수 있게 하는 거울이기도 하다. 사회학자인 George Mead(1934)는 우리를 둘러싼 세계, 즉 우리와 관계를 맺고 있는 중요한 타인과의 상호작용 속에서 자아가 형성된다고 하였다. 즉, 자아란 나 자신을 어떻게 인식하고 느끼는지에 대한 것과 중요한 타인이 생각하는 나의 개념이 모두 합쳐진 것으로서(Laura, 2008), 자아의 개념 역시 독립적 개인의 장 속에서 형성되기보다는 사회와 환경, 중요한 타자와의 상호작용 속에서 거울처럼 형성되고 있다는 점을 알 수 있다. 아이는 18개월 무렵이 될 때 인지와 정서 기능의 비약적 발달로 자신 스스로가 타인과 구분되는 존재라는 것을 인식하기는 하지만, 이때의 자아개념은 아직 세상과 자신의 개념을 적절히 구분하는 것에는 미치지 못한다. 그러나 3세 정도가 되면 자신을 객관적으로 관찰할 수 있는 조망 관점을 획득하게 되고, 6~7세의 아동기가 되면 스스로의 능력, 활동, 중요한 타인, 외모, 소유에 대해 폭넓은 이해를 가지게 된다. 아동 전기가 가족의 울타리에 많은 영향을 받았다면, 학령기의 아동은 사회가 갖고 있는 규범과 가치와 자신의 욕구를 균형적으로 재배치하며, 구성원으로서의 역량을 발달시켜 나간다(김종운, 김지현, 2008).

2) 자아존중감

그렇다면 자아존중감은 무엇인가? 정옥분(2018)은 자아존중감(self-esteem)을 자신에 대해 긍정적 또는 부정적 견해를 갖게 하는 개념으로 정의하며, 자아개념이 자아에 대해 인지적 측면에 좀 더 초점을 둔다면, 자아존중감은 감정적 측면에 주안점을 둔다고 하였다. 한편, 고진영과 이경화(2001)는 자아존중감이란 자신 스스로가 유능하고 중요한 존재이며, 성공적이고 가치있다고 생각하는 정도를 의미한다고 하였다. 이는 내면이 가지고 있는 강력한 동기이자 생활에서 필요한 경험이기도 하고, 기본적 욕구와 건전한 발달을 갖게 하는 개념과도 연관된다. Harter(1999)도 자아존중감을 자신의 가치에 대해 총체적인 평가로 정의내리고 있으며 이러한 평가는 객관적 평가라기보다는 주관적 평가에 가깝다. Laura(2008)는 아동이 경험하는 자아존중감이 네 가지의 범주로 구성되어 있다고 했는데, 이는 ① 어학, 수학, 기타 과목과 같은 학습능력을 기반으로 한 학문적 능력, ② 또래관계, 부모와의 관계를 중심으로 한 사회적 능력, ③ 야외 게임, 다양한 운동 등을 포함하는 신체적 · 운동적 능력, ④ 신체적 외모이다. 각 범주는 자신이 이에 대해 얼마나 만족하는지와 관계될 수 있다. 즉, 자아존중감은 각 범주에서 각각 평가되어 어느 부분에서는 높으나 다른 부분에서는 낮다고도 평가될 수 있다. 이를테면 또래관계, 부모와의 관계를 중심으로 한 사회적 능력은 만족하면서도 수학이나 국어와 같은 학습 능력에서는 불만족할 수 있다. 또한 자신이 어느 범주에 더 많은 가치를 두고 있는지에 따라 전반적 만족도가 달라질 수 있다. 이렇게 범주로 구성된 자아존중감은 전반적으로 평가될 수도 있다. 즉, 자아존중감이 이해 및 평가에 대한 영역이라면, 이는 결국 의미 있는 타인이 나를 어떻게 이해하고 생각하고 평가하는지와 매우 깊은 연관을 가진다. 즉, 자아존중감은 스스로 내리는 평가라기보다는 아주 초기에 받았던 중요한 누군가의 평가와 깊은 관련을 맺고 있는 것이다. 이러한 타인의 지속적인 평가는 하나의 틀을 형성하여 내가 맡은 사회적 역할, 자아의 상이 적절한지 또는 부적절한지를 가늠케 하는 토대가 될 수 있다.

아동기의 자아존중감은 부모의 양육태도와 깊은 연관이 있다. 부모가 아이를 양육할 때 수용적 · 공감적 태도를 보이면 아동의 자아존중감이 높아질 수 있는 반면, 부모가 아동을 거부하거나 제재하거나 위협하는 태도를 보일 땐 자아존중감이 낮아질 수 있다. 한편, 학령기 후기에 다다를수록 학업에 대한 중요성이 부각되고 또래관계와 교사의 영향력이 높아지게 됨에 따라 사회적 지지의 수준에 영향을 받게 된다. 자아존중감을 측정하는 변인 중 Rosenberg(1965)의 자아존중감 척도(Rosenberg's Self-Esteem Scale: RSE)가 대표적으로 많이 쓰이고 있는데, 국내에도 이에 대한 여러 연구가 있다(박상복, 2007; 심혜선, 전종설, 2018; 이은아, 이영애, 2018; 이숙현, 한창근, 2019; 정명진, 김헌태, 강민수, 2020). RSE는 총 10개의 문항으로 이루어져 있는데, 이는 스스로가 타인과 같이 자신이 가치 있는 사람으로 생각하는지, 좋은 성품을 가졌다고 믿는지, 실패한 사람이라는 느낌이 드는지, 타인처럼 일을 잘할 수 있는지, 자랑할 수 있는 것이 있는지, 스스로에 대한 긍정적인 태도를 가지고 있는지, 스스로에 대해 만족하는지, 존경할 수 있는지, 쓸모 있는 사람이라고 여기는지, 얼마나 좋은 사람으로 믿고 있는지 등으로 구축되어 있다(이소희, 2005).

3) 유아의 자아존중감 형성을 위해 부모상담개입 시 고려사항

앞서 살펴보았듯이, 인간의 자아는 태생적으로 형성된 것이 아니라 의미 있는 대상과의 관계, 사회 및 환경과의 상호작용으로 구성되어 가는 개념이다. 또한 자아존중감은 다양한 평가의 요소가 맞물려 스스로가 자신과 자신의 사회적 역할에 대해 적절하다고 느낄 수 있는 개념으로서 이 역시 타인과의 상호작용, 이해 및 평가에 의거하여 구성된다. 또한 자아란 중요한 타인과의 관계에서 자신이 스스로를 보는 방식과 세상을 바라보는 방식을 구축해 나가는 것이다. 즉, 부모나 상담사 및 중요한 대상이 아이를 온전한 거울로 비춰 주고 스스로 자아를 구성할 수 있도록 조금 기다려 주고 배경이 되어 줌으로써 아이가 스스로의 내적 공간에서 다양한 것들을 시험하고 도전할 수 있도록 도와주는 것이 필요하다.

첫째, 자아존중감이 타인과의 상호작용과 깊은 연관이 있다는 점에 주안점을 두고 아이와의 상호작용과 그 과정에 바탕을 둔 관계 중심의 상담을 진행할 수 있다. 이를테면, 아동이 "제가 이런 색종이로 공작새를 접었어요. 대단하죠? 이 색이 무슨 뜻이냐면요……."라고 주 호소문제와 동떨어진 문제를 언급할 때 상담사는 이를 원래 하고 있던 상담의 주제로 급격하게 되돌리기보다는 이 말을 하고 있는 내담자의 인정 욕구를 충분히 수용하고("정말 굉장한데요? 공작새 접기가 꽤 어려운데 ○○ 아동은 매우 손 솜씨가 좋네요."), 내담자가 말하는 색에 대한 묘사를 들으며 이를 토대로 내담자의 내적 세계를 이해하고 이를 피드백하며 관계성을 형성하며 이전에 하고 있던 주제와 이를 연결할 수 있다. 취학 전 아동은 성인의 평가에 민감하며(Laura, 2008), 내담자의 말 이면에 감정을 반영하고 수용해 주는 과정 자체는 내담자가 가진 자아존중감 요소를 증진하는 데 도움이 된다.

둘째, 상담사는 긍정적·지지적 관계를 형성하며 내담자와 다양한 놀이, 미술, 예술 등 다양한 도구를 함께 작업하며 이를 토대로 내담자의 능력, 성취, 어려움을 극복할 수 있는 과정을 경험할 수 있도록 촉진적 관계를 형성할 수 있다. 만약 아이가 어떤 퍼즐을 맞출 때 적절한 난이도를 형성하고 이를 함께 작업하되 아이가 가능하다면 할 수 있는 과제를 스스로 해 볼 수 있도록 돕고 이를 성취했을 때 즉각적이고 일관적이며 적절한 칭찬을 할 수 있다("우와! 드디어 해냈네요. 이 탑은 참 섬세하게 만들어졌고 정말 감동적이네요. ○○ 아동은 어떻게 생각해요?"). 아동은 자신의 성취에 이에 걸맞은 칭찬과 함께 자신의 능력과 재능을 확신하고 '성공에 대한 기대'를 형성할 수 있다. 한편, 아동이 실패하게 되었을 때 상담사가 비난하거나 이를 회피하거나 스스로 해 주기보다는 상담사는 충분한 격려를 제공할 수 있다("괜찮아요, 그럴 수 있어요. 제가 느끼기엔 여기까지 한 것이 굉장하다는 느낌이 있어요. 어때요? 우리 다시 한번 해 보면 충분히 해낼 수 있을 것 같지 않아요?"). 그리고 이 실패를 극복하려면 필요한 것이 무엇이 있을지를 함께 고민하며 이러한 요소를 확보한 후에 아동이 스스로 할 수 있도록 하여 내적 성취감을 맛볼 수 있도록 도울 수 있다.

셋째, 앞서 함께 작업하는 여러 도구에 투사된 내담자의 내적 세계를 적절히 반영하고 이를 상담사와의 상호주관적 과정에서 함께 상담적 개입을 할 수 있다. 만약 내담자가 놀이감인 인형 병아리가 마음이 힘들 것 같다고 할 때, 상담사는 병아리가 얼마나 마음이 힘들지를 함께 상상하고 이야기로 풀어 낼 수 있도록 돕는 동시에 병아리에게 가장 필요한 것이 무엇인지를 내담자에게 질문할 수 있다. 만약 내담자가 이불을 덮어 주고 싶고 괜찮다고 한다면, 상담사는 다시 병아리가 되어 "이렇게 ○○ 아동이 덮어 주니까 너무 따뜻하고 마음이 치료되는 것 같아요."라고 반응해 줄 수 있다. 이후 상담사는 아동에게 이 과정에서 든 내담자의 생각과 감정을 질문하며, 상담적 개입을 할 수 있다.

넷째, 아동에게 있어서 부모의 평가와 반응은 자아존중감에 매우 중요하기 때문에 부모상담을 함께 구축할 수 있다. 이를 토대로 아이의 발달수준과 문제의 방식에 따른 부모의 개입과 실제적인 접근을 함께 구축할 수 있다. 더 나아가 아동과 관계를 맺고 있는 교사나 학생들이 아동에게 어떤 영향을 주고 있는지를 탐색하고 좀 더 우호적이고 대인 간의 조화를 형성할 수 있고 적절한 긍정적 피드백을 받을 수 있도록 돕는다.

다섯째, 아동의 자아존중감이 학습능력, 또래관계 및 사회적 능력, 신체적·운동적 능력, 신체적 외모 등 다양한 주제에 걸쳐 형성되고 있으므로 일상 세계에서 아동이 다양한 경험과 능력을 계발하고 이를 토대로 한 적절한 피드백을 제공해 줄 수 있도록 지역사회, 학교, 부모의 협조를 함께 이끌어 낼 수 있다. 예를 들면, 부모가 자녀의 학업을 방관하거나 지나치게 비난하지 않고 적절한 학습능력을 배양할 수 있도록 응원하고 이를 꾸준히 할 수 있는 습관을 형성할 수 있는 토대를 구축하는 것, 일상뿐만 아니라 지역사회나 다양한 기관에서 실시하는 여러 운동과 놀이를 경험할 수 있도록 충분히 격려하는 것, 아이에게 자신의 외모와 복장을 적절히 관리할 수 있는 법을 훈육하여 아동 스스로가 자신을 사랑하고 표현할 수 있도록 돕는 장을 형성하는 것이 필요할 수 있다. 이러한 과정은 미시적으로는 상담의 공간과 가정에서 증진될 수 있으며 학교와 사회에서 진행될 수도 있다.

● 학습문제 ●

1. 자아개념이란 무엇인지 생각해 보고 이를 비평적으로 고찰해 보자.
2. 자아존중감이란 무엇이며 이는 어떻게 형성되는지 이야기해 보자.
3. 자아존중감의 네 가지 범주의 특징을 논의해 보자.
4. 아동 및 청소년의 자아존중감 형성을 위해 상담 개입 시 고려사항이 무엇인지 논의해 보자.
5. 부모상담 및 부모교육 시 자아존중감 증진을 위해 개입해야 할 요소가 무엇인지 찾아보고 논의해 보자.

3. 유아 부모상담의 실제

부모상담 케이스 낮은 자존감의 여아 B 때문에 걱정이 많은 어머니 C의 상담

6세 여아인 B의 낮은 자존감 때문에 상담에 내방한 어머니 C는 접수실에 오자마자 B에 대한 걱정과 불안을 쏟아내기 시작했다. 어머니의 "우리 아이가 매사에 의욕이 없고 아무 흥미가 없는 것 같아요."라고 이야기했다. 그러기에 자신이 아이가 옷 입는 것부터 시작해서 가방을 싸는 것까지 모든 것을 관여하지 않으면 안 된다고 하였다. 내방하게 된 계기는 유치원 교사의 권유 때문이었다. 교사에 따르면, B가 또래와 어울리지 못하고 위축되어 있어 사회성이 걱정되던 찰나 우울하고 슬프다는 내담자의 일기를 보고 어머니에게 상담을 권유하였다. B는 다른 교사와 상담을 하게 되었고, 필자는 어머니 C와 부모상담을 진행하게 되었다. B의 심리검사 결과 자아존중감이 매우 낮게 나타났고, 어머니와 아이 모두 불안정애착 중 회피애착이 나타났다. 실제로 B는 어머니에게도 애정 표현을 거의 하지 않았으며, 감정이 메마른

아이처럼 행동하기도 했다. C는 자신도 외동이었고 부모가 지나치게 바빠서 적절한 돌봄을 받지 못하고 혼자 있던 적이 많았는데, 자신이 아이에게 반복하고 있는 것 같다고 눈물을 보이기도 했다. 다만 C는 아이에게 학업이 얼마나 중요한지 안다면서 학업에 대해서는 열정적이었다. 외국어 학원과 수학 학원, 국어 학원을 보내고 숙제도 꼼꼼히 체크해 주고 있다. 그럼에도 도무지 흥미가 없이 수동적으로 하라는 것만 간신히 하는 B를 보면서 없는 형편에 최선을 다했는데 너무 속상하다고 표현하기도 했다. 그러면서도 B가 매사에 못하겠다고 하며 엄마에게 해 달라고 할 때, 불안한 C는 뭐든지 다 해 주고 있다.

6세 아이의 경우 아이와 상담을 하는 경우가 있지만, 그만큼이나 부모의 상담을 하는 것이 중요하다고 할 수 있다. 왜냐하면 아이는 부모에게 지대한 영향을 받는 나이이기 때문이다. 그런데도 많은 상담사는 아이 문제로 부모와의 상담을 진행할 때 어떻게 사례를 초점화할지 어려워할 때가 있다. 따라서 이 사례는 부모 상담에 따른 사례 개념화를 단기 대상관계상담 이론에 근거하여 진행하고 이를 토대로 한 상담목표의 설정과 상담 진행 방향에 대해 살펴보고자 한다.

1) 사례개념화

6세 여아 내담자 때문에 방문한 어머니의 주 호소문제는 "우리 아이가 매사에 의욕이 없고 아무 흥미가 없는 것 같아요."이다. 상담에 내방하게 된 계기는 B가 슬프고 우울하다고 일기를 쓴 것을 발견한 유치원 교사의 권유 때문이다. B는 매사에 의욕이 없고 또래관계와 어울리지 못하는 등 내적 동기와 사회성이 떨어지고 있으며, 심리검사 결과 자아존중감이 낮고 회피애착이 나타났다. 회피애착의 특징은 겉으로 관찰할 때 특별한 감정 상태를 보이지 않는데 이는 감정을 느끼지 않는다기보다는 하나의 방어기제일 수 있다. 실제로 내담자는 어머니에게도 애정 표현을 거의 하지 않고 메마른처럼 아이처럼 행동하는데 이러한 내담자의 내적 기제엔 우울했던 어머니로부터 적절한 반영과 공감을 받지 못했음을 짐작할 수 있다. 역동적 측면에서 회피적 반응은 부인(denial)이라는 방어기제로 나타나며 그 이면엔 내담자의 우울과 슬픔이 자리 잡혀 있을 수 있다. 한편, 내담자의 자기 표상은 '거절당해 무기력한 나'와 대상 표상엔 '반응하지 않고 거절하는 대상'이 잠재되어 있을 수 있다. 또한 어머니 C 역시 우울감을 호소하고 검사결과 B와 같은 회피애착이 나왔는데, 이는 애착의 패턴이 아이에게 전수되었을 가능성이 있다. 이러한 회피적 양육 패턴이 지속된다면 아이의 회피적 반응과 행동이 강화될 수 있는 위험성이 있다. 따라서 상담사는 C의 회피애착적 패턴을 먼저 탐색하고 그 이면에 숨어 있는 부적응적 패턴을 탐색할 필요가 있다.

상담사는 내담자의 마음의 기지로 함께 하강하여 어린 시절의 미해결과제를 알아차리고 접촉할 수 있다. 실제 내담자는 지나치게 바쁜 부모 때문에 외롭고 혼자 있던 적이 많았다고 토로하고 있다. 이러한 기지에 함께 하강하여 상담사 스스로가 적절한 거울 자기(mirroring self)가 되어 깨어지고 우울한 자아기능을 공감적 반영으로 수용하며 안전한 대상관계를 형성할 수 있다.

또한 상담사는 C와 교정적 정서 체험을 토대로 통찰한 자신의 모습과 새로운 양육방식을 함께 상담의 과정에서 논의하고 상담에서 다루었던 상호작용의 방식을 토대로 아이와 정서적 교류를 할 수 있다. 또한 B의 회피적 패턴 이면에 숨겨져 있는 슬픔과 우울감에 대해 어머니 C가 공감적 반영에서 충분히 지지하고 드러낼 수 있도록 도울 수 있으며, 이러한 상호작용의 경험은 다시 상담의 장에서 피드백하고 교정할 수 있다. 이는 내담자의 내적 이슈의 변화, 이를 통한 양육방식의 변화, 양육방식을 상담에서 다시 다루고 다시 이를 내담자의 내적 이슈로 연결 짓게 함으로써 기능적이고 안정적인 애착 경험을 형성하며 아이에게 안전하고 수용할 수 있는 어머니로 재부모화(reparenting) 과정을 경험할 수 있도록 적절히 개입할 수 있다.

또한 아이의 자아존중감이 낮게 나와 있는 이면엔 어머니 C의 과도한 돌봄과 통제가 숨어 있을 수 있다. 따라서 아이에게 과도한 돌봄을 투입하는 어머니의 걱정방식을 탐색하는 동시에 아이가 할 수 있는 것들을 스스로 할 수 있도록 기다려주고 이를 긍정적이고 일관적으로 대하며, 이러한 성취 요인을 확장하여 자아존중감을 증진할 수 있도록 돕는 개입을 할 수 있다.

2) 상담설계

① 상담목표

–자신의 애착패턴을 인식하고 이를 토대로 아이와의 교정된 양육 환경을 형성하기

② 상담전략

–자신의 현재 및 과거 애착 패턴을 지금 여기에서 인식 및 통찰

–지금 여기에서 통합된 대상관계를 형성하여 교정된 정서적 체험 구축

–통찰한 애착 패턴을 토대로 아이와의 새로운 상호작용을 시연 및 피드백

–아이의 자아존중감을 높이기 위한 효과적인 방법 수립

③ 회기별 상담계획(안)

회기	목표	내용	기법 및 도구
1	상담의 구조화 및 핵심 문제 선정	1. 주 호소문제와 촉발요인을 탐색하고 핵심 문제를 정의 2. 부모상담이기 때문에 자녀와 연관된 상담적 개입과 과정을 충분히 합의 3. 상담의 목표 및 전략을 수립	핵심 문제 선정, 사례개념화 구축, 상담동기 구축
2~5	내담자의 현재와 과거의 애착 패턴을 탐색하고 감정 정화, 이러한 과정이 자녀에게 어떻게 나타나는지를 함께 탐색 및 수용	1. 지지적 관계의 토대에서 내담자의 현재와 과거 애착 패턴이 어떻게 나타나는 지를 탐색하고, 감정 정화 작업 실시 2. 왜곡되고 깨어진 패턴이 자녀와의 관계에서 드러나는 방식을 다루고, 이 이면에 숨겨진 정서를 드러낼 수 있도록 도우며, 상담사의 온전한 수용과 일관적인 경험을 제공	현재 관계의 패턴 인식, 역동 인식 질문

6~8	애착 패턴의 교정 및 피드백을 통한 점진적 변화	1. 핵심 감정과 새로 인식한 패턴을 토대로 기존에 맺고 있는 자녀의 회피애착 패턴을 안정애착 패턴으로 구축 2. 이러한 과정은 상담에서 시연하고 다시 자녀와의 상호작용에서 시연되며, 다시 이는 상담 공간에서 피드백할 수 있도록 하여 패턴의 점진적 변화를 촉진	핵심 감정 탐색, 안정애착 패턴 형성 질문, 아이와의 상호작용의 패턴 변화
9~14	남아 있는 내적 이슈 다루고 자아존중감을 증진하기 위한 촉진적 회기 구축	1. 남아 있는 자녀와의 내적 이슈를 탐색하고 남아있는 이슈를 탐색 2. 자녀의 자아존중감을 향상하기 위해 적절한 양육 환경을 제공할 수 있도록 촉진적 장 형성 3. 자녀가 스스로의 자아존중감을 획득할 수 있도록 적절한 상호작용의 대화 구축	표현 증진을 위한 지지적 관계 형성, 적극적 경청
15	상담 마무리	1. 상담목표 달성 여부 확인 2. 미해결과제 및 상담 종결 후 안내 3. 이별 감정 다루고 상담사에 대한 느낌, 내담자에 대한 느낌을 진실하게 표현할 수 있도록 독려 4. 상담과정에서 새롭게 깨달은 자신의 모습을 표현 및 피드백	목표 달성 여부 확인, 미해결과제, 요약, 의사 확인, 적극적 경청

1회기에는 주 호소문제와 촉발요인을 탐색하고 핵심감정을 탐색하며 내담자의 변화에 대한 동기와 합의를 구축한다. 한편, 이 상담은 부모상담으로 상담적 개입은 자녀와 연계되어 다뤄질 수 있음을 인식하고 동기를 고취시킬 수 있도록 돕는다. 이를 위해 원하는 양육 방식을 합의하고 상담목표를 정할 필요가 있다.

2~5회기에는 지지적 관계의 장에서 내담자의 현재와 과거의 애착 패턴이 실제로 어떻게 나타나고 있는지를 탐색하고, 이러한 패턴이 아이와의 양육 상황에서 어떻게 재현되고 있는지를 인식할 수 있도록 돕는다. 한편, 이러한 역동에서 드러난 감정을 수용하고 감정적 정화 작업을 할 수 있도록 돕는다. 내담자의 이러한 애착 패턴이 어떻게 아이에게 패턴을 형성하고 있는지를 인식하고 통찰할 수 있도록 한

다. 또한 '지금 여기'에서 어머니의 왜곡되고 깨어진 패턴에 숨겨진 정서를 드러낼 수 있도록 돕고, 상담사가 온전한 수용과 일관적인 경험을 제공하며 적절한 피드백을 구축함으로써 통합적인 대상관계를 구축한다.

6~8회기에서는 상담에서 다뤘던 핵심 감정과 새로 인식된 패턴을 토대로 기존에 맺고 있던 아이의 회피애착 패턴을 안정적 패턴을 형성할 수 있도록 개입한다. 또한 이러한 상호작용의 결과를 상담에서 다시 드러내고 피드백할 수 있는 공간을 형성하게 함으로써 상담의 장에서의 개입을 다시 실제 양육 환경에서 적용하고 활용할 수 있도록 연결 짓는다. 이러한 장에서 아이의 슬픔과 우울감을 충분히 드러내고 수용할 수 있는 환경을 제공할 수 있도록 확장할 수 있다.

9~14회기 때는 아이와의 관계에서 나타나는 내적 이슈를 탐색하고 이를 다룰 수 있는 회기를 구축할 수 있다. 아이의 자아존중감을 향상하기 위해 적절한 양육환경을 제공할 수 있도록 상담사는 촉진자가 될 수 있다. 부모가 방관하거나 지나치게 허용적으로 양육을 하는 것은 아이가 적절히 자신을 비출 수 있는 거울을 확보하지 못할 수 있어 자아존중감 획득에 바람직하지 못하다. 또한 부모가 아이가 해야 할 것들을 지나치게 다 해 주거나 간섭하게 될 때 아이는 낮은 자아존중감을 형성할 수 있다. 실제로 이런 경험에 노출되면 아이는 자신감이나 스스로의 유능성을 확보할 수 있는 내적 성취 자체의 결핍으로 인해 위축감을 느낄 수 있다. 현재 아동은 학업 성적은 우수한 편이나 이러한 양육방식이 반복될 때 아이는 자신이 아무것도 할 수 없고 실패할 수밖에 없을 것이라는 학습된 무기력을 형성할 수 있다(Filippello, Sorrenti, Buzzai, & Costa, 2015). 따라서 상담사는 현재 내담자가 아이와의 관계에서 느껴지는 불안과 갈등의 상황이 어떤 것인지를 명확히 드러내고, 이것이 아이와의 관계에서 어떻게 부적응적으로 나타나는지를 인식할 수 있도록 도우며, 아이의 자아존중감을 높이기 위한 부모의 역할을 명확히 인식할 수 있도록 한다.

또한 이러한 인식을 바탕으로 과도하지 않고 침범하지 않는 적절한 반영을 연습하고 시연할 수 있도록 도울 수 있다. 이를 토대로 내담자가 지나치게 방관을 하거나 침범하지 않고 아동과의 생활 세계에서 균형적으로 관계 맺는 법을 함께 이야기하고, 아이에 대한 온전한 거울을 가질 수 있도록 대화 시 적절한 반영, 인정, 공감을 구축하는 방법들을 함께 찾을 수 있다. 또한 아동의 자아존중감을 획득할 수 있는 네 가지 요소인 '학문적 능력' '사회적 능력' '신체적 · 운동적 능력' '신체적 외모'

가 아이에게 어떻게 작용되고 있는지를 평가하고 이를 실제로 증진할 수 있는 실제적 전략을 세움으로써 아이와 부모 사이의 상호작용과 적절한 개입을 통해 아이의 자아존중감을 높일 수 있는 실제적 방안을 마련할 수 있다. 특히 내방 원인엔 '사회적 능력'이 자아존중감으로 보이며, 실제 부모 아이의 상호작용은 사회적 관계에 긍정적 영향으로 나타날 수 있으므로 또래관계, 사회적 관계, 가족관계, 부모-자녀관계의 순환적 상호작용을 독려할 수 있도록 개입을 할 수 있다.

15회기에는 상담목표의 달성 여부를 확인하고 미해결과제 및 상담 종결을 안내할 수 있도록 돕는다. 또한 이별 감정을 다루고 상담사와 내담자에 대한 느낌을 표현할 수 있도록 하며, 향상된 아이와의 상호작용을 유지할 수 있는 향후 과제와 추수 상담을 계획하여 아이와의 양육 방식이 적절히 유지되고 있는지를 점검한다.

● 학습문제 ●

1. 자신의 자아에 대해 생각해 보고, 나는 누구이며 중요한 타인은 나를 어떻게 생각하고 느끼며 나는 자신을 어떻게 생각하고 느끼는지 탐색해 보자.
2. 자신의 애착을 유형을 스스로 점검하고 이러한 애착의 패턴이 대인관계에서 어떻게 재현되고 있는지 생각해 보자. 더 나아가 이러한 애착 패턴이 실제 상담 과정에선 어떻게 나타나는지도 살펴보자.
3. 요즘 같은 경쟁적이고 바쁜 현대 사회에서 자아존중감에 해를 입히는 것은 무엇이 있을지를 함께 생각해 보자.
4. 아동 및 청소년과 상담할 때 애착을 고려한 상담 개입 시 개입할 수 있는 요소는 무엇이 있을지 함께 논의해 보자.

제10장

아동기 발달과제와 상담

'아동기'는 보통 6, 7세부터 12, 13세를 말하는데, 이 시기는 한국에서는 초등학교에 입학하는 시기이다. 이 책은 아동기를 학령기, 즉 초등학교 연령으로 제한하여 살펴보고자 한다. Freud는 아동기 시기, 즉 6~12세 시기를 잠재기에 해당한다고 말했다. 이 시기에는 성적 관심이 줄어들고 새로운 학교, 학습, 운동, 취미 등의 새로운 환경에 진입하는 시기로 원초아, 자아, 초자아가 균형을 찾아가는 시기로 보았다. 이 시기에는 사회화 과정이 일어나는데, 이 시기에 좌절감을 느끼게 되면 깊은 열등감이 생길 수 있다고 보았다. 이와 마찬가지로 Erikson도 이 시기를 '근면성 대 열등감' 시기로 명하였는데, 이 시기에는 가족 품에서 벗어나 '학교'라는 공동체 속에서 다양한 학습 경험, 또래 경험을 통해 유능감을 얻을 수 있다. 하지만 이때 근면성을 발달시키지 못하면 좌절을 경험하여 열등감을 겪을 수 있다고 보았다. 이처럼 처음으로 학령기에 접어드는 이 시기에는 근면성과 열등감이라는 주제가 아동의 발달에 너무나 중요한 요소이며, 처음으로 학교라는 사회를 경험하며, 그 속에서 경험하는 원활한 대인관계와 학습능력을 통해 아동들은 사회성, 자아효능감을 얻게 된다. 따라서 이 장에서는 아동의 근면성과 열등감, 자기효능감, 사회성을 주제로 살펴보고, 이와 더불어 이 시기에 이루어져야 할 '성'에 대한 주제를 교육적 측면에서 살펴보고자 한다.

1. 근면성과 열등감

1) Erikson의 심리사회적 발달이론

Erikson의 심리사회적 발달이론을 살펴보면, 인간은 전 생애에 걸쳐 사회적 환경에 적응하고자 하는 개인 욕구와 그것의 충족과정에서 발생되는 갈등의 해결과정을 통해 발달한다. 그는 발달단계에 따라 그 단계에 맞는 과업 혹은 위기를 극복하는 성공적 경험이 건강한 발달 및 성숙을 이끌고 다음 단계로의 순조로운 진행을 이어가지만 계속적인 실패는 긴장과 갈등이 지속되어 자아가 손상을 입게 된다고 말했다. Erikson의 심리사회적 발달단계는 전 생애에 걸쳐 총 8단계로 제시하였다. 6~11세의 아동기는 '근면성 대 열등감'의 심리사회적 위기의 단계인데, Erikson은 아동기를 자아 성찰의 중요한 시기이며 이 시기에 성공과 성취감을 경험할 수 있어야 열정과 근면성이 나타나게 된다고 보고 있다. 이 시기의 지속적인 실패 경험은 열등감을 형성하게 한다. 하지만 인간은 사회문화 속에서 늘 위기와 갈등에 봉착한다. 특히 처음으로 '학교'라는 공동체에 들어가게 되는 아동기에서는 열등감을 느끼지 않을 수 없다. 이렇게 아동이 맞닥뜨릴 수밖에 없는 열등감을 어떻게 다루어야 할까?

Erikson의 사회심리학적 이론이 과업의 긍정적인 요소만 발달시키고 부정적 요소는 발달시키지 말아야 한다는 인상을 주는데, 사실 그의 주장은 그렇지 않다. 이 단계에서는 근면성을 추구하려는 열의가 긴장을 발생시키고 이 긴장이 열등감을 낳게 되는 과정이 진행되는데, 이러한 열등감은 인간이 성장하고 발달하는 데 기여할 수 있음을 Erikson은 주장했다. 타인보다 내가 열등하다는 느낌이 아동으로 하여금 근면함과 열의를 자극하는 촉매제가 된다는 것이다. 이렇듯 이 시기의 아동은 열등감에 비해 근면함과 열의가 우세한 수준에서 균형을 맞추게 하는 것이 중요하다. 아동기에 성공 경험을 위해 다양한 환경을 마련하도록 하는 것이 열등감을 극복하고 근면성을 보이게 할 수 있다. 이 시기는 주로 처음으로 '학교'라는 공동체, 즉 또래관계를 경험하고, 그 속에서 지적 기술을 습득하게 된다. Erikson은 이 시기를 자아성장의 결정적 단계이며 아동은 이때 중요한 사회적 · 인지적 능력이 발달하는 때로 보았는데, 아동은 의미 있는 작업을 하는 것을 익히게 되고, 주의집중과 근면함으로 유지하는 능력을 발달시킨다. 또한 또래와 함께 작업하고 노는 것도 배우게 되는 시기이다. 이 단계를 성공적으로 적응하면 근면성과 유능감을 얻게 되고, 그렇지 못하고 이 단계에서 어려움을 겪게 되면 열등감을 가지게 된다(Erikson, 1963). 앞으로 다루겠지만, 상담사는 현장에서 이 시기에 아동이 근면성, 즉 유능감을 형성하게끔 하기 위해 부모와의 상호작용, 학업, 또래관계 등을 중점적으로 다루어야 한다.

2) Adler의 열등감과 보상, 우월의 추구

Adler는 열등감이 삶의 전반에 큰 영향을 미치는 것임을 통찰하고, 열등감이 삶에 어떠한 영향을 미치는지, 그리고 열등감이 정신병리 현상에 미치는 영향도 밝히게 되었다. 그는 열등감이 모든 병리적 현상의 1차 원인이고, 정신병리적 현상은 2차적 반응이라 보았다. Adler는 이러한 열등감의 근원을 두 가지로 보았는데, 첫째, 인간은 육체적으로 약한 존재이며, 큰 힘을 지니고 있는 자연은 두려운 존재로 늘 인식되는 열등한 존재이다. 둘째로 인간은 다른 동물과 달리 생애 초기에 육체적으로 자립할 수 없는 약한 존재로 태어난다. 그는 인간은 누군가의 도움 없이는 살아갈 수 없는 나약하고 열등한 존재라는 사실을 인식하고 이러한 점이 인간은 본래 무력하고 열등한 존재이며 이러한 감정을 느끼는 근원이라 생각했다(김춘경, 2006). Adler는 이러한 열등감 자체를 어떻게 대하고 받아들이는지가 중요하다고 하였다. 열등한 감정을 느낀다는 것은 주관적인 감정이며, 인간의 행동에 크게 영향을 미치는데, Adler의 놀라운 관점은 이러한 열등감이 정도에 따라 때로는 삶에서 긍정적으로 작용하기도 한다고 보고 있다. 열등감을 극복하기 위해, 더 나아가 우월감을 위해 노력하면서 인간이 지닌 잠재적 능력을 발휘하게끔 하는 촉매제 역할을 한다(Adler, 1973). Adler는 열등감은 아동의 교육과 발달에도 영향을 미친다고 보았다. 아동은 자신의 열등함, 약함을 인식하고 교육적인 도움을 받아들이고, 이것을 극복하기 위해 노력하는 가운데 성장과 발달이 일어난다. 이러한 긍정적 효과가 나타나는 것은 바로 이른바 '보상 개념' 때문인데, 인간은 자신이 사회적 · 심리적 · 육체적 열등의식을 보상하고자 노력하고 이를 극복 · 보상하려는 동기를 기본적으로 지니고 있다. Adler는 이렇게 열등감을 보상하려는 움직임을 '우월의 추구'라고 했다. 우월의 추구는 인간이 삶에서 문제를 맞닥뜨렸을 때 부족하다고 느끼는 것은 보충하고, 낮은 것은 높이고, 완성되지 않은 것은 완성하려고 하며, 무능한 것은 유능케 하려는 경향성을 말한다(이형득, 1992).

이러한 열등감이 아동의 성장에 건강하게 작용하기 위해서는 열등감을 억압하지 않고, 열등감을 마주하고 수용하도록 하는 것이 중요하다. 열등감의 지나친 억압은 실패에 대한 지나친 불안, 지나치게 크고 성취하기 어려운 보상을 얻으려 하려고 하는 열등감 콤플렉스와 우월감 콤플렉스를 낳을 수 있다. 삶의 유익한 영역으로 열등감의 극복을 모색한다면 아동은 앞으로 삶의 열등감을 계속적으로 극복하며 성장해 나갈 수 있다. Adler는 유익하고 건강한 보상을 통한 성장을 공동체감과 사회적 관심에서 찾았다. 자기 향상의 욕구에 압도되어 개인적 열등감만을 극복하고자 하는 목표에 고착되면 지속적으로 열등감을 강화하는 악순환이 되풀이될 수 있는데, 사회적 관심과 공동체를 향한 보상 노력은 열등감을 극복하고 건강한 삶을 영위할 수 있음을 강조하였다.

3) 근면성 증진 및 열등감 극복을 위한 상담개입 시 고려사항

(1) 관심과 애정을 얻기 위해 지나친 근면성(열의)을 보이는 아동

관심과 인정을 받고자 하는 욕구는 인간이라면 누구나 가지고 있는 욕구이다. 이러한 욕구는 아동에게도 나타나는데, 상담현장에서 아동이 관심을 받으려는 욕구가 다소 건강하지 못하게 나타나는 경우가 있다. 성인이나 부모의 말을 지나치게 잘 듣거나, 아동임에도 불구하고 성인과 같은 언행을 보이는 경우가 종종 보인다. 반대로 다소 파괴적인 방식으로 관심을 끌려는 아동도 나타난다. 이러한 아동의 상담개입 시 고려해야 하는 것은 무엇일까? 먼저, 아동의 나이에 비해 지나치게 어른과 같은 행동과 모범적인 모습을 보이는 내담자가 있는데, 겉으로 보기에 착하고 근면하며, 문제가 없어 보이지만 실제로 큰 문제 행동을 보이는 경우가 종종 있다. 김춘경(2006)은 실제로 관심을 끌기 위해 지나치게 건설적인 행동을 하는 아동이 관심을 끌기 위해 파괴적인 행동을 하는 아동보다 더 위험하다고 보았다. 관심과 애정을 얻기 위해 지나치게 모범적인 행동을 보이는 아동의 경우, 자신이 모범적으로 보이는 행동에 대한 보상, 즉 관심과 애정을 얻지 못했을 때 비행이나 신체증상(불면, 주의집중 곤란) 등으로 나타날 때가 있다. 이것은 상실과 좌절에 파생되는 우울감 때문인데, 이것을 김영아(2000)는 '가면을 쓴 우울증'이라고 하였다. 이러한 아동에게 상담사는 상담현장에서 먼저 가족 내의 상호작용을 살펴야 할 것이다. 아동이 가정 내에서 방임으로 인해 그것이 지나친 행동화로 나타나지는 않는지, 가정 내에서 형제의 서열에 따라 지나친 책임감이나 열등감과 같은 정서를 지니고 있는지, 또한 정서적인 관심 외에 학업이나 진로, 발달 등의 주제에 아동이 쫓기고 있는 건 아닌지 등 다각도로 가정 내의 상호작용을 탐색해야 한다. 아동에게도 자신의 행동이 부모에 대한 관심과 애정에 있음을 인지하고 이러한 마음을 충분히 수용하되, 궁극적으로는 상담사가 아동이 부모에게 인정받으려는 결과에 주목하기보다 아동 자신의 존재, 욕구, 자아존중감에 대한 점검과 개입이 이루어져야 할 것이다.

(2) 지나친 통제 성향을 보이는 아동

또래관계나 가정에서 가족과의 상호작용에서도 지나친 통제 성향을 보이는 아동을 상담현장에서 접한다. 이들은 공동체에서 자신이 원하는 대로 되어야 하며, 그렇지 않았을 때 떼를 쓰거나 분노를 폭발하는 모습을 보인다. 또한 반대로 수동-공격적인 형태의 게으른 방식으로 권위자에게 불복종하는 모습을 보이거나 눈에 보이는 거짓말을 하기도 한다(김춘경, 2006). 이러한 아동은 의외로 열등감을 극복하기 위해 지나치게 우월성을 추구하는 아동일 가능성이 있다. 이들은 자신과 타인을 통제해야 하고, 이것이 좌절될 때 무가치함을 느끼게 되어 이를 극복하기 위해 지나친 우월감을 추구한다. 하지만 아동의 내면에는 자신감 결여, 낙심 등으로 인한 불안이 내재되어 있을 가능성이 크다. 이러한 불안은 과도한 분노, 떼 쓰기 등으로 표출되거나, 앞서 언급한 수동-공격적 모습의 형태로 나타나게 된다. 상담현장에서 이러한 아동들에게 마찬가지로 부모의 관심과 애정이 결여되어 이것을 보상하기 위해 지나친 우월감을 추구할 가능성이 있다. 따라서 부모와의 협력적 개입이 필요하다. 또한 아동에게는 '자신이 원하는 것을 얻고 통제할 때 가치가 있다.'와 같은 우월감과 자신의 가치를 동일시하는 역기능적 신념에 대한 개입이 필요하다(김춘경, 2006).

(3) 무기력을 보이는 아동

매사에 무기력을 호소하는 아동 내담자의 경우에도 열등감과 관련이 있는 경우가 있다. 주어진 과제를 회피하고, 자신감이 결여되어 있는 아동이 상담현장에 있다. 이들은 무언가 시도하려 하지 않고, 어떤 일이 주어졌을 때 쉽게 포기하는 특징 또한 지니고 있다. Dreikurs(1977)는 자신의 무능력함과 도움을 필요로 하는 것을 보이는 아동은 이것을 자신의 방어로 사용한다고 말했다. 이들은 실패할 수 있는 상황을 피하려는 성향을 보이는데, 이를 열등 콤플렉스라 명명했다. 이러한 성향을 보이는 아동은 '나는 어리석고, 부족하다.' 라는 역기능적 신념이 깊이 자리 잡고 있을 수 있는데, 이것은 부모로부터의 무시, 지나친 기대, 억압, 비난 등의 양육 방식이 이들의 무기력에 영향을 준 경우가 많다. 이러한 아동에게도 앞선 대처방법과 마찬가지로 부모와 협력적 상담이 필요하다. 심각성에 따라 부모상담과 병행이 필수적인데, 무엇보다 상담사를 통해 그리고 부모를 통해 지지와 격려, 그리고 관심이 필수적으로 선행되어야 한다. 이것이 선행될 때 내담자 깊이 자리 잡고 있는 '무능력'의 핵심신념에 개입하고 변화를 꾀할 수 있다. 또한 무기력을 보이는 아동은 다음에 살펴볼 '자기효능감'에 대한 점검도 필요하다. 자기효능감은 어떠한 상황에서 자신이 성취해 낼 수 있다는 신념이나 기대를 뜻하는데, 무기력을 보이는 아동은 이러한 자기효능감이 떨어져 있을 가능성이 있다. 자기효능감을 향상시키기 위해 내담자가 성취하기 버거운 과제가 아닌, 상담사와 협력하여 현재 성취할 수 있는 작은 것부터 목표로 정하고 성취하는 과정을 통해 내담자가 자기효능감을 향상시킬 수 있다.

2. 자기효능감

1) 사회학습이론

사회학습이론은 어떠한 자극과 강화를 경험하지 않고 다른 사람의 행동을 관찰하는 것만으로 사람이 학습을 가능케 한다는 Bandura(1986)의 개념이다. Bandura(1986)는 관찰학습의 강력함을 설명하기 위해 [그림 10-1]과 같이 보보인형 실험을 시행했다. Bandura는 만 4세 유아를 세 집단으로 나누어 인형을 넘어뜨리고 공격하

는 행동을 하는 영상을 보여 주었다. 그리고 세 집단의 마지막 장면은 각기 다른 장면을 보여 주었다. 첫째 집단에게는 공격하는 행동 이후 칭찬을 받으면서 성인이 선물을 받는 장면을 보여 주었고, 둘째 집단에게는 공격행동 이후 성인이 어떠한 처벌도 받지 않는 것을 보여 주었다. 마지막 셋째 집단에게는 마지막에 성인에게 어떠한 처벌이나 보상도 주지 않는 장면으로 끝을 내었다. 그리고 모든 집단의 유아는 영상을 본 후 인형과 다른 장난감이 들어 있는 방에 들어갔다. Bandura는 유아가 영상 속에서 성인이 보였던 공격적인 행동을 얼만큼 보이는지 측정했는데, 영상 속에서 성인이 처벌받는 장면을 본 집단의 유아는 다른 두 집단보다 공격적 행동을 덜 보이는 것으로 나타났다. 이러한 결과는 유아가 타인의 공격적 행동에 처벌받는 것에 대하여 관찰학습한 것이라 할 수 있다. 그는 다음으로 성인이 각각의 방으로 들어가 영상에서 본 것을 그대로 따라 하면 선물을 준다고 말한 뒤 유아의 행동을 관찰했다. 그 결과, 세 집단이 모두 공격적 행동을 보이는 것으로 나타났다. 이것은 공격적 행동에 대하여 처벌받는 것을 통해 공격적 행동을 억제할 수는 있지만, 모델링을 통한 공격적 행동의 학습은 영향을 못 미치는 것으로 나타났다. 이러한 관찰학습의 실험은 앞으로 설명

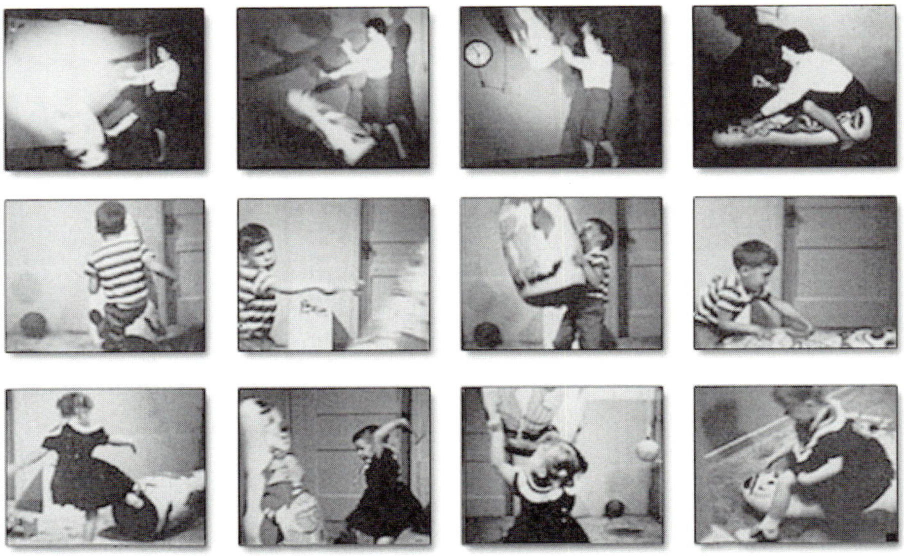

[그림 10-1] 보보인형 실험

할 자기효능감을 증진시키는 '대리경험'을 설명한다.

2) 자기효능감 개념 및 특징

자기효능감은 어떤 상황에서 성공할 수 있는 자신의 능력에 대한 신념이나 기대를 의미하는데, 이러한 자기효능감이 높은 사람은 자신 스스로가 어떠한 과제나 상황이 자신에게 익숙하고 성취 가능하다는 판단을 하게 되면 그 일을 열정적이고 성공적으로 수행하게 될 가능성이 크다. 자기효능감이 낮은 사람은 자신의 능력을 의심하거나 실패할 것이라는 생각을 갖게 되면 쉽게 포기해버리게 되는 특성을 지니고 있다.

Bandura(1986)는 네 가지 영역에서 자신의 능력을 판단하고 자기효능감을 성취할 수 있다고 말하고 있다. 첫째, 성공 경험은 자기효능감의 중요한 성취요소이다. 이것은 개인의 경험을 기초로 하고 있는데, 개인의 거듭되는 성공 경험은 자기효능감의 수준을 높이 증가시키고 반복된 실패 경험은 자기효능감을 저하시킨다(Bandura, 1982). 성공 경험에 의해 자기효능감의 수준이 높은 사람은 실패 경험에도 일시적 실패를 자신의 능력의 문제로 받아들이지 않는 것이 특징이다(김성욱, 2011). 둘째, 대리적 경험이다. 앞서 '보보인형 실험'에서 대리적 경험의 효과가 잘 드러났는데, 타인이 행한 과업의 결과를 보고 자신이 수행할 수 있다고 판단하는 것을 말한다. 자기 자신과 비슷한 수준의 타인이 실패를 하게 되면 자신의 능력을 낮게 평가하지만, 성공하는 것을 보고 경험하게 되면 자기효능감이 상승하게 된다. 특히 자신과 비슷한 수준의 대상이 성공경험을 간접적으로 보여 주게 되면 자기효능감에 더 큰 상승 요인으로 작용한다(고동혜, 2001). 셋째, 언어적 설득이다. 신뢰하는 사람으로부터의 설득과 격려는 자기효능감 증가에 큰 영향을 미친다. 부모, 교사, 동료 등에 의한 언어적 설득은 설득하는 사람이 얼마나 신뢰와 권위, 전문성을 지니고 있냐를 어떻게 평가하는지에 따라 달라진다. 이러한 점들이 결여되고 지나치게 사용하게 되면 오히려 부작용을 낳을 수 있다. 넷째, 생리적 단서(physiological cues)이다. 이것은 정서적 각성이라고도 일컬어지는데, 지나친 각성상태나 정서적인 흥분상태는 자기효능감에 부정적 영향을 미친다. 아동이 긴장과 불안을 제거하는 것이 성공할 가능성이 높아진다는 것을 스스로 인식하게 되어 이에 대한 자기효능감을 형성하게 된다. 반대로 각성과 긴장이 올 때 오히려 과제를 잘 수행하는 특성을 보이는 사람이 있는데, 이때도 자신의 자기효능감을 판단할 수 있다.

3) 자기효능감 증진을 위한 상담 개입 시 고려사항

Bandura(1997)는 자기효능감은 다차원적인 것으로 여러 영역에 의해 측정될 수 있는데, 아동 및 청소년 시기에 자기효능감은 다음과 같은 아홉 가지 하위영역이 포함된다고 하였다. 그것은 학업성취 효능감, 주위사람의 도움에 대한 효능감, 스스로 학습할 수 있는 효능감, 여가시간에 대한 효능감, 자기통제 효능감, 타인의 기대에 충족하는 효능감, 사회적 효능감, 자기주장에 지지받는 것에 대한 효능감, 부모 및 주변 사람으로부터 지지에 대한 효능감이 이에 해당한다. 이렇듯 자기효능감은 다양한 영역에서 평가된다. 이렇게 자기효능감은 다양한 영역에서 평가되기 때문에 상담현장에서 다양한 상담주제에서 주요요인으로 작용하는데, 특히 보호요인으로 작용하게 된다. 이러한 특징을 감안하여 자기효능감 증진을 위한 상담 개입 시 고려사항에 대해 살펴보고자 한다.

앞서 서두에 제시한 대로 자기효능감은 주 호소문제에 대한 보호요인으로 작용한다. 따라서 내담자의 현재 상황을 개선하기 위해, 자기효능감 증진에 대한 개입이 필요한지에 대한 사례개념화가 중요하다. 아동 청소년의 상담주제 중 학습부진, 사회성, 스마트폰 및 게임 중독, 진로문제, 일탈 행동 등 다양한 분야에서 자기효능감은 보호요인으로 작용하고 있다. 각각의 주제와 주 호소문제, 가족 및 주위환경, 내담자의 특성, 문제가 촉발된 배경 등을 깊이 탐색하여, 자기효능감이 보호요인으로 작용할지 판단하여 개입하는 것이 필요하다.

자기효능감이 보호요인으로 작용하는 상담주제 중 첫 번째로 상담현장에서 나오는 주제는 '또래관계', 즉 사회성이다. 아동기는 처음으로 학령기에 접어들고, 공동체 생활을 시작하는 시기이다. 이때 자기효능감은 크게 또래관계와 학습에 영향을 미친다. 먼저, 또래관계에 대한 자기효능감 개념을 살펴보면, Snyder와 Morris(1978)는 대인관계에 있어서 자기효능감은 타인의 행동이나 태도에 대한 변화에 자기 자신의 대인관계 환경적 측면을 숙달할 수 있다는 신념을 나타낸다고 얘기했다. 따라서 또래관계에서 자기효능감은 아동이 또래관계 속에서 자신이 수용되고, 관계할 수 있는 능력에 대한 신념을 나타낸다고 볼 수 있다. 따라서 상담사들은 상담에서 내담자가 또래관계에서 자신이 수용되고, 지지받을 수 있는 자기효능감에 대한 점검이 필요하다. 내담자의 과거나 현재의 경험 속에서 굳어진 대인관계상의 상처를 충분히 공감하고 수용하는 경험을 상담현장에서 하는 것이 중요하며, 이러한 경험 속에서 굳어진 역기능적 신념, 이를테면 '저 친구는 나를 싫어할 것이다.' '친해져 봤자 친구는 날 떠날 것이다.'와 같은 생각에 대해 개입하고, 좀 더 건강한 방식의 대안적 사고로의 변화를 내담자와 함께 모색해야 한다.

한편, 학자들은 대인관계의 자기효능감이 부모의 양육방식, 상호작용, 애착과 깊은 관련이 있음을 여러 연구에서 증명했다. 부모가 강압적 행동을 하거나, 과보호하는 경우 아동의 행동억제 성향, 즉 대인관계에서 위축과 회피 반응으로 이어질 수 있는데 이은혜(2013)는 이에 대한 부모양육방식에 대한 부모 양육방식에 대한 개입이 필요하다고 하였고, 선명숙(2010)은 모와의 개방적 의사소통과 자기효능감의 정적상관관계가 있음을 제시했다. 이처럼 부모와 아동의 촉진적 상호작용방식도 대인관계 자기효능감에 영향을 미친다. 따라서 상담사는 부모와 아동의 상호작용을 점검하는 것이 필요하다.

두 번째로 살펴볼 주제는 '학업성취에 관한 자기효능감'이다. 상담현장에서 학습부진, 학습능력 저하를 호소하는 내담자는 반드시 자기효능감에 대한 개입이 필요하다. 앞서 언급한 자기효능감의 아홉 가지 하위영역 중 학업성취 효능감, 스스로 학습할 수 있는 효능감이 이에 해당한다고 할 수 있다. 하위영역 중 학업성취 효능감은 내담자가 얼마만큼 학업에 있어서 성공 경험이 있느냐와 관련이 깊다. 지나치게 높은 성취목표를 설정하고, 계속된 실패경험으로 자기효능감에 저하를 가져오는 것은 아닌지 탐색해야 한다. 그리고 상담사는 성취 가능한 목표를 설정하도록 돕고, 이를 성취하여 내담자가 성공 경험을 축적하도록 하는 것이 중요하다. 또한 내담자가 어떠한 과제에 대해 실패를 했을 때, 이를 어떻게 인식하고 대처하는지 그리고, 실패를 극복한 경험이 있는지 살펴보고 개입해야 한다. 이를테면, 실패한 경험이 축적되어, 학습된 무기력에 빠져 있지는 않은지, 또한 지나치게 성공에만 초점을 맞추고 있어 실패하는 것에 대한 막연한 불안을 지니고 있지는 않은지 살펴봐야 한다. 실패한 경험에 대한 좌절감 등을 공감하고, 수용하는 것을 시작으로 '나는 해도 되지 않아.' '나는 무능력해.' '이것도 해내지 못하겠지?'와 같은 역기능적 신념을 찾고, 이를 대안적 사고와 행동을 할 수 있도록 개입이 필요할 것이다.

한편, 스스로 학습할 수 있는 자기효능감은 내담자의 학습에 대한 목적, 목표에 대한 생각과 맞닿아 있다. 내담자가 학업을 흥미, 성취감, 목표의식, 희망진로 등에 중점을 두는지 아니면 지나친 부모의 기대와 인정에 대한 욕구를 충족시키기 위함인지 상담사는 점검해 봐야한다. 학습의 목적을 타인의 욕구에 맞추게 되면, 학업성취에 대해 자신의 만족감, 성취감이 아니라 가시적인 성공 경험에 지나치게 초점이 맞추어져, 자기효능감은 한계에 부딪칠 수 있다. 따라서 상담사는 상담현장에서 학업에 대한 목적과 성공의 개념을 내담자가 어디에 두고 있는지 살펴보고, 성공의 초점을 타인의 인정과 기대감에서 자신의 만족과 성취감으로 변화 할 수 있도록 개입하는 것이 필요하다. 또한, 지나치게 내담자의 학업에 건강하지 못한 기대감과 방법으로 개입하는 부모에게 상담사가 이를 개선할 수 있도록 개입하는 것도 고려해 볼 수 있다.

Bandura(1986)는 앞서 제시했듯이 자기효능감의 성취를 위해 네 가지 요소를 말하고 있는데, 상담현장에서 상담사가 간과할 수 있는 것이 바로 대리적 경험과 언어적 설득이다. 내담자의 주위에 내담자의 성취를 지원하고 지지할 수 있고, 실패를 수용하고, 위로하며 앞으로의 변화를 위해 격려할 수 있는 자원을 함께 찾는 것도 상담현장에서 대단히 중요하다. 불행히 이러한 자원이 없는 내담자도 있지만, 충분히 존재함에도 내담자가 발견하지 못하는 경우도 있다. 무엇보다 상담사가 실제 상담현장에서 대리적 경험자로서의 역할을 하는 것이 중요하다.

3. 사회성

1) 사회성의 개념과 발달

사회성은 여러 학자에 의해 정의되어 사용되고 있지만, 주로 인간이 사회 구성원으로서 갖추어야 할 기술이나 태도를 나타내며, 사회환경에서의 적응성, 대인관계의 원만성 등을 나타낸다. 사회성은 다소 넓은 함의를 가지고 있어서 한마디로 개념을 설명하는 것은 쉬운 일이 아니다. 특히 이 장에서 다룰 아동의 사회성을 개념화하기 위해 사회성을 바라보는 관점이 무엇인지 먼저 살펴볼 필요가 있다. 예컨대, 아동을 보호하는 성인들은 집단 전체의 기능에 조화롭게 적응하고 공동체 내의 규칙을 수용하고 지키는 아동을 사회성이 높은 아동으로 평가할 가능성이 크다. 반면, 또래집단 내에서의 아동들이 보는 관점에 따라 사회성이 평가될 수 있다. 또래집단 내에서 관심과 인기를 얻는 것, 부정적으로는 소속감이 결여되거나 따돌림을 받는 것 등으로 집단 내에서의 사회성이 평가될 수 있다. 마지막으로 아동 자신의 관점에서 또래집단 내의 자신의 소속감, 사회적인 이해, 공동체의 참여 등의 관점으로 사회성을 평가할 수도 있다. 그러므로 아동의 관점과 이들을 지도・보호・양육하는 성인의 관점을 적절하게 조화하여 사회성을 정의하는 것이 중요하다. 이러한 시각에서 김명희(2011)는 사회성을 직면한 상황에서 사회적으로 수용되고 가치를 부여받고 있는 적절한 방법으로 다른 대상과 효과적으로 상호작용하는 능력이라고 정의했다. 이처럼 사회성은 특별한 환경이나 상황에 적절히 대처하는 능력이며, 개인적 차원에서 유익한 결과를 가져오고, 동시에 사회적으로 허용될 수 있는 규범 내에서 타인과의 상호작용을 말한다.

이 장에서 다루는 아동기, 즉 학령기의 아동은 사회적 발달이 두드러지는 시기이다. Piaget(1962)는 이 시기가 구체적 조작기로 사고양식을 발달시키고, 유목화와 서열화가 가능케 되는 시기로 보았다. 이때 경험하는 환경의 범위가 확장되어 가족을 넘어서 또래관계, 교사, 도서, 인터넷 등의 영향도 크게 받으며, 특히 또래와의 결속력이 강하게 나타나는 시기이다. 또한 Freud(1960)는 이 시기에 성적 욕망이 억압되고, 지적 호기심, 운동, 또래관계의 활동이 싹트는 시기라고 하였다. 그리고 앞서 다루었듯이, Erikson(1968)은 이 시기의 아동은 처음으로 학교라는 공동체 속에서 자신이 속한 문화권의 기본 기술을 배우게 되는 때인데, 이때 중요하게 성취해야 할 기술이 바로 사회적 능력이라 말했다.

2) 사회성 발달에 영향을 주는 요인

(1) 가족요인

사회성의 발달과 관련하여, Pledge(2004)는 Erikson의 심리사회적 발달단계를 알고 각 단계에 맞는 발달이 적절히 이루어지는 것이 각 시기 이후의 사회성 발달에 영향을 미친다고 얘기했다. 아동 및 청소년의 현재 아동의 사회성을 바라볼 때, 과거 시점에 고착되어 있는 발달단계가 현재의 사회성에 영향을 미친다는 결핍모델을 제시했다. 이는 아동 및 청소년을 상담할 때, 상담사가 현재의 문제, 증상, 환경만 다루는 것이 아니라 Erikson의 심리사회적 발달단계를 고려해 내담자가 각 단계에 결핍이 있는지 가족력이나 과거 사건들을 탐색해야 한다. 따라서 가정은 아동이 처음 접하게 되는 인간관계의 장임과 동시에 Erikson의 심리사회적 발달단계에 따라 고착과 퇴행, 그리고 건강한 발달에 영향을 미친다. 어머니와 애착 형성이 사회성 발달에 영향을 미친다는 연구(Cohn, 1990), 그리고 부모의 양육태도와 아동의 사회성 발달의 관계를 밝힌 연구들이 다수 존재하는데, 이는 가정의 상호작용과 부모의 돌봄과 애착이 사회성 발달에 지대한 영향을 미친다고 할 수 있다. 사회성 발달을 저해하는 요인으로 대표적인 것이 아동의 학대와 방임이다. 방임이나 학대를 받은 아동은 타인과의 상호작용에 장애를 지니게 되는 것으로 알려져 있으며, 공격적이거나 위축되어 있고, 수치심을 보이는 것으로 알려져 있다(김명희, 2011). 이렇듯 부모와의 긍정적인 애착 형성, 온정적이고 자율적인 양육태도, 그리고 가정에서의 원활한 상호작용은 아동의 사회성 발달에 큰 영향을 미친다고 할 수 있다.

(2) 또래관계

아동이 성장하면서 타인과의 상호작용의 범위가 확대되는데, 이때 가장 중요한 집단 중에 하나가 또래집단이다. 이웃이나 학교, 학원 등 비슷한 연령의 아동들이 구성되어 있으며, 외모, 운동 기술, 성숙도, 지도력, 학업 성취 등에 따라 서열이 발생하기도 한다(정옥분, 2002). 또한 또래관계는 가족과의 관계에서도 차이를 보인다. 가족관계가 수직적 관계를 바탕으로 한 상호작용이 이루어진다면, 또래관계는 수평적 상황에서 상호작용을 하게 된다. 무조건적인 관계가 이어지는 가족과는 달리, 또래관계는 수평적으로 상호작용하며, 갈등이 발생되기도 하며, 열등감이 나타나기도 한다. 또한 깊은 연대감을 느끼게 되기도 하는데, 이러한 여러 경험을 통해 자기중심적 사고와 행동이 점차 감소하고 사회적으로 상호작용하는 기술을 배우게 된다(Rubin, Bukowsky, & Parker, 1998).

또래관계와 관련하여 이 시기에 사회성 발달을 저해하는 요인이 있는데, 바로 소외감과 의존성이다. 또래관계에서 친구들에게 따돌림을 당하거나, 특정한 친구나 부모에게 의존하려는 경향성이 나타나기도 한다(김명희, 2011). 이러한 또래집단 내의 소외감과 의존성은 타인과 친밀한 상호작용의 기회를 상실하게끔 하고, 또래집단을 통한 사회성을 배울 수 있는 기회를 상실케 되어 궁극적으로 사회성 발달을 저해하게 된다. 이렇게 또래집단 내에서 소외감과 의존성을 지닌 아동은 부모, 교사, 상담사가 친구나 동료들에게 수용받고 인정받을 수 있도록 원활한 상호작용과 사회성 증진에 역점을 두어야 한다.

3) 사회성 증진을 위한 상담개입 시 고려사항

사회성과 관련하여 상담현장에서 나타나는 주제는 꽤 많은 편이지만, 대표적으로 '공격성'에 대한 주제를 살펴보고자 한다. 아동의 공격적 행동은 정상 발달 범위 안에서 자신의 의사를 표현하는 자연스러운 행동이다. 하지만 어린이집, 유치원, 학교를 통한 공동체 생활 속에서의 지나친 공격성은 아동의 원활한 사회성 형성에 해가 된다. 아동의 공격성은 자신의 좌절, 분노의 감정을 협상하기, 협력하기, 설득하기와 같은 친사회적 기술을 습득하지 못한 상태에서 발생되는 직접적인 표현(송영혜, 2012)이다. 아동이 이러한 친사회적 기술을 습득하고, 보다 원활한 사회성 형성을 위해 상담사는 상담현장에서 아동의 감정을 충분히 수용하는 것이 중요하고, 더불어 타인과의 상호작용에 대한 훈련을 해 보는 것도 필요하다. 아동의 공격성은 사소한 내용에도 공격적 목소리로 말하고, 요청한 것을 이행하지 않는 태도, 소리 지르기, 신체적 공격 등을 보이고, 2차적으로는 비행, 분노, 충동적 행동, 과잉행동 등을 보인다. 이러한 행동은 또래에 대한 거부를 일으키며, 또래들로 하여금 거부당하는 아동은 부정적인 편견을 가지게 된다(Patterson, 1986).

이러한 아동을 상담현장에서 대할 때 고려해야 할 점은 다음과 같다. 첫째, 아동에 대한 수용과 지지이다. 공격성으로 인해 사회성이 결여되어있는 아동은 부모와의 상호작용을 살펴야 한다. 부모의 온정적인 태도, 자율성, 격려, 지지가 결핍되어 있을 가능성이 있는데, 이러한 것들을 상담사와의 상호작용을 통해 경험하게 하고, 부모와 협력적 상담설계를 통해 부모에게서도 지속적으로 경험하게 하는 것이 중요하다. 둘째, 사회기술 훈련이다. 앞서 언급했듯이, 자신의 욕구와 감정을 친사회적으로 표현하는 방법을 상담현장에서 습득할 수 있도록 해야 한다. 이것은 직접적인 교육을 통해 이루어질 수 있지만, 상담사와의 상호작용을 통해 상담현장에서 상담사가 롤모델이 되어 보여 주며 관계하는 가운데 내담자가 습득할 수 있다. 셋째, 내담자의 역기능 신념에 대한 개입이다. 아동은 대인관계상에서 여러 가지 인지오류가 있을 수 있지만, 대표적으로 또래와의 갈등 상황 시 또래의 행동을 적대적 동기로 인지하여 다소 폭력적·공격적 방법으로 이를 해결하려는 행동이 보이는데(최일경, 1996), 상담현장에서 이러한 사고를 대안적 사고로 변화시키려는 노력이 필요하다.

4. 아동기 성

제18차 2022년 청소년 건강행태조사(교육부, 보건복지부, 질병관리부, 2022) 결과에 따르면, 성관계 경험이 있는 청소년의 응답이 전체의 6.2%였고, 2021년 제17차 조사(교육부 외, 2021)에서 성관계 시작 평균 연령은 만 14.1세로 나타났다. 만 14.1세는 한국 나이로는 중2학년에 해당하는 연령이다. 이러한 통계는 성교육을 청소년부터 시작하는 것은 이미 늦은 것이며, 아동기 성교육의 필요성을 느끼게끔 한다. 아동기에 있는 아동에게 성교육을 무엇을 어떻게 해야 할지, 아동기 각각의 연령별로는 무엇이 달라야 할지 부모로서 그리고 상담사로서 혼란스러울 것이다. 여자아이는 보통 만 10세 정도에 가슴이 발달하기 시작하고, 13세 정도에 음모가 나며, 초경이 시작된다. 그리고 남자아이의 경우 만 13세 정도에 고환 크기가 커지고 몽정을 시작하게 된다. 이때가 되면 자기 몸의 변화로 아동이 혼란스러워하고, 부끄러움과 수치심을 느끼게 될 수 있다. 그러므로 이 시기에 '성교육'을 시작하는 것은 이미 늦다. 성교육은 실제로 빠르면 유아기에 성 지식에 대한 교육이 아니라 몸의 교육, 몸의 감각, 몸의 느낌을 인식하도록 하고 표현하는 것부터가 시작이다. 여기에서는 아동의 성교육이 어떤 면에서 '몸의 교육'부터 시작되어야 하는지, 그리고 아동기에 꼭 짚고 넘어가야 할 발달과제상의 '성'에 대한 이슈를 살펴보고자 한다.

1) 몸의 감각

인간은 언어를 사용하기 전에, 몸의 감각을 사용한다. 앞서 다룬 Freud의 심리성적 발달단계로 봐도 구강기에서 남근기, 잠재기에 이르기까지 인간은 감각을 통해 만족감을 얻고, 또한 친밀감과 애착관계를 가진다. 이렇듯 인간관계에 있어서 몸의 감각을 사용한다는 것은 인간이 사랑을 느끼는 최초의 방법이고, 인간관계의 기초라 할 수 있다. 아동에게 건네는 친밀한 접촉을 통해 아동의 몸에서 어떠한 감각이 일어나는지에 대해 느끼게 하고 표현해 보도록 돕는 것은 아동으로 하여금 스킨십을 통해 인간관계에서 친밀감을 느낄 수 있다는 것을 몸소 체험하게 되고, 이것이 자신의 몸을 사랑하고 존중하는 것임을 체득하게 할 수 있다. 부모는 아동이 자기 자신과 자신의 육체가 일체 됨을 느끼도록 해야 하는데, 몸에 대한 느낌이 기쁘고 친밀한 경험일 수도 있고, 고통이 될 수도 있다는 것을 받아들이고 경험하도록 해야 한다. 이런 경험을 통해 아동은 자신의 감각적인 경험을 제대로 처리할 수 있게 되고, 고통을 포함한 인간의 감각을 신뢰로 받아들일 수 있다. 고통의 감각을 줄이기 위해 회피하지 않고 고통에 대한 느낌을 표현하고 직면하게끔 한다. 그리고 신체적인 감각으로 기쁨을 느끼게 하는 것도 도와야 한다. 예를 들어, 목욕을 하며 아이의 몸을 쓰다듬는 행위를 통해 아이는 부모의 친밀함과 사랑을 느끼고, 이것이 확장되어 아이는 “엄마 손길이 너무 따뜻해요.”와 같은 감각적 표현을 하게 된다(Goebel & Glöckler, 1994).

이렇게 아동 때부터 자신의 신체를 기민하게 느끼고 표현한다는 것이 왜 성교육의 시작점인가? Orenstein(2016)은 많은 성인 여성이 성관계에서 상대의 즐거움에 집중한다고 말했다. 성적 관계가 대상과의 접촉을 통한 친밀함과 사랑을 경험하는 것보다는 성행위를 통해 상대의 욕구를 채워 줌으로써 관계를 이어나가는 측면이 있다는 말이다. 자신의 몸이 성적인 관계를 원하는지, 육체적 관계를 통해 친밀함 느끼고 있는 것인지, 수치심이나 불쾌감으로 다가오는지 기민하게 인지하는 것이 필요하다. 이것이 자신의 몸에 대한 주체성을 갖고 즐거움을 느낄 수 있는 권리를 가지는 것이다. 이런 교육은 아동 때부터 필요하다. 왜냐하면 아동 때의 이러한 몸의 감각이 청소년, 성인에 이르러서도 자신의 몸에 대해 자기 결정권을 갖고 존중하게끔 성장하게 된다. 또한 앞으로 다룰 아동 성폭력 문제에서도 마찬가지로 몸의 감각, 몸의 주체성, 자기 결정권은 매우 중요하다.

2) 아동의 성교육

앞서 아동의 성교육에 대한 필요성을 언급했는데, 아동에게 구체적으로 어떤 교육이 실행되어야 할까? 부모와 상담사가 인식하고 있어야 할 주제는 어떠한 것이 있고, 어떻게 교육해야 할지 국내외 여러 연구와 매체를 살펴본 것을 토대로 제시해 보고자 한다.

부모들이 궁금해하는 아동 성교육의 관심 주제를 다음의 네 가지 주제로 정리해 보았다. 첫 번째 주제는 성기 관련 용어이다. 성기 관련 용어에 관하여 부모와 상담사가 표현해야 할지 궁금해 하는 경우가 많다. 아동에게 자신의 성기를 '음경' '음순'과 같은 명칭을 사용하는 것에 대해 꺼리지 말아야 한다. 이런 표현을 숨기는 것은 우리 사회문화의 모습을 반영한다고 할 수 있는데, 이러한 사회문화적 요인으로 인해 성기에 대한 표현을 아동이 정확하게 인식하지 않게 되면, 은연중에 자신의 성기를 부끄러운 몸의 일부로 인식하게 되고, 자신의 몸에 대해 존중하는 마음이 점차 줄어들게 된다. 자신의 몸을 존중하고 성에 대해서 주체성을 가질 수 있도록 성기에 대한 명칭부터 정확히 알려 주는 것이 필요하다.

두 번째 주제는 성관계 관련 질문이다. 때때로 아동은 부모에게 '아이는 어떻게 생기는 거야?' 물어보곤 하는데, 저자도 초등학교 저학년 때 부모님께 물어본 기억이 있다. 그때 들은 대답은 "크면 알게 된다."였다. 이렇게 대답을 소극적이고 다소 방어적으로 하게 되면, 아동은 매체, 학교, 또래집단 등에서 왜곡된 정보를 습득하고, 성관계에 대해 건강하지 않게 인식할 우려가 있다. 아이가 어떻게 생기는지를 질문하였다면 아이에게 성기의 결합에 대한 교육을 할 시기가 되었다고 할 수 있는데, 실제적으로 블록과 같은 것을 활용해서 볼록한 것과 오목한 것이 결합하는 장면을 보여 주어 아동이 이해하게끔 할 수 있다. 이때 아동이 인식 정도에 따라 설명을 더 이어 갈 수 있고, 그렇지 못하다면 엄마 배에서 생긴다는 것을 얘기해 주며, 다시 아이의 호기심이 생길 때 이어 나갈 수 있다(손경이, 2018b). 무엇보다 중요한 것은 성관계에서 주체성에 대한 교육을 하는 것인데, 이것은 '아동 성폭력 및 학대'에서 살펴보고자 한다.

세 번째 주제로, 부모들이 또 한 가지 궁금해하고 당혹스러워하는 것이 '아동의 자위'이다. 초등학교 입학 전 아동이 자신의 성기를 자주 만지거나 물체에 접촉하는 경우를 보게 되는데, 이를 성인의 자위와 같은 수준으로 생각해서는 안 된다. 아동이 자신의 성기를 만지는 것은 일상생활 중에 아동의 성기가 자극을 받아 생기게 되는 것으로 지나치게 우려할 사항은 아니다. 하지만 부모의 대처는 중요하다. 행동을 하지 못하게 다그치거나 혐오적 표현을 써서 성기에 대한 거부감이 들도록 하는 것은 아이가 성기에 대한 부정적 선입견을 가지는 원인이 될 수 있다. 성기는 소중한 곳임을 아이가 인식하게끔 하고, 씻지 않은 손으로 만지면 병균이 들어갈 수 있다는 점을 일러 줘야 한다. 그리고 때론 다른 자극(관련된 촉감)을 주어 시선을 옮길 수도 있다. 지나치게 강제로 시선을 옮기거나 위생적이지 못하다는 표현을 강압적으로 하는 것은 건강한 방법이 아니다. 좀 더 나아가 자위에 대한 예절을 알려 주는 것도 중요하다. 혼자 있을 때 해야 하고, 성기는 나의 소중한 것이니 남에게 보여주거나 타인의 성기를 만지는 것은 잘못된 행동이라는 것을 알려 줘야 한다. 그리고 건강을 해칠 수 있으니 손을 씻고 해야 한다는 점을 아이에게 인지시켜야 한다.

3) 아동 성폭력 및 학대

부모들이 궁금해하는 아동기의 성교육 관심 주제 중에서 이성문제와 타인과 가족의 신체 접촉을 살펴보아야 할 필요성이 있다. 이것은 아동 성폭력 문제와도 깊은 관련이 있다. 앞서 '몸의 감각'에 대해 언급하며, 아동이 자기의 몸에 대한 주체성과 자기결정권을 갖는 것은 너무나도 중요한 것임을 얘기했는데, 이는 가정에서 먼저 교육되어야 한다. 부모와 아동 사이의 스킨십에도 서로 간에 동의가 있어야 한다는 것을 실천해야 한다. 부모가 아이에게 스킨십을 할 때나 아이가 부모에게 스킨십을 할 때도 마찬가지이다. 아이도 당연히 부모의 접촉이 싫을 때가 있고, 부모도 그럴 때가 있다. 가령 아들이 수시로 엄마의 젖가슴을 만지는 행동이 엄마 입장에서 싫을 수 있는데, 이것에 대한 부모의 의사를 아이에게 분명히 전하고, 아이를 싫어해서 그런 게 아니라 현재 부모의 상황을 전달하는 것이 필요하다. 이처럼 가정에서부터 몸의 주체성 교육이 되어야 하고, 이것은 아이가 이성을 대할 때도 마찬가지로 적용된다. 아동이 어린이집이나 유치원, 학교 등에서 이성을 대할 때 마음에 들어 몸을 만지는 행위들을 종종 보는데, 가정에서 아이가 또래 친구들에게 감정표현을 어떻게 하는지 확인할 필요가 있다. 손을 잡거나, 포옹을 하거나, 얼굴을 만지는 등의 행동을 할 때, 또래친구의 반응과 의사를 확인하는 교육을 아동 때부터 해야 한다. 마찬가지로 친구가 아이의 몸을 만지거나 싫어하는 행동들을 하는지도 점검하여서 그 느낌이 싫다면 단호히 싫다는 의사표현을 하도록 교육해야 한다. 이러한 교육과 개입에도 계속 피해가 발생되면 해당기관에 알려서 제지하는 것이 필요하다. 이러한 교육을 바탕이 되어야 우리 아이들이 아동 성폭력의 피해를 예방하는 기틀이 마련된다. 앞서 언급한 대로 자신의 몸에 대한 느낌, 신체에 대한 자기결정권과 주체성에 대해 인식하는 것은 아동 성폭력을 예방하는 데 매우 중요하다.

아동 성폭력은 아동과 성인 관계에서뿐 아니라 또래 아동 간에, 상하급 아동 간에도 일어날 수 있는데, 아이가 피해에 대한 위험이 있을 때 자기 결정권을 갖고 거부하도록 하는 것이 중요하며, 또한 상대가 하는 행위가 아동 자신에게 어떠한 느낌인지 지각하고 동의하거나 거부할 수 있는 능력이 있어야 한다. 이러한 교육이 아동기부터 선행되어야 한다. 그래야 만약 일어나지 말아야 할 성폭력이 일어나더라도 아동이 부모나 기관에게 빨리 알릴 수 있다. 이러한 훈련이 제대로 되었다 하더라도 평소 아이를 잘 관찰해야 한다. 아동은 행위자와의 관계문제, 부모에게 알리는 것에 대한 불편함으로 자신의 피해를 얘기하지 않을 수 있는데, 성폭력을 확인하기 위해서, 성기나 항문, 입 등에 상처가 있는지, 살펴야 하며, 인형놀이나 그림에 성적인 행동이나 표현이 드러날 경우 의심해 봐야 하고 이 밖에도 잦은 짜증, 불면, 우울, 퇴행 증상 등이 나타날 때도 아동이 피해를 입지 않았는지 확인해 봐야 한다. 또한 아동의 성폭력에 대한 대응 교육도 중요하다. 아동을 유인하려 하거나, 추행하려고 하는 상황을 설정해서 역할극을 해 보거나, 상황을 마련하여 예시를 들어 대처해야 할 행동들을 사전에 아이에게 일러 주는 것도 반드시 필요하다.

4) 성에 대한 상담개입 시 고려사항

아동상담을 하며, 성의 주제에 대한 개입은 크게 아동의 성교육적 차원의 개입 그리고 성폭력과 관련된 개입으로 나눌 수 있다. 성교육적 차원의 개입은 앞서 자세히 살펴본 내용과 더불어 상담사로서 성교육적 차원의 지식을 더 습득할 필요가 있다.

상담현장에서, 예를 들어 내담자의 문제되는 성행동이 확인되었을 때는 직접적인 교육과 더불어 적절한 대처방법을 부모에게 전달할 수 있어야 한다. 이러한 능력을 갖추려면 아동의 성과 관련하여 폭넓은 지식과 임상경험이 필요하다. 상담사는 성폭력 및 학대, 추행과 관련된 내용을 습득하고 있어야 하고, 이에 신속하고 정확하게 대처해야 한다.

성폭력과 관련하여 상담사가 유의해야 할 내용은 다음과 같다. 상담과정에서 내담자의 에피소드가 성폭행에 해당하지만 본인은 인지하지 못하거나 긴가민가할 때가 있다. 여러 가지 상황이 있을 수 있는데, 상급생이 하급생 성기를 만진다거나, 성인이 추행을 하는 것 등 여러 상황이 발생될 수 있다. 또한 앞서 언급한 대로 성기나 항문, 입 등에 상해가 있는지, 상담과정에서 성적인 행동이나 표현이 드러날 경우 의심해 봐야 한다. 이 밖에도 잦은 짜증, 불면, 우울, 퇴행증상 등이 나타날 때 등 상담과정에서 의심이 드는 상황이 발생하여 성폭력으로 판단이 되었다면, 상담사는 먼저 부모에게 알리고, 대처방법에 대해 알려 줄 필요가 있다. 경찰청(112), 여성긴급전화(1366), 성폭력피해자 통합지원센터(1899-3075) 신고를 하거나, 먼저 해바라기센터에 전화를 해서 대응 방법에 대해 듣고 대처해야 함을 알린다. 반대로 내담자가 가해 아동이 될 수도 있다는 것을 염두에 두어야 한다. 아동기 때에는 아이들이 좋아한다는 표시로 자신보다 체구가 작거나, 이성이거나, 저학년인 아동을 괴롭히는 경우가 빈번히 일어나는데, 상담과정에서 이러한 에피소드가 탐색되었을 때 그것이 폭력이고, 옳지 못한 행동이며, 사과해야 하는 것을 교육해야 할 의무가 있다. 아동이 성폭력에 피해를 이미 당한 상태라면, 상담사 자신이 이 사안에 대해 다룰 능력이 있는지를 스스로가 판단하고, 성폭력 피해에 대한 것을 상담현장에서 다루거나 전문가에게 반드시 상담을 받도록 부모에게 얘기해야 하며, 부모도 같이 후유증에 대해 상담을 받도록 권면하는 것이 중요하다.

앞서 상담 중 아동이 성폭력에 대한 피해가 의심이 되면, 부모에게 알린다고 했는데, 상담사는 부모 및 친족이 아동의 가해자일 가능성이 있다는 것을 늘 염두에 두어야 한다. 실제 '2021 한국성폭력 상담소 통계'에 따르면, 아동의 성폭력 피해 유형 중 지인일 확률이 84%에 육박하며, 이 중 부모를 포함 친·인척일 확률은 64%에 달한다. 이처럼 아동의 성폭력 피해는 부모를 포함한 가까운 지인이 대다수임을 늘 인식하고 있어야 한다. 이렇듯 부모가 아동의 성폭력 가해자임이 의심될 때, 상담사는 당연히 부모에게 알리는 것이 아니라 앞서 언급한 절차에서 부모에게 알리는 것을 제외한 절차를 신속히 진행하는 것이 중요하다. 부모에 의한 피해가 의심된다면, 빨리 부모와 물리적으로 분리해야 하는데, 앞서 언급한 것처럼 경찰청(112), 서울해바라기센터, 여성긴급전화(1366), 성폭력피해자 통합지원센터(1899-3075)에 신속히 연락하여 피해사실을 알리고 지침을 받아 대응해야 한다. 친족 성폭력이 발견되어 관련기관의 개입이 이루어지면 다른 가족의 강력한 저항이 있고, 심지어 피해아동을 비난하기까지 한다(한인영 등, 2014). 따라서 상담사는 친족의 성폭력이 의심될 때, 내용을 녹취하여 보관하여 이에 대응하는 것이 중요하다.

성폭력 전문센터에 신속히 의뢰를 하는 것은 피해자가 2차 피해를 방지하는 데도 효과적이다. 상담사 자신이 처리하기 어려운 문제는 전문기관과 전문가와 협력적으로 대응하는 것이 특히 성폭력 피해 사건에는 더욱 필수적이다.

상담사는 앞서 언급한 실제 대응 행동과 별개로 심리적 지원에 초점을 맞추는 것도 매우 중요하다. 성폭력 피해를 입은 아동은 자신의 잘못으로 성폭력이 일어났다고 생각할 가능성이 크다. 따라서 죄책감과 수치심이 크고, 부모에게 야단을 맞을 것이라 생각한다. 이에 대한 생각을 하는 아동에게 항상 상담사가 내담자의 편에 있음을 얘기하고, 아동의 말을 신뢰함을 표현한다. 또한 자신의 잘못이 아니라는 것을 인지시켜 줌과 동시에 아동을 안심시키고 도와줄 것을 말하여, 혼란스러운 상황에 최대한 안정감을 느끼도록 노력해야 한다.

5. 아동상담의 실제

초등학교 3학년인 D군은 또래관계의 어려움을 호소하여 부모님의 권유로 상담실에 왔다. D군은 학교와 학원에서 친구가 놀려서 분노를 참지 못해 때리기, 꼬집기, 소리 지르기, 폭력, 울음 터뜨리기 등의 공격성을 보이고 있다. 초등학교 입학하면서부터 간헐적으로 나타나다가 최근 심해졌다. 또한 내담자는 부모님과 함께 놀고 싶다는 욕구를 여러 차례 표현했다.

어머니는 우울증세가 있어 2년 전부터 정신의학과에 내원하며 우울증 약을 복용해 오고 있어, 어머니와 놀고 싶지만 아프다는 표현을 했으며 아버지는 말이 없고 다소 무뚝뚝하다고 보고했다. D군은 학교와 학원에 친한 친구가 없고, 외로운 상태이며, 주로 학원에서도 한두 살 어린 또래와 상호작용을 하고 있다. 이 또래관계 속에서도 그들을 통제하고자 하는 행동을 보이는데, 이것이 충족되지 않으면 무시당하는 느낌을 받으며 폭력과 소리 지르기 등의 공격성을 표출하여 학원 선생님의 제지를 받고 있다.

학원에서 학원 선생님과 면담 중 힐끔 보는 또래에게 분노를 표현하며 소리 지르는 행동을 보여 학원 선생님과 또래들을 당황하게 하였다. 또한 D군은 화가 날 때나 부모가 무관심할 때에 폭식을 하거나 밤늦게까지 게임을 하는 행동도 보였다. D군은 또래가 자신을 놀리지 않았으면 좋겠고, 놀리는 것을 참고 잘 대처했으면 좋겠다는 바람을 상담사에게 호소했고, 학교에서 친한 친구를 사귀고 싶다는 바람을 얘기했으며, 부모님이 놀아 줬으면 좋겠다는 호소를 했다.

이 사례는 인지행동상담 이론에 근거하여 사례개념화하고, 상담목표 설정 및 상담진행 방향에 대해 살펴보고자 한다.

1) 사례개념화

D군은 또래관계 속에서 자신을 실제 놀리거나, 자신을 무시한다고 느껴질 때, 분노를 느끼며 이를 폭력성으로 표출하고 있고 이것이 표면적인 주 호소이다. 하지만 D군 어머니의 우울증세, 부친의 냉담함을 비추어 보아 부모의 온정적 태도, 지지가 결여되어 왔던 것으로 보인다. 이러한 부모의 성향은 D군과 부모 간 상호작용이 원활하지 못했을 가능성이 있다. 이것이 '엄마가 날 귀찮아해.' '사람들은 날 싫어해.' '무시해.'와 같은 자동적 사고를 형성하게끔 했던 것으로 생각되고, '엄마에게 놀자고 하면 날 싫어해.'와 같은 중간신념이 형성되었을 것으로 사료되며, 이것이 사회성 결여로 이어졌을 수 있다고 생각된다.

한편, D군의 자기효능감에도 가정 내 상호작용이 영향을 미친 것으로 보인다. 가정 내의 원활하지 않은 상호작용은 D군의 대인관계에서의 자기효능감을 형성에 영향을 미친 것으로 보인다. 자기효능감을 형성하는 데 중요한 요소인 '대리경험', 즉 부모의 원만한 대인관계에 있어서 '대리경험'을 충분히 하지 못한 것으로 생각된다. 또한 D군은 자신보다 한두 살 어린 또래와 상호작용을 주로 하고 있으며, 지나치게 통제하려는 성향을 보이는데, 이는 앞서 '근면성과 열등감'에서 다루었듯 부모의 관심과 애정의 결여를 보상하기 위한 지나친 우월감의 추구로 볼 수 있다.

이러한 내용을 종합해 볼 때, D군은 마음속의 분노와 모에 대한 죄책감, 그리고 또래관계에서의 소외감, 외로움 등이 깊이 자리 잡고 있을 가능성이 있으므로 이 감정에 대한 개입을 시도하여 자동적 사고를 점검하고, 주 호소인 또래관계 및 부모와의 관계를 개선하기 위한 대안 행동을 함께 찾고 시도해야 할 것으로 생각된다.

2) 상담설계

① 상담목표

- 친구가 놀릴 때, 화나는 감정을 친구에게 건강하게 말로 표현해 보기
- 어머니에게 하고 싶은 이야기해 보기

② 상담전략:

- 상담실에 비치된 놀잇감을 통해 내담자의 분노를 안전하게 표현하고 해소할 수 있도록 개입
- ABC기법을 통해 내담자의 자동적 사고를 확인하고 대안적 사고로 나아갈 수 있도록 개입
- 역할극을 통해 친구관계, 부모와의 관계를 재연하고 건강하게 자신의 감정을 표현할 수 있도록 개입

③ 회기별 상담계획(안)

회기	목표	내용	기법
1	상담구조화	1. 상담목표 설정 2. 주 호소문제와 촉발요인 인지	공감, 적극적 경청, 명료화, 탐색 질문

2~5	라포 형성, 또래관계 탐색, 감정 정화	1. 내담자의 부모-자녀관계, 대인관계 탐색, 경청 2. 내담자의 억압된 감정, 욕구를 상담현장에서 안전하게 표현·분출 3. 역할극, 놀잇감을 통한 감정표현 4. 부모와 협력	공감, 반영, 심상, 역할극(놀잇감)
6~8	감정 정화 자동적 사고 찾기	1. 감정정화 작업 2. 내담자의 상황에서 일어나고 있는 자신의 자동적 사고에 대한 이해	ABC기법, 소크라테스 질문법, 역할극, 놀이
9~11	자동적 사고, 대안적 사고	1. 자동적 사고 및 대안적 사고 찾기	ABC기법, 소크라테스 질문법, 역할극, 과제
12~14	대안적 행동 적용하기	1. 대안적 행동 연습, 예상된 결과에 적절히 대처할 수 있도록 준비하여 시도 2. 상담 종결 준비	ABC기법, 소크라테스 질문법, 역할극, 과제
15	상담 마무리	1. 상담목표 달성 여부 확인 2. 이별 감정 다루기 3. 미해결과제 및 상담 종결 후 안내	공감, 적극적 경청, 명료화, 의사 확인, 반영

접수 면접과 1회기 상담에서 내담자와의 합의를 통해 상담목표와 상담회기를 정하여 구조화한다. 현재 내담자가 가장 힘든 것이 친구들이 놀려서 너무 화가 나고, 엄마와 놀고 싶은데 그러지 못하는 것에 대한 불만, 대인관계의 소외감, 외로움을 호소하고 있다. 이러한 호소문제를 바탕으로 아동이 실제 해 볼 수 있는 것을 목표로 합의해 15회기로 상담을 구조화했다. 내담자는 1회기부터 지속적으로 학교와 학원에서 친구들이 자신을 놀리고 공격하는 것에 대한 화를 표출하며, 복수하고자 하는 생각을 했다. 그리고 엄마와 함께하고 싶으나 그러지 못하는 안타까움, 아픈 엄마에게 이러한 마음을 가지는 것에 대한 죄책감이 자리 잡고 있다. 이러한 것들이 앞서 사례개념화에서 설명한 자동적 사고가 자리 잡고 있는 것으로 생각되었다.

먼저 회기 초반부터 5회기 정도까지 내담자가 또래와 대인관계에서 겪는 분노를 놀잇감, 역할극, 심상 등을 통해 안전하게 충분히 표출하게끔 하고, 엄마에게 원하는 마음도 표현하게끔 한다. 작업과 더불어 어머니와의 협력적 작업을 시도하는데, 내담자가 부모에게 원하는 것들을 가정에서 내담자를 수용적으로 관계하게 권하고, 내담자와의 상호과정을 탐색하고 개입한다. 자칫 내담자 부모가 상담사를 의

존할 수 있기에 경계 설정을 하고, 필요하다면 부모상담도 권유한다. 내담자와의 관계형성과 감정의 정화를 통해 마음의 공간이 마련되면, 6~8회기에 '힘든 건 참아야 해.' '날 무시하나?' '난 혼자다.'라는 자동적 사고에 대해 개입한다. ABC기법과 피겨 등을 활용하여 내담자가 자동적 사고를 이해하도록 개입한다.

9~11회기에도 어느 정도 자동적 사고에 대한 이해가 되도록 개입하고, 쉽지 않겠지만 대안적 사고도 할 수 있도록 개입한다.

12~14회기는 가능하다면 또래관계, 모친과의 관계에서 자신의 감정을 표현하고, 대안행동을 할 수 있도록 개입해 본다. 역할극을 통해 상담현장에서 충분히 연습하도록 분위기를 형성하는 것이 중요하다. 또한 실제 시도했을 때 나타날 수 있는 결과들을 내담자와 생각해 보고 그 상황과 마주했을 때의 사고와 행동을 점검한다.

아동과의 종결은 일반 내담자보다 더 예민하게 다루어야 한다. 이별의 감정을 일반 성인보다 더 예민하게 받아들이고, 힘겨워할 수 있기 때문이다. 따라서 상담이 종반으로 갈 때 적절히 종결을 언급하고, 내담자도 종결을 염두에 두고 준비할 수 있도록 하는 것이 중요하다.

마무리 회기(15회기)에는 차근차근 다루었던 이별의 감정을 다루고, 그간 상담을 통해 얻었던 성과, 통찰, 느꼈던 감정들을 정리하는 시간을 갖는다. 그리고 내담자의 성과가 가능했던 것을 다시 떠올려 보게 하고 스스로 할 수 있도록 지지한다. 또한 성과들을 내담자가 스스로 표현하도록 하여 성과를 점검하고, 상담사가 보완할 게 있으면 보완한다. 마지막으로, 미해결과제가 있다면 이것을 나누고, 추후 상담이 필요하다면 요청할 수 있도록 자세히 안내한다.

● 학습문제 ●

1. 나의 아동기 때는 어떠한 열등감이 있었는지, 그것을 어떻게 극복했는지 얘기해 보자.
2. 상담사로서 현재 자기 자신의 자기효능감을 증진하기 위해서 어떤 노력이 필요할지 생각해 보자.
3. 아동 성폭력 피해가 의심되는 내담자를 만난다면 어떻게 대처해야 하는지 이야기해 보자.

제11장

청소년기 발달과제와 상담

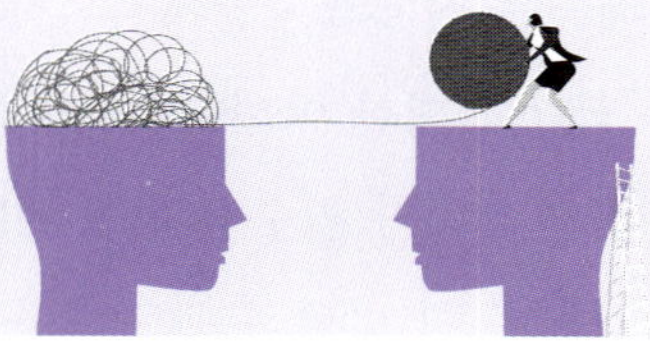

「청소년 기본법」에서는 청소년을 9~24세, 「민법」에서는 만 20세 미만, 「청소년 보호법」에서는 만 19세 미만으로 구분하고 있다. 각 법에서 정한 기준의 연령차가 크기 때문에 이 장에서는 중고등학생 연령으로 제한하여 살펴보고자 한다.

청소년은 성장과정에서 신체적 변화와 함께 과도기적 발달단계를 보낸다. 특히 후기 청소년기는 발달과정상 성인기로 가기 전의 중간단계로 정체성 확립과 다양한 발달과업 수행에 의한 스트레스가 심한 시기로 불안정으로 인한 심리적 취약성이 최고조에 이르는 시기이다(김경숙, 김인희, 2016). 한국교육개발원(2020)의 통계자료에 따르면, 2019년 초 · 중 · 고등학생의 학업 중단율은 약 1%(52,261명)로 전학년도와 비교하여 0.1% 상승하였고, 고등학생이 1.7%(23,894명)로 가장 높은 수치를 보였다. 청소년들의 학업 중단 사유는 학업, 대인관계, 학교폭력 등과 같은 부적응이 45.5%(23,769명)로 가장 많았다. 청소년들은 자신들이 경험하고 있는 과도기적 상태를 학업 중단이라는 형태로 드러내고 있는 듯하다.

청소년의 경우 학교와 가정에서의 문제 등 심리사회적 스트레스로 인해 상담에 대한 요구도 높아지고 있다(김민정, 김정규, 2016). 청소년상담은 주로 청소년기의 발달 특성과 관련된 자아정체감 확립, 긍정적 자아개념 형성, 건전한 가치관 정립 등을 주요 목표로 하고 있다(Geldard & Geldard, 2013). 특히 자아존중감은 장래를 결정짓는 힘이라 할 만큼 중요하다(Kali, Trzesniewski, & Brent, 2006). 낮은 자아존중감은 청소년기에 수행해야 할 발달과업을 수행하지 못하도록 방해하여 청소년은 관계형성에 어려움을 겪거나, 다양한 비행이나 중독문제를 일으킴으로써 미래가 달라질 수 있기 때문이다.

청소년에 대한 이해를 위해서는 신체적 · 인지적 · 사회적 변화와 청소년의 가족 및 친구관계와 같은 환경적 맥락에 대한 이해, 자아정체감, 도덕과 자율성 발달 등과 같은 심리사회적 발달에 대한 이해가 필수적이다(Hill, 1983). 청소년기의 주요 발달적 변화가 청소년기에 해결해야 할 발달과제에 영향을 미치기 때문에 전체적인 맥락 속에서 청소년에 대한 이해가 필요하다. Holmbeck 등(Kendall, 2012 재인용)은 청소년기에 이루어져야 할 주요한 발달결과(과제)로 성취, 자율성, 정체성, 친밀감, 심리사회적 적응 및 성을 언급하고 있다. 첫째, 성취로, 의사결정 과정을 통해 성공과 실패를 경험하고 이로 인해 불안 수준도 증가하는데 이를 청소년기에 어떻게 경험하느냐에 따라 성취 결과물이 다르다. 둘째, 자율성으로, 정서적 자율성은 부모에게 의존하는 것을 벗어남을 의미하고, 행동적 자율성은 스스로 의사결정을 하고 자율적인 능력을 갖추는 것을 의미한다(Fuhman & Holmbeck, 1995). 자율성 발달을 위해서는 부모가 자녀와 함께 상담에 참여하여 상호적인 개입이 이루어지도록 하는 것이 효과적이다. 셋째, 정체성으로, 청소년기 주요 심리적 발달과제는 정체성 발달(Erikson, 1968)인데, 이는 다음 절 '자아정체성'에서 좀 더 자세하게 살펴보겠다. 넷째, 친밀감으로, 청소년기 친밀감은 아동기보다는 이성과의 우정에 더욱 치중되는 경향이 있고, 남학생들보다는 여학생들 간의 관계가 더 친밀한 것으로 묘사되고 있다(Kendall, 2012). 다섯째, 심리사회적 적응으로 청소년기의 발달과업으로 정서 및 사회적 발달이 중요한데(Havighurst, 1972), 청소년은 우울에서부터 품행장애 및 학업 성취 문제 등에 이르기까지 심리사회적 적응에 있어서 어려움을 경험하고 있고 이러한 이상증상은 자기보고뿐 아니라 부모와 교사를 통해 파악된다. Jessor, Donovan과 Costa(1991)는 청소년들에게 나타나는 여러 유형의 문제행동이 상호 관련되어 나타나는 것을 '문제행동증후군'이라고 하였다. 이러한 행동은 같은 원인에 의해 발달하기 때문에 여러 증상이 한 개인에게 동시에 나타나는 경향이 있다. 여섯째, 성으로, 청소년의 성에 영향을 미치는 요인에는 호르몬의 변화뿐 아니라 인종적 · 종교적 요인, 성격 특성, 부모 및 또래 관계와 같은 사회적 요인 등이 있다. 부모, 가족 및 학교에 대한 소속감이 높을수록 첫 성 경험이 늦춰진다는 보고가 있다(Resnick et al., 1997).

이 장에서는 청소년 발달과제 중 자아정체성, 회복탄력성, 친밀감, 성을 중심으로 청소년에 대한 이해의 폭을 넓히고, 또한 이러한 발달과제를 가지고 있는 청소년 사례 적용을 통해 상담실제에 대해 살펴보고자 한다.

1. 자아정체성

1) 청소년기의 자아정체성

자아정체성 형성은 어느 날 갑자기 뚝딱 완성되는 것이 아니다. 아동기 경험에 기초하여 청소년기를 거치면서 '나는 누구인가?' '나는 무엇을 할 것인가?' 등의 질문에 고민하며 전 생애에 걸쳐 계속해서 이루어져야 할 과제이지만, 특히 청소년기에 주요한 과제로 대두된다. 청소년기에 중요한 발달과제로 생각하는 것은 다음과 같은 이유 때문이다(Duriez et al., 2012; Marcia & Carpendale, 2004; Schwartz et al., 2013). 첫째, 청소년기의 특성 중 하나인 급격한 신체적 변화와 성적 성숙 때문이다. 급격한 신체적 변화와 성적 충동은 청소년이 자신에 대해 고민할 수밖에 없게 만드는 낯설고 강한 경험이다. 둘째, 청소년기는 과도기로 성인과 아동의 어중간한 존재이기 때문이다. 사회적으로 요구되는 독립적이고 책임 있는 행동을 해야 하면서도 경제적 · 정서적으로는 부모에게 의존적이다 보니 자신의 위치와 역할에 대해 고민할 수밖에 없다. 셋째, 청소년기는 선택과 결정의 시기이기 때문이다. 아동기 때 어떤 장난감을 가지고 누구랑 놀 것인가를 선택해야 하는 것과는 다르게 자신의 인생에 있어서 주요한 영향을 미칠 수 있는 진학, 전공, 이성 및 교우 관계 등 선택하고 결정해야 하는 순간과 마주하게 된다. 이를 선택하고 결정하기 위해서는 자신과 여러 가능성에 대해 탐색하고 고민해야 하는 시간이 필요하다. 넷째, 청소년기의 인지발달로 추상적 사고를 할 수 있고 좀 더 넓은 관점에서 자신과 세상에 대한 가능성을 탐색하고 미래를 확장시킬 수 있기 때문이다.

2) Erikson의 자아정체성

정신분석학적 입장에서 Freud는 청소년기를 성기기(genital stage)로 보고, 성호르몬 분비로 인해 성적 욕구가 급격히 증가하여 욕구 충족을 위해 원초아와 초자아 간의 균형을 잡기위한 자아 기능이 변화하는 시기로 보았다. Erikson은 Freud의 심리성적 발달이론과 달리 심리사회이론에 입각하여 청소년기의 자아정체성 개념을 중시하였다.

청소년기는 자아정체성이 형성되는 중요한 시기(Erikson, 1980; Schertzer, 1973)이면서 정체성에 대한 혼란을 경험하는 시기이기도 하다. Erikson은 청소년의 정체성 위기는 '나는 누구인가'라는 질문에서부터 시작한다고 보았다. 질문에 대한 답을 찾는 과정에서 다양한 경험을 통해 갈등과 위기와 마주하게 된다. 이러한 위기 속에서 자신에 대한 탐색을 통해 자신의 한계를 인정하고 수용하면서 정체성을 형성하게 된다. 이 과정은 순탄하지 않고, 방황과 혼란을 경험하게 된다. Erikson은 청소년기의 정체성 위기를 극복하기 위해서는 다음과 같은 목표 달성이 될 때 가능하다고 보았다(송명자, 2011). 첫째, 자신에 대한 인식의 연속성(continuity)과 동질성(sameness)의 확립이다. 즉, 과거의 자신과 현재의 자신의 연속성에 기반을 두고 일관성 있는 자기상이 확립되는 것이 중요하다. 둘째는 다양한 관점과 시각차에서의 여러 측면이 하나의 자아로 통합(integration)하는 것이다. 여러 영역에서의 자아 간의 상호 관련성을 통한 통합이 필요하다. 셋째, 자신의 독특성(uniqueness) 또는 특수성(distinctiveness)의 확립이다. 또래집단과의 동일시보다 자신의 독특성에 관심을 가지고 탐색할 때 건강한 정체성을 확립하게 된다.

자아정체성 확립과 함께 성 정체성 확립은 청소년기에 극복해야 할 주요한 과업 중 하나이다(Erikson, 1968). 청소년기는 자신의 성역할 특성을 확인하고 성역할에 확신을 갖게 되면서 성 정체성(sexual identity)을 확립하게 되는데, 그렇지 못할 경우 양성적 혼미(bisexual diffusion)를 경험하게 된다. 성 정체성은 청소년기 이성관계를 원만하게 할 뿐 아니라 성인기 가정과 사회에서 자신이 수행해야 할 성역할을 가능하게 한다.

3) Marcia의 자아정체성

청소년의 자아정체성에 대한 연구는 Marcia에 의해서도 진행되었다. Marcia(1988, 2002)는 청소년 자아정체성 탐색의 위기(crisis) 경험 여부와 과업 수행(commitment) 여부에 따라 청소년의 자아정체성 유형을 네 가지로 설명하고 있다([그림 11-1] 참조). 첫째, 정체성 혼미(identity diffusion)는 자신의 삶의 목표와 가치를 탐색하려는 시도를 하지 않고 과업 수행에도 관여하지 않으며 관심이 없다. 자아존중감이 낮고, 혼동과 공허감에 빠져 있는 경우가 많다. 둘째, 정체성 유실(identity foreclosure)은 자아정체성 탐색 없이 자신의 삶의 목표를 결정하고 과업에 관여하는 유형이다. 부모가 기대하거나 선택한 과업을 수용하기에 청소년기에는 안정적으로 보이나 성인기에 정체성 위기를 경험하는 경우도 있다. 셋째, 정체성 유예(identity moratorium)는 삶의 목표와 가치에 대해 탐색하나 과업에는 관여하지 못하는 상태이다. 적극적으로 정체성을 탐색하기에 불안정해 보이나 시간이 지날수록 정체성을 확립하게 되기에 정체성 성취로 가기 위한 하나의 과도기 단계라 할 수 있다. 넷째, 정체성 성취(identity achievement)는 정체성의 네 가지 유형 중 앞선 단계로 삶의 목표와 가치를 탐색하면서 대안을 모색하는 위기를 경험하고 청소년의 과업 관여를 통해 정체성을 성취한 상태이다. 자아존중감이 높고 현실적이면서 안정적인 유형이다. 자아정체성은 긴 여정 동안 성공과 실패를 경험하면서 형성하게 되는데, 그 경험의 정도에 따라서 순탄하게 또는 격동적으로 지나게 된다. 자아정체성이 한 번 형성되었다고 해서 그대로 유지되기보다는 자아정체성 성취 단계에 도달한 경우도 자신의 판단에 회의를 가지고 유예나 혼미의 단계로 되돌아가는 경우도 있다(Harter, 1990).

자아정체성이 확립된 청소년은 정서적 안정감을 가지고 자신과 타인에게 신

		위기: 예	위기: 아니요
과업	예	성취	유실
	아니요	유예	혼미

[그림11-1] Marcia의 자아정체성 유형

뢰감을 느낄 뿐 아니라 인생의 목표도 뚜렷하다(구승신, 장성화, 정옥희, 2011). Marcia(1991)는 청소년기의 정체감을 성취하기 위해서는 자신의 신념, 직업 선택 등 중요한 의사결정을 스스로 해결할 수 있어야 한다고 하였다. 청소년은 청소년기에 해야 할 선택과 결정을 위해서는 여러 가지 가능성을 점검하면서 자신에 대해 진지하게 생각하는 탐색의 시간이 필요하다(정옥분, 2012). 또한 선택과 결정을 위해서 문제 상황에서 적절한 문제해결 능력을 갖추는 것은 청소년기에 필요하고 중요하다. 문제해결 능력이란 문제를 처리할 수 있는 능력으로 여러 대안을 모색하고 결과를 예측하여 성과는 극대화하고 부정적인 결과는 최소화할 수 있는 방안을 선택할 수 있는 능력이다.

자아정체성의 네 가지 범주 유형에 따라 드러나는 특성에 대해 연구한 결과들을 살펴보면, 정체감의 성취나 유예에 해당되는 청소년은 자아존중감이 높고, 추상적 · 비판적인 사고가 가능하며, 높은 수준의 도덕적 추론을 하는 것으로 나타났다(Dellas & Jernigan, 1990). 정체감 유실이나 혼미에 해당되는 청소년은 적응문제가 있고, 특히 정체감 유실의 경우에는 독단적이고 융통성이 없으며 타인과의 의견 차이를 위협으로 간주하는 것으로 나타났다(Frank, Pirsch, & Wright, 1990).

4) 정체성 형성을 위한 상담개입 시 고려사항

청소년의 자아정체성은 주요한 발달과제이지만, 청소년기에 정체성 탐색을 하기보다는 대학 진학 이후로 미루거나 정체성 유실 상태로 자아정체성 탐색 없이 삶의 목표를 정하고 과업 수행에 전념하는 경우가 종종 있다. 대학 진학이 우선시되다 보니 자신이 누구인지에 대해 고민하며 자신에 대해 찾아가는 여정을 건너뛴 채 대학을 목표로 달려가고 있기 때문이다. 청소년기에 자신의 정체성에 대해 고민하는 것은 시간 낭비고 의미 없는 것으로 치부되고, 심할 경우에는 반항하는 것으로 오해를 받기도 한다. 이러한 연유로 인해 성인이 된 후에도 중요한 선택과 결정을 할 때 심한 정체성 앓이를 하며 위기를 경험하게 되는 경우가 발생하고 있다. 청소년기에 자신의 정체성 형성을 위한 상담 개입 시 고려할 사항에 대해 살펴보면 다음과 같다.

첫째, 자아정체성을 찾기 위해 고민하고 생각하는 것에 대한 지지와 격려가 필요하며, 이러한 과정이 필요한 것임을 인정해 줘야 한다. 자신이 누구인지 그리고 무엇을 해야 할지에 대해 고민하느라 해야 할 공부를 못하기도 하고, 혼란스러움에 방황하기도 하는데, 이러한 과정을 겪는 자신이 유별나고 문제가 있다는 생각을 하는 경우가 종종 있다. 자신의 인생의 목표와 가치를 탐색하고 방안을 모색하는 가운데 위기를 경험하기도 하지만 이 과정을 수행할 때 정체성 성취에 이를 수 있다. 그러나 실제로 부모로부터 사춘기를 유별나게 보낸다고 핀잔을 받기도 하고 주변의 친구들과 다르게 자신만 고민을 하는 것 같은 생각에 불안과 걱정이 더 커져서 더 혼란을 경험하게 되기도 한다. 그러다보니 생산적으로 생각하기보다는 급하게 봉하거나 반항적인 태도로 시간을 허비하는 경우도 있다. 반항적인 태도를 취하는 청소년을 상담할 때는 자신의 정체성에 대해 고민하고 있는 경우도 많으나, 처음 경험하는 일이다보니 무엇인지 모르고 반항의 형태로 나타나기 때문에 이에 대한 점검과 함께 공감과 반영이 필요하다. 고민하는 과정을 지나서 정체성을 형성하게 되면 오히려 학교생활 적응이 향상되고, 주관적 안녕감이 높을 뿐 아니라 정서적 안정감을 가지고 자신과 타인에게 신뢰감을 느끼며 인생의 목표도 뚜렷한 것으로 나타났다 (구승신, 장성화, 정옥희, 2011; 송순만, 백진아, 2016).

둘째, 청소년기는 명확한 것이 없고 다양한 변화의 시기이기 때문에 미래에 대한 막연한 불안이 있기 마련인데, 이는 정체성 혼미 상태와 유사하며 자신의 정체성을 찾는 과정에서 나타나는 자연스러운 현상이다. 그러나 미래에 대한 막연한 불안과 자아정체성에 대한 고민을 자신만 하는 것 같고, 쓸모없는 시간 낭비이지 않을까 하는 생각을 한다. 게다가 답을 찾지 못할 것에 대한 불안과 공허감에 빠져 에너지를 생산적으로 사용하지 못하기 때문에 이러한 불안에 대한 개입이 필요하다. 이러한 과정을 혼자가 아니라 상담사, 부모 및 교사가 함께 버텨 주면서 진행할 때 청소년은 안전감을 경험할 수 있게 된다. 이를 위해서는 대학 진학만을 중요시하는 사회적 분위기가 변화되어야 하고, 가정과 학교와 사회의 협조가 필요하다.

셋째, 자아정체성에 대한 상담 진행 시 자신에 대한 관심을 가지고 자기탐색이 되도록 개입되어야 한다. 청소년기는 타인을 많이 의식하는 시기이기 때문에 자신에 대한 관심을 가지고, 자신의 재능과 흥미와 가치에 대해 탐색해야 하는데 타인을 향한 에너지가 더 크게 작용하고, 부모가 기대하고 선택한 목표를 그대로 수용하는 경우가 발생한다. 정체성 유실 상태라 할 수 있는데, 자신이 누구인지 고민하는 과정에서도 타인을 의식하고 타인에게 보이는 자신에 대해 더 신경을 쓰는 것은 그만큼 자신에 대해 모르고 자신감이 부족하기 때문이다. 이는 자아존중감, 자기효능감과도 연결되어 있으므로 청소년의 자아정체성에 대한 개입 시 자기탐색을 통해 자아존중감과 자기효능감에 대한 점검이 필요하다. 또한 실패에 대한 두려움으로 위기를 경험하지 않고 편한 선택과 결정을 하려고 하는데, 청소년기에는 안정적으로 보일 수 있으나 성인기에 위기를 경험하게 되어 더 큰 혼란을 겪을 수 있다. 이런 경우는 자신과의 접촉을 하지 않고 편한 선택을 하려고 하는 경향성이 있기 때문에 자신의 욕구와의 접촉을 차단하게 하는 장애물을 찾아 이를 낮춰야 한다. 또한 자신의 생각에 자극과 함께 자기탐색을 통해 자신의 감정과 욕구에 관심을 가지고 다양한 실험을 시도하고 표현할 수 있도록 하는 상담개입이 필요하다. 자신의 욕구를 탐색하고 그것을 다양하게 실험하면서 진정한 욕구인지를 파악하고 자신의 잠재된 재능과 효능감을 발견하고 경험할 때 자신을 소중하게 생각하고 살필 수 있게 된다.

청소년상담을 위해서는 그들이 스스로 판단하고 선택할 수 있는 경험을 할 수 있도록 개입 방안을 모색하기 바란다. 자신의 나이에 맞는 선택과 결정하는 경험 없이 청소년이 되었을 경우에는 자신이 정체성에 대해 고민하고 방향을 모색하는 실험을 함에 있어서 주저함이 크다. 상담사와 상담 동맹관계가 형성되고 나면 상담사에게 의존적인 성향을 보이면서 선택과 결정을 상담사에게 미루는 경우가 종종 발생한다. 이를 예방하기 위해서 상담을 진행할 때 내담자의 자발성과 자율성을 고려하면서 내담자에게 선택권과 결정권을 주고 작은 것부터 스스로 선택하는 경험을 하게 하는 것이 중요하다. 상담장면에서 선택한 것에 원하는 결과가 나오지 않을 수 있음을 경험하게 하면서 일상에서의 적용 시 다른 결과에 대한 대비도 함께 진행되어야 한다. 만약 상담사의 불안이 있을 경우에는 상담사가 내담자의 또 다른 부모가 되어 모든 것을 상담사가 해결하려고 개입하려는 경우가 있는데 이는 주의가 필요하며, 이런 경우에는 슈퍼비전과 교육분석을 통한 점검을 하길 권한다.

넷째, 청소년기의 자아정체성에 대해 상담 개입 시 진로 탐색이 되어 직업 결정이 곧 자아정체성이 확립되었다고 생각하는 경우가 종종 있다. 이는 정체성 유예 형태로 전반적으로 자신에 대한 탐색과 가치, 역할 등에 대한 탐색은 하지만 의사결정을 못한 상태와 유사하다. 그렇다고 성급하게 직업을 결정하게 하기보다는 작은 것부터 스스로 선택하고 결정하고 실패 시 이를 해결하고 극복하는 경험을 할 수 있도록 상담개입이 필요하다. 이러한 경험을 통해 스스로 선택하며 결정할 수 있는 존재이고 실패도 책임질 수 있는 존재임을 발견하고 경험하는 것이 중요하다. 상담에서 이러한 내용을 다룰 때 상담 종결 후에도 혼자서 이러한 과정을 지속적으로 진행하면서 자신이 무엇을 할 것인지를 숙고할 수 있으나 처음부터 직업 결정을 목표하는 것은 위기를 더 크게 느껴서 정체성 혼미로 되돌아갈 수 있으니 주의가 필요하다.

다섯째, 청소년의 자아정체성에 대한 상담을 위해서는 부모의 협조가 필수적이다. 자녀가 자신에 대해 탐색하고 생각하는 과정을 부모가 믿어 주고 지지하며 기다려 주지 않으면 스트레스로 인한 불안이 더 커져서 위기를 경험할 수 있다. 특히 부모가 생각하고 결정해 둔 방향으로 나아가지 않을 경우에 청소년 자녀의 불안이 더 커질 수 있고 부모와 불일치되는 것을 선택하고 결정하기까지 치러야 할 희생이 너무 크다 할 수 있다. 이러한 부담을 줄이기 위해서는 부모의 협조와 이해가 우선되어야 한다. 모두가 가 보지 않은 길이고 자녀라 할지라도 어느 정도의 가능성과 능력이 있는지 알지 못하기에 청소년 자녀를 위한다고 하는 방식이 오히려 해가 될 수도 있다. 답을 가지고 의논하기보다 모름에서 시작하여 하나씩 만들어 가는 과정을 견딜 수 있도록 하는 상담개입이 필요하다.

청소년은 부모의 영향을 받고 있기 때문에 청소년상담을 위해서는 부모의 적응, 양육 질, 부모의 역기능적인 신념 등에 대한 점검이 선행되어야 한다(Bögels & Siqueland, 2006). 청소년상담에서 부모상담을 필수로 권장하는 것은 부모의 양육방식 파악만을 위함이 아니라 부모가 자녀에게 미치는 영향력이 크기 때문에 이에 대한 점검과 함께 부모와의 협력 상담을 진행하기 위함이다. 이를 위해서는 부모가 가정에서 자녀와의 관계를 점검하고 건강한 양육자의 역할을 할 수 있는 개입이 필요하지만, 그전에 먼저 부모 자신부터 점검하고 돌아보면서 자신에 대한 이해가 선행되어야 한다. 그런 다음에 부모의 노력이 온전히 자녀와의 관계에서 제대로 영향력을 미칠 수 있도록 점검하고, 상담사와 협력관계를 유지하면서 청소년의 변화·성장을 위해 함께 조력함이 필요하다. 부모상담이 진행될 때는 특히 비밀보호에 유념해야 한다. 동일한 상담사가 진행하는 경우이거나 다른 상담사가 진행하는 경우에도 서로 공유할 수 있도록 동의를 받아 진행할 때 상담사의 실수로 서로의 이야기가 상대에게 전달되면 신뢰관계에 치명적일 수 있다. 정보 관리와 비밀보호에 주의할 수 있도록 사전에 훈련이 필요하다.

2. 회복탄력성

1) 회복탄력성의 정의

회복탄력성(resilience)은 역경 속에서 좌절하지 않고 극복하려는 힘의 원동력이며(Pleux, 2012), 역경 이전의 적응 상태로 되돌아가고자 하는 능력이다(Garmezy, 1983). 회복탄력성은 변화나 불운을 성공적으로 대처하며 적응을 높이는 개인의 긍정적인 능력으로 정의되기도 한다(Wagnild & Young, 1993). 또한 회복탄력성은 환경에 따라 변하는 역동적 개념으로 스트레스를 감소시키고, 스트레스로 인한 부정적인 영향을 최소화하여 스트레스를 극복하게 하는 개인의 심적 자원이다(김나미, 김신섭, 2013; Gu & Day, 2007; Sandler, Wolchik, & Ayers, 2008; Tugade & Fredirckson, 2004). 홍세희 등(2018)은 회복탄력성을 역경에서 스트레스를 극복하거나 이겨내는 능력으로 원래 상태나 더 나은 상태로 회복하는 능력이라고 정의하였다. 이러한 정의를 볼 때, 회복탄력성은 여러 변화를 경험하면서 스트레스가 높은 청소년기에 적응과 대처를 위해 필요한 요인이다.

회복탄력성이 청소년에게 중요한 이유는 다음과 같다. 첫째, 청소년의 정신건강, 학습 성과, 주관적 안녕감 등에도 영향을 미치는 주요한 요인 중 하나이기 때문이다(Anthony, 1987). 둘째, 청소년 시기에 경험하는 위험에 대한 성공적인 극복 경험이 성인기에 맞이하게 될 더 큰 위험을 대처할 수 있도록 준비시키기 때문이다(Fergus & Zimmerman, 2005). 회복탄력성은 다양한 자원을 효과적으로 활용할 수 있게 하며(Waters, & Sroufe, 1983), 이러한 자원들과 상호작용하며 변화한다(Dyer & McGuinness, 1996). 회복탄력성은 역경, 정신적 외상 및 삶의 스트레스 요인들에도 불구하고 적응하는 능력으로 누구나 배우고 발전시킬 수 있는 능력이다. Dyer와 McGuinness(1996)는 회복탄력성을 타고나는 부분도 있겠지만 보호요인의 영향을 받는 변화하는 과정이라고 하였다.

2) 회복탄력성의 구성요인

회복탄력성의 구성요인은 학자의 이론적 배경과 문화적 특성에 따라 차이를 보이고 있다. Werner와 Smith(1992)는 사랑과 정서적 지지가 회복탄력성의 핵심 요인이라고 하였다. Russell과 Russell(1995)은 회복탄력성의 구성요인으로 자기 신뢰, 개인 비전, 융통성, 조직력, 문제해결력, 대인관계, 사회성, 계획성으로 보았고, Reivich와 Shatte(2002)는 정서조절력(emotional regulation), 충동통제력(impulse control), 원인분석력(casual analysis), 낙관성(optimism), 공감력(empathy), 자기효능감(self-efficacy), 도전성(reaching out)으로 보았다. 이해리와 조한익(2005)은 내적 요인과 외적 요인으로 구분하여 제시하였는데 내적요인은 자기효능감, 낙관성, 감정과 충동 조절, 공감과 수용, 문제해결력, 목표와 희망, 의미추구와 종교적 영성으로 보았고, 외적 요인으로는 가정, 학교, 또래, 지역사회 등 환경적 요인을 포함시켰다. 홍세희 등(2019)은 청소년 회복탄력성에 대한 구성요인으로 감정 조절, 공감, 관계성, 문제해결력, 자기효능감, 낙관성, 끈기 등으로 보았다. 이와 같이 다양한 구성요인 중 중요한 요인으로 자기조절 능력, 대인관계 능력, 긍정성을 강조한 연구자들도 있다(이소민, 2020; 이신숙, 2013). 여기에서는 회복탄력성의 구성요인으로 자기조절 능력, 대인관계 능력, 긍정성, 자기효능감, 원인분석 능력, 종교적 영성을 중점적으로 살펴보고자 한다.

첫째, 자기조절 능력은 자신의 감정을 알아차리고 감정을 조절하는 능력으로 감정조절 능력과 충동통제 능력과도 관련이 있다(김주환, 2019). 감정조절 능력은 힘겨운 상황에서 경험하는 부정적 감정을 스스로 조절하여 긍정적 감정을 유발하고, 고난을 의미 있게 해석함으로 새로운 기회로 바꿔 낼 수 있는 능력이다. 충동통제 능력은 순간적으로 행동하고 싶은 욕구를 통제함으로써 자신이 추구하는 바를 위해 노력하고자 하는 성장지향적 자기조절 능력이다. 둘째, 대인관계 능력은 타인과 연결되어 있다고 느끼는 것으로 타인과의 관계를 통해 자신을 이해하는 것이다(김주환, 2019). 관계성이 높을수록 관계에서 친밀감과 소속감을 느낀다. 대인관계 능력은 공감능력과 관련이 있다. 특히 공감은 타인에 대한 배려와 관심으로 원만한 관계를 유지하고 타인의 감정을 이해하는 능력으로 대인관계에 주요한 능력이다. 셋째, 긍정성은 회복탄력성의 핵심 원동력으로 낙관성과도 관련이 있다. 낙관성은 실패를 극복할 수 있다는 믿음으로 역경을 대처할 수 있는 능력이며(Seligman, 1991; Seligman et. al., 2005), 미래와 세상을 희망적으로 통제할 수 있을 것으로 보는 관점(이해리, 조한익, 2005)이다. 넷째, 자기효능감은 자신이 효율적으로 기능할 수 있다는 믿음으로 미래의 도전과제를 해낼 수 있다는 확신을 의미한다. 이는 목표를 설정하고 성취하려는 의지인 도전성과도 관련이 있다. 다섯째, 원인분석 능력은 실패를 객관적으로 분석하여 실패로부터 교훈을 얻기 위한 능력이다. 이는 문제 상황을 인과론적으로 분석하고 대안을 찾아 시도하며 사회적 지지와 외적 도움을 추구하는 문제 해결 능력과 유사하다. 여섯째, 종교적 영성은 초월적 절대자의 존재를 믿고 절대자가 자신의 삶에 관여하고 함께한다는 믿음이다.

지금까지 설명한 여섯 가지 요인은 개인 내적 특성인데, 회복탄력성은 개인적 특성뿐 아니라 상황적 맥락에서 나타나는 특성이기 때문에 가정, 학교, 친구, 사회 등 환경적 요인과 상호작용하는 과정도 함께 고려해야 한다(Herrman et al., 2011). 회복탄력성은 유전적인 영향도 있지만 시간의 변화 속에서 환경요인, 문화, 교육, 개인의 노력 등 다양한 요인의 영향으로 결정되기 때문이다(Dyer, 1996).

3) 회복탄력성에 영향을 주는 요인

회복탄력성에 긍정적인 영향을 미치는 요인에 대해 연구한 결과들을 보면, 지지적인 부모, 좋은 부모-자녀관계, 또래집단, 교사와의 관계, 사회적 지지, 자아존중감, 자아정체감 등이 보호요인으로 나타났다(김종백, 2012; 김종운, 최미숙, 2014; 이소민, 2020; 이하리, 이영선, 2015; 이현미, 2016; 홍세희 외, 2020). 박기령과 최중진(2016)은 보호요인 중 개인요인으로는 자아존중감, 낙관주의, 주관적 안녕, 삶의 만족, 자율성, 자기효능감, 공감, 높은 지능이고, 가정요인으로는 부모 지지, 양육태도, 애착, 부모와의 관계, 부모 간 화합이며, 학교요인으로는 교사 지지, 교사 애착, 학교생활 만족, 친구 지지, 친구 애착 등으로 영역을 구별하여 보고하고 있다. 이 중에서 부모요인, 학교요인 및 사회적 요인에 대해서 살펴보고자 한다.

첫째, 회복탄력성에 영향을 주는 부모요인에는 부모의 양육태도, 부모-자녀관계, 부모 지지 등이 주요한 요인으로 나타나고 있다(박기령, 최중진, 2016; 박미현, 2020; 이소민, 2020; 이종태 등, 2020; 이하리, 이영선, 2015; 이현미, 2016). 청소년의 성장기에 가장 많은 영향을 받는 대상이 부모이기도 하지만 안전 기지의 경험을 제공하는 대상이기 때문에 부모-자녀관계에서 안정된 애착관계와 부모 지지가 회복탄력성에 긍정적인 영향을 미치는 요인으로 보고되고 있다. 그러나 부모의 과보호가 높으면 불안이 높아져서 회복탄력성을 낮추는 것으로 나타났다. 청소년기는 발달특성상 자율성이 증가하는 시기인데, 부모의 과보호는 자녀의 자율성을 감소하게 만들고 선택과 결정을 해야 하는 상황에서 불안이 증가할 가능성이 높아 회복탄력성에 부정적인 영향을 미치게 된다고 하였다(김현지, 오인수, 송지연, 2019).

둘째, 학교요인에서는 또래관계와 교사와의 관계가 중요한 영향을 미치는 것으로 나타났다(김정숙, 이기혜, 2016; 박기령, 최중진, 2016; 이소민, 2020; 이하리, 이영선, 2015; 정은주, 정경은, 2019). 청소년기에 또래관계는 경쟁관계이면서도 든든한 지지자이고, 교사는 부모 이외의 또 다른 중요한 성인으로 의미 부여되고 있는 존재이다. 이러한 또래와 교사로부터 이해와 수용을 받는 친밀한 경험은 자신을 특별한 존재임을 느낄 수 있게 하고, 이러한 관계 경험이 회복탄력성을 향상시키는 데 주요한 영향을 미치는 것으로 보고되고 있다.

셋째, 사회적 요인에서는 사회적 지지가 주요한 요인으로 언급된다(정은주, 정경은, 2019; 한종임, 2016). 사회적 지지는 타인과의 관계를 통해 얻을 수 있는 다차원의 긍정적 자원이며(Cohen & Hoberman, 1983), 개인의 기능과 대인관계를 향상시키는 사회적인 자원이다. 이러한 사회적 지지가 청소년기에 경험하게 되는 역경을 극복하게 하는 자원으로 중요한 역할을 하고 있으며(Seligman & Csikszentmihalyi, 2014), 회복탄력성을 향상시키는 데도 영향을 미치고 있다. 한종임(2016)이 비행청소년 대상으로 진행한 연구결과, 사회적 지지를 많이 받는 청소년이 낮은 사회적 지지를 받는 청소년보다 회복탄력성 수준이 높은 것으로 나타났다. 비행청소년이 지각한 높은 사회적 지지가 회복탄력성 발달에 영향을 미친다고 할 수 있다.

이러한 결과를 볼 때, 청소년의 회복탄력성을 높이기 위해서는 가정, 학교 및 지역사회와 연계한 협력이 중요하다. 상담 시 이러한 협력관계를 활용할 방안을 모색하고, 상호 협조하에 상담이 진행될 수 있도록 체계를 구축할 필요가 있다.

4) 보호요인으로서의 회복탄력성

회복탄력성은 청소년이 직면하는 여러 가지 문제를 예방하고 회복하는 중요한 보호요인 중 하나이다. 회복탄력성이 높을수록 부정적인 상황에서 자신의 감정을 인식하고 충동성 조절이 가능하며(Seligman, 2014), 타인의 감정을 알아차리고 상호작용할 수 있는 대인관계 능력이 높다는 보고가 있다(장숙희, 2014). 청소년의 경우 회복탄력성이 높을수록 약물남용, 범죄, 폭력 등에 참여하지 않는 것으로 나타났다(Rouse, 2001; Rouse, Ingersoll, & Orr, 1998). 안소정 등(2013)이 우울증 청소년을 대상으로 자살시도의 보호요인으로서 회복탄력성의 역할에 대해 확인한 결과, 회복탄력성의 하위 개념인 긍정성이 자살시도를 할 확률을 완화시키는 보호요인으로 나타났다.

회복탄력성은 청소년의 심리정서적 측면뿐 아니라 진로성숙에도 중요한 영향을 미치고 있다. 회복탄력성이 높을수록 진로결정에 있어서 불안감에 좌절하지 않고 적절히 대처하며 진로성숙도에 더 많은 영향을 준다는 연구결과도 있다(권민정, 2013; 이은정, 2012). 성동제(2015)의 연구에서 위기청소년의 회복탄력성은 진로태도성숙에 정적인 영향을 미치는 것으로 나타났다. 김용갑(2020)이 청소년 대상으로 진행한 연구에서 회복탄력성과 진로성숙 간에 정적 상관관계를 보였고, 회복탄력성이 진로성숙에 유의미한 영향력을 미치는 것으로 나타났다. 즉, 청소년의 진로성숙을 높이기 위해서는 회복탄력성 증진을 위한 방안 모색이 필요하다.

5) 회복탄력성 증진을 위한 상담개입 시 고려사항

여러 변화로 인해 과도기에 있는 청소년이 직면하는 문제들을 대처할 수 있게 하는 회복탄력성을 증진시키기 위한 상담진행 시 고려할 사항은 다음과 같다.

첫째, 회복탄력성은 한순간에 형성되는 것이 아니기 때문에 예방적 접근이 이루어질 수 있도록 개입해야 한다. 문제가 발생한 후에 회복탄력성을 증진시키기는 어렵기 때문에 부모상담을 통해 자녀 양육 시 자녀의 회복탄력성이 건강하게 발달할 수 있도록 안내하는 것이 더 효과적이다. 어릴 때부터 스스로 선택하고 도전할 수 있도록 하고, 성공 경험뿐 아니라 실패 경험도 의미를 부여하여 할 수 있다는 자신감과 함께 실패했을 때는 작은 것부터 하나씩 극복하는 경험을 할 수 있도록 양육한다. 그러나 부모의 불안이 높을 경우 이러한 시도를 방해하게 되는데, 이를 예방하기 위해서는 건강한 부모가 필요하기 때문에 부모가 되기 전에 부모상담을 통해 준비할 수 있길 권한다.

둘째, 예방적 접근에서 다루어지지 못했을 경우에 청소년 자녀를 둔 부모상담을 통해서 이를 다룰 수 있다. 예를 들어, 회복탄력성의 구성요인 중 하나인 자기조절능력 중 감정조절 능력을 개발하기 위해서는 어릴 때부터 부정적 감정 표현을 차단하는 것이 아니라 이를 건강하게 표현하면서 조절할 수 있도록 한다. 부모가 먼저 모델링이 되어주면서 경험하게 하는 과정이 필요한데, 부정적 감정은 잘못된 것이고 성숙하지 못한 감정으로 치부하여 조절이 아니라 차단하게 하는 경우가 종종 있기 때문이다. 이런 경우에 오히려 억압이나 왜곡으로 조절이 불가한 상황이 발생할 수 있기 때문에 감정을 표현하면서 조절하는 방법을 배우도록 하는 과정이 필요하다.

청소년의 방어적 태도 중에 하나가 감정과의 접촉을 차단하는 경우가 종종 있다. 어려서부터 감정표현은 수준 낮은 것이고 건강하지 않은 것이라고 교육을 받은 경우에는 이러한 현상이 더욱 두드러지고, 타인에 대한 불신이 있는 경우에도 자신의 진솔한 감정을 표현하지 않는 모습을 보여 준다. 이런 경우에는 자신의 감정을 알아차리고 있는 그대로를 수용하는 경험만으로도 성과이기 때문에 청소년 내담자의 감정에 대해 부모의 좀 더 세밀한 살핌이 필요하다.

감정은 약하고 수준 낮은 것으로 생각하기 쉬우나 오히려 감정은 생존을 위해 필요하다(Webb & Musello, 2018). 무서움을 통해 위험한 상황에서 도망가게 하고, 고통과 아픔을 통해 자신을 힘겹게 하는 상황을 바꾸도록 하고, 사랑의 감정을 통해서는 사랑하는 사람을 돌보도록 동기화한다. 감정을 통해 소통하고 행동화할 수 있도록 동기화될 뿐 아니라 삶을 더 가치 있게 만들어 인간관계를 풍성하게 한다. 그러나 이러한 감정을 알아주지 않으면 두통과 같은 신체증상이나 우울증이 나타나거나 갑자기 감정이 폭발하게 되는 결과를 초래하게 된다. Webb 등(2012)은 이를 예방하기 위해서 IAAA 단계를 제안하고 있다. 첫 번째 단계는 자신의 감정을 확인하는(Identify) 것이다. 익숙하지 않다면 눈을 감고 "지금 무엇을 느끼고 있는지?"라고 질문하면서 자신의 내면에 초점을 맞추고 유지하면서 자신의 감정을 확인하는 과정이다. 필요 시 감정일지(또는 감정메모)를 활용해서 순간순간의 감정을 적는 것도 필요하다. 두 번째 단계는 확인된 감정을 수용하는(Accept) 것이다. 감정을 느끼게 되면 나쁜 감정인지 좋은 감정인지를 판단하게 되는데, 이를 멈추고 느끼는 감정 그대로를 수용하는 것이다. 감정이 나쁜 것이 아니라 그 감정으로 어떻게 행동하느냐가 문제이다. 세 번째 단계는 감정의 원인에 귀인하는(Attribute) 것이다. 감정의 원인을 추론하면 그것에 대한 대처를 할 수 있다. 네 번째 단계는 행동(Act)이다. 감정에 대한 행동이 있는지 확인하고 그것에 대한 점검을 통해 적절하게 표현하도록 한다.

셋째, 부모가 자녀를 양육할 때 회복탄력성에 대한 관심을 가지고 양육을 할 수 있으면 이보다 더 좋을 수는 없지만 그럴 수 없을 경우에 회복탄력성 형성이 미흡할 수 있다. 이럴 경우에는 회복탄력성을 구성하고 있는 요인들 중에 하나만이라도 활성화할 수 있는 개입이 필요하다. 회복탄력성이 한두 번의 상담으로 증진되는 것이 아니기 때문에 무리하게 다루다 보면 오히려 역효과가 날 수 있다. 내담자의 주 호소문제와 연결해서 좀 더 활성화할 수 있는 요인이 무엇인지 탐색하여 내담자가 자원으로 활용할 수 있도록 개입하는 것이 효과적이다. 예를 들어, 자신감 부족으로 아무것도 할 수 없다고 생각하는 내담자에게는 회복탄력성 중에서 자기효능감을 활성화할 수 있는 개입이 가능하겠다. 자신감이 부족한 경우에는 어떠한 시도도 하지 않으려고 하는 경우가 많기 때문에 작은 성공 경험을 통해 자기효능감이 활성화될 수 있는 개입이 필요하다. 하나의 구성요인이 활성화되면 그다음 구성요인을 활성화하기에는 조금 더 쉽기 때문에 현재 내담자에게 필요한 것에 집중하여 하나만이라도 제대로 경험할 수 있는 개입을 시도하는 것이 더 효율적일 수 있다.

넷째, 회복탄력성은 개인적인 요인의 영향도 있지만 외적 요인의 영향을 통해서도 활성화될 수 있기 때문에 종합적인 관점에서 상호작용하는 과정도 고려하여 상담이 진행될 필요가 있다. 앞에서 예를 들었던 '아무것도 할 수 없다.'고 생각하는 내담자의 경우, 개인적인 요인에서는 자기효능감을 활성화하는 것이 필요하지만 이와 함께 외적 요인인 부모와 학교 및 사회적 지지 등이 병행될 때 더 효과적일 수 있다. 즉, 작은 실험을 할 때 부모가 든든한 울타리가 되어 주면서 실패했을 때는 다시 나아갈 수 있도록 믿어 주는 지지 기반이 되어 주고, 성공했을 때는 함께 기쁨을 나눌 수 있을 때 회복탄력성은 더 단단해질 수 있다.

3. 친밀감

1) 친밀감의 중요성

친밀감이란 타인 이해와 수용에서 발달하며, 자신의 정체감과 타인의 정체감을 융합시킬 수 있는 능력이다. 친밀감을 위해서는 자신의 정체감이 확립되어야 타인과의 친밀감을 형성할 수 있다. 건강한 친밀감이 발달되지 않으면 고립과 고독감을 경험하게 되고, 단단한 정체감에 기초하지 않은 친밀감은 오히려 대인관계를 두려워하거나 성에 집착하는 등 정서적으로 안정되지 못한 대인관계 문제를 야기할 수 있다.

청소년기의 대인관계 맥락은 가족, 또래, 학교, 직장 등의 맥락 속에서 이해되어야 한다. 전경숙과 정태연(2009)의 연구에서는 청소년의 행복에 영향을 미치는 요인 중 가족관계, 이성 및 동성 친구 등 사회적 측면이 차지하는 비중이 40.9%로 나타났다. 특히 가족관계 중 부모와의 관계를 통해 친밀감 형성에 대한 경험을 하게 되고, 이러한 경험을 친구관계뿐 아니라 조금 더 넓은 사회에서의 관계에까지 영향을 미친다. 청소년기는 부모-자녀관계에서 정서적 거리가 멀어지는 시기(Holmbeck & Hill, 1991; Laursen, Coy & Collins, 1998; Paikoff & Brooks-Gunn, 1991)이지만 대부분이 관계가 단절되지 않고 이 시기를 넘긴다(Collins & Laursen, 1992). 청소년기 부모와의 애착은 또래 애착 형성에 영향을 미치고, 또래 애착관계가 중요시되면서 부모로부터 독립하고 싶어 하지만 여전히 부모 애착의 영향을 받고 있다.

부모와의 관계 경험이 건강하지 못할 경우, 사회적 관계에서 경험하게 되는 또 다른 성인이자 부모라고 할 수 있는 교사와의 경험을 통해서도 변화 · 성장이 가능하다. 교사 애착은 Bowlby의 부모에 대한 내적 작동모델을 적용하여 교사가 학생들에게 안전감을 제공하고 그들의 요구에 수용적이고 민감하게 반응하는 관계를 의미한다(Davis, 2003). 교사와 학생의 관계가 청소년의 사회적 관계를 형성하도록 하고, 적응뿐 아니라 사회적 기술 습득과도 관련이 있다는 보고가 있다(Kelly & Corcoran, 2003; Kennedy & Kennedy, 2004).

가장 가까우면서도 자주 접할 수 있는 대상인 부모나 교사로부터의 관계형성 경험이 건강하지 못할 경우에 이성 및 동성 친구관계에서의 친밀감 형성에 어려움을 경험하게 되고, 이로 인해 상담을 받는 경우가 종종 발생한다. 한국청소년 상담복지개발원에서 청소년들의 상담 주제에 관해 조사한 결과에 따르면(서미 등, 2018), 청소년들이 호소하는 주요 문제가 2012년 학업 및 진로(25%)에서 2018년 대인관계 문제(27.1%)로의 변화를 볼 때 청소년들은 또래문제 등 관계에 대한 고민이 큰 비중을 차지하고 있음을 알 수 있다.

2) 또래관계

청소년기는 부모보다는 또래의 영향이 증가하면서 이성관계도 중요시되는 시기로 건강한 방식으로 친밀한 관계 맺는 방법을 교육해야 하는 중요한 시기이다(Sanderson & Cantor, 1995). 청소년기의 또래관계는 그들이 경험하고 있는 변화와 혼란을 공유하고 이해하는 대상이며, 함께 대처해 나가는 동지이기도 하다. 서로의 비밀을 털어놓고 위안을 받기도 하고, 한편으로는 자신의 비밀을 누설하고 자신에 대해 험담할까 봐 걱정하면서 또래관계에서 전전긍긍하기도 한다.

또래집단의 기능은 다음의 네 가지로 설명할 수 있다(Atwater, 1996). 첫째, 청소년에게 또래집단은 사회적 지원과 안정감을 제공한다. 부모라는 안정된 기지를 떠나고 싶으면서도 이로 인한 불안과 스트레스가 심할 때 유사한 경험을 하고 있는 또래집단은 사회적지지 기반이 되고 안정감을 제공한다. 둘째, 청소년에게 또래집단은 하나의 준거집단의 역할을 한다. 인생의 과도기를 경험하고 있는 청소년에게 또래집단은 자기 경험이 하나의 판단 기준이 되고, 친구들의 이해를 통해 스트레스가 완화되기도 한다. 셋째, 청소년에게 또래집단은 성숙한 인간관계를 형성할 수 있도록 한다. 청소년이 관계 성숙도를 증진시킬 수 있는 역할수용 기술습득 능력이 높다는 보고가 있다(Selman, 1980, 1981). 여러 유형의 또래집단과의 상호작용을 통해 수직관계가 아닌 수평관계에서의 관계 성숙을 경험하고 배우게 된다. 물론, 잘못된 또래집단의 영향으로 인해 성인이 되어서까지 인간관계에 부정적인 영향을 미치는 경우도 있기에 다양한 관계 경험을 통해 이를 분별하고 대처할 수 있도록 지도가 필요하다. 넷째, 청소년에게 또래집단은 주요한 발달과제인 정체성 형성에 영향을 미친다. 또래집단에서의 상호작용과 격려로 건강한 자아상과 정체성 형성에 필요한 다양한 실험을 할 수 있게 된다. 그러나 또래집단으로부터의 집단따돌림이나 학교 폭력, 또래집단의 강압에 의한 동조행동 등은 부정적인 정체성을 형성하게도 한다.

청소년기 또래관계에서 주의 깊게 살펴야 할 관계가 이성관계이다. 성적 성숙이 일어나면서 적대적 인식이 감소하고 정서적 반응이 생기면서 이성에 대한 호감을 갖게 되지만 처음에는 관계 맺기가 서툴고 점차 세련된 방식으로 발전하게 된다. 이성에 대한 관심은 여러 사람과 자유롭게 교제를 시작하지만 점차 한 사람에게 집중하게 되며, 청소년기의 이성교제는 결혼을 목적으로 배우자를 선택하는 것은 아니다. 다양한 만남을 통해 이성 간의 소통방식을 배우고 서로 존중과 배려를 경험하게 된다. 이성관계에서의 실연은 동성관계에서의 헤어짐과는 다른 슬픔과 상실을 느끼게 되고, 이를 극복하고 대처하는 가운데 수용과 책임감을 배우게 된다.

3) 친밀감 증진을 위한 상담개입 시 고려사항

청소년기의 친밀감 형성은 청소년기뿐 아니라 성인기의 대인관계에까지 지속적으로 영향을 미치는 요인으로 청소년 상담의 주요한 주제 중 하나이다. 건강한 친밀감이 형성되지 않으면 고립될 수 있고 대인관계에까지 부정적인 영향을 미치기 때문에 상담 시 주요하게 다뤄져야 한다. 청소년기 친밀감 증진을 위한 상담 개입 시 고려해야 할 사항에 대해 살펴보면 다음과 같다.

첫째, 친밀감 증진을 위해서는 타인에 대한 분석 이전에 자신에 대한 탐색이 선행되어야 한다. 친밀감은 자신의 정체감과 타인의 정체감을 융합시킬 수 있는 능력으로서 자신의 정체감이 확립되어야 타인과의 친밀감을 형성할 수 있기 때문에 자아정체감에 대한 점검이 우선되어야 한다. 지나치게 자신에게만 관심이 쏠려 있거나 또는 타인에게 집중되어 타인 중심의 관계 형성은 건강한 친밀감이라고 볼 수 없다. 자신의 대인동기와 대인신념 등을 탐색하고 이를 조화롭게 할 수 있는 대상과의 관계형성 경험이 될 수 있도록 개입이 필요하다. 누군가의 희생에 의해 만들어진 친밀감은 건강한 관계의 기반이 되기 어렵다.

둘째, 친밀감 형성에 필요한 대인관계 기술에 대한 점검과 개입이 필요하다. 정서적 표현은 어떻게 해야 하는지, 자신의 생각과 감정은 어떻게 표현해야 하고 행동해야 하는지 등에 학습이 필요하다. 대인관계 기술은 부모와의 관계 속에서 자연스럽게 학습되기도 하지만 제대로 배우고 익히는 과정이 있다면 훨씬 안전하고 헛된 감정적 소모가 적을 수 있다.

셋째, 이성관계에서의 이별 감정을 가볍게 여기는 경우가 종종 있는데, 청소년이 경험하는 가장 큰 아픔이고 처음 겪는 상실감이기 때문에 이를 소중하게 다루어야 한다. 청소년은 발달과정 중에 있기 때문에 상실에 대한 대처능력이 부족하고 취약할 수 있다. 상담 개입 시 이러한 아픔과 슬픔을 이해하고 수용해 주면서 상실에 대한 애도과정을 충분히 보낼 수 있도록 해야 한다. 헤어짐의 아쉬움 때문에 현실을 잊은 채 상상 속에서 이별을 미화하고 다시 만남에 대해 이상화하는 경향이 있는데, 이에 대한 현실적인 판단을 할 수 있도록 개입이 필요하다.

4. 청소년기 성

1) 신체상

생물학적 측면에서는 신체적 특징으로 이차 성징의 발달과 함께 신장과 근육이 발달한다. 특히 신장과 체중이 급격히 성장하는데, 이를 청소년기 성장급등(adolescent growth spurt)이라고 한다(정옥분, 2012). 또한 사춘기의 변화를 초래하는 내분비선과 호르몬은 청소년의 신체적 · 심리적 발달에 큰 영향을 미친다. 2차 성적 특징의 발달로 성적 충동과 성의식이 높아지면서 성적 수치심도 강해지고 이성에 대한 호기심이 생기면서 이를 거부하거나 허세적인 반항적 행동을 하는 등 정서적으로도 강렬하고 불안정한 상태이다(한국청소년개발원, 2004). 청소년기의 내적 · 외적 변화에 의한 스트레스도 이러한 정서적 불안정에 한 역할을 하고 있다. 이러한 변화가 청소년을 혼란스럽게 하고 불안하게 만들기도 하지만 무리 없이 그냥 넘어가는 경우도 있다. 청소년은 자신의 이러한 변화에 관심을 가지며 신체상(body image)을 형성하게 되는데, 자신에 대한 신체상이 학업, 대인관계, 행복감 등에 영향을 미치는 것으로 나타났다(Graber et al., 1997; Lanza & Collins, 2002; Steinberg, 2005). 신체 및 성적 발육이 지나치게 빠르거나 늦을 경우에 신체상 형성뿐 아니라 심리적 부적응을 초래할 수 있는데, 청소년기는 그만큼 불안정하고 민감한 시기이다

2) 성 정체성

청소년기는 성 정체성 문제가 확실히 드러나는 시기이다(하지현, 2017). 성 정체성에 관한 인식이나 문제의식은 호르몬의 영향으로 청소년기에 가장 많이 나타난다(이영선, 권보민, 이동훈, 2012). 청소년의 성 고민에 관하여 분석한 결과, 성 정체성이 가장 큰 고민 주제로 나타났다(유정옥, 2019). 그러나 이러한 고민을 해결하기 위해 제대로 된 건강한 정보를 얻기가 어렵다. 접근 용이성과 익명성이 보장된다는 이유로 온라인상에서 성 정체성에 대한 고민을 나누고 정보를 공유하면서 잘못된 정보로 인해 위험에 노출되는 경우도 있다. 청소년의 성 정체성에 대한 고민은 크지만 적절한 정보 탐색에 어려움을 경험하고 있다. '네이버 지식iN'에서 청소년의 성 정체성과 관련된 질문들을 분석한 결과, ① 일반적인 성 정체성(스스로를 규정하는 성에 관한 고민들, 예를 들면 생물학적 성과 본인의 성향 및 성관계에서의 역할 등 성적인 측면의 불일치), ② 성적 지향(감정적 · 성적으로 끌리는 성에 관한 고민들), ③ 성 정체성에 대한 부정적 인식(성 정체성 혼란으로 겪게 되는 자기혐오와 같은 부정적 인식), ④ 감정고백, 커밍아웃, 동성애, ⑤ 미래, 이성관계, 군대에 대한 우려, ⑥ 성 정체성 혼란을 겪는 이유(사춘기적 문제인지, 정신적 문제인지 등) 등이 주된 고민 주제로 나타났다(주영준, 남서진, 이다정, 이용정, 2020).

함인희, 지승희, 김상태, 정연희와 이영선(2003)이 청소년 대상으로 진행한 연구에 의하면 자신이 동성애 성향이 있는지에 대해 고민해 본 청소년이 11%인 것으로 나타났다. 김경준, 김지혜, 류명화, 정익중과 김윤정(2006)의 연구에서는 성소수자라고 응답한 청소년이 9.4%로 자신의 성정체성에 대해 고민하고 있는 청소년이 많음을 알 수 있다. 그러나 국가인권위원회(2015) 조사에 따르면, 차별과 괴롭힘에 대한 두려움 때문에 자신의 성 정체성을 숨긴 청소년이 92%로 보고한 것을 볼 때, 자신의 성 정체성에 대해 의논할 수 있는 환경이 마련되지 않았음을 알 수 있다.

청소년 성소수자들은 성소수자에 대한 사회적 낙인으로 정신적 · 육체적 폭력과 억압을 경험하면서 약물을 사용하거나 우울증을 앓거나 자살 등 위험한 행동을 더 많이 하는 것으로 나타났다(강병철, 하경희, 2007; Clements-Nolle et al., 2018; Johns et al., 2018). 강병철과 하경희(2005)가 청소년 동성애자를 대상으로 연구한 결과, 자살을 한 번이라도 생각해 본 경우가 70%이고, 실제로 자살을 시도한 경우는 45.7%로 높게 나타났다. 청소년 동성애자들의 자살 위험성에 영향을 미치는 요인으로 커밍 아웃 후 수용 정도, 반동성애 폭력 경험, 친구 수로 나타났다.

청소년기의 성 정체성에 대한 고민으로 자살과 같은 극단적인 선택을 하는 경우도 있지만, 강병철과 하경희(2012)가 청소년 성소수자들을 대상으로 진행한 질적 연구에서는 차이를 보였다. 오히려 성 정체성에 대한 고민을 숨기지 않고 적극적으로 정보를 탐색하고 해결하려는 노력을 보일 뿐 아니라 성정체성을 인식함에 있어서도 유연하게 사고하는 것으로 나타났다. 이러한 변화에 대해서 부모와 사회가 변화되어 이들의 고민을 함께하는 과정이 필요하다. 청소년기 성 정체성은 민감한 주제인데 이를 공유할 대상이 제한적이다 보니 온라인상에서 잘못된 정보를 통해 혼란이 더 커질 수 있기 때문에 청소년 관련 기관이나 전문가들의 전문적 관심과 개입이 필요하다.

청소년기 성 정체성에 대한 고민 외에 잘못된 성경험이나 성폭력 등의 문제가 발생하기도 한다. 온라인으로 위험한 성 관련 활동을 하는 청소년들은 부모와의 관계가 좋지 않거나 인간관계에 어려움이 있는 것으로 나타났다. 김동욱, 유제민과 김청송(2018)이 청소년 성폭력 가해행동 위험군을 대상으로 연구한 결과, 공감은 안정된 탄력성 요인으로, 성역할 태도의 경직성과 성폭력 통념은 위험요인으로 확인되었다. 성폭력 통념은 여성에 대한 남성의 성적 공격을 정당화하거나 부인하는 태도와 신념을 의미한다(Check & Malamuth, 1983). 김동욱 등(2018)이 청소년 대상으로 진행한 연구에서는 중학교 2학년 학생이 가장 성폭행 가해경험이 많은 것(21.15%)으로 나타났다. 성교육(성상담) 시, 성폭력 통념에 대한 점검과 함께 성역할 태도, 성적 자기주장 교육 등이 필요하다.

3) 십대 임신

생식기관의 성숙 연령이 낮아지고 성에 대해 개방적이 되면서 청소년 임신이 아동기까지 내려가 십대 임신이라는 표현을 사용하기까지 한다. 그만큼 성 경험 연령이 낮아지고 있다. 십대 임신이 심각한 이유는 임신중절수술을 선택할 경우 신체적 · 정서적 고통과 함께 불임과 같은 후유증이 발생할 수 있다. 출산을 선택할 경우에도 건강하지 못한 아이가 태어날 수 있고, 태아와 산모 모두의 건강을 위협할 뿐 아니라 건강하게 출산을 한다고 해도 사회경제적 문제로 어려움에 처하게 될 가능성이 높다. 이는 단기간에 끝나는 것이 아니기 때문에 학업 중단으로 이어질 경우, 취업의 기회도 줄어들게 되고 경제적 압박이 지속되어 건강한 가정을 유지하기는 어려울 수 있다. 미혼모 시설 운영과 임신 · 출산 지원 이외에 생계비부터 심리상담에 이르기까지 다양한 지원이 있지만 십대가 자녀를 출산하고 양육하며 부모가 된다는 것은 버겁고 힘겨운 일이다. 이 모든 일이 일어나지 않도록 하기 위해서는 자기 몸에 대한 소중함과 이해를 통한 예방이 중요하다. 그러나 이미 발생했다면 사회에서 낙인화하고 책임감만 부여하기보다 건강한 부모가 될 수 있도록 그들의 성장과 발전을 지원하여 자립할 수 있는 협력체계를 만들어 가야 한다. 각 지역마다 형성된 미혼모 지원 네트워크를 마음 편하게 활용할 수 있도록 사회 인식의 변화도 필요하다.

4) 성 상담개입 시 고려사항

첫째, 청소년의 성과 관련한 상담을 진행함에 있어서 우선적으로 중요시해야 하는 것은 상담사의 태도이다. 청소년의 신체상에 관한 것이든, 성 정체성이나 임신에 대한 주제이든 청소년은 상담사도 성인이기 때문에 고정관념을 가지고 자신을 이해하기보다는 교정하려고 한다는 생각을 갖고 방어적인 자세를 취할 수 있다. 상담사 또한 이를 문제로 바라보고 문제를 해결해야 한다는 생각에 청소년 내담자에 대한 생각보다는 해결에 초점을 맞추어 무리하게 개입하려다 내담자의 공격적인 저항으로 낭패를 본 경험들이 있을 것이다. 급할수록 신중하고 내담자 입장에서 내담자 중심으로 함께함이 선행되어야 한다. 누구보다 혼란스럽고 복잡한 것은 내담자이기 때문에 이러한 혼란을 표현할 수 있도록 하고 감정을 담아내는 과정이 필요하다. 성 정체성에 대한 고민이나 임신과 같은 경우 주변의 또래와는 다름으로 인해 혼란과 불안이 공포로까지 느껴질 수 있기 때문에 내담자에게 필요한 것은 자신의 감정에 대해 이해와 수용받는 경험이다. 이러한 역할을 상담사가 할 때 중요한 선택과 결정을 함에 있어서도 성급하게 감정적으로 대처하지 않고 신중하게 의논하면서 방안 모색이 가능할 수 있다.

둘째, 상담사는 스스로 성에 대해서 어떤 생각과 가치관을 가지고 있는지 점검하고 성 관련한 전문 지식과 협력할 수 있는 유관기관 네트워크 정보 등도 사전에 파악해 두어야 한다. 특히 자신의 성 정체성에 대해서 심도 있게 되돌아보고 점검하여 상담 시 역전이로 인해 상담에 영향을 미치지 않도록 사전에 점검하는 과정이 필요하다. 간혹 상담사들 중에 성에 대해 언급하는 것을 기피하고 불편해하는 경우가 있다. 어떤 점에 대한 불편함인지 점검하고, 이를 확인하여 상담에 영향을 덜 미치도록 대비하기 바란다. 청소년은 상담사의 어색하고 불편해하는 모습이 상담사의 문제가 아니라 자신에 대한 불편함을 표현하는 것으로 오해하여 상담에 방어적인 태도를 취하게 되므로 상담에 방해가 될 수 있다. 특히 성은 민감한 주제이기 때문에 청소년이 상담에 참여할 때 예민하게 반응하게 되는데, 상담사 변인으로 인해 이러한 영향이 더 커지지 않도록 주의가 필요하다.

셋째, 청소년기는 성 정체성에 대해 고민이 많은 시기이기 때문에 이들의 고민에 함께함이 필요하다. 청소년기는 신체적 · 정서적 · 사회적으로 여러 변화를 경험하면서 성에 대한 관심을 가지게 되고, 자신의 성 정체성에 대해 호기심을 갖고 고민하는 것은 자연스러운 현상이다. 그러나 이러한 고민을 함께하지 않을 경우에는 이를 숨기고 혼자 판단하거나 잘못된 정보를 통해 자신의 성 정체성에 대해 혼란을 겪는 경우가 발생한다. 자신의 성 정체성에 대한 고민을 자연스러운 현상으로 수용하고 열린 자세로 함께 의논할 수 있는 환경이 조성되어야 한다.

넷째, 상담 시 청소년 스스로 선택과 결정을 하도록 해야 하는데, 이를 위해 선택에 따른 결과들을 탐색할 때 상담사가 일방적으로 전달하기보다 내담자가 스스로 생각하고 우려하는 것에서부터 시작하는 것을 권한다. 상담사가 여러 경험이 있고 매뉴얼도 있기 때문에 위기개입이라는 판단하에 조급함도 맞물려 단순히 객관적인 정보 전달 형태로 진행하게 되면, 내담자는 이를 압력으로 생각하여 방어적인 태도를 취할 수 있다. 미래에 대한 불안과 관계에서의 거부, 후유증 등과 같은 이야기로 공포감을 조성할 경우 자율적인 선택이 아니라 강압에 의한 선택으로 생각할 수 있다. 청소년도 자신에게 일어난 일에 대해 누구보다 더 많은 생각을 하고 염려를 하고 있기 때문에 이러한 염려를 하나씩 다루면서 놓친 것을 보완해 나가는 것이 더 효율적일 수 있다.

다섯째, 청소년의 선택과 결정이 끝났다면 이러한 선택을 지지하고 지속적으로 진행할 수 있도록 협력할 수 있는 대상 확보가 필요하다. 상담은 일시적으로 진행되기 때문에 상담사의 지지와 협조만으로는 한계가 있다. 생각과 다르게 여러 위협과 어려움을 직면하게 되면서 선택과 결정을 후회하게 되고 혼란을 경험하게 되어 힘겨운 씨름을 계속할 수도 있기 때문에 이러한 과정에 함께해 줄 수 있는 지지집단이 필요하다. 이러한 지지집단은 부모일 수도 있고, 유사한 경험을 하고 있는 자조집단일 수도 있고, 친구일 수도 있다. 중요한 것은 내담자가 지속적으로 의논하고 지지를 받으면서 정보를 공유할 수 있는 편안한 대상이어야 한다. 다만, 지지집단이 친구인 경우에는 유사 경험을 하고 있기에 서로 이해와 수용은 경험될 수 있으나 친구 또한 혼란을 경험하고 있는 경우에는 혼란이 증폭될 수 있기 때문에 주의가 필요하다. 상담이 종결되기 전에 적절한 지지집단의 대상을 함께 찾고 협조를 요청하여 내담자가 안전감을 느낄 수 있도록 대비한다.

5. 청소년상담의 실제

중학교 2학년인 E양은 생각에 잠겨 있는 듯하나 가족과도 대화를 잘 하지 않고, 특성화 고등학교 진학과 유학을 놓고 고민하는 가운데 부모로부터 상담을 권유받았으나 자신의 진로는 스스로 결정하겠다면서 상담을 거절했었다. 그 이후 오빠가 어머니에게 상담받고 진로 결정에도 도움이 되었고 마음도 편안해졌다고 하는 말을 우연히 듣고, 자신도 상담을 받겠다며 방문하였다.

E양은 무표정으로 상담에 대해서 공감하는 척하는 상담사가 싫고 자신에 대해 느낌이 어떠냐는 질문을 하지 말라고 표현한 후, 진로에 대해 고민 중이며, 진로 결정에 필요한 정보를 요청하였다. 공감하거나 감정에 대해 질문하는 것은 자신이 감정을 표현하게 하여 약함을 드러내게 하는 것이라 불편하다고 하였다. 이런 생각을 갖게 된 계기에 대해 질문하자 어릴 때부터 울면 아버지가 야단치면서 우는 것은 약한 것이고 감정을 드러내면 사람들이 얕잡아 본다고 했다는 말을 하면서 눈에서 눈물이 흐르지 않도록 하기 위해 눈이 빨갛게 될 정도로 참고 있었다.

친구들과 이야기할 때도 감정을 드러내지 않고 있는 E양은 웹툰 만들기가 자신의 취미라고 하였다. E양이 그린 웹툰에 등장하는 주인공은 여자이고, 주로 전사, 카리스마 강한 CEO, 모든 면에 뛰어난 여학생 등 전지전능한 캐릭터로 표현되고 있었다. 상상을 하면서 웹툰을 만들 때가 가장 즐겁고 행복하다면서 어색한 웃음으로 눈물을 삼키는 E양은 상상이 현실이 되었으면 좋겠다고 하였다. 진로 결정이 고민이 되지만 어떤 것을 결정해도 잘하지 못할 것 같다는 생각이 들어서 두렵다며, 타인에 대해 이야기하듯이 무표정한 얼굴로 처음으로 자신의 감정을 말로 표현하였다.

이 사례는 게슈탈트상담 이론에 근거하여 사례개념화하고, 상담목표 설정 및 상담진행 방향에 대해 살펴보고자 한다.

1) 사례개념화

내담자는 진로 결정을 주 호소문제로 방문하였으나, 감정 표현은 약한 것이고 그 어떤 진로를 결정해도 자신이 없다는 생각을 가지고 있는 것을 볼 때, 자신의 욕구나 감정을 구분하지 못한 채 표면적으로만 진로가 전경이 되어 있는 것으로 파악된다. 즉, 자아정체성 유형에서 유실에 해당되는 사례로 자신에 대한 탐색 없이 진로를 결정하려고 한다. 본인이 제작하는 웹툰에 등장하는 주인공을 강하고 전지전능한 인물로 묘사하면서 현실에서 이루지 못하고 있는 자신의 욕구와 감정을 투사하는 방식을 사용하고 있으나, 이 또한 단순한 취미로 생각하고 있어서 접촉경계 혼란 상태에 있는 것으로 여겨진다. 자신의 본 모습이 아니라 부모나 환경의 기대에 따라 아들 같은 강한 이미지의 여자로 자라야 한다는 생각에 자신의 진솔한 감정과 생각을 드러내면 자신을 싫어하고 거부할 것이라고 생각하며 자신의 욕구와 감정을 억압한 채 공포 층에 머물러 있는 것으로 보인다. 회복탄력성 또한 건강하게 형성되지 못한 채 실패에 대한 두려움으로 어떤 선택도 하지 못하고 있으며, 특히 회복탄력성 구성요인 중 감정조절 능력과 자기효능감이 현저히 낮은 것으로 사료된다. 이로 인해 내담자는 게슈탈트 형성이 되지 않고 상상 속에서 생활하게 됨으로 인해 현실과의 괴리감이 커질 것 같은 우려가 있다. 또한 웹툰에서 강한 주인공을 등장시키고 사이버상에서 관계를 형성하고 있기 때문에 건강한 사회적 지지체계나 또래관계에 대한 점검이 필요하다. 진로 결정에 있어서 결과에 따라 두려움이 있으나 이를 인정하고 수용하기보다는 이를 회피하려고 함으로 인해 미해결과제 해소를 방해하고 있다. 이번 상담에서는 내담자의 감정과 생각을 알아차리도록 개입하여 내담자의 두려움을 직면하고 이를 책임감 있게 대처할 수 있는 방안을 모색하는 전략이 필요하다. 또한, 부모와 사회적 지지 기반을 점검하여 상담 종결 후에도 지속적인 지지집단이 유지되도록 할 필요가 있다.

2) 상담설계

① 상담목표

–자신의 감정과 욕구를 자각하고, 진로 결정을 방해하는 장애물을 찾아 최소화 하면서 진로 방향 결정하기

② 상담전략

–자신의 감정, 신체 반응, 행동 등의 자각을 통해 자신의 감정과 욕구를 알아차리도록 개입

–빈의자기법을 통해 내면의 상전과 하인의 대화로 자신의 욕구 및 장애물 알아차리도록 개입

–내담자가 제작한 웹툰 주인공을 활용한 실연을 통해서 내담자의 투사된 감정과 욕구 및 장애물 알아차리도록 개입

(내담자가 감정과 욕구를 알아차리도록 하기 위한 세 가지 전략을 세워 우선적으로 중점을 두는 이유는 내담자가 자신의 감정과 욕구를 너무 강하게 차단하고 있기 때문에 이에 대한 개입이 쉽지 않을 것으로 판단되어 이에 대한 전략을 좀 더 세밀하게 세움)

–내담자가 생각하는 진로에 대한 정보 수집을 과제로 부여하여 방향성 모색

③ 회기별 상담계획(안)

회기	목표	내용	기법
1	상담구조화	1. 상담목표 설정 2. 내담자 주 호소문제와 촉발요인 및 핵심감정 파악	공감, 적극적 경청, 명료화, 의사 확인, 탐색 질문

2~5	자기 탐색을 방해하는 장애물 탐색	1. 내담자가 제작한 웹툰 주인공을 활용한 실연을 통해서 내담자의 투사된 감정과 욕구 및 장애물 알아차리기 2. 내면의 상전과 하인의 대화로 자신의 욕구 및 장애물 알아차리기 3. 자신의 감정, 신체, 행동, 언어 자각을 통해 감정과 욕구 파악	빈의자기법, 실연, 알아차리기 기법
6~8	장애물 최소화하기, 자신의 감정과 욕구 표현 연습	1. 장애물 최소화할 수 있는 방안을 모색하여 시도 2. 가족들 중 한 명을 선정하여 자신의 감정과 욕구 표현하기 연습 3. 예상되는 다양한 상황을 연출하여 연습하면서 대응할 수 있도록 준비	빈의자기법, 나-전달법, 과제
9~11	자기탐색을 통한 자기효능감 경험	1. 자신의 재능, 흥미, 가치 등에 대해 탐색 2. 자신의 재능을 활용한 시도하여 성공 경험 만들기	실연, 과제
12~14	진로 정보수집	1. 진로 방향성 잡기 위한 정보수집 방법 모색 2. 상담 종결 준비	과제
15	상담 마무리	1. 상담목표 달성 여부 확인 2. 미해결과제 및 상담 종결 후 안내 3. 이별 감정 다루기	공감, 적극적 경청, 명료화, 의사 확인, 반영

청소년기는 성인이 되기 전의 과도기를 보내고 있으면서 다양한 변화와 함께 복합적인 문제 상황들의 발생과 환경적 영향 등으로 인해 체계적인 이해와 접근이 필요하다. 복합적이고 다양한 변화로 인해 스트레스 상황을 경험하면서 낯설고 처음 가는 길을 가야 하기 때문에 방어적인 자세를 취하는 것은 어쩌면 자연스러운 현상일 수 있다. 낯설지만 반드시 가야 하는 길에 누군가가 함께한다면 조금은 안전하게 시도하고 도전하면서 이 시기를 보낼 수 있는데, 이때 주요한 대상이 없다면 혼자 버티며 헤쳐 나가기에는 힘겨운 여정이기 때문에 상담이 필요할 수 있다. 그러나 청소년이 상담을 올 때는 자발적이기보다 비자발적인 경우가 많다. 그들이 경험한 성인에 대해서는 선입견을 가지고 있기 때문에 상담사가 예외라고 생각하기는 쉽지 않다. 게다가 부모나 학교에 의해 혹은 법적인 처분으로 인해 상담을 받을 경우에 심기가 불편할 수밖에 없다. 이때 상담사의 태도가 어떠하냐에 따라 상담에 대한

생각이 달라질 수 있고, 자신들이 처한 상황에 대해 객관적으로 사고할 기회를 가질 수 있게 된다. 청소년상담의 승패를 상담사에게 큰 비중을 두는 듯하여 부담이 될 수 있겠지만, 그만큼 청소년상담에서 상담사의 자세는 중요하다. 청소년상담 진행 시 비자발적 참여에 대한 이해와 수용적 자세는 필수이며, 청소년 내담자를 존중하는 자세로 상담에 임해야 한다. 상담을 의뢰한 부모나 기관의 입장보다는 상담사가 마주하고 있는 청소년 내담자에게 초점을 두고 내담자와의 만남이 선행될 수 있도록 준비가 필요하다. 이 사례도 비자발적인 내담자에게 속하기 때문에 상담사의 태도가 중요하고, 내담자와의 진솔한 만남이 진행될 수 있도록 수용적 · 공감적 자세가 필요하다.

표면적으로는 진로 결정에 필요한 정보수집을 목적으로 내방한 내담자이지만 어릴 적부터 부모로부터 감정 표현을 차단하도록 교육을 받았고 부모나 환경의 기대에 순응하면서 성장하였다. 어릴 적부터 감정 접촉을 차단하고, 사이버상으로 회피적 대응을 하면서 자신의 욕구를 웹툰 주인공에 투사한 채 정체성 유실을 경험하고 있는 내담자이다. 그러나 내담자가 진로에 대한 정보수집을 원하기에 이와 관련한 목표를 설정하고 내담자에게 필요한 접근을 시도하는 것이 효과적이기 때문에 내담자와 합의하에 진로 방향성 잡는 것을 목표로 설정하였다. 오랫동안 감정 접촉을 차단하고 자신의 감정과 욕구를 투사하면서 접촉경계 혼란 상태인 것으로 보여 우선적으로 내담자의 감정 접촉이 필요하지만, 간단하게 개입할 수 있는 상황이 아니라는 판단하에 2~5회기를 내담자의 자기 탐색을 방해하는 장애물을 찾는 것에 집중하고자 한다. 자신이 제작했기 때문에 내담자에게 친숙한 웹툰 주인공을 활용하여 내면의 감정과 욕구를 표현하도록 하고, 어느 정도 가능성이 확보되면 빈의자기법을 통해 내담자의 상전과 하인대화로 내담자의 진정한 감정과 욕구를 찾고자 한다. 이러한 과정을 통해 내담자의 접촉을 방해하는 장애물을 찾아 구체화하여 장애물을 최소화하는 방안 모색을 위한 준비를 한다.

6~8회기는 내담자의 장애물을 최소화하기 위한 일환으로 자신의 감정과 욕구 표현하기를 나-전달법과 빈의자기법을 활용하여 연습한다. 이때, 무조건적으로 자신의 감정과 욕구를 표현하는 것이 나-전달법이라고 오해하지 않도록 올바른 개입이 되어야 한다. 예상되는 다양한 상황을 연출하여 연습하면서 대응할 수 있도록 준비를 한 다음에 가족 구성원 중 한 사람을 선정하여 이를 표현하고 대처하는 연습을

병행한다.

어느 정도 자신에 대한 감정과 욕구 접촉이 가능해지고 자기탐색에 대한 준비가 되면 9~11회기 동안 자기탐색을 시도하고 그것을 통해 확인된 재능과 흥미를 활용하여 작은 성공 경험을 통해 자기효능감을 확인하면서 이를 증진시켜 나간다. 이때 상담사는 내담자가 자신과의 접촉을 지속적으로 할 수 있도록 확인하면서 자기효능감 증진을 위해 작은 실험들을 시도할 수 있도록 과제를 부여하고 점검한다.

웹툰에서 벗어나 현실에서의 자신과 마주할 준비가 되면 12~14회기에는 진로 방향성을 잡기 위한 정보 수집을 과제로 부여한다. 정보를 정리하여 활용할 수 있도록 준비하는 작업을 진행하면서 종결도 준비한다.

15회기 종결 회기에는 상담목표 달성 정도를 확인한다. 미해결과제에 대한 점검과 함께 상담 종결 후 내담자에게 필요한 안내를 제공하고 이별 감정을 다룬 후 마무리한다.

● 학습문제 ●

1. 자신의 청소년기를 떠올려 보고, 청소년기에 어떤 고민을 했고 해결하기 위해 어떤 시도를 했는지 나눠 보자. 해결할 수 있도록 한 자원은 무엇이고, 해결을 방해했던 장애물은 무엇이었는지 나눠 보자.
2. 청소년 내담자를 이해하기 위해 어떤 노력들을 하고 있고, 더 보완해야 하는 것이 있다면 무엇인지 나눠 보자.
3. 청소년기의 성 정체성에 대해 어떤 생각을 가지고 있는지 나눠 보자. 청소년 성상담을 위해 상담사로서 보완해야 할 부분은 무엇인지 생각하고, 해결방안을 모색해 보자.
4. 앞서 제시한 사례를 토대로 인지행동상담 이론에 입각한 사례개념화를 연습해 보자.

제5부

주제별 상담

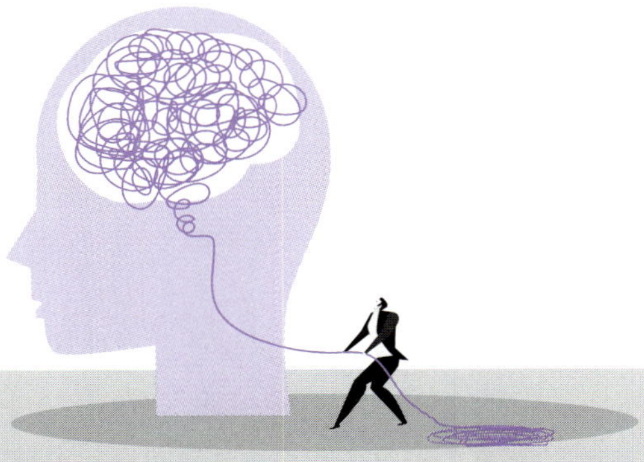

아동 및 청소년은 발달의 과정에서 다양한 환경과의 상호작용을 경험한다. 이때 가족관계는 아동과 청소년에게 있어서 여전히 중요한 역할을 차지하지만, 학령기가 되고 학교의 울타리로 그 상호작용의 범위가 넓혀져 가면서 다양한 사회화의 과정을 겪게 되기도 한다. 제5부에서는 이러한 토대에서 실제 아동 및 청소년 상담에서 많이 제기되는 학교폭력과 집단따돌림, 중독문제, 다문화상담, 가족상담을 다루고자 한다. 더 나아가 이러한 주제에서 실제 상담이 어떻게 개입될 수 있는지를 함께 살펴보고자 한다.

제12장

학교폭력과 집단따돌림

2011년 12월 대구의 한 중학생이 학교폭력과 집단괴롭힘을 겪다가 아파트에서 투신 자살한 충격적 사건이 벌어졌다. 이 학생이 극단적 선택을 하기 전에 남긴 유서에는 피해 내용이 아주 적나라하게 적혀 있었는데, 학생이 겪은 고통과 내용은 부모와 교사뿐만이 아니라 전 국민에게 충격을 주기에 충분한 내용이었다. 유서의 내용에서 학교 친구들에게 폭력, 협박, 금전 갈취, 조롱 등 인간의 존엄성을 해치는 피해를 당하면서도 어떤 이에게도 말하지 못하고 가슴으로 아픔을 삼켜야 했던 피해학생의 고통을 생각하면 아직까지 마음이 아프다. 이러한 충격적 사건 이후로 정부에서 앞장서서 학교폭력에 대한 대응 활동 및 정책을 추진하여 학교폭력의 발생이 점차 줄어들게 되었다. 하지만 〈표 12-1〉과 같이 최근 학교폭력이 다소 증가하는 추세에 있으며, 학교폭력의 양상이 전통적으로 신체 및 언어폭력이 대부분이었지만 최근에는 집단따돌림과 사이버폭력 등으로 양상이 변화하고 있다. 이러한 변화와 더불어 앞서 언급했던 2011년 대구 중학생 폭력사건에서 피해학생이 크나큰 고통을 받으면서 어느 누구에게도 말할 수 없었던 사실은 학교폭력에 대한 아동·청소년 상담사의 역할이 절실히 필요함을 생각하게 한다.

이 장에서는 학교폭력 및 집단따돌림의 개념 및 실태를 살펴보고, 더불어 학교폭력 및 집단따돌림의 양상과 유형에 대해 살펴본다. 마지막으로 이러한 학교폭력 및 집단따돌림의 피해자 및 행위자를 상담할 때, 아동 및 청소년 상담사가 고려해야 할 것들을 생각해 보고자 한다.

1. 학교폭력

1) 학교폭력 정의 및 실태

일반적인 학교폭력의 개념을 따로 정리하지 않아도 이것이 무엇인지 이 책을 읽는 독자라면 익히 잘 알고 있을 것이라 생각이 된다. 현재 우리나라에서 규정하고 있는 법률상 학교폭력은 '학교 내외에서 학생을 대상으로 발생한 상해, 폭행, 감금, 협박, 약취 · 유인, 명예훼손 · 모욕, 공갈, 강요 · 강제적 심부름 및 성폭력, 따돌림, 사이버 따돌림, 정보통신망을 이용한 음란 · 폭력 정보 등에 의하여 신체 · 정신 또는 재산상의 피해를 수반하는 행위'(「학교폭력 예방 및 대책에 관한 법률」 제2조 제1항)로 정의된다.

푸른나무재단(청소년NGO 단체)에서는 2000년대 초부터 매년 전국의 초 · 중 · 고등학교를 대상으로 학교폭력에 대해 실태조사를 진행해 오고 있다. 〈표 12-1〉처럼 2010년부터 꾸준히 학교폭력의 피해 및 가해율이 증가했으며, 최소 10% 이상의 비율이 학교폭력의 가해 혹은 피해를 경험하고 있다는 것을 알 수 있다. 이러한 증가 추세가 2012년도에 낮아졌으며 2013년부터 현저히 낮아지는 것을 알 수 있다. 2011년 12월에 발생한 중학생 자살사건을 기점으로 학교폭력에 대한 우려의 목소리와 관심이 크게 높아져 2012년 교육부에서 '학교폭력근절 종합대책'을 발표했다. 이 대책의 주요 골자는 전문상담인력 확충, 교사교육 강화, 학교경찰관제도, 학교 내 CCTV 설치 등으로 2012년부터 학교폭력에 대한 인식수준의 향상과 예방을 위한 제도적 기반이 마련되었다. 2013년 이후 학교폭력 피해율과 가해율 모두 현저히 줄어들었는데, 최근 2018년부터 소폭이지만 다소 증가세가 보이고 있다. 이러한 추세가 계속 이어질지 유심히 관찰할 필요가 있다.

〈표 12-1〉 **학교폭력 피해율 및 가해율**

연도	푸른나무재단		교육부	
	피해율(%)	가해율(%)	피해율(%)	가해율(%)
2010	11.8	11.4	–	–
2011	18.3	15.7	–	–
2012	12.0	12.6	12.3	–
2013	6.3	5.6	2.2	1.1
2014	3.8	3.3	1.4	0.6
2015	4.6	2.3	1.0	0.4
2016	6.4	3.5	0.9	0.4
2017	6.5	3.9	0.9	0.3
2018	6.6	4.1	1.3	0.3
2019	11.2	7.8	1.6	0.6
2020	6.7	2.9	0.9	0.3
2021	7.0	2.9	1.1	0.4
2022	6.8	2.4	1.7	0.6

출처: 교육부(2022), 푸른나무재단(2022)을 참고하여 저자가 재구성함.

2) 학교폭력의 양상

학교폭력에 대한 초기 연구자들은 학교폭력의 양상을 크게 신체적 · 언어적 · 관계적 유형으로 나누었으며, 최근에는 학생들의 스마트폰 대중화로 인해 사이버 폭력이 학교폭력의 한 축을 담당하게 되었다. 여기에서는 학교폭력의 양상을 신체적 폭력, 언어폭력, 사이버폭력으로 나누어 살펴보고자 한다.

(1) 신체적 폭력

신체적 폭력은 육체적인 고통을 주고, 심할 때는 상해나 생명에 위협을 주기까지 하는 학교폭력의 전형적인 유형이다. 신체를 직접적으로 가해하는 행위를 말하는 것으로서 손과 발, 도구 등으로 상대에게 고통을 주거나 밀폐된 장소나 특정 장소에서 나오지 못하도록 하는 행위, 침을 뱉는 행위 등의 직접적인 폭력이 있다. 또한 금품갈취, 각종 위협, 물품 훼손 및 훔치기, 강요와 강제 심부름 등 원치 않는 행동을 하도록 압력 주기 등이 있다. 이러한 폭력 행위는 교내에서나 등하굣길 등에서 상대적으로 약한 학생에게 괴롭힘의 형태로 이루어지기도 하고, 서로 어울려 상호작용하는 중 갈등이 발생하여 우발적으로 일어나기도 한다(김경석 외, 2015). 이러한 신체적 폭력은 집단적으로 발생하기도 하는데, 좁게는 같은 반, 넓게는 인근 지역 단위로 학생들이 집단을 꾸려 폭력조직을 만들기도 하는데, 우리가 익히 알고 있는 '일진'이 대표적이라 할 수 있다. 이러한 집단조직은 조직 간의 세력 다툼을 벌이기도 하고, 타 학교, 타 학급의 학생들에게 금품갈취를 일삼는 경우도 발생하는데, 무엇보다 가장 큰 문제는 이러한 조직이 성인 폭력조직의 범법행위를 모방한다는 점이 가장 큰 문제 중 하나이다(김경석 외, 2015). 집단폭행은 집단따돌림과도 깊은 연관을 가지는데, 이는 다음 절에서 자세히 살펴본다.

(2) 언어폭력

언어폭력은 상대방이 원치 않는 욕설, 놀림, 헐뜯기, 모욕적이고 경멸적인 말을 반복적으로 사용하는 것을 말한다. 또 다른 형태로 상대의 생김새나 인종, 민족성을 비하하거나 조롱하는 것 등이 최근에 나타난 현상이며, 소리 지르기, 고함 등으로 위협하기도 언어폭력에 해당한다(이규미 외, 2021). 이러한 내용의 언어를 인터넷, SNS, 카카오톡 등으로 퍼뜨리거나 전달하는 것 또한 언어폭력에 해당하는데, 최근 아동 및 청소년의 스마트폰 사용 증가로 발생한 문제이며, 상당히 심각한 수준이다. 이것은 언어폭력이자 사이버폭력으로 분류될 수 있다. 언어폭력은 신체적 폭력과 같이 물리적인 영향을 미치는 것은 아니지만 피해자의 정서에 부정적인 영향을 미친다(김경석 외, 2015). 언어폭력을 당한 피해자는 행위자로 인해 상처를 받으면서도 피해가 표면적으로 드러나지 않고, 또래로부터 배척당하는 것에 대한 두려움으로 인해 자신의 피해를 호소하지 못하는 경향이 있으며, 더 나아가 자괴감을 느끼고, 또래와의 대인관계를 기피하는 등의 부정적 영향을 받는다(이규미 외, 2021).

(3) 사이버폭력

요즘 사이버 공간은 또 하나의 세계이다. 이러한 흐름에 아동 및 청소년도 예외는 아니다. 특히 청소년은 거의 대부분의 시간과 관계를 사이버상에서 하고 있다고 해도 과언이 아니다. 이렇게 사이버상에서 카카오톡을 하고, 게임, 유튜브 등을 주제로 대화하고 상호작용을 하다 보니 자연스럽게 사이버상의 폭력도 학교폭력에 관한 이론에 기반을 두고 있다. 이러한 사이버폭력의 정의를 제시한 여러 연구자가 있는데, 그중 Smith 등(2008)은 '서로 연락 가능한 전자기기의 형태를 사용하여, 쉽게 자신을 방어할 수 없는 피해자에게 반복적이고 지속적으로 개인 또는 집단에 의해 행해지는 고의적인 공격'으로 정의하고 있다. 이렇듯 사이버폭력은 학교폭력과 마찬가지로 고의성, 반복성, 힘의 불균형의 개념이 포함되어 있다(정여주, 2021).

사이버폭력의 유형을 살펴보면, 앞서 학교폭력의 유형에서 언급한 '언어폭력'이 주를 이룬다. 주로 카카오톡이나 메일, 문자 등으로 욕설, 비방, 모욕의 내용을 전송하는 것이 이에 속한다. 두 번째 유형으로 '플레이밍'이 있다. 이 플레이밍은 온라인상에서 서로 알지 못하는 2명 이상의 사람들 사이에서 짧고 강렬하게 일어나는 갈등 및 싸움을 말한다(정여주, 2021). 예를 들어, 온라인 커뮤니티에 자신의 의견이나 글을 올렸을 때, 의견에 동의하지 않는 불특정 대상이 욕설, 비방, 비난 등의 형태로 공격하는 것을 말한다. 언어폭력의 한 유형으로 볼 수도 있는 플레이밍은 이를 경험한 사람들의 분노, 상처 등을 고려할 때, 사이버폭력으로 구분하여 살펴보는 것이 의미 있다. 세 번째 유형으로 폭로와 공개가 있다. 피해자가 타인에게 알려지길 원치 않는 사진, 대화 내용, 소문 등을 다수의 사람에게 유포하는 행위를 말한다. 네 번째 유형으로 '성관련 폭력'을 들 수 있는데, 사이버상에서 음란한 대화, 음란물 유포, 몰래카메라 촬영 및 소지 등이 이에 해당한다. 지난 2020년 이른바 N번방 사건은 전 국민을 떠들썩하게 한 사건이다. 이것은 그루밍 성폭력의 일종으로 앞으로 이를 근절하기 위해 아주 심도 있는 연구가 필요하고, 피해자 행위자의 상담에 대한 연구도 매우 필요하다.

3) 학교폭력에 영향을 미치는 요인

(1) 개인요인

학교폭력에 영향을 미치는 개인적인 요인으로 가장 중요하게 다루어야 하는 것은 바로 공격성과 충동성이다(김창균, 김계령, 2010). 충동적이고 공격적인 학생은 질서와 규범을 고려하지 않고 자기중심적으로 행동하며 분노를 조절하는 능력이 부족하다. 이러한 아동 및 청소년은 자신이 처한 환경에 있어서 다른 학생들보다 더 많은 스트레스를 경험하기 쉽고, 이것이 폭력성으로 이어질 가능성이 크다(송재홍 외, 2017). 아동기 및 청소년기의 폭력과 충동성은 불안과 우울과 같은 정서적 문제와 깊은 관련이 있다(강경미, 2014). 곽금주(1999)는 청소년의 우울증과 품행장애가 깊은 연관이 있다고 연구에서 밝히고 있다. 이렇듯 아동 및 청소년 상담사는 학교폭력의 개인적 요인인 '충동성과 공격성'을 상담현장에서 개입하여 행동을 개선하도록 노력해야 한다.

(2) 가정요인

가정은 아동 및 청소년의 성격과 행동양식, 가치관 등의 형성에 지대한 영향을 미친다. 앞서 다루었던 부모에 대한 애착, 회복탄력성, 부모-자녀 상호작용 등은 모두 가정에서 이루어지는 매우 중요한 요소이다. 이러한 것들이 가정에서 적절히 기능하지 못했을 때 아동 및 청소년의 폭력 및 충동성에 영향을 주는 것으로 여러 연구에서 나타났다. 강압적이고 권위적인 부모의 양육방식 및 신체적 학대는 자녀가 부모와 불완전한 애착관계를 맺게 되고, 이는 사회적인 유대관계와 원활한 상호작용을 형성하는 데 부정적인 영향을 미치게 된다. 이러한 결과는 자녀의 사회적 정보처리 장애와 자기조절 능력 발달에 악영향을 미쳐 궁극적으로 공격성을 키우게 되고, 외연화 및 내연화 문제를 일으키게 된다(Bloomquist et al., 2002). 또한 가정의 불안정은 아동 및 청소년 발달에 영향을 주어 외현화 문제를 일으킬 수 있다. 부부불화, 가정폭력, 이혼 등은 갈등 상황에서 자녀가 폭력 및 공격성을 하나의 해결방법으로 학습하는 결과를 양산한다(이규미 외, 2021). 아동 및 청소년 상담사는 이러한 가정요인을 상담과정에서 탐색하고 가족의 기능이 자녀에게 어떻게 영향을 미치는지 인식하고 개입하는 가족상담의 접근이 필요하다.

(3) 학교 및 또래 요인

학교는 지식을 습득하고 인성을 함양하며, 사회생활에서의 규칙을 익히는 곳이다. 더불어 또래 및 다양한 사람들과 관계를 맺으며 경쟁 및 상호작용을 경험하는 장소이다. 아동기와 청소년기를 거치며 자연히 가정에서보다 학교에서 시간을 더 많이 보내게 되며, 자연스럽게 또래들과 상호작용을 경험하게 된다. 이 과정에서 또래 간의 관계적 역동이 일어나게 된다. 이러한 관계적 역동이 역기능적으로 작용하는 것 중에 하나가 학교폭력이다.

첫째, 학교요인과 관련해서 교사와 학교 자체의 폭력에 대한 인식이 어떠한지가 학교폭력을 일으키는 데 중요한 영향을 미친다. 학교폭력에 대한 중요한 비전, 이데올로기, 교사와 교장의 행동은 학교폭력을 감소시키는 데 중요한 영향을 미친다(Olweus, 1991, 1993). 교사가 학교에서 발생되는 폭력에 대한 유형을 전문적으로 인식하고, 대처방법에 대해 전문적 식견을 갖는 것이 매우 중요하다.

둘째, 또래요인을 들 수 있는데, 앞서 제10장 '아동기 발달과제와 상담'에서 다룬 '사회성'은 학교폭력에도 주요한 영향을 미친다. 사회성이 결여된 아동 및 청소년은 또래들로부터 거부되고 따돌림이나 괴롭힘을 당할 가능성이 크고, 이를 방어하기 위해 역기능적으로 학교폭력에 가담하고, 폭력서클에 들어가게 되는 현상도 일어난다(정종진, 2012). 아동 및 청소년 상담사는 이렇게 학교폭력에 영향을 미치는 학교 및 또래 요인을 인지하고 내담자에게 개입해야 하는데, 무엇보다도 또래와의 상호작용, 사회성 측면을 중점적으로 개입하여야 한다.

2. 집단따돌림(왕따)

1) 집단따돌림 정의 및 실태

Olweus(1978)는 집단따돌림을 '집단에 의하여 특정 사람이 부정적 행위에 지속적으로 노출되어 희생되는 현상'으로 정의했고, 'bullying'이란 용어를 처음 도입했다. 국내에서는 이춘재와 곽금주(2000)가 '집단 내에서 다수의 사람이 행위자가 되어서 특정인을 괴롭히거나 소외시키는 현상'으로 정의했다. 집단따돌림의 경우 직접적으로 해를 가하는 언어적 공격(Eliot, Cornell, Gregory, & Fan, 2010)과 악담, 루머 퍼뜨리기, 등의 간접적이고 관계적인 공격의 형태를 띠고 있는데, 이는 배제와 소외의 형태를 보이고 있다. 이러한 집단따돌림의 양상은 청소년에서 아동에 이르기까지 점점 저연령화되고 있으며, 최근 들어서는 SNS와 전자매체를 활용한 간접적인 사이버상의 괴롭힘이 유행하고 있다.

집단따돌림은 보통 학교폭력의 한 유형으로 조사되는데, 교육부에서 매년 실시하는 '학교폭력 실태조사'에 따르면, 최근 5년 동안 지속적으로 집단따돌림은 학교폭력의 유형 중 언어폭력 다음 두 번째로 높은 피해율(2019년 23.2%, 2020년 26%, 2021년 14.5%, 2022년 41.8%, 2023년 37.1%)을 줄곧 유지하고 있다. 2021년이 코로나19 환경하에 조사된 것을 고려할 때, 최근 지속적으로 집단따돌림 비율이 증가하는 것으로 볼 수 있고, 푸른나무재단(사)에서 실시한 조사의 집단따돌림의 심각성 조사에서도 최근 5년간 3위를 기록하는 등 집단따돌림이 피해자와 행위자뿐 아니라, 응답자들이 간접적으로 피해를 목격하고 경험함으로써 심각한 문제로 인식하고 있다는 것을 보여 준다.

집단따돌림은 초기에 일부만 행위에 가담하지만, 결과적으로 이를 방관하는 동료들까지 포함되어 피해학생은 전체 집단으로부터 소외되는 결과를 가져오게 되어 무력감과 두려움에 휩싸이게 된다. 이렇게 집단따돌림을 경험하는 학생은 부정적 자기개념, 존재의미 상실로 이어질 수 있기에 예방과 근절을 위해 체계적 접근이 필요하다(이규미 외, 2021).

2) 집단따돌림 양상

집단따돌림이 일어나는 양상은 크게 신체적 따돌림, 언어적 따돌림이 있으며, 최근 스마트폰의 활성화로 인해 매체를 통한 사이버상의 따돌림이 증가하는 추세이다.

(1) 신체적 · 언어적 따돌림

신체적 따돌림은 신체적으로 주먹질을 하거나 발로 차는 등의 물리적 괴롭힘을 집단으로 행하거나, 강한 물리적 압력이 아니더라도 가볍게 툭툭 건드리거나, 피해자의 기분을 상하게 하고, 상처를 주는 행위들을 물리적으로 행하는 것을 말한다. 언어적 따돌림의 경우에는 피해학생에게 집단으로 욕설을 하거나, 피해자가 싫어하는 별명 부르기, 놀리기, 빈정거리기, 말을 따라 하기 등 언어로 상대에게 상처를 주는 행위를 말한다. 또한 의도적으로 나쁜 소문을 내어 피해자를 곤경에 처하게 하거나, 위협적인 몸짓하기, 물건 감추기, 같이 놀지 않기, 말 걸지 않고 무시하기, 등하교를 같이 하지 않고 따돌리기 등을 행하며 피해자에게 상처를 입히는 양상으로 신체적 · 언어적 따돌림이 행해지고 있다.

(2) 사이버 집단따돌림

스마트폰 보급률이 최근 급증하면서 학교폭력 및 집단따돌림의 양상도 빠른 속도로 변화하고 있다(조윤오, 2017). 하지만 표면적으로 드러나는 신체적 · 언어적 따돌림과는 달리 학교 밖에서도 은밀히 행해지는 사이버 따돌림은 이를 탐색하고 제지하기가 일반적인 집단따돌림보다 어려운 경향이 있다. 사이버폭력의 연장선에서 사이버 따돌림이 행해지는데, 주로 언어폭력의 형태가 주를 이룬다. 앞서 언급하였듯이, 주로 카카오톡이나 메일, 문자 등으로 욕설, 비방, 모욕의 내용을 전송하는 형태를 취하거나, 혹은 의도적으로 게시판이나 채팅에서 제외시키는 형태를 보이는데, 이 두 경우 모두 다수가 한 명을 소외시키는 형태로 이루어진다.

조윤오(2013)는 한국형 사이버불링의 유형을 열두 가지(사이버스토킹, 사이버 비방, 이미지 불링, 아이디도용, 사이버 갈취, 사이버 성폭력, 사이버 감옥, 사이버 따돌림, 플레이밍, 사이버 명령, 안티카페, 사이버 왕따 놀이)로 나누었는데, 이 중 사이버 따돌림에 해당하는 유형은 '사이버 감옥' '사이버 따돌림' '사이버 왕따 놀이'가 있다. 사이버 감옥은 아동 · 청소년 사이에서 이른바 '카톡 감옥'이라고도 불리는데, 단체 대화방에서 특정인을 퇴장하지 못하게 하여 피해자를 다수가 비방하고, 놀리거나 언어폭력을 하는 행위를 말한다. '사이버 따돌림'은 다수가 특정인을 친구 목록에서 제외하거나 친구신청을 거부 또는 배제하는 행위를 말한다. 이러한 '사이버 따돌림'은 '카카오톡 왕따(카따)'로도 불린다. '사이버 왕따 놀이'는 특정 집단에 소속된 사람끼리 번갈아 가면서 소속된 사람을 지목하여 일방적으로 욕설, 비방, 모욕을 주는 행위를 말한다. 저자가 살펴본 대부분의 연구에서 사이버 집단따돌림은 사이버폭력의 범주 안에서 연구되고 있었으며 그 위험요인도 함께 연구되고 있었는데, Rigby(2008)는 사이버 폭력 및 따돌림을 경험한 학생들은 자존감이 떨어지고, 화가 나거나 슬픈 감정을 가진다고 보았으며, 국내에서 서화원과 조윤오(2013)는 사이버폭력을 당한 피해자가 자살을 생각할 가능성이 높다고 했다. 또한 정여주 등(2015)의 연구에서 사이버 폭력 및 따돌림의 피해자는 분노와 수치심을 느끼고, 이 일을 회피하는 방식으로 대응한다는 밝혔으며, 조아라와 이정윤(2010)의 연구에서는 피해자가 보복행동을 통해 행위자를 양산하는 경향이 있다고 보고 있다. 이렇듯 사이버상의 폭력 및 따돌림은 피해자의 우울, 불안, 수치심, 회피성향 등의 위험요소를 가진다고 할 수 있다.

3) 집단따돌림에 영향을 미치는 요인

학교폭력에 영향을 미치는 요인은 주로 행위자를 중심으로 살펴보았지만, 여러 연구에서 집단따돌림은 행위자와 피해자의 개인적 요인이 존재하고 있는 것으로 나타났다. 따라서 여기에서는 집단따돌림에 영향을 미치는 요인으로 학교폭력이 발생하는 개인 및 가정요인을 피해자와 행위자 요인으로 나누어 살펴보고, 또래, 학급 및 교사, 학교 분위기 및 체계 요인을 큰 틀에서 학교요인으로 범주화하여 살펴보고자 한다.

(1) 개인 및 가정 요인

① 행위자 요인

집단따돌림의 행위자 요인으로 개인 및 가정 요인을 들 수 있다. 학교폭력과 마찬가지로 집단따돌림을 주도하고 동조하는 내면에는 '공격성'이 자리 잡고 있다(김원중, 2004). 이러한 공격성의 주요 원인으로 좌절감과 외부로부터 신체적 혹은 정서적으로 부정적 영향을 받았을 가능성이 크다(손진희, 홍지영, 2012). 이러한 공격성과 좌절감은 가정의 양육환경이 지대한 영향을 미친다. 행위자들은 유아기 부모의 정서적 환경이 열악하거나 성장과정에서 욕구의 충족이나 훈육이 부재하였던 것으로 나타났으며, 또한 부모가 지나치게 권위적이고 엄격하거나 처벌지향적 · 폭력적인 경우에 공격성이 높고 가해 행동을 할 가능성이 높다. 더불어 부모의 관심과 애정의 부재 또한 따돌림의 행위와 관련되어 있음이 드러났다(LeBlanc, 2001). 이렇듯 집단따돌림 행위자의 개인 및 가정 요인은 앞서 살펴본 학교폭력의 개인 및 가정 요인과 유사하게 나타나는데, 양육환경으로부터 형성된 '공격성'이 원인일 가능성이 크고, 이러한 공격성은 부모의 애정과 관심 부재, 권위적이고 폭력적인 양육방식 및 가정환경이 주된 원인일 수 있다. 아동 및 청소년 상담사는 이러한 집단따돌림 행위자의 상담 및 예방 상담을 진행할 때 이러한 개인 및 가정 요인을 염두에 두고 개입하면 효과적일 수 있다.

② 피해자 요인

집단따돌림 피해자 집단과 일반 집단, 행위자 집단 간의 비교가 된 연구들이 다수 존재한다. 이훈구와 이병두(2001)는 집단따돌림 피해자 집단이 행위자 및 일반 집단보다 불안과 우울이 높게 나타났으며, 자존감과 문제해결 능력 면에서도 행위자 및 일반 집단보다 낮게 나타났다. 또한 이춘재와 곽금주(1999)연구에서도 집단따돌림 피해자 집단이 행위자 및 정상 집단의 학생들보다 자기개념이 부정적이며, 사회적 지지도 다소 적게 받는 것으로 나타났으며, 우울 수치도 높게 나타났다. 한편, 집단따돌림 피해자 요인과 부모의 양육과 관련하여서도 연구가 존재하는데, Ross(1996)는 아동의 가정 내에서의 경험한 것이 집단따돌림을 경험할 가능성을 증가시키는 요인으로 작용할 수 있다고 했는데, 부모와 불안정애착, 과잉보호적인 부모, 통제적이고 권위적인 양육 형태를 보이는 가정환경하에 자란 아동 및 청소년이 집단따돌림을 겪을 가능성이 큰 것으로 나타났다. 그리고 집단따돌림의 피해학생은 자신이 따돌림받을 것이라는 역기능적 신념을 형성하고, 자신을 비난하며 외부로부터의 위협에 스스로가 무기력한 성향을 보이는 경향이 있다. 따라서 아동 및 청소년 상담사는 집단따돌림 피해자의 가정의 상호작용, 양육방식 및 환경 등을 살펴볼 필요가 있으며, 이에 대한 적절한 개입이 필요하다. 또한 내담자가 형성하고 있는 또래와의 상호작용에서의 역기능적인 신념들을 탐색하고 수정해 나가는 것이 중요하다.

(2) 학교요인

집단따돌림에서 학교가 영향을 미치는 요인은 크게 세 가지로 나눌 수 있는데, 또래요인, 학급 및 교사요인, 학교 분위기 및 체계 요인이 있다.

첫째, 또래요인이다. 아동 및 청소년기에는 신념과 가치관이 비슷한 또래들이 모여서 집단을 형성하고, 개인의 정체성을 확립하는 기능을 담당하게 된다. 따라서 개인에게 이 시기의 또래집단은 강한 영향력을 지니게 되어 집단에서 인정받는 것은 자아 인식을 강화하게 되는데, 이러한 특징이 역기능적으로 작용할 때 집단에서의 소속감을 강화하기 위해 상대를 괴롭힘으로 보호받고자 하는 특징을 보이게 된다(강진령, 유형근, 2000). 이러한 특징이 동조현상을 일으키고 따돌림의 집단화를 가속화한다(이명신, 2000). 한편, 또래집단에서 집단의 비행노출 정도가 높을수록 집단의 갈등해결 방식을 공격적으로 하게끔 영향을 준다는 연구가 존재한다(Keltikangas-Järvinen, L., 2002). 이는 개인의 일탈행동이 학습된다는 차별접촉이론에 근거해 또래집단에 의해 집단따돌림이 학습된다는 것이다.

둘째, 학급 및 교사 요인이다. Schmuck과 Schmuck(1992)은 학급응집성이라는 개념을 처음 제시했는데, 이는 학급집단에서 개인이 갖는 감정과 관련된 것으로 개인이 집단에 느끼는 감정의 총합이다. 학급의 응집성이 높을수록 구성원은 집단에 대한 충성심, 소속감, 친밀함, 신뢰, 애착 등이 높은 것으로 나타났으며, 학급 내의 개인 간 상호작용도 원만하다. 이러한 학급 응집성 개념을 바탕으로 집단따돌림에 대한 국내연구들이 존재하는데, 이창희(2001)는 집단따돌림의 가해집단과 피해집단이 따돌림을 경험하지 않은 학급에 비해 응집성이 낮은 경향이 있다고 밝혔으며, 이훈구(2000)는 응집력이 높은 학급일수록 '왕따' 현상이 더 적게 나타나는 것을 제시했다. 이러한 연구들을 통해 학급응집성은 집단따돌림의 보호요인으로 작용하는 것을 알 수 있다.

학급의 교사도 집단따돌림에 중요하게 영향을 미치는 요인이다. 학급 내에서 교사의 행동은 집단따돌림에 큰 영향을 미치는데, 교사가 학생을 훈육 · 훈계 · 체벌 · 교육하는 과정에서 교사의 차별적 행동이 학생들로 하여금 동조 반응을 일으켜 집단따돌림을 일으키는 주된 요인으로 작용한다(박은선, 2015). 또한 집단따돌림이 발생했을 때 교사가 적극적 관심을 가지고 지속적 집단따돌림의 문제를 개선하고자 노력했을 때 문제가 해결될 수 있지만, 교사가 미온적 태도를 보이거나 임시방편으로 노력하는 태도는 집단따돌림의 문제를 더욱 악화시키게 되거나 따돌림이 은밀히 행해지게 된다(도기봉, 2007).

학교 자체의 체계나 전반적 분위기도 집단따돌림에 영향을 미치는 주요한 요인이다. 학교 체계 및 분위기와 집단따돌림 간의 관계성을 다룬 외국의 주요 보고서와 국내연구를 살펴보면, 먼저 체계 면에서 과밀한 학급 및 학생 수, 삭막한 건물 형태, 과도하고 권위적인 규제 및 관리 방식, 비일관성 규제 방식 등이 부적 상관관계를 가진다는 것을 알 수 있고, 학교 분위기 면에서는 학교와 교사 간의 갈등적 관계를 보이는 분위기, 학업을 지나치게 강조하는 과업지향적인 분위기에서는 집단따돌림이 많이 일어나는 것으로 나타났고, 학생과 교사의 자기결정과 독립성을 강조하는 분위기에서는 집단따돌림이 적게 일어나는 것으로 밝혀졌다(이상균, 1999).

이렇듯 집단따돌림에 영향을 미치는 학교요인을 살펴보았는데, 아동 및 청소년 상담사는 집단따돌림에 내담자 개인적 요인 외에도 학교요인(교사관계, 또래관계, 학교 분위기)이 영향을 미칠 수 있음을 염두에 두고 개입할 필요성이 있다.

3. 학교폭력과 집단따돌림 상담의 실제

중학교 1학년인 F군은 같은 반 동료 학생을 주먹으로 치는 사건을 일으켜, 부모의 권유로 상담의뢰를 하게 되었다. 최근 2차 성징이 두드러진 F군은 최근 급격한 체중 증가와 여드름, 피부색의 변화를 겪고 있으며, 친구들로부터 '큰바위 얼굴', '얼큰이'와 같은 놀림을 친구들로부터 들어왔고, 급기야 학교 선생님으로부터도 수업시간에 이름이 아닌 '얼큰이'로 불리게 되었다. 친구들과 선생님이 웃으며, 농담으로 F군을 놀렸고, F군은 대수롭지 않은 척 웃으며 넘겼지만 학급 내 친한 친구들과 선생님들까지 별명을 불러서 속으로는 학교에 가기 싫을 정도로 화가 나고 참기 힘들었다.

F군은 가정에서 문제와 일탈 없이 지내며, 부모님 말씀을 잘 듣는 착한 아이로 성장했다. 부모님은 어릴 때부터 맞벌이를 하며 늦게 들어오셨고, F군 스스로 식사, 학업 등을 해결했다. 최근 부모님의 사업 악화로 경제적 상황이 좋지 못하다. 경제적 문제를 두고 밤늦게까지 이어지는 부모의 대화와 갈등에 불안을 느끼고 있다. 이러한 가정에서 F군은 늘 가족이 화목하도록 자신이 공부를 열심히 하고, 부모님께 걱정을 끼치면 안 된다는 생각을 가지고 있다.

최근 신체적으로 2차 성징을 겪으며, 사춘기에 접어든 F군에게 학급 친구들이 단체로 자신을 놀리는 데 대한 분노와 강한 수치감을 느끼고 있는 중에 학업 성적도 크게 떨어져 불안한 상태였으며, 최근에는 정수리 쪽에 탈모 현상도 일어나고 있었다. 이를 아버지에게 말했으나, 아버지는 대수롭지 않게 "그곳에 머리가 좀 덜 자랐나 보다."라고 반응했다.
평소 조용하고 체구가 작으며 내성적인 같은 반 친구 G군이 웃으며 자신을 '얼큰이'라고 부르는 것에 분노해 우발적으로 안경을 쓴 G군 얼굴을 가격했고, G군은 눈 밑이 찢어지는 상해를 입었다.

1) 사례개념화: 인지행동상담 이론에 의한 사례개념화

평소 바람직하게 '착한 학생'으로 가정과 학교에서 생활하던 내담자가 폭력의 행위자가 되어 스스로 놀라움과 당황스러움, 죄책감을 가지고 있다. 평소 착한아이로 살아온 자신이 이 같은 사고를 치게 되어 부모님에게도 죄책감과 미안한 감정을 호소하고 있다. 최근 학업성적이 떨어지고, 탈모 현상이 일어나고 있으나, 부모님은 큰 관심을 가지지 않고, 고통을 나눌 대상이 없다. F군의 주 호소문제는 또래학생들이 자신이 놀리는 것에 대한 분노가 있으나 이를 대처하지 못하는 것이다. F군 '힘들어하면 안 돼.' '늘 밝아야 해.'라는 자동적 사고를 하고 있고, '내가 힘들어하는 것은 불효야.' '친구들이 놀릴 때, 좋게 넘어가야 해.'라는 중간신념을 가지고 있고, 이것에 대한 보상전략으로 친구들의 놀림에도 아무렇지 않은 듯 넘어가고, 부모님에게도 건강하고, 원만한 착한 아이로 지내고 있다. 부모님의 맞벌이로 어릴 때부터 부모의 관심과 사랑이 다소 결여되어 있어서 부모님의 인정과 사랑을 받기 위해 착하고 성실한 아이로 부단히 애쓰고 있으며, 친구관계에서도 놀림을 받는 수치감 속에서도 또래와의 관계가 끊어질 것에 대한 불안함 때문에 고통을 인내해야 했던 F군은 결국 탈모와 같은 신체증상과 폭력을 통해 억압된 감정이 분출된 것으로 생각된다. 먼저, 현재 학교폭력의 행위자가 되었으므로 이것에 대한 감정들을 공감하고 수용하는 것부터 작업한다. F군의 억압된 감정을 상담현장에서 표현하도록 하고, 자동적 사고를 점검하여, 대안적 사고와 행동을 시도해 볼 수 있도록 한다.

2) 상담설계

① 상담목표

- 친구들이 놀릴 때, 자신의 감정을 표현하고 원하는 것을 이야기하기

② 상담전략

- 역할극을 통해 안전하게 내담자의 분노를 표현하고 해소할 수 있도록 개입
- ABC기법과 소크라테스 질문법을 통해 내담자의 자동적 사고를 확인하고 대안적 사고로 나아갈 수 있도록 개입
- 역할극을 통해 친구관계, 부모와의 관계를 재연하고, 건강하게 자신의 감정

을 표현할 수 있도록 개입

–부모와 협력하여 부모가 가정에서 내담자를 수용하고 공감하도록 개입

③ 회기별 상담계획(안)

회기	목표	내용	기법
1	상담구조화	1. 상담목표 설정 2. 주 호소문제와 촉발요인 인지	공감, 적극적 경청, 명료화, 탐색 질문
2~5	감정 정화, 라포 형성	1. 불안한 감정, 억울한 감정들을 인식하게끔 하고 표현 2. 내담자의 억압된 감정을 상담현장에서 안전하게 표현 · 분출 3. 내담자 감정에 접촉	공감, 반영, 역할극
6~8	자동적 사고 찾기	1. 내담자의 상황에서 일어나고 있는 자신의 자동적 사고에 대한 이해 2. 자동적 사고 찾기	ABC기법, 소크라테스 질문법
9~11	자동적 사고, 대안적 사고 찾기	1. 자동적 사고 및 대안적 사고 찾기	ABC기법, 소크라테스 질문법, 역할극, 과제
12~14	대안적 행동 적용하기	1. 대안적 행동 연습, 예상된 결과에 적절히 대처할 수 있도록 준비하여 시도 2. 상담 종결 준비	ABC기법, 소크라테스 질문법, 역할극, 과제
15	상담 마무리	1. 상담목표 달성 여부 확인 2. 미해결과제 및 상담 종결 후 안내	공감, 적극적 경청, 명료화, 의사 확인, 반영

내담자와 접수 면접을 시작으로 상담 1회기를 진행하면서, 상담목표와 회기를 합의하여 구조화한다. 내담자는 폭력이 일어나기 전까지 친구들이 자신을 놀리는 것에 대한 깊은 분노가 있었지만 웃고만 넘기고 이를 어떻게 대처해야 할지 고민이었다. 또한 현재 자신이 폭력을 가한 것에 대한 당혹스러움과, 피해친구에게 사과를 하고 싶은데 어떻게 해야 할지 혼란스럽다는 호소를 하고 있다. 그러한 호소문제 아래 현재 내담자가 해 볼 수 있는 것을 목표로 잡고, 15회기 구조화 상담을 진행했다.

1회기와 접수 면접을 통해 얻은 정보를 바탕으로 사례개면화한 결과, 내담자는 가족과 또래 등 대인관계에 있어 늘 상대의 기분에 맞추어 살아온 측면을 볼 수 있

었다. 착한 아이, 밝은 친구로 살아온 내담자는 부정적 정서에 대한 인식이 어렵고, 이를 표현하기도 더 힘겨워 보였다. 이러한 성향이 대인관계에서 자신을 억압하다가 신체와 폭력으로 분출된 것으로 보였다. 또한 내담자는 어린 시절부터 맞벌이로 늦게 들어오는 부모 아래 홀로 있을 때가 많았던 것으로 보이고, 이에 성장과정에서 부모의 관심과 애정이 결핍되어 있는 것으로 보인다. 이러한 정보들을 바탕으로 볼 때 자신의 감정보다는 타인에 감정에 맞추고 인정받으려 하는 내담자의 성향은 앞선 사례개념화에서 언급한 자동적 사고를 강화하고 있는 것으로 보인다. 또한 자신의 행동에 대한 당혹감, 죄책감, 억울함 등의 감정이 그대로 남아 있고, 청소년이라는 특성상 5회기까지 라포 형성을 하고 심상과 역할극을 통해 이러한 부정적 정서를 다루는 데 중점을 두었다.

6~8회기는 내담자의 자동적 사고를 찾고 인식하도록 작업한다. 앞서 사례개념화에서 언급한 내담자의 자동적 사고 ABC기법, 소크라테스 질문법 등으로 개입한다. 9~11회기에는 계속해서 자동적 사고에 대한 작업과 어느 정도 자동적 사고에 대한 인식이 되면 대안적 사고를 할 수 있도록 개입한다.

12~14회기에는 대안적 사고까지 개입이 된 것을 인식했을 때 대안적 행동을 함께 찾아보고 과제도 내주어서 실천해 보게끔 지지한다.

15회기에는 종결 회기로 그간 상담과정에 대한 성과, 통찰 등을 내담자의 입을 통해 정리하고, 보완할 점이 있으면 상담사가 보완하고 스스로 할 수 있음을 지지하고 격려한다. 마지막으로 미해결과제 등을 제시하고, 추후 상담이 필요한 점이 있다면 내담자에게 전달하고 마무리한다.

4. 학교폭력과 집단따돌림 상담 시 고려 사항

1) 학교폭력 처리 절차(매뉴얼)

2005년 '제1차 학교폭력 예방 및 대책 기본계획'이 처음 교육과학기술부에서 시작된 이래로 5년마다 계획이 발표되었는데, 2020년 '제4차 학교폭력 예방 및 대책 기본계획'이 교육부에서 발표되었다. '제4차 학교폭력 예방 및 대책 기본계획'에는 학교

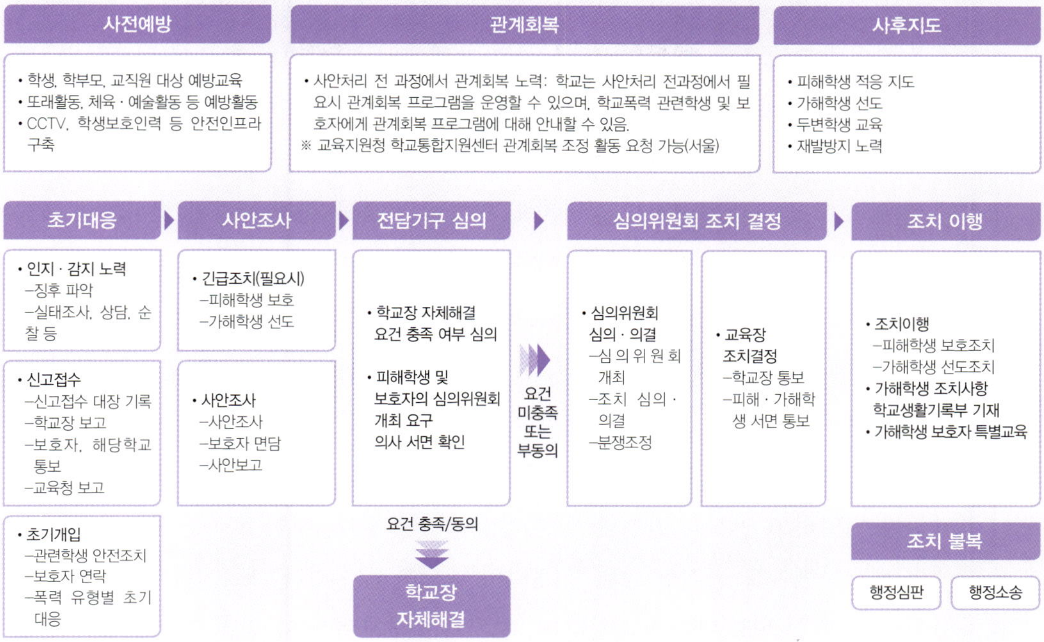

[그림 12–1] **학교폭력 처리과정**

출처: 학교폭력사안처리 가이드북(2021). p. 11.

폭력을 예방하고 사후 처리하는 과정들이 자세히 제시되어 있으며, 각 절차마다 곳곳에 상담사들의 역할이 명시되어 있다. 학교폭력 처리에 대한 대략의 흐름은 [그림 12–1]과 같다.

학교폭력에 접근하는 교육부의 가이드라인은 크게 사전예방, 관계회복, 사후지도로 나눠지는데, 상담사는 전 과정에서 중요한 역할을 한다. 각 단계마다 세부적으로 상담사의 역할을 살펴보고자 한다. 첫째 「학교폭력예방 및 대책에 관한 법률」 제14조는 전문상담교사 배치를 의무로 규정하고 있으며, 「학교폭력예방법 시행령」 제17조는 학생, 교직원, 보호자 모두 학기별 1회 이상 학교폭력예방 교육 및 프로그램을 학교장 주관하에 시행하도록 되어 있다. 이때 학교장 재량으로 전문기관 및 전문가에게 위탁할 수 있는데, 이때 첫 번째로, 상담기관 및 상담사는 학교폭력 예방을 위한 집단상담 프로그램을 진행할 수 있다. 한편, 전문상담교사는 상담과정에서 학생들의 폭력 징후들을 인지하고, 대처할 수 있도록 상담사로서의 능력과 체계를 갖추어야 한다.

둘째, 신고 및 초기대응 단계에서 피해자가 신고당사자일 때 피해자의 불안한 마음을 수용하고 공감해야 하며, 또한 신고 자체에 대한 지지와 수용이 필요하다. 왜냐하면 신고 자체로 보복이나 공동체에 분란을 일으키는 것에 대한 불안을 안고 있을 수 있기 때문이다.

셋째, 사안조사 단계에서도 상담사의 역할이 필요하다. 피해자와 행위자의 면담을 통해 사실 확인을 하게 되는데, 이때 사건이 일어난 지 얼마 되지 않은 상태에서 피해학생과 행위학생 모두 심리적으로 불안정할 가능성이 크므로 상담사 혹은 전문상담교사의 단 회기 상담을 통해 정서적 안정을 도울 수 있으며, 면담 조사를 하는 당사자에게 학생의 상태를 조언하고 진단하는 역할을 할 수 있다. 때에 따라 피해학생의 보호를 위해 긴급조치가 발동될 수 있는데, 이때 피해학생을 전담하여 상담사가 개입하고 정서적 안정을 위해 상담이 이행된다. 사안조사 단계에서 피해학생의 보호자에게도 적적한 상담적 개입이 제도화되어 있다. 보호자는 자녀의 피해사실에 대해 놀라고 당황스러워하며, 행위학생에게 분노와 원망 등으로 고통받을 수 있는데, 이에 대해 상담사의 적절한 개입이 필요하고, 외부기관(학교폭력피해자가족협의회, 푸른나무재단 등)을 통해 상담 지원을 받을 수 있다.

넷째, 관계회복 단계에서 상담사의 역할이 필요하다. 이 단계에서는 양측의 학생이 일상생활을 잘해 나가고 또래와의 관계를 잘 적응할 수 있도록 중재의 역할을 하는 것인데, 이때 상담사는 피해자, 행위자 각각 사전 개인상담을 통해 각자의 욕구와 정서적 상태 등을 탐색한 다음에 양측 모두가 관계회복 프로그램에 동의할 때 중재하고 소통하는 역할을 하게 된다.

다섯째, 사후지도 단계에서 피해학생이 학내의 상담교사나 학교외 기관(wee센터, 청소년 상담복지센터 등)에서 상담을 지원받을 수 있으며, 이때 외상 치료 등의 상담사의 역할이 필요하다. 또한 행위자의 경우에는 폭력 행동의 원인을 상담사와 탐색하고 대안적 행동을 함께 마련하는 목적으로 상담을 이행하게 되는데, 이것은 교육적 의미를 지니게 된다.

2) 학교폭력 대상자별 상담

(1) 피해자

피해학생은 학교폭력에서 가장 큰 피해자이자 핵심 대상이다. 앞서 상담사의 역할을 간단히 살펴보았는데, 상담사는 사건 직후와 사건 조치 과정에서는 피해자의 보호차원에서의 개입이 우선시되어야 한다. 피해자의 정서적인 면을 살피고, 불안과 상처에 대한 수용과 공감, 지지가 필요하다. 조사과정에 2차 피해를 입지 않도록 피해자를 탐색하고, 관련자에게 조언하는 역할 또한 대단히 중요하다.

사건조사 및 조치과정이 종료된 이후에 고려할 사안으로는, 첫째, 학교폭력 피해의 후유증에 대한 개입이다. 학교폭력은 다양한 신체적 · 정신적 후유증을 남기는데 대표적으로 외상후 스트레스 장애와 급성스트레스 장애가 있다(이규미 외, 2021). 상담사는 피해자 상담 시 DSM-5의 외상후 스트레스 장애기준을 면밀히 살펴보고, 내담자가 이와 같은 증상이 보일 경우에는 진단에 맞는 적절한 개입 및 치료적 접근을 해야 한다. 따라서 아동 및 청소년 상담사는 외상후 스트레스 장애에 대한 증상과 상담적 개입을 할 수 있는 능력을 갖추어야 한다.

둘째, 피해자를 위해 아동 및 청소년 상담사는 앞으로의 원만한 학교적응 및 생활에 관하여 개입해야 한다. 이를 위해서 피해학생이 피해를 당한 것에 대해 자신의 탓으로 돌리며 죄책감을 가지고 있지는 않은지 탐색하고 개입해야 하며, 또한 가해학생에 대해 여전히 남아 있는 분노, 상처, 소외감 등을 공감하고 스스로 인식하고 표현할 수 있도록 지지와 개입이 중요하다. 이를 통해 피해자의 정서적 상처에 대한 회복과 또래와의 건강한 대인관계를 이끌 수 있다.

(2) 피해자 부모

피해자의 부모상담에서도 상담사는 부모가 피해자라는 인식에서 출발하며, 사건을 접한 것에 대한 당혹감, 놀라움, 상대에 대한 분노, 그리고 자신으로 인해 자녀가 피해를 입게 되었다고 여기는 죄책감 등의 여러 가지 감정을 경험한 부모를 수용하고 공감하며 지지하는 것이 우선되어야 한다. 이러한 개입을 바탕으로 상담사는 재발 방지를 위해 부모와 협력해야 한다. 앞서 집단따돌림의 피해자 요인 중에서 부모와의 애착, 상호작용 등이 요인이 될 수 있다고 했는데, 상담사는 이러한 요인들이 존재하는지 점검하고 개입하는 것이 필요하다. 또한 피해자가 상담사를 만나서 정서적 지지와 공감을 경험하는 것은 일시적이지만, 부모는 지속적으로 피해자에게 영향을 주며 근거리에서 상호작용하기 때문에 부모가 안전기지가 되도록 협력적으로 개입하는 것이 필요하다. 무엇보다 효과적인 것은 부모의 자녀양육, 상호과정에서 나타나는 문제점들을 자녀양육에 대한 교육적 개입이 아니라 부모 자신의 이슈를 상담현장에서 다루고 개선하는 것이 효과적이다.

(3) 행위자

학교폭력 행위자를 상담하기 위해서는 이들의 보편적인 심리적 특성들을 사전에 인지하고 개입하는 것이 중요하다. 학교폭력 가해학생의 심리적 특성 중 학자들에 의해 가장 많이 언급되는 것들이 충동성, 공격성, 낮은 공감 능력, 분노 등이다(김원영, 2017: 이규미 외, 2021에서 재인용; 이동형, 이승연 신현숙, 2011에서 재인용; 이현림, 김말선, 박춘자, 2012; Espelage & Holt, 2001). 폭력적 행동은 권력과 지배하려는 강한 욕구가 타인을 굴복시키는 것으로 드러나며 이러한 행동에는 이익된 요소가 따른다(이현림 등, 2012). 또한 불안, 우울과 같은 요소도 고려해야 하는데, 보통 불안이나 우울은 피해자가 더 높은 것으로 인식되기 싶지만 반드시 그런 것은 아니다(강윤형 외, 2010; Kaltiala-Heino et al., 2000: 이규미, 2021 재인용). 폭력행동을 보이며 공격성 및 충동성을 지니고 있는 학생들은 우울과 불안의 내재화된 문제를 안고 있지만 자신의 이러한 내면을 잘 지각하지 못해 이것을 공격적 행동을 표출한다.

따라서 학교폭력 행위자 상담 시 고려해야 할 사항으로는 첫째, DSM-5의 파괴적, 충동조절 및 품행장애, 우울장애의 증상이 보이는지 살펴보고, 증상이 의심될 때, 필요하다면 정신의학과 의사 등 다른 전문가들과 협력적으로 개입하는 것이 필요하다.

둘째, 행위자(내담자)에 대한 공감과 수용이다. 내담자를 공감하고 수용하는 것은 기본이고 진부할 수 있지만, 여기서 언급한 이유는 자칫 행위자를 상담할 때 훈계, 행동수정, 죄책감 자극 등에 집중할 수 있기 때문이다. 내담자가 폭력행동을 한 이면의 감정들을 충분히 경청하고 공감하고 수용해야 한다. 행위자의 감정을 충분히 수용하고 공감할 때, 내담자는 자신의 내면을 지각할 수 있고, 자신을 용서하고, 더 나아가 상대에 대해 진심으로 사과하고 행동을 반성하고 대안적 사고와 행동의 단계까지 목표할 수 있다. 단, 이것이 행동의 정당화로 이어지는 것은 주의해야 한다. 내담자의 감정을 공감하는 것은 말 그대로 '감정'에 대한 수용과 공감이다. 행동을 정당화하여 행위자의 폭력 행동에 대한 인정으로 이어지는 것에 대한 주의가 필요하다.

(4) 행위자 부모

행위자의 부모는 자녀의 행동을 부인하거나 자녀가 행위자로 지목되는 것을 억울해 하기도 한다. 또한 본인의 잘못된 교육으로 인해 자녀가 폭력 행동을 한 것이라 생각하고 죄책감을 가지기도 한다. 아동 및 청소년의 공격성과 충동성은 부모의 양육방식, 애착, 상호작용 등이 주된 요인으로 작용한다. 따라서 자녀의 폭력 행동을 개선하는 데 있어서 부모의 협력과 변화는 무엇보다 중요하다. 하지만 부모상담에서 자칫 자녀의 폭력 행위가 부모가 원인이라는 인상을 심어 주게 되면 부모가 방어할 가능성이 높아지므로 주의해야 한다.

먼저, 여느 상담과 마찬가지로 현재 사건으로 인해 느끼고 있는 불안, 당혹감, 우울, 억울함, 분노 등의 감정을 공감하고 수용하는 것부터 시작한다. 또한 자녀의 문제로 고민하고 힘겨워하는 부모의 입장을 충분히 공감해야 한다. 그리고 나서 자녀 문제의 어려움을 상담사와 함께 고민해 보기를 제안하며, 자녀의 폭력재발 방지를 위해 함께 협력한다. 그리고 무엇보다 중요한 것은 부모와 자녀의 상호작용, 가족 역동 등을 점검하여 부모 자신이 건강한 부모로 변화하는 것을 목표로 하는 것이 중요하다.

● 학습문제 ●

1. 학교폭력과 집단따돌림은 어떠한 양상으로 발생되는지 설명해 보자.
2. 최근 사이버 상에서의 폭력과 따돌림이 이슈가 되고 있는데, 사이버폭력 및 따돌림에 대해서 유의해야 할 점은 무엇인지 생각해 보자.
3. 나의 학창시절 폭력 및 집단따돌림을 경험한 사례를 생각해 보고, 그때 당사자에게 본인이 상담을 한다면 어떻게 상담을 할지 떠올려 보자.

제13장

중독문제

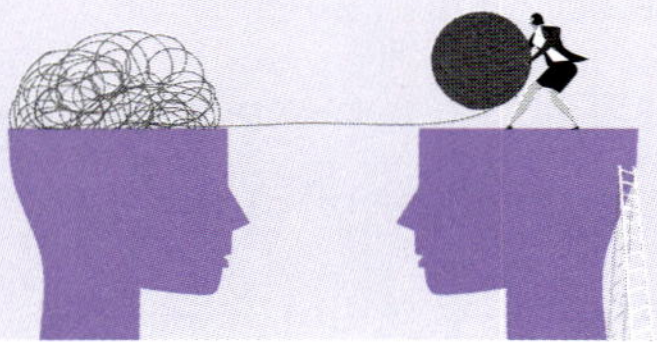

1. 청소년 중독 실태

중독은 병리적이고 강박적인 심리적 의존상태로 "특정 기호, 습관 또는 행동에 빠지거나 자신을 맡기는 상태"(Goldberg, 1996)이고, "부적응적인 결과를 초래하는 행동에 대한 통제력의 상실"(Shaffer, 2000)이다. 중독의 종류는 물질중독(substance addiction)과 행위중독(behavioral addiction)으로 구분되는데(Griffiths, 1999), DSM-5에서는 '물질관련장애'와 '비물질관련장애'로 구분하였고, 도박장애와 같은 행위중독에 해당되는 비물질 중독을 정식으로 '중독'에 포함시키고 있다. 또한 DSM-5에서 '추가 연구가 필요한 진단적 상태'에 인터넷 게임 장애가 포함된 것 등을 볼 때 중독에 대한 문제의식 증가와 함께 전문적인 치료개입 필요성에 대한 공감대가 형성되고 있음을 알 수 있다.

청소년에게 흔히 나타나는 중독은 스마트폰 과의존이고, 그 외 알코올, 흡연 및 도박문제가 심각하게 대두되고 있다. 스마트폰 과의존은 금단, 내성, 일상생활장애라는 점에서는 인터넷 중독과 공통점을 가지고 있으나 다른 점은 스마트폰 기기의 특성에 의한 가상세계 지향, 편리성, 접근성, 다양한 앱과 콘텐츠 등으로 인해 중독성이 강화될 가능성이 높다(한국정보화진흥원, 2011). 또한 인터넷 중독과 달리 스마트폰 과의존은 자기과시나 인정에 대한 욕구가 강하고 산만한 행동을 보이는 경향이 있다(김병년, 최홍일, 2013).

아동 및 청소년에게 주로 나타나는 스마트폰 과의존은 사회변화의 영향이 크다 하겠다. 현대 사회는 이미 스마트폰 없이 살기 어려운 '포노 사피엔스(phono sapiens)' 시대가 되었다(The economist, 2015. 2. 26.). '포노 사피엔스'는 지혜가 있는 인간을 의미하는 호모 사피엔스(homo-sapiens)를 견준 말로 스마트폰의 영향력을 시사한다. 게다가 스마트폰을 소지하고 있지 않으면 불안과 초조함을 느끼는 스마트폰 상실 공포증을 의미하는 '노모포비아(nomophobia: no mobile-phone phobia)'라는 신조어가 생길 정도인 것을 볼 때 스마트폰 과의존의 심각성을 짐작할 수 있다. 부모가 자녀의 스마트폰 게임이나 메신저 이용 시간을 조절하고 유해정보를 차단하는 기능을 가진 앱들이 인기를 끄는 것을 보면 노모포비아 확산을 막아야 할 정도의 심각성을 알 수 있다. 그 외 스마트폰과 좀비(zombie)의 합성어인 스몸비(smombie)라는 말이 생겼는데 스마트폰을 보고 걷는 모습이 넋이 나간 좀비와 흡사하다는 의미로 그만큼 스마트폰 과의존이 심함을 나타낸다.

아동 및 청소년에게 흔한 스마트폰 과의존에 대한 문제는 통계자료를 통해서도 확인 가능하다. 한국지능정보사회진흥원(2022)에 따르면, 2021년 스마트폰 과의존 실태조사에서 청소년 스마트폰 과의존 위험군은 37%로 가장 높았으며 전년 대비 1.2% 상승하였다. 그다음이 유아동으로 28.4%로 지속적인 상승폭(+1.1%p)을 유지하고 있는 것으로 나타났다. 청소년(만 10~19세)의 경우, 중학생(41%), 고등학생(36.4%), 초등학생(33.9%) 순으로 취약성이 나타났으며, 외벌이(31%)보다는 맞벌이(40.1%) 가정의 청소년이 스마트폰 과의존 위험에 취약한 것으로 보고되었다.

중1~고3학생을 대상으로 한 제16차 청소년건강행태조사에 따르면(교육부, 보건복지부, 질병관리청, 2020), 현재 흡연율은 남학생 6.0%, 여학생 2.7%였고, 남녀 모두 2019년(남 9.3%, 여 3.8%)에 비해 감소하였다. 중학생(남 1.9%, 여 1.5%)에 비해 고등학생(남 10.1%, 여 3.8%)이 높았고, 학년이 올라갈수록 높게 나타났다. 현재 음주율은 남학생 12.1%, 여학생 9.1%였고, 위험 음주율은 남학생 5.6%, 여학생 4.8%였으며 2019년에 비해 감소하였다. 현재 음주율과 위험 음주율 모두 중학생에 비해 고등학생이 높게 나타났다.

한국도박문제예방치유원(2021)에서 진행한 청소년(만 12~18세) 도박문제 실태조사 결과, 2018년 위험집단은 6.4%였으나 2020년 결과에서는 2.4%로 4.0%p 하락한 것으로 나타났다. 성별에서 문제군은 남학생(1.2%)이 여학생(0.2%)보다 높게 나타났고, 학령별로는 고등학생(1.1%)이 중학생(0.4%)보다 약 3배 높게 나타났다. 불법 인터넷 도박을 경험한 청소년 중 문제군 비율은 24.7%이고, 돈내기 게임 수가 6개 이상인 청소년 중 문제군 비율은 22.8%로 나타났다. 문제군에서 돈내기 게임 중 가장 자주한 게임은 '스포츠 경기 내기'로 14.2%이다. 청소년 도박문제에 대해 재학 중 청소년의 52.8%가 심각하다고 응답한 것으로 나타났다.

2. 중독과 청소년

1) 중독문제의 위험성

청소년기는 성장발달과업을 해결해야 하는 부담과 급변하는 사회 적응 등으로 인해 스트레스 상태에 놓이게 되는 역동의 시기이다(Moeini, Shafii, Birashk, & Allahverdipour, 2008). 청소년기에 음주, 흡연뿐 아니라 스마트폰 과의존이나 도박문제 행동 등은 재미나 호기심(오양옥, 2019; Gupta & Derevensky, 1996)에 의해서 시작하기도 하지만 청소년의 스트레스에 대한 대처행동으로 사용되고 있다(김영경, 2012a, 2012b, 2013; Efrenkheri, Turner, & Larimer, 2004). 또한 친구들과의 동질성 목적으로 이러한 행동이 강화되기도 한다(Hingson, Heeren, & Winter, 2006). 오양옥(2019)의 연구에서도 흡연 친구가 97.9%가 있는 것으로 보고된 것을 볼 때 친구들의 영향이 크다 하겠다. 음주와 흡연을 동시에 하는 중학생이 음주만 하는 중학생에 비해 위험 음주와 문제성 음주를 더 많이 하는 것으로 보고한 연구도 있다(서경현, 2013). 이승철(2021)의 연구결과에 따르면, 일반 청소년(37.2%)이 다문화 청소년(31.6%)보다 음주율이 높았으며, 약물이나 본드 복용률에서는 일반 청소년(0.7%)에 비해 다문화 청소년(2.7%)이 높게 나타났다. 이러한 결과만 봐도 청소년 중독문제는 어느 특정 집단에 소속된 청소년에게만 해당되는 것도 아니고, 단순히 중독문제로 끝나지 않고 두 가지 이상의 복합적으로 사용할 경우 문제가 더 심각해질 뿐 아니라 여러 문제 행동과 관련이 있기 때문에 청소년기라는 과도기에 일시적으로 시도하는 현상으로 보기에는 문제 위험성이 크다.

청소년은 자기통제력 부족으로 스마트폰 과의존으로 인한 문제가 더욱 심각할 수 있다(이규현, 권윤희, 2014). 스마트폰 과의존으로 인한 문제 중 하나가 공격성이라는 보고(노언경, 2018)와 함께 스마트폰 과의존으로 증가한 공격성이 학교적응을 방해하는 요인으로 작용하고 있다는 보고도 있다(김영미, 김두범, 2016; 김태량, 최용민, 2016; 우유라, 노충래, 2014). 최정원, 전현희와 홍세희(2020)가 취약계층 청소년 대상으로 진행한 연구에서 스마트폰 과의존이 심할수록 공격성도 높았고, 공격성이 높을수록 자아탄력성과 학교적응에 어려움이 있는 것으로 나타났다.

청소년의 중독은 청소년기에만 국한된 것이 아니라 성인기까지 이어지기 때문에 그 문제성이 심각하다. 게다가 청소년의 중독문제는 하나의 중독문제에서 시작해서 그것으로 끝나는 것이 아니라 또 다른 중독문제가 추가되어 문제를 심각하게 만들 수 있다는 점이다. 하문선(2016)이 청소년기 컴퓨터 게임 사용과 이후 초기 성인기 알코올 사용 정도의 종단적 변화에 대해 연구한 결과, 청소년기 컴퓨터 게임 사용 위험군 집단의 32.1%가 초기 성인기 알코올 사용 위험 집단으로 전이되는 것으로 나타났다. 이는 청소년기 컴퓨터 게임 사용에 문제를 보이는 청소년들이 이후 또 다른 중독 관련 문제로 옮아 갈 수 있다는 연구결과와 유사하다(Griffiths & Wood, 2000). 이러한 현상은 청소년의 도박문제 관련한 연구에서도 나타났다. 김영경(2012b)이 청소년을 대상으로 진행한 연구에서 스트레스를 인터넷 사용으로 해소하려는 청소년의 경우, 인터넷 중독으로 이어져 현재 도박문제가 더 심각해질 수 있고, 성인이 되어서 도박 문제행동을 할 가능성이 높음을 보고하였다. 청소년이 즐겨하는 온라인게임은 도박행동과 관련이 있고, 도박행동 문제 수준에도 높은 영향을 미친다는 연구와도 맥을 같이 한다(장정연, 2011; Parker et al., 2008). 게다가 음주, 흡연, 스마트폰 과의존, 도박행동과 같은 문제행동은 정적 상관을 보이고, 이들이 공존했을 때, 공격적 행동, 비행, 범죄 등과 같은 비행경험의 주요한 매개체로 관련 있음을 보고한 연구들이 있다(곽연희, 김태준, 2011; 김지경, 김균희, 2013; 손애리, 2010; 장여옥, 조남억, 2014; Griffin, Botvin, Scheier, Diaz, & Miller, 2000; Huang, White, Kosterman, Catalano, & Hawkins, 2001). 아동 및 청소년이 호기심으로 시작한 문제행동이 중독으로 빠지게 될 가능성이 높고, 하나의 문제행동으로 끝나는 것이 아니라 상호 영향을 미쳐 이러한 문제행동이 공존했을 때 더 심각한 문제가 발생함을 알 수 있다. 이러한 문제행동을 차단하기 위해서 좀 더 적극적인 예방 활동과 환경적 요인 개선에 주력할 필요가 있다.

2) 중독문제에 영향을 미치는 요인

청소년기의 중독문제는 주위 환경과 가족, 친구들이 중요한 영향을 미치는 것으로 보고되었다. 관계 어려움이 있는 개인이 가상공간으로의 회피반응을 보인다는 연구도 있지만(Cox & Klinger, 2002; Hussain & Griffiths, 2009), 사회적 자아존중감과 교우관계가 높은 학생이 흡연을 더 하고(김미정, 2015), 친구관계가 좋다고 느낄수록 컴퓨터 게임과 알코올 사용에서 고위험집단에 속할 가능성이 높다는 보고도 있다(하문선, 2016). 청소년기는 또래관계가 중요하기 때문에 또래에 대한 동조 현상과 사교 목적으로 컴퓨터게임과 알코올을 많이 사용할 수 있는 것으로 나타났다(한국콘텐츠진흥원, 2015; Martino, Ellickson, & McCaffrey, 2009). 박부환, 김병영과 장은정(2013)이 청소년의 인터넷 중독 과정 경험에 관한 현상학적 연구를 진행한 결과, 위험군에 속하는 연구대상자들이 인터넷을 접하게 된 계기가 중요 타인들과의 원만한 관계 형성을 통한 상호 소통의 욕구 때문이라고 하였다. 특히 다양한 욕구를 자기 주도적으로 충족하고자 하는 열망이 인터넷 중독문제를 야기하는 주요요인으로 작용하는 것으로 나타났다.

이러한 청소년 중독의 심각성을 조금이라도 낮추기 위해 청소년 중독률을 감소시키는 요인에 대한 연구가 진행되었다. 청소년의 흡연율을 감소시키는 요인으로 담배 가격 인상과 금연 광고에 대한 보고가 있다. 김환희(2018)가 청소년 대상으로 연구한 결과, 담배 가격 인상이 흡연율 감소와 관련이 있는 것으로 나타났다. 최민호(2020)의 연구에 따르면, 금연 광고에 대한 인지가 10% 증가하였을 때 청소년의 흡연율이 약 0.14%p 감소한 것으로 나타나 금연 광고가 흡연율을 감소시키는 것으로 확인되었다.

금연 광고가 흡연율을 감소시킨 반면, 도박, 인터넷 게임 및 주류 광고는 청소년의 중독문제에 부정적인 영향을 미치는 것으로 나타났다. 청소년(12~19세) 대상으로 도박 광고가 청소년의 도박행동에 미치는 영향에 대한 연구에 따르면(Derevensky,

Sklar, Gupta, & Messerlian, 2010), 61%가 이메일로 도박광고 메일을 받았고, 96%가 TV 광고를 봤다고 하였으며, 이러한 광고는 도박이 이기기 쉽고 이길 확률이 높으며, 도박이 부자가 될 수 있는 쉬운 방법이라는 의미를 인식하게 하는 것으로 보고하였다. 특히 도박은 재미있고 즐거운 활동이면서 문제와 스트레스를 회피할 뿐 아니라 사회화를 위한 좋은 기회로 인식하는 것으로 나타났다. 정슬기와 이재경(2017)이 청소년 대상으로 진행한 연구에서 인터넷게임 광고에 대한 노출과 수용도가 인터넷게임 중독 위험에 영향을 미치고 중독위험을 증가시키는 것으로 나타났다. 알코올과 광고와의 관련성 연구에서도 청소년의 알코올 소비량, 특히 폭음 빈도에 대중매체가 영향을 미치는 것으로 나타났다(정슬기, 장승옥, 김성천, 2007). 김대희(2019)의 연구에서는 월 주류 광고 목격 빈도, 설문 시 시청한 주류 광고 목격 경험, 주류 브랜드 회상과 음주행동이 유의한 관련성이 있는 것으로 나타났다. 또한 주류광고는 광고 메시지 공감과 주류 광고에 대한 긍정적 태도를 경로로 음주에 대해 긍정적 기대감을 형성하게 되어 음주행동에 영향을 미치는 것으로 나타났다. 청소년기는 모방심리가 강한 시기로 광고를 통한 음주 장면과 도박 시청은 음주와 도박 행동에 대해 긍정적인 의미를 부여하고 모방하게 함으로써 중독에까지 이르게 할 수 있기 때문에 주의가 필요하다(정슬기, 이재경, 2017; 정슬기, 장승옥, 김성천, 2007; Anderson et al., 2009; Derevensky et al., 2010; Jernigan et al., 2016).

청소년 음주에 영향을 미치는 요인으로 주류 광고뿐 아니라 편의점과의 관련성에 대한 연구도 진행되었다. 윤난희(2019)는 도시지역 중학생의 알코올 접근성과 음주 경험에 대해 연구한 결과, 지역 내 편의점이 많을수록 청소년의 음주 경험 확률이 높은 것으로 확인되었다. 또한 음주예방교육을 받은 청소년들의 경우 지역 내 편의점 분포가 많아도 청소년의 음주 경험 확률이 유의하게 증가하지 않은 것으로 나타났다. 이러한 연구결과를 볼 때, 청소년의 음주폐해 예방을 위해서는 편의점 청소년 주류 판매 규제와 예방교육이 중요하다.

청소년의 중독률을 감소시키기 위해서는 광고 매체에 대한 규제뿐 아니라 편의점과 같은 주변 환경의 변화에도 관심을 가져야 하며, 예방교육에도 심의를 기울일 필요가 있다. 예방교육의 효과성은 음주뿐만 아니라 흡연예방교육에서도 나타나고 있다. 정가영(2017)의 연구에서 학교 흡연예방교육 여부에 따른 위험 흡연율은 중고등학생 모두 학교 흡연예방교육을 받은 집단이 받지 않은 집단에 비해 위험 흡연율이 유의미하게 낮았다. 문제가 발생했을 때 이에 대한 상담도 필요하지만 사전 예방교육이 중요하기 때문에 전국에 위치한 금연지원센터, 스마트쉼센터, 중독관리통합지원센터, 한국도박문제예방치유원 등에서 진행하는 예방교육과 다양한 자료를 활용하기 바란다.

3. 청소년 중독상담의 보호요인과 위험요인

1) 보호요인

보호요인은 부정적인 영향력을 중재하거나 완화시켜 문제행동의 가능성을 낮추는 변인으로 위험을 완충하거나 중단, 예방하는 요인이다(Compas, Hinden, & Gerhardt, 1995; Greene, 2004). 학자마다 보호요인의 분류 방식이 다른데, Werner(1989)는 개인의 기질, 정서적 유대, 외부 지지체계로 구분하였고, Garmezy (1993)는 기질적 요인, 가정적 요인, 외부적 지지자원의 존재 등 세 가지로 분류하였다. Bogenschneider(1996)처럼 개인, 가족, 또래, 학교, 지역사회 등 다섯 가지로 세분화한 학자도 있다. 김석준(2018)이 청소년 문제행동(음주, 흡연, 스마트폰 과의존, 도박행동)에 대한 보호 및 위험 요인을 측정할 수 있는 도구 개발 결과, 보호요인으로 개인영역에 자아존중감, 진로정체성, 가족영역에 가족 애착, 또래 및 학교 영역에 학교생활만족도, 지역사회 영역에 긍정적 이웃관계, 지역사회환경 등으로 나타났다. 여기에서는 개인 내적 요인과 환경적 요인으로 나눠 살펴보고자 한다.

(1) 개인 내적 요인

중독과 관련한 보호요인 중 개인 내적 보호요인으로 자아탄력성, 회복탄력성, 자기통제력, 자기효능감, 자아존중감, 영성 등이 있다(김영경, 2012b, 2013, 2017; 송미령, 김성영, 2012; 이혜순, 2014; 장성화, 박영진, 2010). 특히 자아탄력성과 관련한 연구들이 많이 진행되고 있는데, 자아탄력성이 스트레스 상황에 적응하기 위해 개인이 가지고 있는 보편적인 보호 적응기제이기 때문이다(Masten, 2001). 노혜은(2017)은 중학생 대상으로 연구한 결과, 스마트폰 과의존 경향성에 대한 보호요인으로 자아탄력성의 가능성을 확인하였다. 박숙경과 유명숙(2021)의 연구에서도 자아탄력성이 높을수록 청소년의 스마트폰 과의존은 낮은 것으로 나타남으로 인해 자아탄력성이 스마트폰 과의존을 감소시키는 중요한 변인의 가능성을 확인하였다. 도박문제행동에서도 유사한 결과를 보였다. Dickson, Derevensky와 Gupta(2002)는 청소년과 알코올중독, 약물중독 등과의 관계에서 탄력성이 보호요인으로 연구되고 있음을 근거로 청소년 도박행동의 적용 가능성에 대한 연구를 진행한 결과, 청소년 문제도박의 보호요인으로서의 가능성을 보고하였다. 국내 연구에서도 스트레스를 경험하는 청소년들 중 자아탄력성이 높은 경우에 도박행동을 감소시키는 효과를 보였다(김영경, 2013).

청소년 대상으로 진행한 연구에서 회복탄력성이 스마트폰 과의존을 낮추는 보호요인이라고 보고한 연구들도 있다(김수민 외, 2014; 도명숙, 2015; 조용우, 2015; Zhou et al., 2017). 김사라형선(2020)이 청소년 대상으로 진행한 연구에서 회복탄력성이 높은 청소년은 스마트폰 과의존으로 인해 대인관계 문제가 있어도 회복탄력성이 낮은 청소년보다 덜 심각할 수 있다는 결과로 인해 회복탄력성이 스마트폰 과의존으로 인한 대인관계 문제를 조절하는 것으로 확인되었다. 또한 학교생활 적응과의 관계에서도 스마트폰 과의존으로 인해 학교생활 적응이 어렵더라도 회복탄력성이 높은 경우 학교생활 적응 문제를 완화할 수 있는 것으로 나타났다.

자기통제력은 목표 달성을 위해 자신의 욕구를 충동적으로 행동하지 않고, 즐거움을 지연시키는 능력이다(Shaffer, 1993). 자기통제력은 영유아기에 발달이 시작되지만 아동기와 청소년기를 지나면서 지적 성취뿐 아니라 공격성, 정서, 도덕성 등 여러 영역의 발달에도 영향을 미치는 주요한 요인이다. 자기통제력이 낮은 사람이 충동적이고 위험한 행동을 선호하고, 근시안적으로 말보다 행동으로 표현하는 경향이 있다(Gottfredson & Hirschi, 1990). 이로 인해 낮은 자기통제력은 아동 및 청소년의 비행 및 중독 문제행동에도 영향을 주는 원인으로 보고되고 있다. 한편, 높은 자기통제력은 보호요인의 역할이 가능한데, 이는 자기통제력의 구성요인을 통해서도 알 수 있다. 자기통제력의 구성요인은 유혹에 저항하는 능력, 만족을 지연하는 능력, 충동을 억제하는 능력 등이다(송명자, 2011). 자기통제력은 중독 문제행동이 제공하는 쾌락의 유혹을 저항하고 순간의 즐거움을 지연하여 충동성을 억제함으로써 중독 문제행동으로부터 보호요인의 역할이 가능하다. 자기통제력은 가정환경과 부모의 양육태도에 영향을 받는데, 부모가 통제적이거나 방임의 양육태도를 보일 경우 자녀의 자기통제력이 저하되는 것으로 보고되고 있다(김선영, 김정희, 이경열, 2004; 연현진, 한애경, 윤혜미, 2011; 조한익, 2011). 자기통제력의 발달은 부모의 양육방식과 밀접한 관련이 있기 때문에 부모의 자녀 양육방식뿐 아니라 부모가 자기통제력의 건강한 모델로서의 역할이 중요하다. 아동 및 청소년의 자기통제력 향상을 위해서는 영유아기 때부터 건강하게 발달될 수 있도록 부모상담이 필요하다.

자기효능감은 자신의 능력으로 과업을 성공적으로 수행할 수 있다는 신념이며(Bandura, 1993). 개인의 불안과 스트레스를 조절할 수 있기 때문에 중독에서도 주요한 보호요인으로 연구되고 있다. 또한 자기효능감이 높은 사람은 낮은 사람에 비해 문제행동을 통제하고 중단할 수 있을 뿐 아니라 회복을 유지할 수 있기 때문에 자기효능감은 주요한 보호요인 중 하나이다(Allsop, Saunders, & Phillips, 2000). 인터넷 중독 성향을 보이는 사람에게서 자기효능감이 낮게 나타났고(Gunn, 1998), 낮은 자기효능감은 문제성 도박과도 관련이 있는 것으로 나타났다(Sylvain, Ladouceur, & Boisvert, 1997). 김영경(2013)이 청소년 대상으로 진행한 연구에서 청소년의 자기효능감은 스트레스로 인한 도박 문제행동의 증가를 완화시켜 주는 것으로 보고하였다. 따라서 스트레스 완충 역할을 할 수 있는 개인 내적 자원으로서의 자기효능감을 높임으로써 청소년의 중독 관련한 문제행동을 통제하고 회복을 유지할 수 있는 방안을 모색할 필요가 있다.

자아존중감은 자신을 가치 있는 존재로 평가하는 것으로 개인의 성장과 발달뿐 아니라 심리적 · 사회적 적응에 중요한 영향을 미치는 요인 중 하나이다. 자아존중감과 중독과의 관련성에 대한 연구에서 자아존중감과 중독의 관련성이 높은 것으로 보고되고 있다(김도희, 박영준, 장재원, 2017; 김혜영, 2018; 여종일, 2016). 자아존중감이 낮을수록 대면 상호작용보다 사이버상에서의 교류를 선호하고, 인터넷 과다사용으로 중독에 노출될 수 있다(Rauschenberger, 1995; Young & Rogers, 1998). 자아존중감과 중독 관련성을 도피이론으로 설명할 수 있다. 도피이론에서는 외적환경으로부터 좌절을 경험하게 되면 내부로 귀인하게 되어 낮아진 자아존중감이 자기파괴적인 행동으로 이끌게 되는데(Baumeister, 1990), 중독도 이러한 관점에서 자아존중감과의 연관성을 찾을 수 있다(진미령, 2016). 자아존중감이 낮을 경우, 부정적 자기평가에 대한 보상으로 스마트폰에 과의존하게 되어 스마트폰 중독 경향성을 보이는 것으로 여겨진다. 그러나 자아존중감이 높을 경우, 대인관계의 어려움이나 정서적 충격 경험을 하더라도 스마트폰 과의존 경향성이 낮게 나타난다는 연구들을 볼 때 자아존종감이 스마트폰 과의존 경향성을 완충시키는 역할을 하고 있음을 알 수 있다(김혜영, 2018; 정지민, 최은실, 2016). 그 외 흡연이나 음주 경험이 있는 청소년들에게서도 자아존중감이 낮게 나타났다(고재근, 2005). 흡연과 자아존중감과의 관련성에 대한 연구에서는 비흡연 청소년들의 자아존중감이 높게 나타난 연구도 있지만(고재근, 2005), 오히려 흡연 청소년들에게서 자아존중감 중 사회적 자아존중감이 높다는 보고도 있다(김미정, 2015). 청소년에게는 친구들과의 관계가 중요해서 더 많은 영향을 받을 수 있다.

영성은 초월적 존재와의 관계를 의미하는 수직적 측면과 인생의 의미와 목적을 추구하는 수평적 측면을 모두 내포하고 있으며(Ellison, 1983), 스트레스 상황에서 의미와 희망을 찾도록 하는 내적 자원의 역할을 하고 있다(Georgel et al., 2000). 이러한 역할로 인해 중독 회복에 있어서 주요한 역할을 해 오고 있으며, 중독의 보호요인으로 자리 잡게 되었다(Miller, 1998). 청소년을 대상으로 진행한 연구에서 실존적 영적 안녕감이 높을수록 인터넷 중독이 낮은 것으로 나타났고(신성만 외, 2011), 도박문제 행동에서도 영적 안녕이 도박 증상과 회복에 영향을 미치는 것으로 나타났다(김정연, 2005).

(2) 환경적 요인

환경적 요인으로 부모의 양육태도, 또래관계, 사회적 지지 등에 대한 연구가 진행되었다. 첫 번째로, 부모의 양육태도는 아동 및 청소년의 행동, 사고 및 정서 등에 직접적인 영향력을 미치는 주요한 요인이기 때문에 자녀를 중독으로부터 보호하는 주요 변수로 작용하고 있다. 이어리와 이강이(2012)는 부모의 애정적 양육태도가 자녀의 중독을 예방하는 요인으로 보았다. 중학생을 대상으로 진행한 이영희(2016)의 연구에서는 부모 양육태도 중 애정적 양육태도가 강할수록 스마트폰 과의존이 낮게 나타났고, 거부적이고 과보호적 양육태도는 스마트폰 과의존의 위험요인으로 나타났다. 부모와의 애착수준이 높을수록 청소년의 도박행동은 감소한다는 보고도 있다(이해경, 임동훈, 김혜원, 2014). 그러나 부모의 비일관적인 양육태도나 방임과 같은 양육방식은 오히려 중독을 유발하는 위험요인으로도 작용될 수 있기 때문에 부모의 양육태도는 중독에 영향을 미치는 양날의 칼과 같아서 바람직한 부모의 양육태도가 중요하다.

두 번째 환경적 요인은 또래관계이다. 또래와의 건강한 관계는 스트레스를 완화시켜 주는 기능을 하지만 갈등관계인 경우에는 스마트폰 과의존에 빠지게 할 수 있다(임정희, 신고은, 전우영, 2015). 이영희(2016)의 연구에서는 중학생들이 또래애착이 강할수록 스마트폰 과의존이 낮게 나타났다. 또래애착은 또래관계에서 서로 의지하고 감정과 생각을 공유하는 건강한 관계를 의미한다(한정숙, 2008; 홍미자, 2005).

세 번째 환경적 요인은 사회적 지지로 부모지지, 친구지지, 교사지지는 스마트폰 과의존과 도박행동을 감소시키는 요인이라는 연구결과가 있다(정경아, 2016; 채수정, 2018). 핵가족화로 사회적 관계의 중요성이 부각되면서 사회적 지지는 긍정적 정서에 중요한 역할을 하고 있다. 특히 부모로부터 적절한 지지를 제공받지 못했을 경우, 아동 및 청소년에게 사회적 지지는 여러 위험요인으로부터 보호하는 주요한 버팀목이 된다. 정경아(2016)가 청소년 대상으로 진행한 연구에서 사회적 지지는 청소년의 우울과 불안이 스마트폰 과의존과의 관계에 영향을 미쳐 스마트폰 과의존을 조절하는 것으로 나타났다.

부모관계, 또래와의 건강한 관계는 스트레스를 완화시켜 주고 중독에 빠지지 않도록 보호요인의 역할이 가능하지만, 갈등관계인 경우에는 스마트폰 과의존에 빠지게 할 수 있다(이영희, 2016; 임정희, 신고은, 전우영, 2015). 그러나 이러한 환경적 요인으로 모두 중독이 되는 것은 아닌데, 이는 개인 내적 요인에 따라 차이가 발생하는 것으로 개인내적 요인이 더 중요함을 알 수 있다. 예를 들어, 자아탄력성이 높은 경우에는 스마트폰을 적절하게 활용하고 통제하여 중독문제가 보이지 않는다(정경아, 김봉환, 2015). 또한 스트레스에 대해 적절한 대처방식을 사용하는 경우에도 중독으로부터 보호되고 있다(김광현, 장재홍, 2010). 김영경(2017)이 청소년 대상으로 진행한 연구에서 가족기능과 스마트폰 과의존 간의 관계에서 실존적 영적 안녕감이 유의한 매개효과를 보였다. 조용우(2015)가 청소년 대상으로 진행한 연구결과, 회복탄력성은 부모 돌봄 및 과보호와 스마트폰 과의존을 각각 완전 매개하는 것으로 나타났다. 이를 볼 때 환경적 요인도 중요하지만 개인내적 요인들을 활성화시킬 수 있는 프로그램 개발과 상담개입이 진행될 때 아동 및 청소년을 중독으로부터 예방할 수 있다.

2) 위험요인

위험요인은 문제 상태를 심각하게 만들거나 유지시키는 요인으로 타인에 비해 문제를 일으킬 소지가 높아지도록 한다. 문제행동이론에서는 위험요인을 심리사회적 요인, 개인적 취약성, 행동적 위험요인으로 구분하였다(Costa, Jessor, & Turbin, 2007). David 등(2003)은 개인 심리내적 요인과 환경적 요인으로 분류하였다. 김석준(2018)은 청소년 문제행동(음주, 흡연, 스마트폰 과의존, 도박행동)에 대한 위험요인으로 개인영역, 가족영역, 또래 및 학교 영역, 지역사회 영역으로 구분하였다. 개인영역은 낮은 자기통제력, 우울 및 불안, 가족영역은 가족갈등, 문제행동에 대한 부모의 방임, 또래 및 학교영역은 또래의 반사회적 행동, 지역사회 영역은 유해매체 환경으로 나타났다. 이처럼 학자마다 분류 방식이 다양한 점도 있지만 중독 유형에 따라 위험요인에 차이를 보이기도 하기 때문에 여기에서는 개인 내적 요인과 환경적 요인으로 구분하면서 중독 유형에 따른 위험요인에 대해 살펴보고자 한다.

(1) 개인내적 요인

중독과 관련된 위험요인 중 개인내적 요인에 대한 연구는 주로 스트레스, 우울 및 불안과 같은 정서적 요인, 중독에 영향을 미치는 동기나 신념 등을 중심으로 진행되고 있다.

첫째, 스트레스가 주요 위험요인 중 하나로 중독에 영향을 미친다. 아동 및 청소년기는 다양한 변화의 시기여서 적응에 어려움을 겪을 뿐 아니라 정체성과 다양한 발달과제를 수행하는 과정에서 스트레스를 받는 시기이다. 또한 진로 및 진학과 관련하여 학업에 대한 스트레스뿐 아니라 또래관계, 가족관계 등 다양한 관계 경험 속에서 오는 스트레스로 인해 이들이 중독에 빠질 위험성이 크다. 중독행동이 스트레스에서 벗어나고자 하는 욕구를 충족시켜 주기 때문에, 즉 스트레스를 회피하는 수단으로 사용되면서 중독에 빠지게 된다(Craig, 1995; Jacobs, 1986, Sharpe & Trarrier, 1993).

둘째, 우울이나 불안, 충동성과 같은 정서적 요인이다. 스마트폰 과의존의 개인내적 위험요인으로 우울, 불안이라고 보고한 연구들이 있다(서지혜, 2012; 정경아, 2016). 정경아(2016)가 청소년 대상으로 진행한 연구결과에 따르면, 청소년의 우울과 불안이 높을수록 스마트폰 과의존이 높게 나타났다. 충동성은 청소년 비행문제와 관련된 변인으로 심사숙고하지 않은 행동 특성을 보이며, 통제력이 결핍되어 있어서 중독문제에 영향을 주는 요인이다. 연미영(2006)이 청소년 대상 도박문제와 충동성과의 관련성에 대해 연구한 결과, 충동성이 도박행동, 도박신념, 미래 도박동기에 영향을 미치는 것으로 나타났다. 그러나 스마트폰 과의존과의 연구에서는 충동성이 스마트폰 과의존에 영향을 미친다는 연구(이은정, 어주경, 2015)도 있고, 영향을 미치지 않는다는 연구도 있어 차이를 보이고 있다(여현주, 2013; 정경아, 2016). 우울, 불안과 같은 내재화된 문제가 스마트폰 과의존에 더 큰 위험요인이며, 이는 충동성과 같은 외현화된 요인과 달리 잘 드러나지 않기 때문에 이에 대한 좀 더 주의 깊은 관심과 개입이 필요함을 알 수 있다.

셋째, 중독에 영향을 미치는 동기나 신념 등이다. 청소년 도박행동에서 위험요인에 대해 연구한 결과, 위험요인 중 개인요인으로 도박동기, 비합리적 도박신념의 영향이 크다는 보고가 있다(강지영, 김현수, 2019; 권선중, 김교헌, 최지욱, 2006; 권선중, 김교헌, 성한기, 강성군, 2007; 김영경, 2012a, 2012b; 양정남, 최은정, 이명호, 소영, 2011). 비합리적 도박신념은 도박의 과정 또는 도박 결과에 대한 잘못된 인지적 기대로(이홍표, 2002) 도박문제에 영향을 미치는 주요 변인 중 하나이다. 권선중 등(2006)이 아동 대상으로 실시한 연구에서 비합리적 도박신념이 높을수록 도박성 게임 행동이 증가하는 것으로 나타났다. 또한 청소년의 비합리적 도박신념이 성인이 된 후에도 도박을 할 수 있다는 것에 영향을 미치고, 미래 도박행동 가능성에도 영향을 미치는 변인임을 보고한 연구를 볼 때, 비합리적 도박신념에 대한 개입을 위한 예방교육과 프로그램 개발이 필요하다(김영경 2012a; 연미영 2006).

(2) 환경적 요인

아동 및 청소년의 중독문제에 영향을 미치는 위험요인 중 환경적 요인으로 부모의 양육태도나 가족 간의 의사소통 방식 등이 역기능적인 요인도 있지만, 중독 문제를 가지고 있는 부모나 형제자매, 또래친구, 그리고 중독과의 접근 용이성 등이 영향을 미치고 있다. 먼저, 아동 및 청소년 주변에 흡연, 음주, 도박 등 중독문제를 가지고 있는 가족이나 친구가 있을 경우 중독 문제에 쉽게 노출되어 경험하게 되고 중독에 빠지는 경향이 있다(강지영, 김현수, 2019; 김영경, 2012b; 연미영, 2006; Griffiths, 1993). 이는 문제행동을 접할 수 있는 기회가 되고, 하나의 부적절한 모델링이 되어 중독과 같은 문제행동을 하게 될 가능성이 높다.

둘째, 중독문제를 접할 수 있는 접근성과 가용성이 중독문제에 영향을 미친다(연미영, 2006; 윤난희, 2019). 예를 들면, 아동 및 청소년이 도박을 쉽게 접할 수 있는 카지노 유치지역뿐 아니라 거주 지역에 PC방이 많은 경우에는 인터넷 도박을 쉽게 할 수 있어서 도박문제뿐 아니라 인터넷 중독문제까지 발생할 수 있다. 특히 스마트폰 사용률이 높아지면서 스마트폰 과의존율도 높아진 것을 볼 때 접근성과 가용성은 중독문제와 연관이 높다. 뿐만 아니라 담배나 주류 구매가 용이한 편의점과의 관련성 연구에서도 지역 내 편의점이 많을수록 청소년의 음주 경험 확률이 높기 때문에 접근성과 관련된 환경적 영향에 대해 주의가 필요하다.

셋째, 중독문제와 관련된 광고의 영향력이다. 광고로 인해 어떤 대상에 반복적으로 노출될 경우 그 대상에 대해 자연스럽게 호의적인 태도를 갖게 되는데, 특히 아동 및 청소년이 좋아하는 연예인이 광고모델이 될 경우에는 이러한 각인이 더 강하게 형성될 수 있다. 광고효과로 모방행동과 함께 청소년의 동조성까지 연결될 경우 그 파급효과는 크다. 금연 광고처럼 흡연율 감소에 영향을 미치는 경우도 있지만 도박, 인터넷 게임 및 주류 관련 광고는 오히려 중독문제에 부정적인 영향을 미치고 있기 때문에 광고 내용이나 광고 모델 등과 관련해서도 주의가 필요하다.

아동 및 청소년의 중독문제를 예방하기 위해서는 위험요인을 제거하거나 감소시키는 것도 중요하지만 위험요인이 있다고 해서 모두가 중독에 빠지는 것은 아니기 때문에 보호요인을 강화할 수 있는 프로그램을 개발할 필요가 있다. 특히 가족 간의 유대관계를 향상시킬 수 있는 방안을 모색하고 지역사회가 함께 예방에 앞장선다면 아동 및 청소년을 중독문제로부터 보호할 수 있을 것이다.

4. 중독상담의 실제

중학교 1학년인 H군은 초등학교 때까지는 학교에서는 우수한 학생으로 가정에서는 장난스러운 아들로 사랑받는 학생이었다. 중학교에 입학한 이후부터 말수가 줄어들고, 학교에서도 가정에서도 활발하지 않고, 2학기가 되어서는 성적도 떨어지고 계속 인터넷 게임만 하는 아들이 걱정이 된 어머니의 권유로 상담을 오게 되었다.

어머니의 권유로 상담을 받으러 왔지만 자신은 문제가 없고, 인터넷 게임을 많이 하고 있지만 심각한 상태는 아니며, 그냥 모든 것이 귀찮고 대화할 대상이 없어서 게임을 한다고 하였다. 집에 오면 엄마는 중3인 누나를 특목고에 입학시키기 위해 챙기기 바쁘고, 누나를 학원에 데려다주고 데려오기 바쁘며, 집에 와서도 누나 방에만 있어서 한편으로는 편하고, 자신까지 엄마를 힘들게 하면 안 된다고 하였다. 아빠는 직장 때문에 지방에 거주하고 있고, 한 달에 한두 번 오시지만 피곤해하시며 잠만 자기 때문에 귀찮게 하면 안 된다고 생각하고 있었다.

가족과 함께 여행을 가고 시간을 보냈던 적이 즐겁고 행복했다는 생각이 들지만 지금은 가족에게 딱히 필요한 존재가 아니고 자신에 대해서도 관심을 가지고 있지 않기 때문에 조용히 집에서 인터넷 게임을 하는 것인데 왜 갑자기 자신에게 문제가 있다면서 귀찮게 하는지 이유를 모르겠다고 하였다. 자신은 누나처럼 뛰어나지도 않아서 특목고에 갈 실력도 안 되기 때문에 그냥 일반 고등학교에 진학해서 평범하게 살 계획이라서 공부를 더 할 필요도 없고 지금 이대로가 편하다며 엎드려서 말하는 H군은 목소리에 힘이 없고, 축 처진 모습이 무기력해 보였다.

이 사례는 게슈탈트상담 이론에 근거하여 사례개념화하고, 상담목표 설정 및 상담진행 방향에 대해 살펴보고자 한다.

1) 사례개념화: 게슈탈트상담 이론에 의한 사례개념화

활발했던 내담자는 분거가족으로 아버지와의 상호작용이 되지 않고 있고, 어머니는 고등학교 진학을 앞두고 있는 누나에게 집중하고 있기 때문에 자신의 정체성에 대해 고민하기 시작하는 중학생이 된 내담자는 변화를 보이고 있다. 자신의 감정과 욕구를 알아차리고 행동하기 위해서는 지지가 필요한데 H군은 가족 모두로부터 지지를 받지 못하고 있다. 이로 인해 자신과의 접촉을 회피하고 인터넷 게임을 하면서 자신에 대해 가족이 관심이 없다는 형태의 투사적 반응으로 접촉경계 혼란을 경험하고 있는 것으로 여겨진다. 또한, 내담자의 투사가 가족 간의 기능적인 상호작용 결핍으로 인한 것일 수도 있기 때문에 가족환경이 중독의 위험요인으로 작용하는 것을 멈추고 보호요인으로서 활용방안을 모색하기 위해 부모상담이 필수적으로 진행되어야 한다. 어린 시절 가족과 여행하며 행복했던 기억을 가지고 있음은 가족이 보호요인으로 사용될 수 있는 자원의 가능성이 높기 때문에 이에 대한 탐색도 병행한다. 초등학교 때 우수하고 밝은 학생이었다는 정보를 통해 H군이 가지고 있을 자기효능감과 자아존중감을 활성화함으로써 이를 인터넷게임으로부터 벗어날 수 있는 보호요인으로 활용할 방안 모색이 필요하다. 대화할 대상이 없다는 말은 대화하고 싶다는 욕구를 가지고 있다는 것이고, 자신이 가족에게 필요한 존재가 아니라는 말은 필요한 존재이고 싶다는 욕구가 있음을 내담자가 알아차리게 하는 개입이 필요하다. 다만, 이를 가족에게 표현하기에는 가족이 너무 바쁘고 힘들어 보이기에 이를 억압하고 표현했을 때 발생할 상황들에 대한 염려로 인터넷 게임 속으로 자신을 내던지는 내파 층에 머물고 있는 것으로 여겨진다. 특히 엎드려서 시선을 회피하고 작은 목소리를 내는 행동 등을 볼 때 자신의 에너지를 차단하고 있는 것으로 여겨지며, 에너지가 있지만 인터넷 게임으로 소비하고 있거나 생산적인 행동으로 옮기지 않아 자신의 욕구를 해결하지 못한 상태이다. 인터넷 게임은 자신의 욕구를 숨기기 위한 하나의 수단으로 활용되고 있는 것으로 여겨지나 상담을 진행하면서 어느 정도 심각한지에 대한 점검이 필요하다. 또한 내담자가 자신의 욕구를 진정으로 알아차리고 있는지에 대한 점검과 접촉을 통해 게슈탈트가 해소되어 에너지를 행동화할 수 있는 개입이 필요하며, 내담자가 자신의 욕구를 표현하고 행동화할 수 있도록 부모의 협력이 필요하기 때문에 상담의 효과성을 높이기 위해 부모상담을 병행한다.

2) 상담설계

① 상담목표

–자신이 원하는 것을 가족에게 이야기하고 함께할 수 있는 방법을 모색해서 시도해 보기

② 상담전략

–미술 매체를 통해 자신의 현재 감정과 욕구 알아차리기 개입

–가족과 함께 시간을 보냈던 기억들을 점토나 그림 등으로 표현하여 시각화하여 자신의 욕구를 표면화하고 자신의 존재성을 알아차리도록 개입

–빈의자기법을 통해 자신의 감정과 욕구를 자신의 내면뿐 아니라 가족에게

표현하도록 개입

–실연을 통해 가족과 함께하고 싶은 것들을 실제로 경험하게 함으로써 실제 가능한 방법을 모색하도록 개입

–과제를 통해 상담장면에서 연습한 것과 상호작용을 위한 방안 모색 등을 삶 속에서 적용해 보도록 개입

③ 회기별 상담계획(안)

회기	목표	내용	기법
1	상담구조화	1. 상담목표 설정 2. 내담자 주 호소문제와 촉발요인 및 핵심감정 파악	공감, 적극적 경청, 명료화, 의사 확인, 탐색 질문
2~5	자기감정과 욕구 탐색하고 알아차리기	1. 현재 자신의 감정과 욕구를 알아차리기 2. 가족과 함께했던 기억들을 시각화하여 내담자와 가족의 상호작용 활성화를 위한 자원 탐색 3. 가족관계에서의 자신의 존재성 알아차리기	미술매체를 활용(점토, 그리기 등)
6~9	자신의 감정과 욕구 표현하면서 명료화하기	1. 자신의 감정과 욕구를 자신의 내면에게 이야기하여 명료화 2. 가족 중 한 명을 선정하여 자신의 감정과 욕구 표현하기 연습 3. 예상되는 다양한 상황을 연출하여 연습하면서 대응할 수 있도록 준비	빈의자기법, 나–전달법, 과제
10~12	가족 구성원 중 한 명과 상호작용 방안 모색하기	1. 가족과 함께했던 기억들을 통해 확보한 자원을 활용하여 상호작용할 수 있는 방안 리스트 작성 2. 가족 구성원 중 한 명과 함께할 수 있도록 계획 세우기	실연, 과제
13~14	상호작용 시도해 보기	1. 상호작용할 수 있는 방안 중 하나를 선택해서 실천하고 그것에 대한 경험 나누기 2. 상담 종결 준비	과제
15	상담 마무리	1. 상담목표 달성 여부 확인 2. 미해결과제 및 상담 종결 후 안내 3. 이별 감정 다루기	공감, 적극적 경청, 명료화, 의사확인, 반영

이 사례는 표면적으로 인터넷 게임으로 인한 학업능력 저하로 생각되기 때문에 인터넷 게임을 어떻게 하면 멈추게 하고 통제력을 향상시킬 것인지에 초점을 맞춰야 한다고 생각할 수 있다. 그러나 사례개념화에서도 나타난 것처럼 내담자는 자신의 정체성에 대해 고민을 하고 있고 가족의 관심이 없다는 형태의 투사적 반응으로 자신과 가족의 접촉을 차단하고 있다. 인터넷 게임은 회피적 수단으로 사용하고 있기 때문에 인터넷 게임에 집중하기보다는 내담자의 현재 감정과 욕구에 대한 초점화가 필요하다. 이러한 맥락은 1회기에 내담자의 주 호소문제와 핵심감정 등에 대한 탐색으로 사례개념화를 통해 구조화가 가능하다.

2~5회기에서는 내담자가 자신의 감정과 욕구를 탐색하고 알아차릴 수 있도록 하는 공감과 적극적 경청을 통해 신뢰관계 형성에 중점을 두는 개입이 필요하다. 내담자는 가족이 자신에게 관심이 없다고 생각하기 때문에 상담사의 좀 더 적극적인 관심 표현이 필요하다. 이를 통해 H군이 상담에 대해 편안하고 안전함을 느끼면서 비자발적인 태도의 변화를 가질 수 있도록 하여 자신과의 감정 및 욕구 접촉을 위한 준비를 할 수 있도록 한다. 물감이나 색연필과 같은 미술도구를 활용하여 색이나 그림으로 자신의 현재 감정을 표현하여 시각화함으로써 다시 느껴 보고 접촉하도록 한다. 특히 가족이 자신에 대해 관심이 없다고 생각하는데, 이에 대한 탐색과 함께 가족과 함께했던 기억들을 통해 상호작용의 자원을 확인한다. 대화를 회피할 경우, 내담자의 자발성을 높이기 위해서 점토나 그리기 등을 통해 가족과 함께했던 상황들을 점토나 그림으로 표현하게 하고 상호작용을 활성화할 수 있는 자원 탐색과 함께 가족관계에서의 자신의 존재성에 대해 다시 생각해 보도록 개입한다.

6~9회기에는 자심의 감정과 욕구를 표현하면서 명료화한다. 인터넷 게임으로 회피하고 있었기 때문에 미술매체를 활용하여 자신을 표현하고 시각화하는 과정을 통해 자신에 대한 감정과 욕구에 대해 관심을 가진 것을 명료화하는 단계이다. 빈의자기법을 활용하여 자신의 내면과 대화를 시도하면서 명료화할 수 있고, 가족관계와도 관련이 있기 때문에 가족 구성원 중 한 명을 선택하여 상담장면에서 표현하는 연습을 통해 명료화한다. 실제 상황에 적용하기 전에 예상되는 상황을 연출하여 연습을 통해 대응할 방안을 모색하며 준비하도록 한다. 또한 부모상담을 병행하여 내담자의 감정과 욕구를 표현할 때 함께 상호작용이 가능하도록 준비하는 것이 중요하다. 부모상담이 병행될 때 가족이 하나의 지지집단이 되어 인터넷 게임에서 벗어

날 수 있게 하는 보호요인의 역할을 할 수 있게 됨으로써 H군의 상담 효과성이 높아질 수 있다.

10~12회기에는 가족과 함께할 수 있는 상호작용 방안을 모색하여 계획을 세우면서 시도할 준비를 한다. 가족과 함께했던 기억들을 통해 확보한 자원을 활용하여 함께 하고 싶은 대상을 선정하고 무엇을 하고 싶은지에 대한 목록을 작성한다. 목록별로 구체적인 계획을 세우고 현실적으로 가능한 순서를 정한다. 이러한 준비가 되면 13~14회기에는 상호작용을 시도해 보고 그것에 대한 경험 나누기를 통해 자신의 감정과 욕구 표현의 필요성과 경험을 통한 자신의 존재성 확인에 대한 점검을 진행한다. 오랜만에 가족 구성원과 함께 시간을 보내는 것이기 때문에 어색할 수 있음에 대해 반영하고, 어떻게 반응할지에 대한 점검을 하면서 실전에 대한 준비를 하고, 경험 나누기를 통해 자신과 타인과의 접촉을 강화시키면서 종결을 준비한다. 계획을 세우고 실천하는 과정을 통해 자기효능감과 자아존중감을 높이는 계기로 활용하여 인터넷 게임으로부터도 벗어날 수 있도록 하는 보호요인의 역할을 할 수 있도록 한다.

15회기에는 상담목표 달성 여부를 확인하고 인터넷 게임에 대한 내담자의 생각을 점검한다. 상담 중에 인터넷 게임에 대한 직접적인 개입은 없었지만, 상담 종결 시점에 이에 대한 생각을 점검하고 현재 상태를 확인하는 과정은 필요하다. 이러한 과정을 통해 어떤 상황에서 자신이 인터넷 게임을 하게 되는지를 알아차리게 되면 이에 대한 조절도 가능할 수 있기 때문이다. 미해결과제와 상담 종결 후에 필요한 사항에 대한 안내를 하고 이별 감정을 나눈 후 상담을 종결한다.

5. 중독상담 시 고려사항

중독상담은 단 하나의 문제 상황만 있는 것이 아니라 복합적인 문제를 가지고 있기 때문에 좀 더 복잡하다. 게다가 내담자가 자신의 중독문제를 인식하지 못하는 경우가 대부분이고, 부모는 이를 멈추게 하려고 강압적으로 개입을 하다 보니 협력관계가 되기보다 갈등관계까지 추가되어 상담진행에 어려움이 발생하고 있다. 이러한 여러 상황을 감안하여 중독상담 시 고려해야 할 사항에 대해 살펴보고자 한다.

첫째, 내담자가 자신의 중독문제를 인정하는 경우가 드물기 때문에 대부분의 내담자가 상담에 임하는 자세가 비자발적이다. 그렇다고 "당신은 심리검사 결과 중독입니다!"라고 말한다고 해서 인정하는 것도 아니다. 자신의 중독문제에 관해서 인식할 수 있도록 하는 방법 모색이 중요하다. 중독 관련 문제를 접하기 전과 이후의 변화를 돌아보게 할 수도 있고, 새로운 관점에서 생각해 볼 수 있는 질문들을 통해 생각을 자극할 수도 있다. 예를 들면, 현재의 삶에 대해 자신은 어떻게 생각하는지, 진정으로 자신이 원하는 삶을 살고 있는지, 자신뿐 아니라 가족이나 주변 사람도 함께 만족한 삶을 살고 있는지 등을 통해 스스로 탐색하면서 자각하게 할 수 있으나 내담자의 특성에 따라 적절한 방법을 찾아야 한다.

둘째, 내담자가 자신의 중독문제를 인정해도 중독상담은 어렵고 복잡하다. 중독상담을 진행할 때는 사례개념화가 더욱 중요하다. 앞에서 언급한 것처럼 한 가지의 중독문제만 있는 것이 아니라 2개 이상의 중독문제가 있기도 하고, 중독되기까지 오랜 기간 동안 영향을 미친 원인과 그것으로 인해 현재 파생된 정신적 · 사회적 · 신체적 문제까지 복합적인 문제 상황에 놓여 있기 때문이다. 중독상담에서 사례개념화가 더욱 중요한 이유는 바로 이러한 문제 때문이다. 내담자가 제공한 정보를 이론에 기반하여 좀 더 상세하게 사례개념화를 진행해야 주어진 회기 동안 효과적인 개입이 가능하다.

셋째, 중독상담은 중독문제를 완화시키거나 멈추게 하는 것에 목표를 두게 되면 오히려 반감을 사게 되어 역효과가 나타날 수 있다. 중독문제는 표면적인 문제일 수 있기 때문에 심층적인 원인을 해결하는 데 집중하는 것이 중독에 대해 계속 언급하면서 스트레스를 주는 것보다 더 효율적일 수 있다. 앞에서 제시한 H군도 표면적으로는 인터넷 게임 중독이 문제이지만 H군이 인터넷 게임에 빠지게 된 것은 가족관계에서의 상호작용 부족으로 인한 소외감과 외로움이 핵심감정이고 핵심문제이기 때문에 이에 대한 개입을 우선시할 때 더 효과적일 수 있다. 표면적인 인터넷 게임에 집중을 하게 되면 모든 문제가 인터넷 게임을 하는 내담자에게 있는 것이 되고, 이로 인해 자신의 마음을 이해받지 못해 억울함이 더 커져서 중독이 심각해질 수 있다. 부모가 인터넷 게임을 문제로 인식하고 이를 요청하였기 때문에 이를 시급하게 다뤄야 한다는 부담이 있겠지만, 그럴수록 내담자에게 집중하여 내담자의 욕구를 파악하고 중독문제를 통해 무엇을 얻고 있는지 등을 탐색하여 개입해야 한다.

넷째, 부모의 협조가 필요하다. 아동 및 청소년 상담 시 거의 모든 영역에서 부모의 협조가 필요하지만, 특히 중독에서는 협조가 필수라고 할 만큼 중요하다. 중독이 부모의 양육태도나 부모-자녀관계에서 역기능적인 면으로 인해 발생하는 원인에 대한 개입을 위해서도 필요하지만, 중독상담에서는 부모의 모델링이 중요하기 때문이다. 중독에 빠진 자녀들을 상담하다 보면 중독문제를 가지고 있는 부모들이 있는 경우가 많다. 어려서부터 자연스럽게 보면서 습득하게 되어 중독문제를 일으키는 경우가 종종 있다. 이는 다른 관점에서 보면 중독에서 벗어난 건강한 모습을 보이면 이 또한 자연스럽게 학습이 되어서 자녀의 중독상담에 효과를 볼 수 있다. 부모는 직장뿐 아니라 집에서도 하루 종일 스마트폰을 손에서 떼지 않으면서 자녀에게는 못하게 한다거나 부모가 흡연이나 음주, 도박을 놀이로 생각하고 할 경우에 자녀에게 이를 금하기는 어렵다. 부모 스스로 중독문제와 관련된 행동을 함에 있어서 합리화를 하지 않도록 주의가 필요하다. 또한 부모와 협력적인 관계에서 자녀가 중독문제를 통해 무엇을 원하고 이득을 보고 있는지를 살펴서 이에 대한 다른 대처 방안을 모색하고 일상에서 적용할 수 있도록 한다.

다섯째, 위험요인을 제거하는 것도 필요하지만 보호요인을 활성화하는 방안을 모색하는 데 집중하기 바란다. 위험요인을 모두 제거하기는 어려움이 있다. 또한 위험요인이 있음에도 불구하고 중독 문제행동을 보이지 않는 것은 보호요인이 활성화되어 있기 때문임을 감안해서 보호요인을 개발하고 강화하는 데 주력하는 것이 효과적이다. 이를 위해 아동 및 청소년에게 적합한 예방 프로그램을 개발하고, 가정에서 부모가 예방할 수 있는 매뉴얼을 제공하여 사전에 예방하도록 하는 방안이 더 효과적이라 하겠다. 대체로 개인 내적 보호요인들은 아동 및 청소년의 발달과제와 관련된 요인이기 때문에 부모가 가정에서 자신들의 발달과제를 잘 수행하고 개발할 수 있도록 양육하는 것이 필요하다. 특히 자녀가 어릴 때부터 부모가 자녀와 함께 이야기하면서 스스로 선택과 결정을 할 수 있도록 하고, 실패를 경험하면서 스트레스에 대한 대처 능력을 개발할 수 있도록 부모상담이 강화될 필요가 있다.

● 학습문제 ●

1. 상담사로서 자신의 중독문제 가능성에 대해 생각해 보고, 이를 해결하기 위한 방안을 모색해 보자.
2. 중독문제가 심각해지지 않도록 하는 자신의 보호요인은 무엇이고, 위험요인은 무엇인지 생각해 보고 나눠 보자.
3. 중독문제를 가지고 있는 아동 및 청소년을 상담함에 있어서 어려운 점은 무엇이고, 이를 해결하기 위한 방안을 모색해 보자.
4. 앞서 제시한 사례를 토대로 인지행동상담 이론에 입각한 사례개념화를 연습해 보자.

제14장

다문화상담

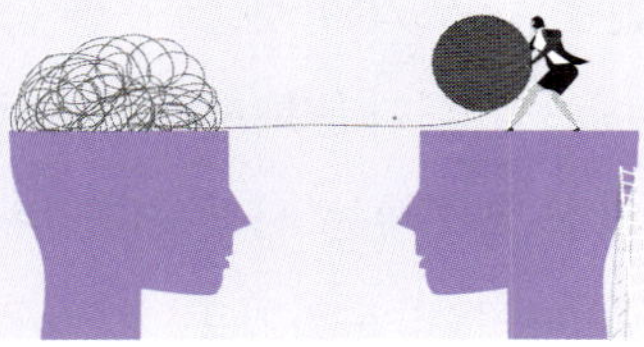

1. 다문화 아동 및 청소년 관련 통계 및 현황

바야흐로 현대 사회는 글로벌 사회라고 한다. 2019년엔 우리나라에서 제작된 영화가 프랑스 칸 영화제에서 황금종려상을 수상했으며, 한 가수는 미국 빌보드 차트에서 1위를 하기도 하였다. 최근에 넷플릭스에서 개봉한 한국 드라마가 세계적으로 선풍적인 인기를 끌고 있다는 소식이 들려오기 시작한다.

그러나 가만 보면 이러한 상황을 꼭 한국적이라고 할 수 있을까? 예를 들어, 요즘 'K-pop'이라는 용어가 선풍적인 인기를 끌고 있는데 이는 과연 무엇인가? 여기서 pop 앞에 붙어 있는 K는 '대한민국(Korean)의'라는 용어를 지칭한다. 그렇다면 여기서 '대한민국의'라는 수식어는 무엇인가? 가수 자체나 제작한 회사가 한국적인가? 노래에 한국어가 지배적으로 나온다면 한국적이라고 부를 수 있는 것인가? 선율이 중요하다고 할 때, 만약 누군가가 한국의 고유한 창을 불렀다면 그것이야말로 한국적이라고 할 수 있는가? 사실 쉽지 않은 문제인데, 역사적으로 볼 때 어떤 문화도 그 자체의 독립성과 고유성을 지닌 채 구성된 적이 있지 않기 때문이다. 사실 어떤 문화는 다른 문화권과 교류하고 통합되고, 변형되며 토착화해 왔으며, 이러한 역사적 시간과 향토화는 삼투압의 성질을 지니고 상호작용을 이루다가 시간이 지나면서 자신만의 문화로 해석되었다. 문제는 21세기의 문화의 급격한 확산과 수용에 있다. 인터넷과 SNS의 발달, 모바일의 보편화 및 제4차 산업시대가 맞물려 문화의 교류는 기하급수적으로 활발하게 이어지고 있는데, 우리의 시대를 국제화시대라고 부르는 이유가 바로 여기에 있다. 이러한 활발한 문화 교류에서는 어떤 것을 토착화된 문화라고 이야기하기가 매우 어려우며, 우리의 것, 고유한 문화를 주장하는 것은 불가능에 가깝다. 즉, 현대의 시대에야말로 다문화시대이며, 국제화된 시대는 여러 문화가 활발하게 침투하고 전파되며 공존하는 사회이다. 다문화 사회와 가족의 형태엔 여러 모습이 있지만, 여기서는 이 중 다문화가족 내에서의 미래 사회를 이끌 다문화 아동 및 청소년에 대한 논의로 좁혀서 이야기해 보고자 한다.

대한민국은 1990년대 중반부터 국제결혼이 증가하고 다문화가정 역시 현저히 증가하였다(유봉애, 옥경희, 2013). 그렇다면 여기에서의 다문화란 무엇인가? 다문화의 정의에 대해 향토문화전자대전(2022)에 따르면, 다문화란 '많을 다(多)'와 '문화(文化)'의 말이 붙어 '여러 나라의 생활양식'이란 뜻이다. 그렇다면 다문화가족이란 무엇인가? 우리 법률이 규정하는 「다문화가족지원법」 제2조 제1호를 살펴보면 '다문화가족'이란 "결혼이민자와 「국적법」의 규정에 따라 대한민국 국적을 취득한 자로 이뤄진 가족이나 「국적법」에 따라 대한민국 국적을 취득한 자와 대한민국 국적을 취득한 자로 이뤄진 가족"(「다문화가족지원법」 제2조)을 의미한다. 다만 사실혼 관계에서 출생한 자녀를 양육하고 있는 다문화가족 구성원에 대해서도 다문화가족 지원 규정이 적용된다(「다문화가족지원법」 제14조). 즉, 대한민국의 다문화가족은 결혼의 파트너 중 한 명이 대한민국의 국적을 가지고 있어야 한다는 것을 의미한다. 그렇다면 다문화가정에서 태어나는 아동 및 청소년을 다문화 아동 및 청소년이라고 지칭할 수 있는데, 이는 결국 결혼이민자와 대한민국 국적을 가진 부모에 의거하여 해당 용어를 정의했다고 총칭할 수 있다.

여성가족부 다문화가족 관련 통계 현황(2021)에 따르면, 2021년 5월 기준으로 결혼이민자는 168,797명으로 여성이 137,596명(81.5%), 남성이 31,201명(18.5%)으로 여성의 수가 전반적으로 많은 것을 알 수 있다. 한편, 국가별 현황으로 중국(한국계 포함)은 35.4%으로 가장 많고 뒤를 이어 베트남 25.7%, 일본 8.8%, 필리핀 7.1%, 태국 3.6%, 캄보디아 2.8%, 미국 2.6% 순으로 나타나고 있다. 통계청에 따르면, 2020

년 기준으로 다문화 출생아는 16,421명으로 대한민국 전체 출생에서 다문화 출생이 차지하는 비중은 6%에 달한다(통계청, 2021).

해당 통계를 살펴보면([그림 14-2] 참조) 먼저 5세 미만 자녀와의 어려움은 유사시 돌봄공백이 26.9%, 한국어 교육 26.3%, 배우자/가족과의 의견차 12.8%, 교육/돌봄 체계에 대한 무지 9.1%, 나의 양육방식 무시가 0.8% 순으로 나타났으며, 만 6세 이상 자녀는 학업/진로 정보 부족(47.1%), 교육비/용돈 부담(40.9%), 인터넷/모바일 사용 갈등 25.1%, 자녀와의 대화부족 16.3%, 학부모 활동의 어려움 14.9%, 비행문제 0.4% 순으로 나타났다. 이는 자녀가 만 5세 미만에서는 돌봄 및 교육에 대한 공백과

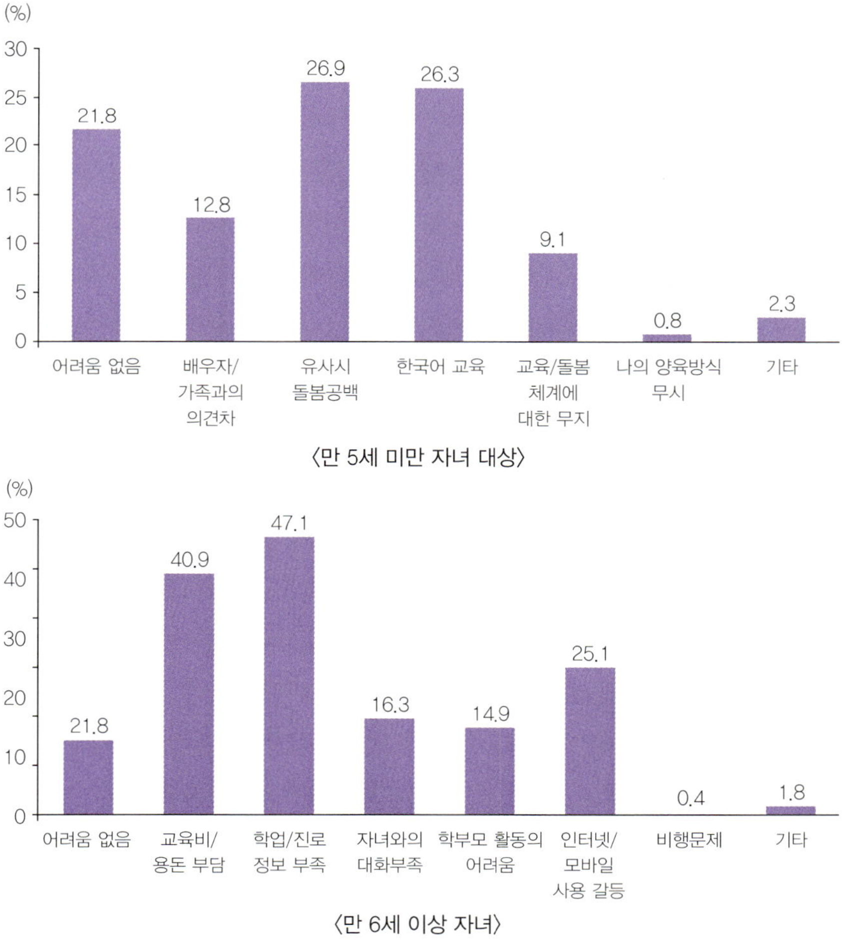

[그림 14-1] 결혼이민자 · 귀화자의 자녀 양육에서의 어려움

출처: 여성가족부(2021).

체계망의 부족, 한국어 교육이 현저히 눈에 띄지만, 만 6세 이후가 되면서 학업과 진로, 인터넷/모바일 사용 갈등, 경제적 어려움, 자녀와의 대화 등이 자녀 양육에서의 어려움으로 나타나고 있음을 알 수 있다. 그렇다면 이러한 다양한 어려움 속에서 부모와의 대화는 특히 얼마나 부족한가? [그림 14-3]을 살펴보자.

실제 아동과 아버지와의 대화시간이 30분 미만이 33.4%, 30분~1시간 미만은 25.9%이며, 어머니와의 하루 평균 대화시간은 30분 미만이 21.7%, 30분~1시간 미만은 24.2%으로 전반적인 대화 시간 자체가 부족하다고 여겨진다. 이러한 부모와의 현저한 대화시간의 부족은 언어 발달, 사회성 발달, 부모-자녀의 애착 형성 등의

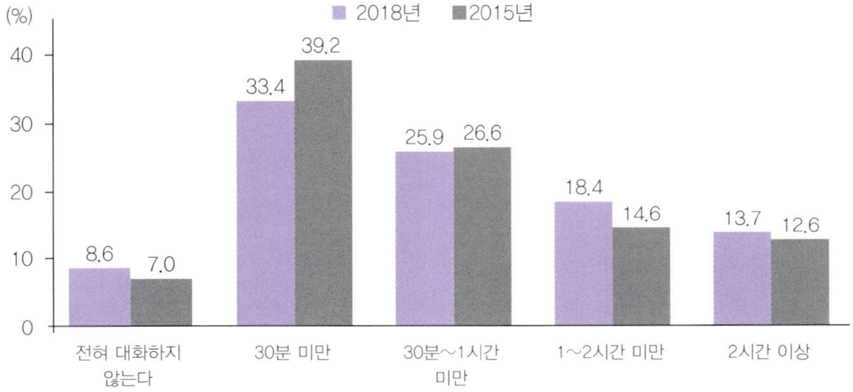

[아버지와 하루 평균 대화시간]

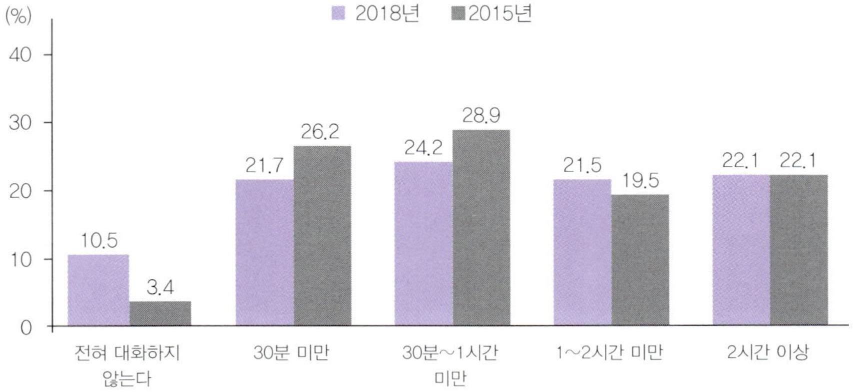

[어머니와 하루 평균 대화시간]

[그림 14-2] 다문화가족의 부모와 하루 평균 대화 시간

출처: 여성가족부(2021).

저해 요소로 나타날 수 있다.

2. 다문화 아동 및 청소년의 복합적 어려움

다문화 아동 및 청소년의 어려움은 무엇이 있는가? 이에 대해서는 여러 복합적 요인이 있지만 여기에서는 문화적 요인과 사회 · 경제적 요인, 이러한 구조적 요인과 맞물려 있는 심리적 요인을 살펴보고자 한다.

먼저, 문화적 요인을 먼저 살펴보자. 현재 대한민국은 외국 관광객, 외국인 직원, 외국계 체류인, 다문화가족 등 다양한 다문화 구성원이 함께 거주하고 있다. 그러면서도 우리 사회가 가지고 있는 단일문화라는 편견과 고정관념은 우리나라가 글로벌 사회에서 많은 역할을 하고 있음에도 불구하고 강건한 편이다. 따라서 많은 다문화가정은 한국문화에 흡수되기 위해 자신의 원문화(original culture)적 속성을 도외시하거나 심지어는 숨기려는 경향도 나타나고 있다.

홍기원(2009)은 다문화 정책이 특정 인구집단에 초점을 맞춰 진행되다 보니 해당 집단을 둘러싸고 있는 좀 더 너른 의미의 '다문화적 관점'을 놓치고 있다고 지적한다. 또한 오경석 등(2009)은 우리 사회에 논의되는 다문화 정책이 지나치게 상향적인 것에 머물러 있음을 지적한다. 정부의 문화 융성 정책과 배타적인 체류권의 자세가 그들을 문화적 소수자에 머물게 한다는 것이다. 더 나아가 우리와는 다른 제3자로 보거나 화제성에만 몰두하는 미디어의 관점과 과잉된 민족적 시선 역시 이에 가세하고 있다고 지적한다. 이를 타개하기 위해 다원화된 다문화주의를 주장하기도 하는데, 다원화된 다문화주의란 각 구성원의 목소리를 반영하고 일원화가 아닌 다원화된 정책에 대한 주창으로서 '체류 자격의 완화'와 '노동의 권리' 그리고 '결정할 수 있는 자유(삶의 자유)'라는 정치적인 또는 공공의 자격 부여를 통해 문화적 소수의 시선을 극복하려는 공공적이고 거시 문화적 흐름이 필요하다는 것이다. 실제로 많은 다문화가정은 한국 사회의 편견과 고정관념이라는 틀 안에서 문화적인 이질감, 원가족으로부터 이별, 새 가족 구성원과의 만남이 발생함에 따라 여러 심리적 · 사회적 · 문화적 어려움을 겪고 있다. 한편, 정부에서도 다문화가족과 이주민의 한국 정착과 생활에 관련된 법안을 마련하고 정책을 시행하기 시작하기도 하였다. 「다문화가족지원법」은 2008년 3월 21일에 제정된 이후 개정되어 오고 있으며, 기타 「재한외국인처우기본법」, 「국적법」, 「출입국관리법」 등이 제정 및 개정되고 있다. 이제는 다문화가정에서 태어나 자란 자녀들이 군입대를 하거나, 취업을 하면서 겪게 되는 여러 고충을 담당하기도 한다.

둘째, 사회·경제적 어려움이다. 여성가족부(2021)에 따르면, 또한 다문화 학생의 수는 2020년 기준으로 147,378명으로 이는 전체 학생 수에서의 다문화 학생 비율이 2012년 0.7%에서 2020년 2.8%로 빠르게 증가하고 있다는 것을 의미한다. 하지만 양적인 숫자의 증가에도 불구하고 많은 다문화가정의 청소년의 학업 중단율이 다른 학생들에 비해 높은 편이며, 다문화가족의 청소년은 학습지도의 중심 역할을 하는 어머니가 아직 언어와 문화에 적응하지 못한 영향에 의해 한국어가 미숙할 수 있으며, 이는 제대로 된 학습 및 숙제 지도가 이뤄지지 않아 학습부진으로 나타날 수 있다(오성배, 2005) 또한 가구소득이 적을수록 자녀 교육에 어려움이 있다는 비율이 높게 나타나고 있는데, 다문화가정의 경우 저소득가정일 가능성이 높아 학습 부진은 더욱 심화되고 있다. 박순희(2009)는 다문화가족의 아동이 사회적응에서 어려움을 겪는 요인으로서 의사소통 기술과 지역사회 지지, 경제수준으로 나타나고, 그중 의사소통 기술이 가장 큰 요인이라고 주창한다. 이러한 의사소통의 어려움은 언어능력 부족으로 인한 것인데 이는 가정의 의사소통의 현저한 부족과 연관이 있을 수 있다. 한편, 언어 습득은 단순히 언어를 사용하는 능력이 아닌 다양한 문화와 적응과 연계된다는 점에서 다문화가족이 가지고 있는 어려움이 현저히 나타나고 있다.

한편, 현재 다문화가구의 월평균 가구소득은 2018년 기준으로 200~300만 원 미만이 30.4%, 100~200만 원 미만이 23.8%, 100만 원 미만이 9.7%로 300만 원 미만이 63.9%에 육박하고 있다(여성가족부, 2021). 현재 많은 다문화가정은 저소득층에 속하고 있고, 기본적인 생활 영위 능력이 어려운 경우도 많이 있다. 더 나아가 결혼이주여성이 경제적 권한이 극히 제한되거나 친정에 돈을 보내는 등 갈등을 겪고 있는 경우도 있다(이순형 등, 2006).

셋째 문화·사회·경제적 요인과 같은 구조적 요인과 연관된 심리내적 요인이다. 앞서 살펴보았던 문화적·사회적·경제적 어려움은 복합적으로 나타나는 동시에 개인의 심리내적 요인에 밀접한 연관을 갖게 한다. 문화와 심리는 떼려야 뗄 수 없는 관계인 것이다. 만약 한국 문화가 서툰 부모와의 상호작용의 부족으로 인해 아동의 언어 발달이 지연될 때, 이는 또래와의 의사소통에 영향을 주고, 이는 점진적으로 학력 격차로 이어질 수 있다. 이는 향후 학교에서의 부적응과 또래관계 안에서의 열등감, 스스로에 대한 분노, 두려움 등으로 나타날 수 있다(최충옥 외, 2010). 더 나아가 학업 성적의 저하는 아동의 자아존중감이나 자아효능감에 영향을 주어 아동의 심리적 측면을 더욱 어렵게 만들 수 있는데, 이러한 언어 발달의 어려움은 학업상의 부적응으로, 이는 다시 또래관계 맺기의 어려움으로 확산할 수 있다. 실제로 다문화가족 재학 자녀의 학교 부적응 이유를 복수 조사한 결과(여성가족부, 2018), 학교 공부가 어려워서 63.6%, 한국어를 잘하지 못해서 12.6%, 친구들과 잘 어울리지 못해서 53.6%, 교사, 교수의 차별대우 때문에 7.3%, 부모의 관심, 경제적 지원 부족 4.8%, 외모가 다른 것이 10.3%로 나타났는데, 이는 편견과 차별, 학교 공부의 어려움, 여러 사회문화적 어려움이 복합적으로 나타나고 있음을 알 수 있는데, 이러한 편견과 차별과 외모의 다름이 학교 부적응 요소와 연관을 갖는다는 것은 한국 사회의 뿌리 깊은 단일 문화권 패러다임과 배타성에 의해 증폭되고 있음을 짐작할 수 있다. 한편, 결혼이주여성의 정착과정, 경제적 · 사회적 고립을 겪을 때 이러한 갈등이 아이의 양육으로도 전수될 수 있다(김영주, 2010).

또한 부모 역할에서의 어려움도 있을 수 있는데, 실제로 여성가족부(2018)에 따르면, 5세 이하의 자녀 양육에서 가장 어려운 점으로 '내가 바쁘거나 아플 때 자녀를 돌봐 줄 사람을 찾기 어려워서'(26.9%)가 가장 많고, 그다음이 '자녀에게 한글을 직접 가르치기 어려워서'(26.3%), '배우자나 다른 가족과의 의견 차이'(12.8%), '한국 유치원, 학교에 대해 잘 몰라서'(9.1%)로 나타나는데, 실제로 결혼이주여성의 경우 자녀 돌봄을 주로 맡는 경우가 많이 있고, 원가족이 먼 나라에 있는 경우가 많아 돌봄의 공백이 발생할 시 대안이 없는 경우가 발생할 수 있다. 이러한 돌봄의 공백과 가족의 갈등, 한국어 교육 및 정보의 부족 등은 자녀 돌봄에 현저한 어려움을 갖게 하고 이는 아이의 애착에 부정적인 요인으로 나타날 수 있다. 또한 결혼 이주 여성과 한국인 남성의 결혼으로 인한 가족의 경우 친정이 다른 나라에 살고 있는 경우가 많아 어머니가 부재 시 자녀를 돌봐 주는 데 있어서 어려움을 느낄 수 있다. 또한 아동이 어린이집, 유치원, 초등학교에서 또래관계를 시작하고 어머니와 자신의 피부나 말투가 다르다는 것을 조금씩 깨닫게 되면서, 더 나아가 그 다름이 편견과 고정관념으로 자신이 누군가에게 비춰지며 위축감과 소외감을 느낄 수 있다. 더욱이 청소년기가 되면 본격적으로 외모에 더 많은 신경을 쓰게 되는데, 어머니가 외국인이었기 때문에 자신의 외모가 다르다는 것에 대해 깊은 좌절감과 고립감을 느끼기도 한다(이미정, 박미숙, 2012). 한편, 다문화 아동 및 청소년은 이중 문화 속에서 자라며, 순혈주의를 강조하는 한국 사회에서 자아정체감의 혼란을 겪기도 한다(이미정, 박미숙, 2012).

요약하면, 다문화가정은 단일문화라는 이데올로기와 배타성을 띠고 있는 한국 사회에서 차별과 편견을 경험할 수 있으며, 이는 자아의 정체성을 형성할 수 있는 다문화가정의 아동 및 청소년의 발달에도 지대한 영향을 줄 수 있다. 더 나아가 사회경제적 어려움, 언어 발달의 지연, 학업의 부적응, 신체·외모의 갈등의 이슈가 복합적으로 제기되고 있다는 것은 그만큼이나 문화와 심리가 밀접한 연관성을 갖고 있다는 것으로 해석할 수 있는데, 이를 조망할 때 다문화상담에서는 문화적 요소와 심리적 요소를 함께 다룰 필요가 있다.

3. 상담사의 문화적 성찰의 중요성

1) 상담사의 다문화적 윤리의 중요성

인간은 어느 정도의 편견과 고정관념을 모두 가지고 있다. 상담사 역시 예외일 수 없다. 누구나 어떤 문화권에서 백지상태로 존재하는 사람은 없으며, 이는 개인의 생각과 감정, 태도와 행동에 지대한 영향을 준다. 편견과 고정관념은 너무나 많은 정보가 넘치는 현대 사회에서 필요한 범주화와 일반화를 구축하여 빠른 판단을 내리게 한다. 이를테면, "○○ 국적의 사람은 게으르다."라는 범주화를 가진 사람은 그러한 렌즈로 사람을 만나며, 우연히 그 사람이 그 국적에 해당한다면 게으르다는 판단으로 이어질 수 있다는 것이다. 이는 상담사가 내담자를 만날 때도 어떤 판단이나 가정을 갖게 하여 상담과정의 질을 떨어뜨릴 수 있다. 인간은 특정한 사회와 문화권에 속해 있고 이러한 틀은 어떤 암묵적 범주화와 일반화를 구축하고 있으므로 이러한 가정에서 자유롭기 어렵다. 다만, 이러한 편견을 최대한 방지할 수 있는 것은 자신이 가지고 있을 수 있는 편견을 인식하고 숙고하는 과정이다. 즉, 비판적 사고과정을 거치는 것이 중요한 것이다(방기연, 2020).

실제로 이러한 비판적 사고과정에 대한 주요 학회의 윤리강령은 다음과 같다.

■ 한국상담심리학회 윤리강령

다. 다양성 존중

① 상담심리사는 모든 인간의 기본적인 권리, 존엄성, 가치를 존중하며 성별, 장애, 나이, 성적 지향, 성별 정체성, 사회적 신분, 외모, 인종, 가족형태, 종교 등을 이유로 내담자를 차별하지 않는다.

② 상담심리사는 내담자의 다양한 문화적 배경을 이해하려고 적극적으로 시도해야 하며, 상담심리사 자신의 고유한 문화적 정체성이 상담과정에 어떤 영향을 주는지 인식해야 한다.

③ 상담심리사는 자신의 고유한 가치, 태도, 신념, 행위를 인식하고, 내담자에게 자신의 가치를 강요하지 않는다.

■ 한국상담학회 윤리강령

제9조(내담자 다양성 존중)

① 상담자는 모든 인간의 기본적인 권리, 존엄성, 가치를 존중하며 연령이나 성별, 인종, 종교, 성적 선호, 장애 등의 어떤 이유로든 내담자를 차별하지 않는다.

② 상담자는 내담자의 발달단계와 문화에 적합한 방식으로 정보를 전달한다.

③ 상담자가 사용하는 언어를 내담자가 이해하는 데 어려움이 있을 때는 내담자가 명확하게 이해할 수 있도록 통역자나 번역자를 배치하여 필요한 서비스를 제공한다.

④ 상담자는 자신의 고유한 가치, 태도, 신념, 행위가 사회에서 어떻게 적용되는지를 인식하고 내담자에게 자신의 가치를 강요하지 않는다.

⑤ 상담자는 훈련이나 수련감독 실천에 다문화/다양성 역량 배양을 위한 내용을 적극적으로 포함시키고 수련생들이 이에 대한 인식, 지식, 기술을 습득할 수 있도록 적극적으로 훈련시킨다.

다문화상담에서 특히 유의해야 하는 것은 상담사 자신의 가치관이나 인간행동에 대한 가정이 보편적이라는 믿음을 의심하는 것, 즉 문화적 배경이 다른 내담자가 내 앞에 있다는 것을 의식하는 것이다. 상담사는 자신의 지배적 문화의 렌즈로 내담자를 해석하고 판단하기보다는 상담사와 내담자 사이에 발생하는 문화적 차이에 대한 인식, 그리고 서로의 다름을 수용하고 이 토대에서 교집합을 구축하기 위해 다른 문화를 탐색하고 수용하려는 자세를 가져야 한다. 이를 위해서 상담사는 스스로가 형성하고 있는 자신의 문화적 배경과 가치관을 비판적으로 고찰하는 한편, 내담자의 문화에 대한 열린 자세를 취할 필요가 있다(한재희, 2011). 즉, 내담자가 경험하는 세계는 지금 경험하고 있는 생활 세계와의 경험과 맞닿아 있고 여기엔 문화적 요소가 깊이 숨겨져 있다. 예를 들어, 한 베트남 아동이 경험하고 있는 친구관계에서의 소외감은 개인심리적 요소를 넘어 집단적이고 공동체적인 문제의식과 긴밀히 연관된다. 즉, 내담자의 심리적 호소 이면에 망으로 존재하고 있는 문화적 배경에 대한 요소를 성찰하고 탐색하는 것이 매우 중요할 수 있다. 그렇다면 상담사는 어떻게 성찰을 통해 내담자의 문화적 배경을 이해하고 상담에서 이를 활용할 수 있을까?

상담사의 성찰엔 여러 방법이 있겠지만, 여기서는 상담사의 성찰 모델에 널리 쓰이고 있는 D'Andrea와 Daniels(2005)의 RESPECTFUL 모델을 소개하고자 한다.

2) RESPECTFUL 모델

D'Andrea와 Daniels(2005)의 RESPECTFUL 모델은 실제 다문화 현장에서 상담사가 내담자와의 관계에서 고려할 수 있는 다양한 성찰 내용을 포함하고 있다. 이를 실제로 점검하는 것은 나도 모르게 내담자를 보며 가진 고정관념과 편견을 스스로 들여다보는 데 매우 주요한 터전이 될 수 있다. 성찰 내용은 크게 열 가지로 이뤄졌는데, 'RESFECTFUL'은 총 열 가지의 성찰 내용의 앞 글자를 딴 것으로 이는 다음과 같다.

- 종교와 영성(Religion and spirituality)
- 경제적 배경(Economic class background)
- 성적 지향성(Sexual orientaion)
- 심리적 발달(Psychological development)
- 민족적 정체감(Ethnic/racial identity)
- 생활 연령(Chronological or lifespan changes)
- 트라우마(Trauma)
- 가족의 배경(Family background)
- 신체적 특성(Unique physical characteristics)
- 언어와 거주지(Locaion of residence/Language difference)

앞서 제시한 열 가지 요소는 무엇을 의미할까? 열 가지 주제를 하나씩 살펴보면 다음과 같다.

첫째, 종교와 영성(Religion and spirituality)은 상담사와 내담자가 믿고 있는 종교적 신념이나 영성적 태도와 관련된다. 이를테면, 기독교를 믿고 있는 상담사와 이슬람교를 믿고 있는 내담자가 만났을 때 이러한 종교적 믿음이나 영성에 대한 태도는 상담에 깊은 영향을 줄 수 있다. 실제로 어떤 상담사는 특수한 종교는 잘못된 믿음이라는 판단을 내릴 수 있고, 이는 상담에 막대한 영향을 줄 수 있다.

둘째, 경제적 배경(Economic class background)이다. 실제 내담자의 문제는 심리적 문제로 국한되지 않는다. 이는 단순히 경제에 국한되는 것이 아니라 오히려 사회정치적이고 사회구조적인 계급, 구조적 모순, 차별적 상황을 의미하기도 한다. 이러한 체계에서 열악한 상황에 처해 있을 경우 심리적 문제는 단순히 개인의 심리적 이슈로 제한되지 않고 다양한 사회적 편견과 사회구조적인 문제에 영향을 받을 수 있다.

셋째, 성적 지향성(Sexual orientaion)이다. 이성애자 상담사는 동성애자인 청소년 내담자를 만날 때 내담자의 주 호소문제가 동성애와 이성애적 지향성을 포함하여 자아정체성에 대한 고민을 토로할 경우, 다른 요소는 간과한 채 이성애가 옳다는 방식으로 상담을 이끌어 가고, 이를 훈계하고 교육하는 태도로 회기가 진행될 수 있다. 한편, 내담자가 상담사의 이러한 태도에 반항을 보이게 되면 이를 내담자와의 저항이라고 잘못 해석하여 더 강한 교육과 지시적 방향으로 회기가 이뤄질 수 있다. 이는 상담사의 깊은 무의식 안에 동성애 자체가 문제가 있고 이는 반드시 교정되어야 한다는 인식을 내포할 수 있는데, 이를 점검해 보는 것이 성적 지향성이다.

넷째, 심리적 발달(Psychological development)이다. 아동기의 발달과업과 중년기의 발달과업엔 차이가 존재한다. 만약 내담자가 아동기에 있다면 아동기의 심리적 발달단계에 맞는 심리적 개입이 수립되어야 한다.

다섯째, 민족적 정체감(Ethnic/racial identity)이다. 우리 사회는 특히 단일문화권이라는 인식에 둘러싸여 있는데, 이러한 과정에서 다른 인종이나 민족 문화권에 대한 편견이나 오해를 갖고 있는 경우가 존재한다. 민족 정체감에 대해 좀 더 깊이 탐색하고 수용하는 것은 실제 내담자의 문제 이면에 숨어 있는 배경과 정체감을 이해하는 데 도움이 된다. 한편, 이러한 민족적 정체감은 다양한 심리적 문제를 이해하는 풍성한 시각을 형성한다. 다문화 배경의 청소년이 어머니의 모국적 배경을 필두로 자신을 놀리고 따돌리는 친구들에게 화가 나서 급기야 폭력을 썼고 이 때문에 학교폭력대책심의위원회가 열리게 되었을 경우, 상담사는 그 청소년이 가해자라는 인식을 넘어 친구를 때린 행동 이면에 숨어 있는 문화적 · 민족적 정체감과 이로 인한 차별 요소를 살펴볼 필요가 있다. 물론 폭력 행위 자체는 잘못된 행동이지만 이러한 행동을 일으키게 한 민족적 · 문화적 요소, 더 나아가 문화적 억압과 힘의 구조를 함께 살펴보는 것은 상담사의 인식을 확장하고 내담자와의 동맹과 라포(rapport)를 구축하는 데 이바지할 수 있다.

여섯째, 생활 연령(Chronological or lifespan changes)이다. 만약 내담자가 15세 청소년이라면, 내담자는 2차 성징기에 해당하는 신체적 발달의 주제나 그 나이에서 맞닿아 있는 또래관계 이슈, 가족에서의 분화 이슈가 나타날 수 있다.

일곱 번째, 트라우마(Trauma)이다. 상담사와 내담자가 마음 깊이 가지고 있는 트라우마의 이슈엔 공통점과 차이점이 있다. 이는 내담자와의 접촉을 방해할 수 있고, 내담자와 공감할 수 있는 토대를 구축하기도 한다. 이를 점검해 보는 것은 상담에서의 개입에 활용될 수 있다.

여덟 번째, 가족의 배경(Family background)이다. 만약 결혼이주여성이 시어머니와 시아버지, 시누이와 함께 세 자녀를 키우고 있고, 모국에서도 4대가 같이 살았던 배경에 있다면 내담자의 정체감이나 태도엔 개인적 요소보다는 가족체계적 이슈가 복합적으로 연계되어 있을 수 있다. 이에 비해, 상담사가 매우 독립적인 가족의 울타리에서 외동으로 자랐고 성인이 되자마자 분가하여 자신의 삶을 스스로 꾸렸다면 서로의 차이를 탐색하는 것은 내담자가 말하는 말 이면의 맥락과 배경을 좀 더 두텁게 이해할 수 있게 한다.

아홉 번째, 신체적 특성(Unique Psysical Characteristics)이다. 인간은 인류로서 보편적인 신체적인 특성을 갖고 있다. 이를테면, 인간은 직립보행을 하게 됨에 따라 손으로 정교한 도구를 활용할 수 있는 능력을 갖고 있다. 한편, 이러한 신체적 특성은 조금씩 다르기도 하다. 여성과 남자의 신체적 특성엔 확연한 차이가 있다. 성인기에 다다를수록 그 차이는 확연히 다르게 나타난다. 한편, 개인이 갖고 있는 특수한 신체적 특성도 있다. 이를테면, 아프리카 출신의 아동이 우리나라의 어느 학급에서 단 한 명밖에 없을 때 아동이 인식하는 자신의 신체적 특성, 피부의 색, 머리 모양 등은 상담과정에서 매우 중요하게 나타날 수 있다. 이러한 요소를 상담사가 함께 점검하는 것은 내담자와 동맹을 효과적으로 구축하는 데 매우 중요하게 기능할 수 있다.

열 번째, 언어와 거주지(Location of residence/Language difference)이다. 제3국 출신 탈북민 청소년을 예로 들면, 북한에서 태어나 한국으로 입국한 것이 아니라 탈북한 어머니와 중국의 아버지 사이에서 태어난 뒤 이후 먼저 한국에 들어온 어머니를 따라 한국에 입국하는 경우가 있다. 이러한 청소년은 중국어와 중국 문화는 익숙한 데 비해 한국어와 한국 문화에 매우 생경할 수 있으며, 이 청소년은 언어적 소통이 제한적으로나마 가능한 탈북 청소년과는 또 다른 차원의 문제가 생길 수 있다. 상담사가 탈북 청소년과 제3국 출신 탈북민 청소년의 공통점과 각각의 특징을 살펴보는 것, 그들의 언어 및 언어적 맥락이 이뤄진 거주지를 들여다보는 것은 상담에서 매우 중요한 기점을 형성할 수 있다.

지금까지 살펴본 요소들은 상담사 스스로의 가치관을 점검할 수 있는 요소이자 더 나아가 내담자와의 상담에서 고려할 수 있는 것이기도 하다. 이는 문화적 배경이 다른 내담자와의 상담적 동맹을 수립할 때 성찰할 수 있는 지식과 요소를 좀 더 드러낼 수 있게 함으로써 자동으로 등장하는 편견이나 고정관념을 재구성하는 데 이바지할 수 있다.

4. 다문화상담의 실제

초등학교 3학년인 I는 친구를 때려서 학교폭력 대책심의위원회가 열리게 되었고, 그 과정에서 어머니에 의해 상담에 의뢰되었다. I군은 집과 학교에서 자주 소리를 지르는 모습을 보여 왔는데, 실제로 누군가를 때린 것은 이번이 처음이었다. I군은 상담에서 어떤 도움을 받고 싶냐고 하자, "친구들이 놀려서 화가 난다."라고 진술하였다. 친구들은 말을 더듬는 I군을 흉내 내며 놀리거나 피부가 다르다고 원시인이라고 놀린다고 진술하기도 했다. I군이 말하는 폭력 사건의 개요는 다음과 같다. 그동안 자신은 실제로는 친구들이 놀려도 그동안 소리만 지르고 말았는데, 일주일 전 책상에 기대어 있을 때 한 친구가 머리카락을 하나 뽑아서 "원숭이 털이다."라고 비아냥거렸고, 자신은 너무나 화가 나서 그 친구의 머리를 한 대 쥐어박게 되었다. 그러나 이 행동이 그렇게 큰 문제가 될 거라고는 생각하지 못했다. 한편, 내담자는 다른 또래보다 언어발달이 늦은 편으로 보인다. I군은 일부 단어의 첫 글자를 말할 때 반복적으로 더듬고 독해 능력이 떨어지는데, I군의 어머니는 자신이 한국에서 결혼한 뒤 일에 매진하며 한국어를 배울 기회가 별로 없었고 이 때문에 I군이 한국어를 배울 기회가 많이 없었을 것이라고 이야기한다.

I의 가족은 경제적으로 차상위 계층에 속하는 매우 어려운 형편에 있으며, 아버지는 술을 지나치게 먹고 I군과 어머니에게 소리를 지르는 등 분노가 많은 사람이다. 술을 먹지 않을 땐 냉담한 성격이라 거의 말을 하지 않고, 친구들과 종종 낚시를 하러 다닌다. 어머니는 I군을 임신했을 때부터 생활전선에 뛰어들어 아침부터 밤늦게까지 공장에서 일하고 있으며, 그 때문에 I군과의 상호작용이 잘되지 않고 있다. 내담자는 자신이 놀림을 받는 까닭은 어머니 탓이라고 하며, 어머니가 본국으로 돌아가 버렸으면 좋겠다고 진술한다.

I를 임신했을 때부터 지금까지 어머니는 술을 과하게 먹고 집안에 책임을 지지 않는 아버지와 반복적으로 싸움을 벌였다. 그리고 I가 다섯 살이 되었을 때 결국 부부 간의 폭력 사건이 발생하며 어머니가 가출을 해 버렸고 I는 고모 집에서 9개월간 맡겨지게 되었다. 어머니의 말에 따르면, I는 어머니를 애타게 찾았고, 그런데도 어머니가 자신을 찾으러 오지 않자 자신이 버려졌다고 생각하기도 하였다. 한편, I는 반에서 친구가 한 명도 없고 밥도 혼자 먹고 있다고 진술했는데, 그동안의 느낌을 물었을 때 오랫동안 외로웠다고 말하며 눈물을 보이기도 했다. 한편, I의 지능검사 결과 지능은 우수한 편이며, 국어 성적은 매우 낮지만 다른 과목은 평균 수준을 유지하고 있고 과학 성적은 높은 편이다. I는 자신이 이렇게 괴롭힘을 당하고 있지만, 열심히 공부해서 멋진 과학자가 되어 본때를 보여 주고 싶다고 진술하며 두 손을 불끈 쥐고 항변하기도 했다.

이 사례는 단기 대상관계상담 이론에 근거하여 사례개념화를 하고, 상담목표 설정 및 상담진행 방향에 대해 살펴보고자 한다.

1) 사례개념화: 단기 대상관계상담 이론에 의한 사례개념화

내담자는 반에서 한 친구를 때리게 되어 어머니에 의해 상담에 의뢰되었다. 내담자의 주 호소문제는 "친구들이 놀려서 화가 난다."이며, 그동안 내담자는 어머니가 베트남 출신 결혼이주여성인 다문화 배경의 아동으로서 친구들이 남들과는 다른 피부나 말을 더듬는 것을 이유로 차별과 소외를 시켜 왔으며, 내담자는 이에 대해 소리를 지르는 등의 패턴을 보이고 있다. 이러한 패턴은 일주일 전 친구가 자신의 머리카락을 뽑으며 '원숭이 털'이라고 놀렸을 때 강렬한 모멸감과 함께 폭력적 행동으로 촉발되었을 것으로 사료된다. 내담자의 핵심감정은 외로움으로 추론된다. 내담자의 가정은 경제적으로 차상위 계층에 해당될 정도로 어려우며, 부부싸움이 잦았다. 게다가 술을 과다하게 마시고 분노를 표출하며 평소엔 냉담한 아버지, 경제적 책임을 지느라 지나치게 바쁜 어머니에게 적절한 정서적 돌봄을 받는 데 어려움을 느꼈을 것으로 여겨진다.

또한 내담자가 다섯 살 때 부부 간의 폭력 사건이 발생하며 고모 집에 맡겨졌는데, 어린 내담자는 이 당시 자신이 버려졌다는 느낌을 가졌다고 진술하였고, 내담자의 외로움의 기원은 이러한 상황에서 유발되었을 것으로 추론된다. 이러한 외로움은 다문화 배경인 내담자의 학급 친구들의 차별, 무시, 왕따를 겪게 되며 가속화되었을 것으로 보이며, 이는 분노를 분노로 표출하는 방식으로 나타나는데, 지속적으로 분노를 표출하는 아버지의 양육행동에 의해 이러한 분노 감정은 자신이 무시되거나 부적절한 대우를 받을 경우에 더 강하게 격발될 수 있는 위험요인으로 예측된다.

역동적 측면에서 I의 급격한 분노 감정 이면엔 상실과 관련한 고통스러운 억압이 자리 잡아 있을 수 있다. 더 나아가 I의 자기 표상은 '버려진 나', 대상 표상은 '자신을 버리는 대상'으로 자리 잡음으로써 외로움을 가속화할 수 있다. 상담사는 내담자의 변화를 위해 친구들 사이에서 겪고 있는 소외감으로 인한 깊은 외로움을 '지금 여기'의 상담의 장에서 충분히 지지하고 공감하며, 이러한 신뢰 관계 안에서 내담자의 역동 안에 숨겨져 있는 부모에 대해 버려져 있는 느낌을 지금 여기에서 '전이와 역전이'의 관계로 재현할 수 있도록 돕는다. 이러한 토대에서 적절한 놀이나 미술매체를 활용하는 것은 내담자의 감정의 상징을 명료하게 표현하고 이를 토대로 상담적 개입을 좀 더 용이하게 할 수 있는 발판이 될 수 있다.

또한 지지적인 관계 안에서 국제화 시대에서 다문화적 배경이 오히려 내담자에게 다문화 역량으로 자리 잡을 수 있다는 긍정적 관점을 함께 발견하고 피드백하는 동시에 차별과 편견 속에서도 과학 학업성취가 두드러지게 있음을 고취하는 등 내담자의 성장 욕구를 충분히 환기하고 발견할 수 있다. 이러한 개입은 내담자가 가진 차별과 따돌림에 의한 분노의 기제를 상담의 장에서 새로운 대상관계의 질의 형성과 강점의 재발견, 교정적 정서 체험을 구축함으로써 내담자의 새로운 자신에 대한 이미지와 타인에 대한 이미지를 새롭게 구축하여 대인관계에서 좀 더 통합적이고 일관적인 자기개념과 자신이 원하는 바와 기대하는 바를 좀 더 분명히 표현할 수 있는 새로운 대인관계 패턴을 형성하는 데 활용될 수 있다.

① 상담목표

–아픈 마음과 정말로 원하는 바를 상담사와 어머니에게 표현하고, 나를 사랑하는 마음을 키우기

② 상담전략

–내담자가 수용되는 경험할 수 있도록 지지적 관계, 공감 및 반영을 구축

–내담자가 '지금 여기'에서 경험하고 있는 소외감, 수치심, 유기 불안의 구체적 사건을 탐색하고, 이를 토대로 상담 공간에서 '지금 여기'에서 심층 감정을 재현할 수 있는 환경 구축

–내담자와 다양한 도구 및 놀이를 통해 전이와 역전이의 관계를 재현하고 상담사의 버텨 주고, 담아 주는 다른 대상의 질을 경험할 수 있는 경험을 제공함으로써 교정적 정서 체험을 촉진

–상담의 안전한 토대를 구축하고 자신의 자원을 획득하여 새로운 엄마와 친구에게 자신이 원하는 바를 분명히 표현하고 이로 인한 피드백을 구축

③ 회기별 상담계획(안)

회기	목표	내용	기법 및 도구
1	상담의 구조화 및 핵심문제 선정	1. 주 호소문제와 촉발요인을 탐색하고 핵심 문제를 정의 2. 핵심감정의 탐색과 내담자의 변화에 대한 동기 및 합의를 구축 3. 상담의 목표를 설정	핵심문제 선정, 사례개념화 구축

2~4	구체적 사건과 이로 인한 감정과 생각, 핵심감정을 인식	1. 지지적 관계를 수립하며, 현재 자신의 친구관계의 방식이 어떠한 패턴으로 나타나고 있는지를 구체적으로 탐색 및 재현 2. 놀이도구 및 미술매체를 활용하여 상호작용을 증진 3. 매체를 통해 감정을 증진하고 이를 토대로 상호작용을 구축하며, 지금 여기에서 감정을 충분히 드러낼 수 있도록 독려	명료화, 놀이 도구 및 미술매체를 활용한 상호작용 증진, 지지적 관계에서 상담 동기 촉진
5~7	과거의 역동과 현재의 역동을 연결	1. 핵심감정을 토대로 이를 형성하고 있는 역동을 인식하고 재현할 수 있도록 도움으로써 과거의 역동과 현재의 역동을 연결 2. 다양한 놀이도구 및 미술매체를 토대로 중요한 대상인 어머니에 대한 분노와 사랑의 양가감정을 하나씩 표현할 수 있게 돕고, 라포 안에서 적절한 피드백을 구축함으로써 통합적인 대상관계를 구축	놀이 도구, 미술매체를 활용한 상호작용 증진
8~9	전이와 역전이 관계에서 내담자의 역동을 지금 여기에서 재현하고, 새로운 대상관계의 질을 경험	1. 안전하고 일관적인 상담관계를 토대로 역동을 상담사에게 재현할 수 있는 토대 형성 2. 전이와 역전이의 관계를 활용하여 상처와 심층 감정을 지금 여기에서 재현할 수 있도록 돕고, 이를 새로운 대상관계의 질을 경험할 수 있도록 촉진	공감, 정서적 반영, 상호작용 촉진
10~12	상담사와의 상호작용을 토대로 교정적 정서 체험을 구축하고, 새로운 자기개념과 대인관계를 형성하고, 이를 실제 대인관계에서 시연	1. '지금 여기'에서 대상관계의 경험을 구축하며 새로운 교정적 정서 체험을 촉진 2. 새롭게 구축된 자신의 이미지와 타인의 이미지를 지금 여기에서 표현할 수 있도록 독려 3. 가족 및 친구와의 대화를 상담사에게 내담자가 관계에서 분노가 아닌 원하고 기대하는 바를 명확히 표현 4. 상담의 장에서 구축한 상호작용 회기를 실제 대인관계의 장에서 활용하며 이를 피드백	미술 도구 매체, 표현 증진을 위한 지지적 관계 형성, 적극적 경청

13~14	내담자의 강점과 가능성을 구축하기, 사회복지적 체계 및 공동체를 연계 및 활용	1. 내담자의 실제적 강점과 문화적 강점을 찾아 이를 새롭게 발견하고 확장할 수 있는 요소를 구축 2. 발견된 자원을 위한 첫 걸음을 위한 실행계획을 선정하고 해당 과제를 피드백 3. 내담자의 꿈, 이상, 바라는 모습을 코라주나 강점카드 등의 도구를 통해 표현할 수 있도록 독려 4. 한국어 교육이나 경제적 지원과 같은 지역사회 및 사회복지적 체계망 연계	콜라주, 강점카드 등을 통해 자원 및 이상을 표현할 수 있도록 돕기, 실행계획 선정하기, 과제 및 피드백, 적극적 경청
15	상담 마무리	1. 상담목표 달성 여부를 확인 2. 미해결과제 및 상담 종결 후 안내 3. 이별 감정 다루고 상담사에 대한 느낌, 내담자에 대한 느낌을 표현할 수 있도록 개입 4. 새롭게 깨달은 자신의 모습을 표현하고 이를 피드백	공감, 명료화, 반영, 요약, 의사 확인, 적극적 경청

이 사례는 자신을 놀리는 친구에게 급격히 화를 내고 폭력 행위를 한 이후 어머니에 의해 의뢰된 상담이다. 상담사는 역동적 관점을 토대로 폭력 행위 자체를 감소시키거나 대안행동을 시도할 수 있도록 독려하기보다는 이러한 폭력적 행위와 분노의 감정의 기원을 충분히 인식하고 재현하고 교정할 수 있는 장을 형성하고, 이를 토대로 대안적 행동을 할 수 있도록 도울 수 있다. 실제로 내담자의 폭력 행동 이면엔 친구들의 따돌림과 반복적인 놀림, 문화적 스트레스, 언어 발달, 부모의 갈등, 친구관계의 부재, 문화적 정체감 등 다양한 요소가 자리 잡고 있다.

따라서 1회기에 상담사는 주 호소문제를 명확히 정의하고, 그중 가장 중요한 문제를 내담자와 함께 선정하고 이에 대한 촉발요인을 탐색할 수 있다. 또한 이를 위한 상담의 목표를 설정할 수 있다.

2~4회기에서는 언어 발달이 늦고 학령기 초기에 해당하는 내담자를 위해 다양한 놀이도구나 미술 매체를 활용하여 상호작용을 증진할 수 있으며, 이러한 토대 안에서 내담자의 친구관계 방식이 어떤 패턴으로 나타나고 있는지를 구체적으로 탐색하고 재현할 수 있도록 도울 수 있다. 또한 이러한 장에서 내담자의 마음에서 드는 감정과 생각을 상담의 장에서 꺼낼 수 있도록 지지적 관계를 수립할 수 있다.

5~7회기에서는 핵심 감정을 토대로 현재의 역동과 과거의 역동을 인식하고 재현할 수 있도록 돕고, 이를 다시 현재의 상황과 연결 짓는 과정을 토대로 내담자가 역동을 인식할 수 있도록 돕고, 특히 중요한 대상인 어머니에 대한 복합적인 감정을 하나씩 언급할 수 있도록 돕고 이를 명확하게 피드백하며 이러한 강점이 실제 친구 관계 안에서는 어떻게 나타나고 있는지를 인식하고 표현할 수 있도록 독려한다.

한편, 작업회기에 이른다고 하더라도 내담자는 언어 발달에서 어려움을 겪고 있고 구체적 조작기(concrete operational period)에 해당되는 내담자의 발달 수준을 감안하여 상담 과정에서 여러 조작을 구축할 수 있는 도구나 미술, 놀이를 함께 구축하여 투사된 도구를 통해 자신과 타인에 대한 조망을 새롭게 구성할 수 있는 장을 함께 구성할 수 있다.

8~9회기에서는 안전하고 일관적인 상담관계에서 전이와 역전이를 활용하여 내담자의 깊은 외로움이나 대인관계에서의 소외감을 충분히 수용하고 담아 주는 경험을 재공해 줌으로써 재부모화를 경험하고 새로운 대상관계의 질을 형성할 수 있도록 돕는다.

10~12회기에서는 '지금 여기'에서 상담사가 스스로가 대상이 되어 주며 새로운 교정적 정서 체험을 구축하고 촉진하는 동시에 새롭게 구축된 자신의 이미지와 타인의 이미지를 표현할 수 있도록 돕고, 이를 토대로 가족과 친구 관계에서 분노가 아니라 자신이 원하고 기대하는 바를 명확히 이야기할 수 있는 촉진적 환경을 제공한다. 또한 이러한 실제적 상호작용을 토대로 실제 대인관계의 장에서 이를 시험하고 활용해 볼 수 있도록 돕는다.

13~14회기에서는 내담자의 학업 성취에 대한 강점과 문화적 강점을 새롭게 발견하고 확장할 수 있는 요소를 구축하는 동시에 실제 이러한 자원을 실행하기 위한 작은 계획을 선정하고 이를 실제로 할 수 있도록 돕는다. 이러한 자원은 새로운 이상향과 욕구를 형성할 수 있는데, 이를 강점카드나 콜라주와 같은 도구를 통해 표현할 수 있도록 돕는다. 더 나아가 한국어 교육이나 사회 · 경제적 지원망을 활용하고 연계하여 내담자의 실제적 성장을 도모할 수 있다.

15회기에서는 상담목표 달성 여부를 확인하고 미해결과제 및 상담 종결을 안내하며 이별 감정을 다루고, 지금 여기에서 관계를 맺었던 상담사와 내담자의 감정을 진실하게 표현할 수 있는 회기를 형성한다. 이러한 상호주관적인 상호작용은 정서적 관계를 맺는 하나의 발판이 될 수 있다. 또한 전체 회기를 통합하며 새롭게 깨달은 자신의 모습을 이미지나 도구를 통해 표현하고 통합해서 이야기할 수 있도록 도움으로써 내담자의 통전적이고 일관적인 자아정체감을 형성할 수 있도록 돕고, 향후 추수 상담이 가능하다면 이를 논의하고 상담을 종결한다.

5. 다문화 아동 및 청소년 상담 시 고려사항

다문화상담은 심리내적 문제, 가족체계적 문제, 사회문화적 문제, 사회경제적 구조와 맞물려 있다. 즉, 다문화상담에는 여러 지지망이 필요할 수 있다는 것이다. 또한 사회와 문화에 대한 기본적인 인식은 편견과 고정관념을 형성하기 때문에 이에 대한 고려가 필수적이다. 또한 다문화상담에서 많은 아동과 청소년이 언어 발달, 가족 갈등, 또래관계, 문화적 정체성, 학교 적응 등 다양한 문제가 복합적으로 얽혀 있고, 많은 다문화상담을 지원하는 기관의 경우 현실적으로 장기상담보다는 단기상담을 선호하는 경우가 많기 때문에 주 호소문제를 선정하는 것이 매우 중요하다고 할 수 있다. 이러한 요소를 토대로 다문화 아동 및 청소년 상담 시 고려사항을 살펴보고자 한다.

첫째, 상담사 자신의 편견과 고정관념을 점검할 필요가 있다. 인간은 사회 속에서 살면서 스스로가 편견이 있다고 생각하기보다는 그러한 프로세스를 거쳐 빠르게 판단하는 것을 옳다고 믿는 경우가 많다. 다문화상담의 경우, 내담자가 상담사와는 다른 문화와 가치관을 따르고 있는 경우가 많으므로 상담사 스스로 다문화적 역량을 키울 수 있는 노력이 요구된다. 이에 대한 방법론 중 하나인 RESPECTFUL 모델(D'Andrea & Daniels, 2005)을 앞에서 다뤘다. 더 나아가, 우리 사회가 가지고 있는 타자에 대한 배타적 자세를 극복하고 통합적·개방적 관점 및 자세를 함양하기 위한 다문화 교육이나 인식개선 캠페인 등에 대한 적극적 참여와 논의도 함께 구축해야 할 요소이다.

둘째, 다문화 상담을 진행할 시 문화에 대한 정체성을 함께 내담자와 구축할 필요가 있다. 특히 아동과 청소년은 자아의 정체성을 수립하는 시기이고, 이러한 과정에서 또래관계나 사회적 관계에서 여러 차별이나 따돌림을 겪고 상이하고 배타된 문화를 겪으며 심리 내면의 여러 갈등으로 나타날 수 있기 때문이다. 상담사는 내담자와 함께 스스로를 한국인이나 외국인인가 하는 이분법적 사고를 넘어 이것도 있고, 또 다른 자원도 있다는 좀 더 폭넓은 시각을 갖추게 할 수 있도록 하고 다문화적 요인이 오히려 내담자에게 더 많은 자원일 수 있음을 스스로 발견할 수 있도록 촉진할 수 있다.

셋째, 체계적 상담이 필요하다. 다문화상담의 내담자는 개인의 문제가 아닌 사회구조적 체계에 의한 피해자로서 고통을 겪는 경우가 많기 때문에 강력한 지지와 옹호, 체계적 지지망의 연계를 구축하는 것이 필요하다. 또한 다문화 아동 및 청소년의 경우 사회경제적 · 심리적 스트레스 요인이 가족체계 안에서 출발하는 경우가 많으므로 이를 함께 구축할 필요가 있다. 아울러 부모상담이 가능할 시에는 이를 함께 시행하여 내담자의 주 호소문제를 효과적으로 경감하고 해결할 수 있는 요소를 함께 동맹을 맺고 구축할 필요가 있다.

넷째, 내담자를 고려한 상담적 접근이 필요하다. 많은 상담적 접근이 내담자의 심리적 문제에 많은 방점을 두고 있으므로 사회구조적인 문제가 주효할 수 있는 내담자에게 적용되지 못하는 경우가 있다. 이를테면, 현재 시행하고 있는 많은 심리검사 및 평가가 규격화된 일련의 형식을 갖고 있기 때문에 풍부한 다문화적 전통에 적합하지 않은 경우가 있다. 또한 한국어를 모르고 다른 나라의 언어를 하는 아동 및 청소년의 경우 이를 시행하는 데 어려움이 있을 수 있다. 또한 상담 시에도 한국어가 미숙하여 상담 자체를 수행하기가 매우 어려울 수 있다. 이러한 경우 각 나라의 언어와 문화에 적합한 심리검사를 선정하는 것이 요구되며, 해석 시에도 다문화적 요소를 고려한 해석체계가 함께 수립되어야 한다. 상담 시에도 내담자가 할 수 있는 언어가 가능한 상담사를 배치하고, 어렵다면 통역을 함께하면서 상담을 진행하는 것이 방법일 수 있다. 또한 언어적 상담을 넘어 도구나 매체를 활용한 비언어적인 지점을 활용한 상담을 활용할 수 있다.

다섯째, 다문화 사회에 적합한 다양한 심리 · 정서 프로그램 개발이 필요하다. 다문화상담의 경우 경제적 어려움이 크거나 아동을 데려다줄 수 있는 부모가 경제적인 일에 종사하는 경우가 많아 연계되지 않는 경우가 빈번히 발생한다. 또한 상담자에 대한 이해도가 낮아 비자발적인 경우도 존재한다. 이 경우 상담사는 개인상담뿐만 아니라 아동에게 다가갈 수 있는 심리교육 및 부모 아동 상호작용 워크숍을 함께 기획하고 실시할 수 있다. 더 나아가 사회적 지지는 아동의 학교 및 사회적응과 정서조절에 도움이 된다(유봉애, 옥경희, 2013). 따라서 또래 상호작용 및 학교 구성원과의 응집력 강화 프로그램이나 사회성 프로그램 등 다양한 지지망을 구축할 수 있는 상담 프로그램을 개발할 필요가 있다.

● 학습문제 ●

1. 내가 보았던 다문화 관련 영화나 문학, 실제로 경험한 다문화 구성원과의 만남을 통해 깨달은 것이 어떤 것이 있는지 나눠 보자.
2. RESPECTFUL 모델을 하나씩 점검해 보면서 내가 가지고 있는 가치관을 나눠 보자. 또한 이 가치관이 상담에서 영향을 줄 수 있다면 그것은 무엇이 있을지 논의해 보자.
3. 다문화상담에서 가장 중요하게 고려해야 하는 요소는 무엇인지 나눠 보자.
4. 우리 사회가 다문화 사회로 넘어가기 위해 가장 필요한 요소가 무엇이라고 생각하는지 나눠 보자.
5. 지금까지 배운 것을 토대로 다문화상담 시 유의해야 할 점이 있다면 어떤 것이 있는지 나눠 보자.

제15장

아동 및 청소년 상담에서의 가족상담

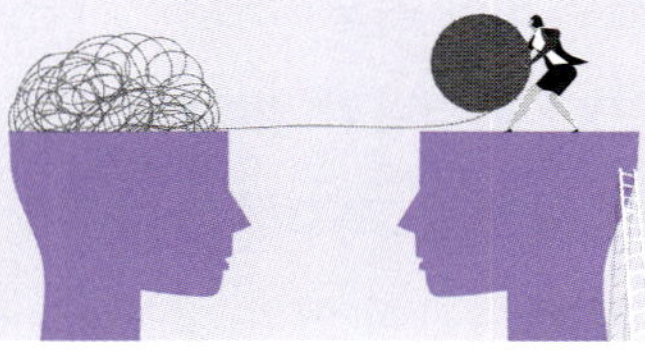

1. 가족상담의 기본 전제

아동 및 청소년은 아직 미성년자로서 가족의 돌봄과 울타리 속에서 성장한다. 인간 대부분은 가족에 많은 영향을 받지만, 특히 아동 및 청소년의 경우 가족의 돌봄을 받고 있으므로 발달과 적응, 심리적 문제, 스트레스 요인 등이 가족과 밀접하게 연관되어 나타나는 경우가 많이 있다. 따라서 상담사가 아동 및 청소년의 문제를 마주할 때 이를 개인의 문제로 환원하지 않고 다른 가족 구성원과 함께 해결책을 찾고, 더 나아가 가족 체계를 좀 더 기능적으로 형성하는 가족상담을 함께 고려하는 것은 아동·청소년을 돕는 중요한 기점을 형성할 수 있다.

가족상담이란 가족 구성원의 부적응, 구성원과의 갈등, 대인관계 문제, 역기능 문제를 해결하기 위해 가족 체계를 변화하는 데 초점을 두는 접근이다(최규련, 2012; 김유숙, 2022). 가족상담은 상담 분야에서도 매우 최신 이론에 속하는데, 그 역사가 반세기 정도에 불과하기 때문이다(김혜숙, 2016). 개인상담이 심리적 고통이나 주호소문제를 심리내적인 요인에서 찾고 이를 집중적으로 다루고 있다면, 가족상담은 개인이 유기체적으로 관계를 형성하는 가족이라는 장(field)에서 체계와 생태계를 변화하는 데 주요한 초점을 둔다(김유숙, 2022). 인류학자인 Bateson은 수학자인 Wiener의 '사이버네틱스(cybernetics)' 이론을 가족체계에 적용하며 가족 역시 개인이나 단순한 집단이 아닌 유기체적으로 연결되어 있다고 주창하였다. 사이버네틱스 이론이란 피드백과 환류작용이 포함된 것으로서 하나의 흐름이 다른 흐름에 영향을 준다는 모델이다(김혜숙, 2016). 이를테면, 온도 조절 장치가 이와 같다. 방 안의 온도가 일정 수준 이상 떨어지면 온도 조절 장치는 감지기를 자극하여 보일러에 신호를 보내고 따듯한 공기가 흘러나와 방 안의 온도를 높이게 된다. 한편, 방 안의 온도가 일정 수준 올라가면 다시 온도 조절 장치가 감지기를 자극하여 공기 순환의 흐름을 줄이게 되는 환류체계 연관이 있다(Goldenberg & Goldenberg, 2001). A는 B에 영향을 미치고, B는 다시 C에, C는 다시 D에, D는 다시 A에 영향을 미치게 되며 순환적 흐름을 갖게 되는 것이다. 이와 같이 가족상담이 담지하고 있는 "전체는 부분들의 합보다 더 크다."라는 전제는 개인을 모아놓은 것 이상으로서 체계가 기능한다는 것이다. 만약 부모와 자녀 2명이 있다면 이는 단순히 4명의 구성원의 총합이 아니라 다양한 환경과 상호작용 등이 결합되어 있다는 것이다. 따라서 가족상담은 이러한 체계적 바탕에 관점을 두고 개인을 둘러싸고 있는 가족의 생태계와 환경, 상호작용, 영향력, 역동 등에 바탕을 둔다.

그렇다면 구체적으로 실제 상담에서 개인 상담과 가족상담의 차이는 무엇인가? 먼저 개인 상담이 문제를 개인 심리요인으로 살펴보면, 가족상담은 이를 가족체계와 환경에서 바라본다는 점이다. 이를테면, 열 살 아동이 "부모님이 너무 싸우셔서 저는 불안해요."라고 이야기했을 때, 개인상담에선 아동의 불안의 심리내적 요인과 그 이면에 숨어 있는 내담자의 부적응적인 생각과 심층 감정을 탐색할 수 있다. 한편, 가족상담에서는 부모의 싸움의 메커니즘이 어떻게 자녀의 우울에 영향을 끼치는지에 대한 순환론적이고 체계적 방식으로 바라본다. 즉, 어떤 문제를 바라볼 때 이를 개인 심리 내부에 찾기보다는 가족의 역기능적 체계 안에서 하나의 과정적 방식이자 생존의 방식으로 살펴본다. 이를테면, 부모의 싸움은 자녀에게 어떠한 방식으로 불안을 전수하고 강화하는지, 그리고 이러한 아동의 불안이 다시 가족체계 안에서 어떤 역할을 하고 있는지를 살펴보는 것이다. 따라서 상담사는 가족상담 관점에서 해당 문제를 살펴볼 때 가족이 관계성 안에서 어떤 관계를 형성하고 있는지에 대한 순환론적이고 상호작용적인 관점을 살펴보아야 한다.

둘째, 기본 가정 면에서 개인상담이 특정한 문제를 인과적 방식으로 살펴보기 위해 내적 사건에 주의를 기울인다면, 가족상담은 상호적인 영향력에 집중한다. 오히려 문제의 원인이 어디에 있느냐보다는 이러한 연쇄고리가 어떻게 다르게 형성될 수 있는가가 주요한 초점이다. 즉, 개인상담이 기계론적 관점을 취하고 있다면, 가족상담은 유기체적이고 상호작용의 관점에 많은 주의를 기울이고 있다.

셋째, 상담 시간에서 개인상담은 많은 경우 개인의 과거에 초점을 두고 내적 요인을 깊이 있게 다룬다는 점에서 비교적 오랜 시간이 걸린다. 그러나 가족상담은 과거나 오래된 갈등을 분석하여 다루기보다는 '지금 여기'의 상호작용을 중심으로 접근을 하고 있기 때문에 상대적으로 개인상담에 비해 짧은 시간을 요한다.

넷째, 내담자의 태도에서 개인상담에선 개인이 결정론적이고 인과적 방식에 의해 수동적 존재로 인식하는 반면에 가족상담은 현재의 시점에서 어떻게 다르게 해볼 수 있는지에 관점을 두기 때문에 좀 더 참여적이고 능동적 존재로 내담자를 바라볼 수 있다.

2. 아동 및 청소년 가족상담의 중요성

1) 가족의 규칙 및 주기

인간은 이미 형성된 어떤 환경과 인간관계 사이에서 탄생한다. 가족 역시 마찬가지이다. 아동이 태어날 때 아동의 울타리인 가족은 아동이 처음 접하고 느끼고 생각하며 대인관계 형성과 자기 자신을 스스로 어떻게 인식하게 하는지에 엄청난 영향을 줄 수 있다. 가족에서 부모는 특정한 방식으로 아이를 대하며, 의사소통하고, 가족의 규칙을 전수하며, 역할을 부여하고, 가족 안에서의 자신의 위치를 부여한다.

발달적 측면에서 고찰할 때 아동과 청소년은 이러한 가족의 체계에서 돌봄과 사회화를 구축하는데, 다른 한편으로 가족은 자신의 충동을 제어하고 행동을 통제하는 중요한 장이기도 하다. 만약 친구들과 놀고 싶어도 부모가 학업에 대한 강한 요구가 있을 때 아동은 좋든 싫든 이러한 부모의 요구에 따라야만 한다. 다른 한편, 청소년의 경우 자신이 생각하는 진로에 대한 꿈이 있다고 하더라도 부모의 간섭과 행동 방식에 의해 이를 포기할 수 있으며, 이러한 과정에서 심리적 독립에 대한 욕구가 좌절될 수 있다. 따라서 친구관계에서 소외감을 느끼고 아동이나 부모와 갈등을 겪고 있는 청소년을 만날 때 상담사는 이는 개인적 문제로 국한되지 않아 부모와 가족의 협조가 필요할 수 있다. 따라서 상담사는 아동·청소년 내담자를 만날 때 개인의 특성을 살펴보는 동시에 가족 간의 역기능적 의사소통이나 권력 구조, 역할, 가족의 무의식적인 규칙 등을 함께 살펴볼 수 있는 시각을 가져야 한다(김혜숙, 2016; 김유숙, 2022).

또한 삶에는 좋은 일과 나쁜 일이 공존하듯이, 가족 역시 다양한 주기를 갖고 있다. 가족은 시간과 환경의 변화에 따라 다양한 문제를 맞닥뜨릴 수 있다. 이를테면, 한 어머니가 아이에게 많은 시간을 들여 관심을 들일 때, 아동기에는 어머니의 이러한 관심이 좋은 상호작용을 일으켜 발달에도 좋은 역할을 할 수 있으나 청소년기로 넘어가면 어머니의 관심을 침범과 간섭으로 느끼며 많은 스트레스로 나타날 수도 있다. 또한 몇 년 전만 해도 아버지가 자영업을 하면서 남부러울 것이 없을 만큼 경제적으로 풍족하게 자랐던 한 가족이 사업이 갑자기 어려워지면서 엄청난 경제적 어려움을 겪으며 부모의 격화된 갈등, 잦은 이사, 별거 등 다양한 갈등과 문제를 겪을 수 있다. 또한 지진이나 산사태, 전염병과 같은 위기가 발생하게 되었을 때 역시 가족은 예상치 못한 위기를 느낄 수 있다. 이 밖에도 실직, 질병, 재난, 외도, 중독, 폭력, 심리적 질병, 재난, 가족 구성원의 죽음 등 내적·외적으로 다양한 위기의 요인들이 나타날 수 있다. 이러한 위기는 단기에 끝나기도 하고 어느 경우엔 장기적으로 이어질 수도 있다. 이러한 위기 상황이 발생할 때 가족 구성원 간의 유대관계와 위기에 대한 유연한 대처, 상호작용, 가족 간의 친밀감 형성은 위기를 효과적으로 대처하게 하지만, 반대로 그렇지 않다면 이러한 위기 상황은 가족에서 이미 존재하고 있는 다양한 갈등 요인과 맞물려 가족의 해체나 이혼, 유기 등 다양한 문제로 비화될 수 있다.

2) 세대의 영속성과 하위체계

가족은 세대를 거친 영속성을 지니고 있고 다양한 하위체계(subsystem)를 갖고 있다. 가족은 다른 가족의 체계에서 생성되고 긴밀한 연관성을 갖는데, 가족을 이루는 부부의 주체인 아버지와 어머니 역시 가족체계의 과정에서 출현된 생태학적 존재에 가깝다. 부부는 가족을 형성하고 자녀를 낳고 다양한 원부모 및 친척과 관계를 맺기 시작한다. 또한 이러한 구성원 이외에도 가족의 전통, 규칙, 풍습, 종교, 신념 체계 등이 포함되어 있다(김혜숙, 2016). 이러한 가족환경은 개인의 삶에 현저한 영향을 끼치고 또 개인은 가족 전체에 막대한 영향력을 행사하기도 한다.

또한 구성원의 의사소통 방식, 생각의 체계, 가치관 등은 개인의 몫처럼 여겨지기 쉽지만 사실상 그 기원은 가족과 더 이전의 가족 세대의 전수로 형성되어 있는 경우가 많이 있다. 다만 이러한 전수는 일관적이라기보다는 다양한 갈등과 통합의 형식을 갖게 될 수 있는데, 이를테면 엄격한 분위기에서 자란 아버지와 방임적인 환경에서 자란 어머니 사이에서 태어난 아이는 아버지의 엄격하고 권위적인 태도에 위축되는 동시에 어머니 훈육의 부재 및 방임 사이에서 혼란스러움을 경험할 수 있다.

따라서 가족상담에서는 내담자의 특정한 문제 방식이 어떻게 세대 간의 역동을 거쳐 형성되고 있는지를 살펴보고 체계적 이해를 갖출 필요가 있다. 예를 들어, 지나치게 화가 많은 아동은 부모로부터 극심한 비난에 의한 위축감과 내적인 울화 때문에 이러한 화가 격발되었을 수 있으며, 타인의 눈치를 지나치게 보는 청소년은 부모의 일관적이지 않은 의사소통 때문에 이러한 패턴이 형성되었을 가능성이 있다.

한편, 가족은 부부, 부모, 형제자매, 여성, 남성 등 여러 하위체계를 갖고 있는데 이 하위체계는 상위체계의 부분으로 존재하나 자체적 체계의 장을 형성하고 있기도 하다. 한편, 하위체계는 다른 하위체계에도 영향을 주는데, 만약 부부 하위체계에서 극심한 갈등이 빚어질 때 이 때문에 부모의 하위체계가 변화할 수 있다. 이를테면, 원래는 아버지와 사이가 좋은 아동이었지만 어머니가 아버지와 싸울 때마다 아이를 불러 아버지에 대한 험담을 반복하는 경우 아동은 아버지에 대한 인식이 바뀌게 되며 아버지와 아이의 하위체계에 금이 갈 수 있다. 한편, 부부가 이혼을 할 경우, 이혼의 형식에 따라 형제자매 하위체계나 부모 하위체계 역시 가족의 해체와 함께 위기를 맞이하게 될 수도 있다.

3. 가족상담의 실제

> 16세인 중학교 3학년 봄, J는 한 달 전 인터넷 커뮤니티에서 급격하게 화가 나서 누군가에게 심한 욕설을 하였고, 이것이 학교에서 발각되고 부모에게 전달되어 상담에 내원하게 되었다. J군의 아버지는 공무원으로 매우 권위적이고 불 같이 화를 내는 성격을 지니고 있고 아내와 자녀들에게도 이러한 가부장적인 태도가 이어지고 있다. 한편, 어머니는 걱정과 불안이 높은 성격이어서 본의 아니게 아이에게 잔소리를 많이 하게 된다고 한다. 부모에 의하면 J는 원래 매우 착한 아이였다. 그런데 요즘 집에서도 말을 안 듣고 욕을 하는 등 갑자기 다른 아이가 된 것처럼 굴다가 이런 일이 터지게 된 것이라는 것이다.
>
> 그러나 J는 초등학교 5학년 때에도 불안 수준이 높고 과민성 대장 증후군 때문에 계속 병원을 다니며 친구들 사이에서도 소외감을 느끼고 있어 상담이 필요할 것 같다는 학교 선생님의 권유로 상담을 받은 적이 있다고 했다.
>
> J에 의하면 초등학교 저학년 때부터 부모님은 일주일에도 몇 차례나 싸웠고, 결국 중학교 2학년 겨울에 부모님은 경제적 문제로 크게 부딪치고 별거에 들어가셨고 그 이후 자신은 아버지와 살게 되었다. 그 무렵 J의 분노나 말을 안 듣는 행동이 반복되었고 결국 이 사건 이후로 자녀의 문제를 상의하다가 결국 아버지와 어머니는 다시 합가하여 J를 돌보고 있었다고 한다.
>
> 한편, J의 학교 선생님이나 친구들의 진술에 따르면 J는 타인을 돕는 착한 심성 덕분에 여러 아이가 J를 좋아한다고 이야기하기도 했다. 다만 또 다른 친구는 J 스스로 외톨이같이 지내는 경우가 많다고 이야기한다. J에 의하면 자신은 어렸을 때부터 친구로부터 배신과 거절을 많이 당해 마음의 문을 닫았고 자신은 누구도 믿기 어렵다고 한다. 실제로 임상 장면에서도 J는 소극적이고 자주 손톱을 물어뜯고 다리를 떠는 등 불안 행동을 보이기 시작했다. 접수면접 시 부모 모두 J를 위해서라면 상담 비용이나 자신들도 상담에 적극적으로 임할 수 있다는 동기가 있다는 의사를 보이기도 했다.

앞으로는 이 사례를 단기 대상관계상담 이론과 가족체계 관점에 근거하여 사례개념화 하고 상담목표 설정 및 상담진행 방향에 대해 살펴보고자 한다. 이 사례개념화 및 상담개입은 개인상담과 가족상담을 할 경우 모두를 다루며, 아동 및 청소년

상담에 대한 다양한 조망을 할 수 있도록 한다.

(1) 사례개념화: 단기 대상관계상담 이론에 의한 사례개념화

■ 개인상담

중학교 3학년인 J의 주 호소는 자신도 모르게 불안이 심해지고 분노가 올라온다는 것이다. 이는 한 달 전 인터넷 커뮤니티에서 누군가에게 심한 욕설을 하게 되며 촉발되었고 이로 인한 부모의 요청으로 상담에 오게 되었다. 내담자의 핵심감정은 불안이며, 불안은 분노 감정을 격발하여 이로 인해 심한 욕설을 하게 된 것으로 사료된다. 역동적 측면에서 살펴보면 내담자의 분노의 표면 감정 아래엔 불안이 내재되어 있으며, 이는 초등학교 시절부터 반복된 가족 갈등과 친구 관계에서의 거절과 배신감에 의거하여 증폭된 것으로 보인다. 내담자의 자기 표상은 '거절되어 버려지는 나'으로 대상 표상은 '신뢰할 수 없는 불안한 대상'이 잠재되어 있을 수 있다. 이러한 불안은 타인에게 좋은 대상으로 기능하려는 반동 형성의 방어기제로 나타나다가 현재는 급격한 분노로 전환되고 과민성 대장 증후군이나 손톱을 물어뜯거나 다리를 떠는 신체화 증상으로 나타나는데, 이 근저에는 외로움과 소외감이 숨어 있을 것으로 사료된다.

따라서 상담사는 먼저 대상에 대한 불신감을 보이고 있는 내담자에게 탐색적인 태도보다는 공감적이고 지지적인 관계를 수립하며 굳건한 라포관계를 수립하는 것이 전제될 수 있다. 더 나아가 내담자의 분노를 급격하게 형성하고 있는 불안을 탐색하며 불안을 일으키고 있는 내담자의 생각과 그로 인한 이면 감정과 심층 감정을 탐색함으로써 과거의 불안이 현재의 불안으로 어떻게 재현되고 있는지를 인식하고 통찰할 수 있도록 도울 수 있다. 내담자가 겪고 있는 불안과 그로 인한 행동 기제 이면에 있는 내담자의 내적 대상을 만나는 동시에 또한 상담사 스스로 대상이 되어 내담자의 소외감과 거절감, 외로움을 충분히 수용하고 굳건하고 안정적인 관계를 형성할 필요가 있다. 더 나아가 전이와 역전이 관계를 치료적으로 활용하여 내담자의 무의식적으로 투사하는 감정을 '지금 여기'에서 수용하고 타당화하면서 관계에서 느꼈던 불안감과 결핍에 대해 교정적 정서의 체험을 구축하며 개입할 수 있다.

① 상담목표

–J 내면에 있는 불안과 분노의 감정을 충분히 표현하고 심층감정을 이해하여 진실한 대인관계를 맺고 바람직한 행동으로 바꿔 보기

② 상담전략

–자신의 불안과 분노 행동 이면에 숨어있는 내담자의 내적 감정을 이해하고 인식할 수 있도록 돕기

–'지금 여기'의 안전한 장에서 자신이 경험하고 있는 깊은 불안과 그로 인한 분노의 패턴을 인식하고 이를 원하고 기대하는 바로 교정할 수 있는 정서적 교정을 구축하기

–상담의 안전한 기지를 토대로 내담자가 타인에게 갖고 있는 착한 심성을 재발견하고 이를 상담의 공간에서 재현할 수 있도록 돕고 바람직한 대인관계 기술과 바람직한 행동을 함께 모색하여 실천해 보기

③ 회기별 상담계획(안)

회기	목표	내용	기법 및 도구
1~2	상담의 구조화 및 핵심문제 선정	1. J의 주 호소문제와 촉발요인을 탐색하고 핵심 문제를 정의하기 2. 상담의 목표와 전략을 합의하기	핵심문제 선정하기 사례개념화 구축하기
3~5	최근의 분노 행동과 그로 인한 불안의 기지 찾기	1. 지지적 관계와 라포관계를 수립하며, 내담자가 문제 행동을 일으키게 된 기원을 찾기 2. 불안의 위계와 패턴을 내적 대상관계에서 함께 찾으며, 이에 대한 내담자의 감정, 사고, 행동을 함께 드러내기	지지, 경청, 문제 행동 이면에 숨겨져 있는 핵심적 불안의 위계를 찾기
6~11	상호작용을 증진하여 교정적 정서체험을 구축하기	1. 불안과 분노 및 신체화의 부적응적 패턴을 인식하고 그 이면에 숨겨져 있는 원하는 바와 기대했던 바가 현재 어떻게 드러나고 있는지를 통찰할 수 있도록 돕기 2. 지금 여기에서 내담자에게 대상 경험을 형성하며 내담자의 전이와 역전이를 치료적으로 활용하여 소외감과 거절감, 외로움을 다루고 교정적 정서체험을 구축하기	원하는 바와 기대하는 바를 인식하고 표현할 수 있도록 돕기 교정적 장 구축하기

12~14	가족, 또래관계에서 적절한 상호작용을 구축하기	1. 가족관계와 또래관계에 자신이 원래 하고 싶은 원하고 기대하는 바를 표현하기 2. 내담자의 착한 심성을 상담 내에서 재발견하여 친구관계를 다시 수립할 수 있는 자원으로 활용하기 3. 대인관계의 상호작용을 증진하고 이를 상담의 장에서 이를 피드백하며 상호작용을 구축하기	또래관계와 적절한 상호작용을 구축할 수 있는 질문과 지지적 관계 수립
15	상담 마무리	1. 상담목표 달성 여부 확인하기 2. 미해결과제 및 상담 종결 후 안내하기 3. 새롭게 깨달은 자신의 모습을 숙고하여 다시 표현하고 진실하게 자신의 감정을 상담사에게 표현할 수 있도록 독려하기	목표달성 여부 확인, 미해결과제 탐색, 요약, 적극적 경청

이 사례는 J가 인터넷 커뮤니티에서 누군가에게 욕설을 하게 되어 의뢰된 상담이다.

1~2회기에서는 내담자가 인터넷 커뮤니티에서 과격한 표현을 하게 된 상황과 맥락을 지지적 관계에서 함께 발견하며 상담의 목표와 전략을 함께 합의할 수 있다. 이때 현재 발생된 인터넷 커뮤니티의 분노 행동을 판단하거나 교정하려고 하기보다는 이러한 행동 이면에 숨어 있는 맥락과 의도, 좌절, 소망을 탐색하며 보다 넓게 내담자를 이해할 수 있는 관점을 수립하며 내담자에게 지지적이고 신뢰스러운 관계를 형성할 수 있다.

3~5회기에서는 경청과 지지를 토대로 내담자의 문제 행동을 일으키게 된 분노와 불안의 감정을 보다 깊게 탐색하여 이에 대한 내적 대상관계가 무엇이 있고 이러한 패턴의 기원이 실제 대인관계, 사고, 감정엔 어떤 패턴으로 나타나고 있는지를 함께 찾고 인식할 수 있도록 한다.

6~11회기에서는 불안과 분노 및 신체화의 부적응적 패턴을 인식하고 이면감정과 심층 감정에 있는 내담자의 내적 이미지를 발견하고 현재에서 이를 재현하도록 연결 지을 수 있도록 한다. 현재의 급격한 분노와 불안 이면에 내담자의 무의식적인 소망을 현재에서 나타날 수 있도록 돕고 이것이 어떻게 현재의 부적응적 패턴과 연결되는지를 재현하고 통찰할 수 있도록 한다. 동시에 상담사는 대상 경험을 형성하며 내담자의 전이하고 있는 부정적 감정(불안, 외로움, 거절감)을 안전하게 수용하고

일관적 대상관계를 형성함으로써 교정적인 정서체험을 구축할 수 있다.

12~14회기에서는 내담자가 인식한 소망과 관계 욕구를 중심으로 가족과 또래관계에 어떻게 이를 분명하고 명확하게 표현할 수 있는지를 활용할 수 있다. 또한 여러 친구가 내담자가 실제로 착한 심성을 가지고 있다고 표현했는데, 이를 자원으로 수립하여 대상에 대한 염려와 사랑을 재발견하고 내담자가 이를 활용하여 대인관계의 상호작용을 증진할 수 있도록 한다. 또한 이러한 상호작용은 다시 상담의 과정에서 검증되어 수정되고 보완되고 재구성될 수 있다. 15회기엔 상담의 목표가 적절히 달성되었는지를 확인하고 미해결과제 및 상담 종결 후를 안내하며, 새롭게 깨달은 자신의 원 소망을 숙고하여 상담사에게 표현할 수 있도록 증진하며 상담을 종결할 수 있다.

■ 가족상담

이 사례는 중학교 3학년 J가 인터넷 커뮤니티에 분노를 표출하여 부모에 의해 의뢰된 상담이다. J의 주 호소는 불안과 분노가 심한 것이지만 J의 가족 체계에 불안이 현저하게 상승하고 있는 문제가 가족 체계와 밀접한 연관을 갖는다는 점에서 가족상담의 접근을 취할 수 있다.

16세 중학교 3학년인 J의 주 호소는 자신도 모르게 불안이 심해지고 분노가 올라온다는 것이다. 한 달 전 인터넷 커뮤니티에서 누군가에게 심한 욕설을 하며 분노가 촉발되었고 이로 인한 부모의 요청으로 상담에 오게 되었다. 내담자의 핵심 감정은 불안이며, 불안은 분노 감정을 격발하여 부적응적 행동을 하는 패턴을 형성하고 있는 것으로 사료된다.

이 사례를 가족체계의 관점에서 조망해 보면 J의 가족의 하위체계인 부부체계에서는 반복된 싸움과 극심한 갈등이 있었으며, 심지어 J가 중학교 2학년 땐 별거에 이르게 된다. 이러한 부부의 갈등 요인은 가족체계에 심각한 불안을 형성하고 J의 불안 증상에 영향을 주었을 것으로 사료된다. 이를 고찰할 때 J는 부모의 갈등과 불안을 경감하려는 의도로 착한 행동이나 불안을 참고 견디는 방식의 패턴을 구축했을 가능성이 있다. 한편, 중학교 2학년 때 부모가 실제 큰 싸움을 하고 별거에 이르게 되었을 때와 현재의 급격한 분노 행동의 시발점엔 상당한 근접성이 있는데, 실제로 부모의 별거가 내담자의 문제 행동에 의해 다시 합가하는 방식으로 전환되고 있는 것은 가족 시스템 체계에서 J의 문제 행동이 가족의 항상성을 유지하려는 하나의 신호체계일 수 있다. 가족상담 체계에 입장에 의거할 때, 상담사는 J의 개인이 아닌 가족원의 자아분화와 불안 감소를 위한 가족 체계적 접근을 함께 실시할 수 있다.

따라서 상담사는 J의 불안 이면에 가지고 있는 내적 갈등과 심리적 상처를 충분히 공감하고 지지하는 과정을 취하는 동시에 이러한 불안이 가족 체계 안에서 어떻게 나타나는지를 함께 조망하고 분화적 이슈를 함께 탐색하여 이에 대한 상담적 개입을 실시할 수 있다.

① 상담목표

–가족 안에 있는 불안과 분노의 체계를 인식하고 이에 대한 새로운 순환고리를 형성하여 분화 수준을 높이기

② 상담전략

–가족 체계 안의 불안을 이해하고 인식하며 어떻게 이것이 형성되고 있는지를 이해할 수 있도록 독려

–가족 구성원 안의 불안을 인식하고 가족의 상호관계성을 새롭게 구축

–J의 적절한 상호작용을 토대로 분화의 토대를 구축

③ 회기별 상담계획(안)

회기	목표	내용	기법 및 도구
1	상담의 구조화 및 핵심문제 선정	1. 가족의 주 호소문제와 촉발요인을 탐색하고 핵심 문제를 정의 2. 가족 체계의 변화와 동기 구축 3. 상담의 목표를 설정	핵심문제 선정하기 사례개념화 구축
2~4	가족평가	1. 가족 평가를 통해 가족 체계의 구조를 사정하고 평가하기 위해 가족 가계도 활용 2. 단순한 정보부터 좀 더 복합적 질문을 형성하고 이 과정에서 가족 구성원의 느낌과 생각 탐색	가계도

5~7	정서적 삼각관계 탐색 및 탈삼각화 과정	1. 가족 체계의 불안의 패턴 및 과정 인식 및 자아분화 수준 강화 2. 비난과 분노 이면에 나 전달법(I-position), 원하고 기대하는 바를 명확히 전달하고 이를 피드백	분화 수준 높이기 위한 탐색 질문, 나 전달법(I-position), 비난과 분노를 원하고 기대하는 바로 전환
8~12	상호작용의 패턴을 구축하고 이를 토대로 불안과 분노의 패턴을 인식	1. 각 구성원의 상호적 패턴에서 점차 내적인 질문으로 돌아가 한 명, 한 명에게 어떻게 불안이 형성되고 이것이 가족에게 형성되는지를 탐색 2. 가족의 상호관계성을 새롭게 체험	불안을 이루는 생각, 조망을 확장하기, 자신과 타인, 가족체계에 대한 상호작용 촉진 질문
13~14	향상된 분화를 토대로 새로운 실행계획 구축하기	1. 향상된 분화 수준과 증상의 감소를 토대로 가족 구성원들의 새로운 목표 설정 및 실행계획을 형성 2. 가족의 자원을 찾아 서로의 애정 및 유대 의식을 구축하기 위한 가족 콜라주를 만들고 가족 일기를 작성하기 3. 분화된 자기 감정 표현	가족 콜라주, 가족 일기, 실행계획 형성
15	상담마무리	1. 가족상담 목표 달성 여부 확인 2. 미해결과제 및 상담 종결 후 안내 3. 가족의 새로운 패턴 및 분화수준을 표현하고 이를 가족의 재의식화로 확장하여 새로운 가족의 규칙과 역할을 형성	목표달성 여부 확인, 미해결과제, 요약, 의사확인, 적극적 경청

이 사례는 중학교 3학년 J가 인터넷 커뮤니티에 분노를 표출하여 부모에 의해 의뢰된 상담이다. J의 가족 체계에 불안이 현저하게 상승하고 있고, J의 문제가 가족 체계와 밀접한 연관을 갖는다는 점에서 가족상담의 접근을 취하려고 한다.

1회기엔 상담의 구조화를 형성하며 가족의 주 호소문제와 촉발요인, 가족 체계의 변화 및 동기를 구축하며 상담의 목표를 형성한다. 2~4회기 때 상담사는 가족과 함께 가계도를 함께 작성하며 가족 불안 체계를 이해할 수 있도록 한다. 이를 위해 상담사는 간단한 정보를 묻는 동시에 세대 간에 걸친 관계 패턴, 스트레스 요인, 갈등요인 등을 묻고 구성원의 느낌과 생각을 서로 나눌 수 있도록 독려하며 가계도를 형성한다. 이러한 과정에서 가족과 라포관계를 형성하는 토대에서 불안이 어떠한 방식으로 흐르고 있을 수 있는지에 대한 깊은 통찰을 제공하고 이에 대한 대처 방안을 함께 모색할 수 있다.

5~7회기 때 상담사는 가족 구성원의 정서적 삼각관계의 흐름을 포착하며 비난과 분노의 패턴을 나 전달법(I-position)이나 상담사가 촉진자가 되어 이를 원하고 기대하는 바꿀 수 있도록 격려하여 감정의 정화를 일으키고 상호작용을 바꿔 냄으로써 탈삼각화를 구축할 수 있다. 이는 상대에 대한 비난과 격화된 감정을 자신이 원하고 기대하는 것으로 분명하게 표현할 수 있도록 하여 좀 더 건강한 상호작용을 구축할 수 있다.

8~12회기 때 상담사는 상호작용의 패턴을 구축하고 이를 토대로 가족구성원 한 명, 한 명에게 불안을 일으키고 있는 생각을 탐색함으로써 각 구성원 간의 불안에 대한 위계가 어떻게 형성되고 있는지를 살펴보고 이것이 어떻게 고리로 형성되고 있는 통찰할 수 있도록 도울 수 있다. 13~14회기 때는 자신과 타인, 가족의 상호관계성을 새롭게 체험할 수 있도록 돕고 새로운 분화 수준의 향상을 위해 가족에게 자기 의견을 명확히 전달하고 과제와 실행계획을 형성할 수 있다. 또한 가족 콜라주, 가족 일기를 함께 작성하며 서로의 애정 및 유대의식을 구축할 수 있도록 도울 수 있다.

15회기 때는 상담을 마무리하며 가족상담의 목표를 달성 여부를 확인하고 미해결 과제 및 상담 종결 후 추수 상담이나 과제를 논의할 수 있다. 또한 분화 수준을 점검하고 새로운 가족의 규칙과 역할을 세울 수 있다.

4. 가족상담 시 고려사항

현재 아동 및 청소년 상담에서는 가족상담에 대한 수요가 많이 있다. 아동 및 청소년은 가족의 울타리에 있고 가족으로부터 성인에 비해 더 많은 영향을 받기 때문에 상담사는 가족상담 시에 다음의 요소를 고려해야 한다.

첫째, 가족의 주기와 위기 대처방안을 고려한다. 현대 사회에 발생하는 가족 갈등, 이혼, 별거, 의사소통 부재, 외도, 경제적 어려움, 질병 등 다양한 스트레스 요인은 아동 및 청소년의 발달적 문제와 긴밀하게 연결되어 나타나고, 이러한 위기는 단기적으로 끝나기도 하고 어느 경우엔 장기적으로 이어질 수도 있다. 이러한 위기 상황이 발생할 때 가족 구성원 간의 유대관계와 위기에 대한 유연한 대처, 상호작용, 가족 간의 친밀감 형성은 위기를 효과적으로 대처하게 하지만, 반대로 그렇지 않다면 이러한 위기 상황은 가족에서 이미 존재하고 있는 다양한 갈등 요인과 맞물려 가족의 해체나 이혼, 자살사고 등 다양한 문제로 비화될 수 있다. 상담사는 가족상담의 위기가 어느 한 사람에게서 나타난다기보다는 가족의 주기와 위기 속에서 다양한 파노라마로 이어질 수 있다는 점을 염두하고 가족 응집력 강화나 공동으로 스트레스 요인에 대처할 수 있는 요소를 구축하여야 한다.

둘째, 상담사는 가족상담에서 상호작용 역동에 주안점을 두어야 한다. 문제의 과정을 살펴보고 이러한 문제가 가족체계 안에서 어떠한 과정으로 이뤄지고 있는지에 대한 체계적 관점이 필요하다. 따라서 누구를 탓하기보다는 문제와 더불어 나타나는 부적응적 순환고리를 적응적 순환고리로 바꿀 수 있도록 주안점을 두어야 한다. 이를테면, 가족 구성원 사이에서 서로 비난과 비난이 맞물려 있을 때 상담사는 이를 좌절된 욕구로 다시 원하고 기대하는 바로 돌려 표현할 수 있도록 격려하며 상호작용 자체를 변화할 수 있다.

셋째, 문제 위주의 관점보다 새로운 경험을 촉진할 수 있는 역할을 제공한다. 가족체계적 입장에서 원인은 하나로 고정되지 않는다. 따라서 이를 찾아내는 노력보다는 가족 구성원이 겪고 있는 부정적 경험을 경감하고 새로운 경험을 겪을 수 있도록 환경을 제공할 수 있다. 이러한 과정에서 의사소통 훈련, 가족이 회복할 수 있는 잠재력, 긍정적 정서의 촉진, 도구를 활용한 가족 응집력 강화 등이 실시될 수 있다. 이러한 새로운 경험의 축적은 상호작용에 맞물려 새로운 고리를 형성하며, 이는 가족 간에 숨어 있는 문제를 대처하는 기지가 되며, 더 나아가 새로운 경험과 관계방식을 형성할 수 있다.

넷째, 하위체계에 주의를 기울인다. 가족상담은 여러 구성원이 함께 해야 하기 때문에 시간이나 비용 문제가 발생할 수 있다. 또한 우리 사회에서는 상담에 대한 인식이 부정적인 측면이 있어 모든 가족이 상담을 받는 것이 쉽지 않을 수 있다. 따라서 상담사는 부부, 부모-자녀, 형제 관계 등 다양한 하위체계의 순환고리를 다루고 이를 확장하여 가족상담과 연계하거나 다른 하위체계와 연결 지을 수 있으며, 또한 아동 및 청소년을 개인상담으로 다루고 있다면 이러한 하위체계를 함께 병행하고 연계하여 다룰 수 있는 유연한 사고가 필요하다.

다섯째, 가족은 사회와 문화의 작은 장이므로 다양한 상담관련 교육 프로그램과 워크숍이 개발될 필요가 있다. 또한 가족의 문제는 가족 자체의 문제로 국한되지 않고 사회적 문제에서 비롯된 경우가 존재한다. 이를테면, 사회적 재난 발생 시 가족은 이러한 재난에 직접적 영향을 받는 공동체가 될 수 있다. 따라서 부다 넓은 관점에서도 가족을 바라보고 상담 및 교육, 복지적 관점을 갖추는 것, 더 나아가 지역사회의 다양한 기관과 함께 건강한 가족을 구축하고 인식을 개선할 수 있는 공동체적인 개입을 실시할 필요가 있다.

● 학습문제 ●

1. 나의 가족 안에 숨겨져 있는 규칙과 관습은 무엇이 있는지 탐색해 보자.
2. 상담 시 가족상담과 개인상담이 어떤 공통점이 있고 차이점이 있는지 같이 논의해 보자.
3. 아동 및 청소년 상담에서 가족상담을 실시할 때, 유의해야 할 점이 있다면 어떤 것이 있을지 같이 논의하고 개인상담과 가족상담을 어떻게 적절히 구축할 수 있을지를 같이 생각해 보자.

참고문헌

강경미(2014). 학교폭력상담. 서울: 대왕사.

강고운(2015). 부모의 양육태도와 청소년 자녀의 자아탄력성간의 관계: 아버지 양육참여의 매개효과. 숙명여자대학교 석사학위논문.

강규리(2014). 초기 청소년이 지각한 부모의 공감과 자아탄력성이 문제해결능력에 미치는 영향. 연세대학교 석사학위논문.

강문희(2007). 아동발달론. 경기: 공동체.

강병철, 하경희(2012). 청소년 성소수자의 긍정적 성정체성 형성과정에 관한 질적연구. 청소년학연구, 19(2), 99-128.

강지영, 김현수(2019). 청소년 도박행동 위험요인과 보호요인에 관한 메타분석: 비문제성-도박 집단을 중심으로. 한국사회복지교육, 48, 203-232.

고동혜(2001). 초등학생의 자기효능감, 학습 양식과 학업 성취와의 관계. 진주교육대학교 석사학위논문.

고재근(2005). 금연을 위한 집단상담 프로그램이 흡연 여고생의 흡연과 자아존중감 및 의사소통에 미치는 효과. 전주대학교 석사학위논문.

고진영, 이경화(2001). 유아·아동기 자아존중감의 발달적 특성 탐색. 한국영유아보육학, 25, 327-351.

교육부(2021). 학교폭력사안처리 가이드북. https://www.moe.go.kr/boardCnts/view.do?boardID=316&lev=0&statusYN=W&s=moe&m=0302&opType=N&boardSeq=88345

교육부(2022). 2022년 1차 학교폭력 실태조사 결과발표. https://www.moe.go.kr/boardCnts/viewRenew.do?boardID=294&lev=0&statusYN=W&s=moe&m=020402&opType=N&boardSeq=92500

교육부, 보건복지부, 질병관리청(2021). 제17차(2021년) 청소년건강행태 조사. 청주: 질병관리청.

교육부, 보건복지부, 질병관리청(2022). 제18차(2022년) 청소년건강행태 조사. 청주: 질병관리청.

곽연희, 김태준(2011). 청소년 흡연에 영향을 미치는 가족요인과 친구요인에 관한 연구. **교류분석상담연구**, 1(1), 47-71.

곽금주, 김의철, 박영신(1999). 한국 청소년 문화의 형성요인 탐색: 비행과 우울 중심으로. **한국심리학회지: 문화 및 사회문제**, 5(1), 111-121.

구슬이, 김진숙(2017). 분노조절 집단 프로그램의 효과에 대한 메타분석. **한국심리학회지: 상담 및 심리치료**, 29(1), 55-77.

구승신, 장성화, 정옥희(2011). 청소년의 자아정체감, 사회적지지와 정신건강과의 관계. **한국콘텐츠학회논문지**, 11(9), 225-237.

구자경, 김영경 (2021). **인지행동상담: 이해와 활용**. 서울: 학지사.

국가인권위원회 (2015). 성적지향 · 성별 정체성에 따른 차별 실태조사. 서울: 국가인권위원회

권선중, 김교헌, 최지욱(2006). 아동의 성인도박 인식실태와 도박성 게임행동 예측요인. **한국심리학회지: 건강**, 11(1), 147-162.

권선중, 김교헌, 성한기, 이민규, 강성군(2007). 성인과 남자 청소년의 불법 인터넷 도박 문제와 위험 요인 그리고 예방전략. **한국심리학회지: 건강**, 12(1). 1-19.

권태연(2015). 아동, 청소년 우울 예방 프로그램 효과에 관한 메타분석. **사회복지연구**, 46(3), 35-64.

김경석, 김선향, 김영옥, 김진희, 박종란, 박찬선, 박혜경, 이병학, 이은해, 임영아(2015). **학교폭력상담 이론과 실제(2판)**. 경기: 양서원.

김경수, 김화경(2011). 부모의 양육태도가 고등학생의 자아존중감 및 자아탄력성에 미치는 영향. **교육연구**, 19(2), 143-170.

김경숙, 김인희(2016). 중 · 고등학교의 학업중단 위기학생이 경험하는 소외에 관한 질적 사례연구. **교육행정학연구**, 34(2), 253-285.

김경준, 김지혜, 류명화, 정익중, 김윤정(2006). **청소년 유형별 복지욕구 실태와 지원방안**. 서울: 한국청소년개발원.

김광현, 장재홍(2010). 인터넷 게임중독 정도, 스트레스 지각 및 스트레스대처방식에 미치는 효과. **한국심리학회지: 상담 및 심리치료**, 22(1),213-232.

김나미, 김신섭(2013). 대학생 생활 스트레스가 심리적 안녕감에 미치는 영향: 사회적 지지와 회복탄력성의 매개효과. **상담학연구**, 14(2), 1125-1144.

김나진, 진주은(2019). 인지행동치료 프로그램 효과에 대한 메타분석. **인문사회 21**, 10(4), 1663-1677.

김대희(2019). 주류광고 노출과 청소년 음주행동의 관련성 및 매개요인. 연세대학교 석사학

위논문.

김도희, 박영준, 장재원(2017). 청소년의 학업스트레스가 스마트폰 중독에 미치는 영향연구: 자아존중감, 부모지지, 친구지지의 매개중심으로. 학교사회복지, 37(0), 67-89.

김동욱, 유제민, 김청송(2018). 청소년 성폭력의 취약성과 탄력성 요인에 관한 연구. 청소년학연구, 25(12), 181-207.

김명희(2011). 아동 · 청소년 사회성 개발과 상담. 경기: 교문사.

김미정(2015). 청소년 흡연 행위와 자아존중감 및 학교생활적응력 간의 연관성. 한양대학교 석사학위논문.

김민정, 김정규(2016). 한국게슈탈트 집단상담의 연구 동향: 아동 · 청소년 대상 연구를 중심으로. 한국게슈탈트상담연구, 6, 7-28.

김병년, 최홍일 2013). 과보호적 부모양육태도가 스마트폰 중독에 미치는 영향에 대한 자기통제력의 매개효과. 경상대학교 사회과학연구, 29(1), 1-25.

김사라형선(2020). 청소년의 스마트폰 중독과 대인관계문제, 학교생활적응에서 회복탄력성의 조절효과. 아동복지연구, 18(1), 39-56.

김석준(2018). 청소년 문제행동 보호 · 위험요인 측정도구 개발: 음주, 흡연, 스마트폰 과다사용, 도박행동을 중심으로. 가톨릭대학교 박사학위논문.

김선영, 김정희, 이경열(2004). 청소년이 지각한 부모의 양육태도, 공격성, 자기통제력 및 자기존중감과 청소년 비행의 관계. 상담학연구, 5(3), 711-723.

김성기, 황정숙(2021). 비행청소년 공격성에 대한 창의력 기반 게슈탈트 음악치료. 한국범죄심리연구, 17(2), 7-20.

김성욱(2011). 자기효능감 신장을 위한 집단상담의 효과에 관한 메타분석. 광주교육대학교 석사학위논문.

김수미, 허휴정, 조현, 권민, 최지혜, 안희준, 이선우, 김연지, 김대진(2014). 대학생에서 우울, 충동성, 회복탄력성이 스마트폰 중독에 미치는 영향. 대한신경정신의학회지, 53(4), 214-220.

김영경(2012a). 청소년의 스트레스가 현재 도박행동과 미래 도박행동 가능성에 미치는 영향: 인터넷중독과 비합리적 도박신념의 매개효과. 한국심리학회지: 상담 및 심리치료, 24(1), 175-195.

김영경(2012b). 청소년의 도박행동에 미치는 영향에 관한 연구. 한국기독교상담학회지, 23(2), 31-55.

김영경(2013). 청소년의 스트레스와 인터넷 중독 및 도박행동과의 관계: 자기효능감과 자아탄력성의 조절효과. 한국청소년연구, 24(1), 127-156.

김영경(2017). 고등학생의 가족기능과 스마트폰 중독의 관계: 외로움과 영적 안녕의 매개효과. 한국기독교상담학회지, 28(1), 43-69.

김영미, 김두범(2016). 중학생의 스마트폰 사용과 학교적응과의 관계에서 자기통제력의 매개효과. **청소년학연구**, 23(3), 133-162.

김영아, 오경자(2000). 아동 및 청소년기 우울증상에 대한 대인표상의 매개효과. **한국심리학회 학술대회 자료집**, 2000(1), 48-49.

김용갑(2020). 청소년의 회복탄력성과 사회적 지지가 진로성숙에 미치는 영향. 중앙대학교 석사학위논문.

김원중(2004). 왕따: 의미, 실태, 원인에 관한 종합적 고찰. **상담학연구**, 5(2), 451-472.

김유숙(2012). **아동과 청소년 심리치료**. 서울: 학지사.

김정규(1995). **게슈탈트 심리치료: 창조적 삶과 성장**. 서울: 학지사.

김정숙, 이기혜(2016). 일반 청소년 및 빈곤 청소년의 탄력성 결정요인 비교 분석. **교육사회학연구**, 26(2), 31-56.

김정연(2005). 병적도박자의 회복에 영향을 미치는 요인. 연세대학교 박사학위논문.

김종백(2012). 학생-교사관계와 학생의 심리적 탄력성. **교육심리연구**, 26(2), 523-541.

김종운, 김지현(2008). 아동의 자아개념 및 학습동기와 진로성숙과의 관계. **진로교육연구**, 21(2),127-143.

김종운, 최미숙(2014). 청소년의 문제행동에 영향을 미치는 가족건강성, 사회적 지지, 자아탄력성, 희망, 또래관계기술의 구조적 관계분석. **청소년상담연구**, 22(1), 201-226.

김주환 (2019). **회복탄력성: 시련을 행운으로 바꾸는 마음 근력의 힘**. 서울: 위즈덤하우스.

김지경, 김균희(2013). 중고등학생의 흡연여부 및 빈도의 결정 요인 분석. **청소년문화포험**, 33, 88-119.

김창군, 임계령(2010). 학교폭력의 발생원인과 대처방안. **법학연구**, 38, 173-198.

김채현, 김숙희(2020). 게슈탈트 놀이프로그램이 학령후기 아동의 자기수용에 미치는 효과. **놀이치료연구**, 24(1), 17-38.

김태량, 최용민(2016). 중학생의 스마트폰 중독과 학교적응의 관계에서 정신건강의 매개효과. **사회과학연구**, 32(3), 185-210.

김춘경(2006). **아들러 아동상담 이론과 실제**. 서울: 학지사.

김춘경, 배선윤, 성다겸, 유지영, 장효은(2021). **아동상담의 실제**. 서울: 학지사.

김현지, 오인수, 송지연(2019). 부모의 과보호가 청소년의 회복탄력성에 미치는 영향: 자아정체감과 불안의 순차적 매개효과. **교육과학연구**, 50(1), 91-110.

김혜경(2006). 사이버 또래상담 활동이 또래상담자의 의사소통능력 향상에 미치는 효과. 전남대학교 석사학위논문.

김혜숙(2016). **가족치료 이론과 기법**. 서울: 학지사.

김혜영(2018). 청소년의 또래애착과 스마트중독경향성의 관계에서 자아존중감의 조절 효과. 숙명여자대학교 석사학위논문.

김환희(2018). 담배가격 인상에 따른 청소년의 흡연 및 금연시도 관련요인 분석. 연세대학교 석사학위논문.

김희영, 조미경(2015). 청소년 인터넷중독 집단치료프로그램 효과에 대한 메타분석. **정신보건과 사회사업, 43**(2), 89-118.

남보라(2017). 아동청소년 대상 게슈탈트 집단 프로그램의 효과에 관한 메타분석. 광운대학교 석사학위논문.

노안영(2011). **집단상담 이론과 실제**. 서울: 학지사.

노안영(2012). **상담심리학의 이론과 실제**. 서울: 학지사.

노언경(2018). 청소년의 스마트폰 중독과 정신건강과의 관계에 대한 메타분석. **교육문제연구, 31**(1), 141-168.

노혜은(2017). 중학생이 지각한 부모-자녀 의사소통 및 자아탄력성이 스마트폰 중독경향성에 미치는 영향. 숙명여자대학교 석사학위논문.

다문화 가족 지원법(2022. 3. 23 검색) https://www.law.go.kr/LSW/LsiJoLinkP.do?lsNm=%EB%8B%A4%EB%AC%B8%ED%99%94%EA%B0%80%EC%A1%B1%EC%A7%80%EC%9B%90%EB%B2%95&paras=1&docType=JO&languageType=KO&joNo=000200000

도기봉(2007). 고등학생의 학교폭력 유형별 가해실태에 관한 연구. **사회복지개발연구, 13**(3), 171-192.

도명숙(2015). 사회적 지지 및 회복탄력성이 중학생의 스마트폰 과다사용에 미치는 영향. 계명대학교 석사학위논문.

류은주(2019). 가정폭력을 경험한 청소년의 자아상에 관한 연구. **청소년학연구, 26**(5). 55-84.

박기령, 최중진(2016). 청소년 레질리언스 연구 동향 분석. **청소년학연구, 23**(10), 451-478.

박미현(2020). 청소년이 지각한 부모의 양육태도가 회복탄력성에 미치는 영향. 부산대학교 석사학위논문.

박부환, 김병영, 장은정(2013). 청소년의 인터넷 중독 과정 경험에 관한 현상학적 연구. **청소년학연구, 20**(8), 71-95.

박선, 이춘재, 성현란, 송길연, 윤혜경, 김혜리, 박혜원, 곽금주, 장유경(2002). **발달정신병리학**. 서울: 중앙적성출판사.

박순희(2009). 다문화가족 아동의 특성과 사회적응. **한국아동복지학, 29**, 125-154.

박숙경, 유명숙(2021). 청소년의 스마트폰 중독 위험요인이 자아탄력성과 스마트폰 중독에 미치는 영향에 관한 연구. **한국콘텐츠학회논문지, 21**(1), 684-697.

박은선(2015). 담임교사의 행동특성이 학생 집단따돌림 가해행동에 미치는 영향. 영남대학교 석사학위논문.

배창일, 정영숙(2012). 한부모가족과 양부모가족 아동의 자아존중감 유형. **가정과삶의질학회 학술발표대회 자료집**, 379-379.

서경현(2013). 음주와 흡연을 동시에 하는 중학생의 음주 특성과 문제성 음주 및 금주 의지. 청소년학연구, 20(6), 243-264.

서미, 소수연, 장유진, 조은희, 이지은, 양명진(2018). 청소년상담 사례지도 모형개발연구. 부산: 한국청소년상담복지개발원.

서지혜(2012). 고등학생의 개인, 부모, 또래 및 스마트폰 이용 동기요인과 스마트폰 중독과의 구조적 관계분석. 성신여자대학교 석사학위논문.

선명숙(2011). 고등학생이 지각한 부모-자녀간 의사소통과 안녕감, 자기효능감, 자아탄력성의 관계. 이화여자대학교 석사학위논문.

성동제(2015). 위기청소년의 진로태도성숙과 사회적지지, 회복탄력성 및 진로결정 자기효능감의 관계. 서울대학교 석사학위논문.

손애리(2010). 서울시 청소년의 흡연, 음주, 및 성행동. 한국알코올과학회지, 11(1), 77-87.

손경이(2018a). 당황하지 않고 웃으면서 아들 성교육 하는 법. 경기: 다산북스.

손경이(2018b). 움츠러들지 않고 용기 있게 딸 성교육 하는 법. 경기: 다산북스.

손진희, 홍지영(2007). 청소년 따돌림 문제의 이해와 대처. 서울: 학지사

송명자(2011). 발달심리학. 서울: 학지사.

송미령, 김성영(2012). 중학생의 또래애착, 자아탄력성, 휴대폰 의존과의 관계. 청소년문화포럼, 32, 65-89.

송순만, 백진아(2016). 부모방임이 청소년의 학교생활적응에 미치는 영향: 자아정체성과 삶의 만족도의 매개효과를 중심으로. 디지털융복합연구, 14(10), 327-337.

송재홍, 김광수, 박성희, 안이환, 오익수, 은혁기, 정종진, 조붕환, 홍종관, 황매향(2016). 학교폭력의 예방과 상담(2판). 서울: 학지사.

신경민(2018). 아동 청소년 우울증의 근거기반치료. 한국심리학회지: 임상, 37(4), 595-604.

신성만, 김주은, 오종현, 구충성(2011). 청소년의 실존적 영적 안녕감과 인터넷 중독의 관계: 자아존중감과 우울의 매개효과. 상담학연구, 12(5), 1613-1628.

심혜선, 전종설(2018). 청소년의 스마트폰 중독이 내재화 및 외현화 문제행동에 미치는 영향: 자아존중감과 대인관계의 매개효과를 중심으로. 청소년복지연구, 20(1), 275-300.

안소정, 박은희, 홍현주, 송정은, 육기환, 김소은(2013). 청소년 우울증 환자에게서 자살시도의 보호요인으로서 회복탄력성의 역할. 한국심리학회지: 임상 32(2), 351-366.

안수미(2013). 아버지의 자녀양육 참여와 자녀양육시간. 서울대학교 박사학위논문.

양정남, 최은정, 이명호, 소영(2011). 청소년의 우울, 충동성, 가족의 전반적인 건강성이 청소년의 비합리적 도박신념과 도박행동에 미치는 영향. 청소년학연구, 18(5), 357-383.

양혜선(2004). 애착유형과 스트레스 대처방식이 대학생활적응에 미치는 효과. 연세대학교 석사학위논문.

여성가족부(2021). 다문화가족통계.http://www.mogef.go.kr/mp/pcd/mp_pcd_s001d.

do?mid=plc503&bbtSn=704742

여종일(2016). 남녀중학생의 외로움과 스마트폰 중독증상의 관계: 자아존중감의 매개효과 검증. **청소년학 연구**, 23(1), 129-152.

여현주(2013). 청소년의 스마트폰 중독위험관련요인. 대구가톨릭대학교 석사학위논문.

연미영(2006). 청소년의 충동성, 가족도박수준 및 거주지역이 청소년의 도박행동, 도박신념 및 미래의 도박동기에 미치는 영향. **한국심리학회지: 사회문제**, 12(1), 1-14.

연현진, 한애경, 윤혜미(2011). 남자범죄청소년의 부모양육행동, 학대피해경험과 사이코패스 성향의 관련성 및 자기통제력의 매개효과. **정신보건과사회사업**, 38, 141-171.

오양옥(2019). 흡연청소년의 흡연행태와 임파워먼트에 따른 금연시도. 부산가톨릭대학교 석사학위논문.

오성배(2005). 코시안 아동의 성장과 환경에 관한 사례 연구. **한국교육**, 32(3): 61-83.

우유라, 노충래(2014). 청소년의 부정적 정서 및 공격성과 학교생활적응과의 관계에서 공동체의식의 매개효과. **청소년복지연구**, 16(2), 203-227.

유정옥(2019). 텍스트마이닝을 이용한 청소년의 성고민 분석. **보건정보통계학회지**, 44(2), 181-188.

윤경자, 임주영(2014). 대학생들의 아버지와의 관계와 자아탄력성이 성취동기에 미치는 영향. **한국가족관계학회**, 18(4), 95-113.

윤난희 (2019). 도시지역 중학생의 알코올 접근성과 음주 경험. **알코올과 건강행동연구**, 20(2), 31-39.

이규미, 지승희, 오인수, 송미경, 장재홍, 정제영, 조용선, 이정윤, 이은경, 고경희, 오혜영, 이유미, 김승혜, 최희영(2021). **학교폭력 예방의 이론과 실제**(2판). 서울: 학지사.

이규현, 권윤희(2014). 중학생의 스마트폰 중독 영향요인. **한국생활환경학회지**, 21(5), 783-790.

이다경, 염시창(2015). 청소년이 지각한 애정적 양육태도와 공격성의 관계: 자아탄력성과 우울의 중다매개효과. **청소년상담연구**, 25(2), 277-298.

이미숙(2017). 청소년을 대상으로 한 게슈탈트 집단상담 프로그램 효과에 대한 메타분석. 경북대학교 석사학위논문.

이미정, 박미숙(2012). 멘토의 개인적 특성에 따른 멘토링 운영연구. **다문화교육**, 3(2), 101-123.

이병두(2001). 학교폭력 왕따의 개입유형과 심리적 특성: 성격과 정서를 중심으로. 연세대학교 석사학위논문.

이상균(1999). 청소년의 또래폭력 특성과 대처방안. **학교사회복지**, 2, 153-179.

이소민(2020). 고등학생의 회복탄력성 영향 요인 분석: 부모, 또래, 교사와의 관계의 영향을 중심으로. 고려대학교 석사학위논문.

이소희(2005). 아동발달척도 핸드북. 경기: 대왕사.

이승은, 남은영(2011). 부모의 공감, 아동의 또래관계 및 아동의 정서조절능력 간의 관계. 한국심리치료학회지, 3(1), 41-56.

이승철(2021). 다문화 청소년과 일반 청소년의 건강 위험 행동에 미치는 영향요인 분석. 고려대학교 석사학위논문.

이숙현, 한창근(2019). 자아존중감이 문제음주에 미치는 영향: 성별 및 연령집단 간 다집단 분석. 보건사회연구, 39(1), 293-333.

이신숙(2013). 중학생의 회복탄력성이 학교적응성에 미치는 영향연구: 스트레스와 사회적 지지의 조절효과를 중심으로. 조선대학교 박사학위논문.

이어리, 이강이(2012). 부모요인, 친구요인, 심리적 요인이 초등학생의 중독적인 휴대전화 사용에 미치는 영향. 아동교육. 21(2), 27-39.

이영선, 권보민, 이동훈(2012). 청소년의 동성애 경험, 성의식, 동성애 혐오, 우울의 관계. 재활심리연구, 19(1): 129-147

이영애(2018). 학령기 후기 아동의 학대경험, 우울, 공격성이 학교적응에 미치는 영향: 자아존중감과 자아탄력성의 조절된 매개효과. 청소년상담연구, 26(1), 277-297.

이영이(2001). 통합 예술심리치료, 대학생활연구, 15, 63-77.

이영환(2008). 아버지의 자녀양육 참여에 영향을 미치는 변인 :부모공동양육의 관점에서. 아동과 권리, 12(2),189-210.

이영희(2016). 양육태도, 또래애착, 자아탄력성, 대처와 스마트폰 중독간 관계. 고려대학교 석사학위논문.

이은아, 박상복(2007). Rosenberg 의 비폭력 의사소통훈련 프로그램이 배척아동의 자아존중감과 또래관계에 미치는 효과. 동서정신과학, 10, 33-48.

이은정(2012). 청소년의 자아탄력성과 진로결정자기효능감의 관계: 긍정정서와 진로장벽의 매개효과를 중심으로. 고려대학교 석사학위논문.

이은정, 어주경(2015). 고등학생이 지각한 스트레스, 충동성 및 부모의양육태도가 스마트폰 중독에 미치는 영향. 가족과 가족치료, 23(1), 1-22.

임정희, 신고은, 전우영(2015). 또래관계가 스마트폰 중독에 미치는 영향. 한국심리학회 연차학술대회 자료집, 2015(8), 346.

이종태, 김경민, 윤보현, 정영은, 김문두, 시영화, 차용호, 윤현주, 박수희(2020). 학교청소년의 회복탄력성과 관련된 요인. 생물치료정신의학, 26(1), 14-22.

이준기, 강근모(2015). 청소년 인터넷중독 집단상담 프로그램의 효과에 관한 메타분석. 상담학연구, 16(3), 101-120.

이지선, 정옥분(2002). 부모의 정서표현 수용태도와 유아기 자녀의 정서지능과의 관계. 아동학회지, 23(1), 17-36.

이창희(2000). 집단따돌림과 학급응집성, 자아존중감, 학교생활만족 및 불안과의 관계. 연세대학교 석사학위논문.

이하리, 이영선(2015). 청소년의 교사·또래 애착과 회복탄력성의 관계에서 자아존중감의 매개효과: 인문계 고등학생을 중심으로. **청소년상담연구**, 23(2), 467-486.

이해경, 임동훈, 김혜원(2014). 남녀 청소년들의 도박행동에 대한 충동성, 스트레스, 도박신념 및 부모애착의 영향력 차이. **청소년복지연구학회지**, 16(3), 257-285.

이해리, 조한익(2006). 한국청소년 탄력성 척도의 타당화 연구. **한국심리학회지: 상담 및 심리치료**, 18(2), 353-371.

이현미(2016). 청소년이 지각한 부모의 양육태도가 회복탄력성에 미치는 영향: 의사소통 유형을 매개변인으로. 한국교원대학교 석사학위논문.

이혜순(2014). 청소년의 자아존중감, 충동성 및 정신건강이 휴대전화 중독에 미치는 영향. **한국콘텐츠학회논문지**, 12(1), 200-210.

이홍표(2002). 비합리적 도박신념, 도박동기 및 위험감수 성향과 병적 도박의 관계. 고려대학교 박사학위논문.

이형득(1992). **상담이론**. 서울: 교육과학사.

이훈구, 권준모, 곽금주, 조성호, 전우영, 이혜주(2000). 학급내 부정적 행동과 응집력과의 관계. **한국심리학회 학술대회 자료집**, 2000(1), 58-59.

장봉석(2012). 청소년의 스트레스와 자기효능감이 또래관계에 미치는 영향. 경남대학교 석사학위논문.

장숙희(2014). 고등학생의 공감능력과 회복탄력성이 대인관계에 미치는 영향. 한국외국어대학교 석사학위논문.

장성화, 박영진(2010). 휴대폰 중독 수준에 따른 청소년들의 정신건강, 자기통제력, 자아존중감의 관계 연구. **한국교육논평**, 8(3), 25-41.

장여옥, 조남억(2014). 스마트폰 중독이 청소년 문제행동에 미치는 영향: 경기도지역 청소년을 중심으로. **미래청소년학회지**, 11, 137-156.

장정연(2011). 청소년 사행성 게임행동에 관한 연구: 선별도구(SOGS-RA) 평가와 영향 요인. 가톨릭대학교 박사학위논문.

전경숙, 정태연(2009). 한국청소년의 행복을 결정하는 요인들. **한국심리학회지: 사회문제**, 15(1), 133-153.

정가영(2017). 청소년의 흡연실태 및 학교 흡연예방교육의 효과. 경북대학교 석사학위논문.

정경아(2016). 청소년의 우울, 불안, 충동성과 스마트폰 중독의 관계에서 자아탄력성과 사회적 지지의 조절효과. 숙명여자대학교 박사학위논문.

정경아, 김봉환(2015). 고등학교 남학생들의 자아탄력성이 스마트폰 사용에 미치는 영향. **청소년학연구**, 21(11), 55-74.

정명진, 김헌태, 강민수(2020). 엘리트 청소년 축구선수에 대한 Rosenberg 자아존중감 척도의 문항 및 반응범주 기능검사: Rasch 모형 활용. 체육과학연구, 31(4), 662-671.

정문자, 제경숙, 이혜란, 신숙재, 박진아(2016). 아동상담의 이해. 서울: 학지사.

정소희, 김진숙(2017). 부모양육행동과 청소년의 자아탄력성과의 관계: 초등학생과 중학생 간 비교. 상담학연구, 18(3), 253-270.

정순례, 양미진, 손재환(2020). 청소년 상담(2판). 서울: 학지사.

정슬기, 장승옥, 김성천(2007). 중고생 청소년의 알코올 남용의 심각성 정도에 영향을 미치는 요인비교: CRAFFT 선별도구 2점과 3점을 기준으로. 정신보건과사회사업, 26, 144-167.

정슬기, 이재경(2017). 청소년 인터넷게임 중독에 대한 인터넷게임광고의 영향. 보건교육건강증진학회지, 34(3), 47-57.

정옥분(2002). 아동발달의 이해. 서울: 학지사.

정여주(2021). 청소년 사이버 폭력 문제와 상담. 서울: 학지사

정옥분(2012). 발달심리학: 전생애 인간발달. 서울: 학지사.

정옥분(2017). 사회정서발달(개정판). 서울: 학지사.

정옥분, 정순화(2020). 부모교육(3판). 서울: 학지사.

정원(2019). 청소년이 지각한 부모양육태도와 자아탄력성이 학교생활적응에 미치는 영향. 전남대학교 석사학위논문.

정은주, 정경은(2019). 청소년 회복탄력성 관련 변인에 관한 메타분석. 학교사회복지, 48, 243-273.

정종진(2012). 학교폭력 상담: 이론과 실제 편. 서울: 학지사.

정지민, 최은실(2016). 청소년의 정서충격 경험이 인터넷/스마트폰 중독에 미치는 영향: 자아존중감의 조절효과를 중심으로. 한국심리학회 학술대회 자료집, 289.

조복순, 안상근(2017). 청소년이 지각한 부모 양육태도와 스트레스 대처방식과의 관계에서 자아탄력성의 매개효과. 한국청소년연구, 28(4), 225-253.

조수경(2017). 내재화문제를 지닌 학교부적응고등학생 대상 게슈탈트 집단상담 과정에 대한 현상학적 연구. 성신여자대학교 박사학위논문.

조아라, 이정윤(2010). 사이버공간에서의 악성댓글 사용에 대한 탐색적 연구. 청소년상담연구, 18(2), 117-131.

조용우(2015). 청소년이 지각한 부모와의 애착과 스마트폰 과용의 관계: 회복탄력성의 매개효과. 중앙대학교 박사학위논문.

조윤오(2017). 청소년 사이버불링 유형화 연구: 상담가 의견을 중심으로. 한국경찰학회보, 19(5), 303-330.

조윤오(2013). 청소년의 사이버불링피해 실태 및 피해 유발 요인 연구. 한국공안행정학회보, 22(4), 303-328.

조한익(2011). 초등학생이 지각하는 부모양육태도와 인터넷 이용 동기가 인터넷 중독에 미치는 영향: 자기통제력의 매개효과. **청소년복지연구**, 13(4), 269-287

조환진(2015). 우울성향 청소년을 위한 게슈탈트 예술치료 프로그램의 효과. **한국게슈탈트상담연구**, 5(1), 123-146.

주영준, 남서진, 이다정, 이용정(2020). 소셜 Q & A 사이트의 질문 분석을 통한 청소년의 성정체성 고민에 대한 이해. **한국도서관정보학회지**, 51(4), 101-119.

진미령(2016). 애착외상, 자아존중감, 우울, 자기통제력이 청소년의 스마트폰 중독에 미치는 영향: '도피이론(Escape Theory)'모형을 중심으로. 한동대학교 석사학위논문.

채수정(2018). 사회적 지지가 청소년의 도박행동에 미치는 영향 : 성별의 조절효과를 중심으로. 숭실대학교 석사학위논문.

청소년상담원(1996). 자녀의 힘을 북돋우는 부모. 청소년 대화의 광장.

최경순(1992).아버지의 양육행동 및 참여도와 아동의 사회적 능력과의 관계. 고려대학교 박사학위논문.

최규련(2012). **가족상담 및 치료**. 경기: 공동체

최명희, 김진숙(2017). 청소년 사회불안 조절 집단 프로그램의 효과성: 메타분석 연구. **청소년학연구**, 24(12), 143-169.

최민호(2020). 미디어 금연 광고 증가가 청소년 흡연에 미치는 영향. 고려대학교 석사학위논문.

최영희, 김영희, 심희옥, 심미경(2016). **아동 상담의 이론과 실제**. 서울: 창지사.

최일경(1996). 시설아동의 문제행동에 관한 연구. 연세대학교 석사학위논문.

최정원, 전현희, 홍세희(2020). 취약계층 청소년의 스마트폰 중독과 학교적응 간 관계에서 공격성, 자아탄력성의 순차적 매개효과 검증. **청소년학연구**, 27(2), 1-26.

최충옥, 모경환, 김연권, 박성혁, 오은순(2010) **다문화 교육의 이해**. 경기: 양서원.

통계청(2020). 다문화 인구동태 통계.https://kostat.go.kr/portal/korea/kor_nw/1/1/index.board?bmode=read&aSeq=414976

푸른나무재단(2022). 학교폭력 실태조사 및 연구.

하문선(2016). 청소년기 컴퓨터게임 사용과 초기 성인기 알코올 사용의 종단적 변화 잠재집단 간 전이 관계. **한국청소년연구**, 27(3), 31-65.

하지연, 신성만(2016). 청소년 금연 집단상담 프로그램 효과에 관한 메타분석. **한국심리학회지: 중독**, 1(2), 19-37.

하지현(2017). 청소년기 동성애와 성 정체성. **대한소아청소년정신의학회 학술대회논문집**, 81-85.

한국교육개발원(2020). 2020 교육통계 분석자료집: 유 · 초 · 중등교육 통계편. 통계자료 SM 2020. 교육부.

한국도박문제관리센터(2021). 2020년 청소년 도박문제 실태조사.

한국상담심리학회(2022). 한국상담심리학회 윤리강령(https://krcpa.or.kr/member/

sub01_5.asp).

한국상담학회(2022) 한국상담학회 윤리강령(http://www.counselors.or.kr).

한국성폭력상담소(2021). 2021년 한국성폭력상담소 상담통계 및 상담 동향분석.

한국정보화진흥원(2011). 스마트폰 중독 진단척도 개발 연구.

한국지능정보사회진흥원(2022). 2021년 스마트 과의존 실태조사.

한국청소년개발원(2004). **청소년심리학**. 서울: 교학사.

한국콘텐츠진흥원(2015). 2015 게임 과몰입 종합 실태조사. 서울: 한국콘텐츠진흥원.

한인영, 문현주, 구혜완(2014). 친족 성폭력 피해 아동 가족의 특성과 대응: 관련 기관 실무자의 경험을 중심으로. **가족과 문화, 26**(4), 91-117.

한재희(2011) **한국적 다문화 상담**. 서울: 학지사.

한정숙(2008). 초등학생의 휴대폰 사용과 또래애착 및 학교생활적응과의 관계. 부경대학교 대학원 석사학위논문.

한종임(2016). 비행청소년이 지각한 사회적 지지와 회복탄력성의 관계. 충북대학교 석사학위논문.

함인희, 지승희, 김상태, 정연희, 이영선(2003). 청소년의 고민: 내가 동성애자인가요? **청소년상담문제연구보고서**, 1-128.

향토문화전자대전 다문화. https://terms.naver.com/entry.naver?docId=5757347&cid=63856&categoryId=63880

홍미자(2005). 한부모가정 아동의 또래애착과 우울성향 및 대인관계성향과의 관계. **아동연구, 11**, 145-160.

홍세희, 정송, 노언경(2016). 청소년의 자살생각과 위험요인에 대한 메타분석. **청소년학연구, 23**(5), 153-179.

홍세희, 이현정, 손수경, 김효진, 윤미리, 강윤경, 조기현(2018). 청소년 회복탄력성 척도의 Rasch 모형 분석. **미래청소년학회지, 15**(2), 107-124.

홍세희, 조기현, 이현정, 김효진, 윤미리, 강윤경, 손수경(2019). 청소년 회복탄력성 검사개발 및 타당화. **미래청소년학회지, 16**, 57-86.

홍세희, 조기현, 이현정, 손수경, 김효진, 강윤경, 윤미리(2020). 청소년 회복탄력성에 대한 메타경로분석. **청소년문화포럼**, 109-134

Aaronson, C. J., Bender, D. S., Skodol, A. E., & Gunderson, J. G. (2006). Comparison of attachment styles in borderline personality disorder and obsessive-compulsive personality disorder. *Psychiatric Quarterly, 77*(1), 69-80.

Ainsworth, M. (1978). *Patterns of attachment: a psychological study of the strange situation*. Hillsdale, N. J.: Lawrence Erlbaum Associates.

Ainsworth, M. D. S. (1982). Attachment: retrospect and prospect. In C. M. Parkes & J. Stevenson-Hinde (Eds.), *The place of attachment in human behavior* (pp. 3-30). New York: Basic Books.

Allsop, S., Saunders, B., & Phillips, M. (2000). The process of relapse in severely dependent male problem drinkers. *Addiction, 95*, 95-106.

Amato, R. P., & Gilbreth, G. J. (1999). Non resident fathers and children's well-being: A meta-analysis. *Journal of Marriage and the Family, 61*(3), 557-573.

Amendt-Lyon, N. (2001). Art and creativity in gestalt therapy. *Gestalt Review. 1*(4), 225-248.

Anderson, P., de Bruijn, A., Angus, K., Gordon, R., & Hastings, G. (2009). Impact of alcoholadvertising and media exposure on adolescent alcohol use: a systematic review of longitudinal studies. *Alcohol and Alcoholism, 44*(3), 229-243.

Anthony, E. J.(1987). Risk, vulnerability, and resilience: An overview. In E. J. Anthony & B. J. Cohler (Eds.), *The invulnerable child* (pp.3-48). New York: Guilford Press.

Atwater, E. (1996). *Adolescence* (4th ed.). New York: Prentice-Hall

Bandura, A. (1982). Self-efficacy mechanism in human agency. *American psychologist, 37*(2), 122.

Bandura, A. (1986). The explanatory and predictive scope of self-efficacy theory. *Journal of social and clinical psychology, 4*(3), 359-373.

Bandura, A. (1993). Perceived self-efficacy in cognitive development and functioning. *Educational Psychologist, 28*, 117-148.

Baumeister, R. F. (1990). Suicide as escape from self. *Psychological review, 97*(1), 90.

Baumrind, D. (2012). Authoritative parenting revisited: History and current status. In R. Larzelere, A. S. Morris & A. W. Harist (Eds.), *Authoritative parenting: synthesizing nurturance and discipline for optimal child development.* Washington, DC: American Psychological Association.

Beck, J. S. (2011). *Cognitive behavior therapy: Basics and beyond* (2nd ed.). New York: Guilford Press.

Beck, A. T., Rush, T., Show, B. F., & Emery, G. (1997). **우울증의 인지치료.** (원호택 역). 서울: 학지사. (원저는 1979년 출판).

Beck, A. T., & Weishaar, M. E. (2017). **인지치료 현대심리치료**(10판). (김저희, 정성경, 남상인, 김인규, 최은영, 방기연, 김은하 공역). 서울: 학지사. (원저는 2014년 출판).

Berk, L. E. (2008). **아동 발달**(제7판). (이종숙, 이옥, 신은수, 안선희, 이경옥 공역) 서울: 시그마프레스. (원저는 2006 출판).

Bion, W. R. (2004). *Learning from experience*. Lanham: Rowman & Littlefield.

Bloomquist, M. L., & Schnell, S. V. (2002). *Helping children with aggression and conduct problems: Best practices for intervention.* New York: Guilford Press.

Bögels, S. M., & Siqueland, L. (2006). Family cognitive behavioral therapy for children and adolescents with clinical anxiety disorders. *Journal of the American Academy of Child and Adolescent Psychiatry, 45*, 134-141.

Bogenschneider, K. (1996). Family related prevention programs. *Family Relations, 45*, 127-138.

Bowlby, J. (1969). *Attachment and Loss: Attachment.* London: Hogarth Press.

Bowlby, J. (2019). **애착: 인간애착행동에 대한 과학적 탐구** (김창대 역). 경기: 연암서가. (원저는 1982년 출판).

Brammer, L. (1988). *The helping relationship: Process and skills.* Englewood Cliffs, New Jersey: Prentice-Hall.

Check, J., & Malamuth. N. (1983). Sex role stereotyping and reactions to depictions of stranger versus acquaintance rape. *Journal of Personality and Social Psychology, 45*, 344-356.

Clements-Nolle, Kristen et al. (2018). Sexual Identity, Adverse Childhood Experiences, and Suicidal Behaviors. *Journal of Adolescent Health, 62*(2), 198-204.

Cohen, S., & Hoberman, H. M. (1983). Positive events and social supports as buffers of life change stress 1. *Journal of applied social psychology, 13*(2), 99-125.

Cohn, D. A. (1990). Child-mother attachment of six-year-olds and social competence at school. *Child development, 61*(1), 152-162.

Collins, W. A., & Laursen, B. (1992). Conflict and relationships during adolescence. In C. U. Shantz & W. W. Hartup (Eds.), *Conflict in child and adolescent development*(pp. 216-241). New York: Cambridge University Press.

Compas, B. E., Hinden, B. R., & Gerhardt, C. A. (1995). Adolescent development: pathway and processes of risk and resilience. *Annual Review of Psychology, 46*, 265-293.

Corey, G. (2004). **심리상담과 치료의 이론과 실제**(6판). (조현춘, 조현재 공역). 서울: 시그마프레스/CENGAGE Learing. (원저는 2001년 출판).

Costa, F. M., Jessor, R., & Turbin, M. S. (2007). College student involovement in cigarette smoking: the role of psychosocial and behavioral protection risk. *Nicotine & Tobacco Research, 9*(2), 213-224.

Cox, W. M., & Klinger, E. (2002). Motivational structure: Relationships with substance use and processes of change. *Addictive behaviors, 27*(6), 925-940.

Craig, R. J. (1995). The role of personality in understanding substance abuse. *Alcoholism Treatment Quarterly, 13*, 17-27.

Crawford, T. N., John Livesley, W., Jang, K. L., Shaver, P. R., Cohen, P., & Ganiban, J. (2007). Insecure attachment and personality disorder: A twin study of adults. *European Journal of Personality: Published for the European Association of Personality Psychology, 21*(2), 191-208.

D'Andrea, M., & Daniels, J. (2001). RESPECTFUL Counseling: An Integrative Model for Counselors. In D. Pope-Davis, & H. Coleman (Eds.), *The Interface of Class, Culture and Gender in Counseling* (pp. 417-466). Thousand Oaks, CA: Sage.

David, W. B., Judith, S. B., Zohn, R., Ivan, D. M., & Martin, W. (2003). Early risk factors for violence in columbian adolescents. *American Journal of Psychiatry, 160*(8), 1470-1478.

Davis, H. A. (2003). Conceptualizing the role and influence ofteacher-student relationships on children's social and cognitive development. *Educational Psychologist, 38*, 207-234.

Dellas, M., & Jernigan, L. P. (1990). Affective personality characteristics associated with undergraduate ego identity formation. *Journal of Adolescent Research, 5*, 306-324.

Derevensky, J., Sklar, A., Gupta, R., & Messerlian, C. (2010). An empirical study examining the impact of gambling advertisements on adolescent gambling attitudes and behaviors. *International Journal of Mental Health Addiction, 8*, 21-34.

Dickson, L. M., Derevensky, J. L., & Gupta, R. (2002). The prevention of gambling problems in youth: a conceptual framework. *Journal of Gambling Studies, 18*(2), 97-159.

Dobson, K. S. (2010). *Handbook of cognitive-behavioral therapies.* New York: Guilford Press.

Duriez, B., Luyckx, K., Soenens, G., & Berzonsky, M. (2012). A process-content approach to adolescent identity formation: Examining longitudinal associations between identity styles and goal pursuits. *Journal of Personality, 80*, 135-161.

Dyer, J. G., & McGuinness, T. M. (1996). Resilience: anaysis of the concept. *Archives of Psychiatric Nursing, 10*, 276-282.

Eigen, M. (1999). *Toxic nourishment.* London: Karnac Books.

Eftekhari, A., Turner, A. P. & Larimer, M. E. (2004). Anger expression, coping, and substance use in adolescent offenders. *Addictive Behaviors, 29*, 1001-1008.

Eisenberg, N., Fabes, R. A., & Losoya, S. (1997). Emotional responding: Regulation, social correlates, and socialization. In P. Salovey & D. J. Slutyer (Eds.), *Emotional development and emotional intelligence: Educational implications* (pp. 129-163). New York: Basic Books.

Ellison, C. W. (1983). Spirtual well-being: conceptualization and measurement. *Journal of Psychology and Theology, 11*(4), 330-340.

Erickson, E. H. (1963). *Childhood and society* (2nd ed.). New York: Norton.

Erickson, E. H. (1968). *Identity: Youth and crisis*. New York: Norton.

Erikson, E. H. (1982). *The life cycle completed: a review*. New York: Norton.

Erickson, M. F., Sroufe, L. A., & Egeland, B. (1985). The relation between quality of attachment and behavior problems in preschool in a high-risk sample. In I. Bretherton & E. Waters (Eds.), Growing points of attachment: theory and research (pp. 147-166). Chicago: University of Chicago Press.

Fergus, S., & Zimmerman, M. A.(2005). Adolescent resilience: A framework forunderstanding healthy development in the face of risk. *Annual Review of Public Health, 26*, 399-419.

Filippello, P., Sorrenti, L., Buzzai, C., & Costa, S. (2015). Perceived parental psychological control and learned helplessness: The role of school self-efficacy. *School Mental Health, 7*(4), 298-310.

Fonagy, P. (2001). *Attachment theory and psychoanalysis*. New York: Other Press.

Frank, S. J., Pirsch, L. A., & Wright, V. C. (1990). Late adolescents' perceptions of their relationships, autonomy, relatedness and insecurity and implications for adolescent adjustment and ego identity status. *Journal of Youth and Adolescence, 19*, 571-588.

Fuhman, T., & Holmbeck, G. N. (1995). A contextual-moderator analusis of emotional autonomy and adjustment in adolescence. *Child Development, 66*, 793-811.

Garmezy, N. (1983). Stressors of childhood. In B. Garmezy & M. Rutter (Eds.), *Stress, coping and development in children* (pp.43-84). New York: McGraw-Hill.

Garmezy, N. (1993). Children in poverty: Resilience despite risk. *Psychiatry, 56*(1), 127-136.

Geldard, K., & Geldard, D. (2013). *Counselling children: A practical introduction*. London: Sage Publications.

Georgel, L. K., Larson, D. B., Koenig, H. G., & McCullough, M. E. (2000). Spirituality and health: what we know, what we need to know. *Journal of Social and Clinical Psychology, 19*, 102-116.

Gesell, A. (1946). The ontogenesis of infant behavior. In L. Carmichael (Ed.), *Manual of child psychology* (pp. 295-331). John Wiley & Sons Inc.

Geuze, E., Westenberg, H. G., Heinecke, A., de Kloet, C. S., Goebel, R., & Vermetten, E. (2008). Thinner prefrontal cortex in veterans with posttraumatic stress disorder. *Neuroimage, 41*(3), 675-681.

Ginsburg, H. Opper, S. (1988). *Piaget's theory of intellectual development*. Englewood Cliffs, New Jersey: Prientice-Hall.

Goldberg, I. K. (1996). *Internet Addiction. Electronic message posted to Research Discussion List.* World Wide web. Retrieved October 2, 2003. from http://www. rider edu/suler/psycyber/supporgp.html.

Goldenberg, L., & Goldenberg, H. (2003). **가족치료** (김득성, 윤경자, 전영자, 조명희, 현은민 역) 서울: 시그마프레스. (원저는 2001년 출판).

Gottfredson, M. R., & Hirschi, T. (1990). *A general theory of crime.* Stanford University Press.

Graber, J. A., Lewinsohn, P. M., Seeley, J. R., & Brooks-Gunn, J. (1997). Is psychopathology associated with the timing of pubertal development? *Journal of th American Academy of Child and Adolescent Psychiatry, 36*, 1768-1776.

Greenberg, J. R., & Mitchell, S. R. (1983). *Object relations in psychoanalytic theory*. Mass: Harvard University Press.

Greene, W. (2004). The behaviour of the maximum likelihood estimator of limited dependent variable models in the presence of fixed effects. *The Econometrics Journal, 7*(1), 98-119.

Griffin, K. W., Botvin, G. I., Scheier, L. M., Diaz, T., & Miller, N. L. (2000). Parenting practices as predictors of substance use, delinquency, and aggression among urban minority youth: moderating effects of family structure and gender. *Psychology of Addictive Behaviors, 14*(2), 174-184.

Griffiths, M. D. (1993). Factors in problem adolescent fruit machine gambling: result of small postal survey. *Journal of Gambling Studies, 9*(1), 31-45.

Griffiths, M. D. (1999). Internet Addiction. *The Psychologist, 12*(5), 245-250.

Griffiths, M. D., & Wood, R. T. A. (2000). Risk factors in adolescence: The case of gambling, video-game playing and the internet. *Journal of Gambling Studies, 16*, 199-225.

Gu, Q., & Day, C.(2007). Teachers resilience: A necessary condition for effectiveness. *Teaching and Teacher Education, 23*(8): 302-1316.

Gunn, D. A. (1998). Internet addiction. Project Presented to the University of Herrtfordshire, UK. [On-line], Available http://137.197.152.160/netquest/All-Ver6.html.

Gupta, R., & Derevensky, J. (1996). The relationship between gambling and video-game playing behavior in children and adolescents. *Journal of Gambling Studies, 12*, 375-394.

Hamner, T. J., & Turner, P. H. (1996). *Parenting in contemporary society.* New York: Allyn & Bacon.

Harter, S. (1999). *The construction of the self: A developmental perspective.* New York: Guilford.

Havighurst, R. J. (1972). *Developmental tasks and education.* New York: David McKay.

Herrman, H., Stewart, D. E., Diaz-Granados, N., Berger, E. L., Jackson, B., & Yuen, T. (2011). What is resilience?. *The Canadian Journal of Psychiatry, 56*(5), 258-265.

Hill, J.(1983). Early adolescenece: A framework. *Journal of Early Adolescence, 3,* 1-21.

Hingson, R. W., Heeren, T., & Winter, M. R.(2006). Age at drinking onset and alcoholdependence: age at onset, duration, and severity. *Archives of Pediatrics & AdolescentMedicine, 160*(7), 739-46.

Holmbeck, G. N., & Hill, J. P. (1991). Conflictive engagement, positive affect and menarche in families with seventh-grade girls. *Child Development, 62*, 1030-1048.

Hooven, C. Katz, L. F., & Gattman, J. M. (1994). Parental meta-emotion structure predicts family and child outcomes. *Cognition and Emotion, 9*, 229-264.

Huang, B. H., White, R., Kosterman, R., Catalano, R. F., & Hawkins, J. D. (2001). Developmental associations between alcohol and interpersonal aggression during adolescence. *Journal of Research in Crime and Delinquency, 38*(1), 64-83.

Hussain, Z., & Griffiths, M. D. (2009). The attitudes, feelings, and experiences of online gamers: A qualitative analysis. *Cyberpsychology & Behavior, 12*(6), 747-753.

Jacobs, D. F. (1986). A general theory of addictions: A new theoretical model. *Journal of Gambling Behavior, 2*(1), 15-31.

Jernigan, D., Noel, J., Landon, J., Thornton, N., & Lobstein, T. (2016). Alcohol marketing and youth alcohol consumption: a systematic review of longitudinal studies published since 2008. *Addiction, 112*(1), 7-20.

Jessor, R., Donovan, J. E., & Costa, F. M. (1991). *Beyond adolescence: problem behavior and young adult development.* New York: Cambridge University Press.

Johns, Michelle M. et al. (2018). Violence Victimization, Substance Use, and Suicide Risk

Among Sexual Minority High School Students-United States, 2015-2017." *Morbidity and Mortality Weekly Report, 67*(43): 1211-1215.

Joungbluth, N., & Shirk, S. (2009). Therapist strategies for building involvement in cignitive-behavioral therapy for adolescent depression. Journal of Counseling and *Clinical Psychology, 77*(6), 1179-1184.

Jung, C. G. (1946). *The psychology of the transference.* CW 16, pp. 163-323, Princeton, New Jersey: Princeton University Press.

Kali, H., Trzesniewski, M., & Brent, D. (2006). Low self-esteem during adolescence predicts poor health criminal behavior and limited economic prospects during adulthood. *Developmental the American Psychological Association, 42*(2), 381-390.

Kazantzis, N., Beck, J. S., Clark, D. A., Dobson, K. S., Hofmann, S. G., Leahy, R. L., & Wong, C. W. (2018). Socratic dialogue and guided discovery in cognitive behavioral therapy: a modified delphi panel. *Journal of Cognitive Therapy, 11*, 140-157.

Kelly, P., & Corcoran, C. A. (2003). The classroom teacher's role in preventing school failure. *Kappa Delta Pi Record, 39*(2), 4-87.

Kendall, P. C. (2012). Child and adolescent therapy: cognitive-behavioral procedures (4th ed.). New York: The Guilford Press.

Kenny, M. E., & Donaldson, G. A. (1991). Contributions of parental attachment and family structure to the social and psychological functioning of first-year college students, *Journal of Counseling Psychology, 38*(4), 479-486.

Kitchener, K. S. (1984). Intuition, critical evaluation and ethical principles: The foundation for ethical decisions in counseling psychology. *The Counseling Psychologist, 12*(3), 43-55.

Kobak, R., & Bosmans, G. (2019). Attachment and psychopathology: a dynamic model of the insecure cycle. *Current opinion in psychology, 25*, 76-80.

Krampe, M. E., & Newton, R. R. (2006). The father presence questionnaire :A new me asureofthesubjectiveexperienceof being fathered. *Fathering: A Journal of Theory, Research, and Practice about Men as Fathers, 4*(2), 15-190.

Lamb, M. E. (1975). Physiological mechanisms in the control of maternal behavior in rats: A review. *Psychological Bulletin, 82,* 104-119.

Lamb, M. E. (Ed.). (2004). The role ofthe father in child development. New Jersey: John Wiley & Sons.

Lamb, E. M., Pleck, H. J., Charnov, L. E., & Levine, A. J. (1985). *Paternal Behavior in Humans. American Zoologist, 25*(3),883-894.

Lanza, S. T., & Collins, L. M. (2002). Pubertal timing and the onset of substance use in females during early adolescence. *Prevention Science, 3*, 69-82.

Laursen, B., Coy, K. C., & Collins, W. A. (1998). Reconsidering changes in parent-child conflict across adolescence: A meta-analysis. *Child Development, 69*, 817-832.

Lenneberg, E. (1967). *The biblogical foundations of language.* New York: Wiley.

Le Vine, R. A. (1988). Human parental care: University goals, cultural strategies, individual behavior. In R. A. LeVine, P. M. Miller, & M. M. West (Eds.), Parental behavior in diverse societies. *New directions for child development* (pp. 3-12). San Francisco: Jossey-Bass.

Liu, Y. (2006). Paternal/Maternal attachment, peer support, social expectations of peer interaction, and depressive symptoms. *Adolescence, 41*(164), 705-721.

Macklem, G. L. (2006). **학교 따돌림의 지도와 상담.** (황혜자, 김종운 공역) 서울: 동문사. (원저는 2004년 출판).

Main, M., Kaplan, N., & Cassidy, J. (1985). Security in infancy, childhood, and adulthood: A move to the level of representation. *Monographs of the society for research in child development, 50*(1-2), 66-104.

Main, M., & Solomon, J. (1990). Procedures for identifying infants as disorganized/disoriented during the Ainsworth Strang Situation. In M. Greenberg, D. Cicchetti, & E. M. Cummings (Eds.), *Attachment during the preschool years: Theory, reearch and intervention* (pp. 121-160). Chicago: University of Chicago Press.

Malan, D. H. (1979). *Individual Psychotherapy and the Science of Psychodynamics.* London: Butterworths.

Marcia, J. (1988). Identity and intervention. *Journal of Adolescence, 12*, 401-410.

Marcia, J. (1991). Identity and self-development. In R. M. Lerner, A. C. Petersen, & J. Brooks-Gunn (Eds.), *Encyclopedia of adolescence.* New York: Garland.

Marcia, J. (2002). Identity and psychosocial development in adulthood. Identity: An *International Journal of Theory and Research, 2*, 7-28.

Marcia, J., & Carpendale, J. (2004). Identity: Does thinking make it so? In C. Lightfoot, C. Lalonde, & M. Chandler (Eds.), *Changing conceptions of psychogical life* (pp. 113-127) Mahwah, New Jersey: Erlbaum.

Martino, S. C., Ellickson, P. L., & McCaffrey. (2009). Multiple trajectories of peer and parental influence and their association with the development of adolescent heavy drinking. *Addictive Behaviors, 34*, 693-700.

Masten, A. S. (2001). Ordinary magic: resilience process in development. *American*

Psychologist, 56, 227-238.

Mead, M. (1968). *Male and female.* New York: Dell.

Milad, M. R., Quinn, B. T., Pitman, R. K., Orr, S. P., Fischl, B., & Rauch, S. L. (2005). Thickness of ventro medial prefrontal cortex in humans is correlated with extinction memory. *Proceedings of the National Academy of Sciences, 102*(30), 10706-10711.

Miller, W. R. (1998). Researching the spiritual dimensions of alcohol and other drug problems. *Addiction, 93*, 979-990.

Moeini, B., Shafii, F., Birashk, B., & Allahverdipour, H. (2008). Perceived stress, self-efficacy and its relations to psychological well-being status in Iranian male high school students. *Social Behavior and Personality, 36*(2), 257-266.

Oaklander. V. (1997). The therapeutic process with children and adolescents. *Gestalt Review, 1*(4), 292-317.

Oaklander, V. (2006). **아이들에게로 열린 창** (김정규, 윤인, 이영익 공역). 서울: 학지사 (원저는 1988년 출판).

Olweus, D. (1978). *Aggression in the schools: Bullies and whipping boys*. Hemisphere.

Olweus, D. (1999). **바로 보는 왕따, 대안은 있다: 학교에서 일어나는 폭력문제** (이동진 역). 서울: 삼신각. (원저는 1993년 출판).

Orenstein, P. (2017). **아무도 대답해주지 않은 질문들** (구혜원 역) 경기: 문학동네. (원저는 2016년 출판).

Padesky, C. A. (1993). *'Socratic questioning: changing minds or guiding discovery?' A keynote address delivered at the European Congress of Behavioral and Cognitive Therapies*, London, September, 24, Available online at padesky.com.

Paikoff, R. L., & Brooks-Gunn, J. (1991). Do parent-child relationships change during puberty? *Psychological Bulletin, 110*, 47-66.

Parke, R. D. (1996). *Fatherhood.* Cambridge, MA: Harvard University Press.

Parker, J. D., Taylor, R. N., Eastabrook, J. M., Schell, S. L., & Wood, L. M. (2008). Problem gambling in adolescence: Relationships with internet misuse, gaming abuse and emotional intelligence. *Personality & Individual Differences, 45*(2), 174-180.

Parsons, T., & Bales, R. F. (1955). *Family, socialization and interaction process.* New York: Free Press.

Patterson, G. R. (1986). Performance models for antisocial boys. *American psychologist, 41*(4), 432.

Perls, F. S. (1973). *The gestalt approach and eye witness to therapy*. Science and Behavior Books.

Perls, F. S., Hefferline, R. F., & Goodman, P. (1951). *Gestalt therapy: excitement and growth in the human personality.* New York: Gestalt Journal Press.

Perls, L. (1976). Comment on the new directions. In E. Smith (Eds.), *The growing edge of Gestalt therapy* (pp. 221-226). New York: Brunner/Mazel.

Piaget, J. (1999). *The construction of reality in the child.* London : Routledge.

Pledge. D. S. (2005). **아동 및 청소년상담** (이규미, 이은경, 주영아, 지승희 공역) 서울: 시그마프레스. (원저는 2004년 출판).

Pleux, D. (2012). **아이의 회복탄력성** (박주영 역). 서울: 글담출판사. (원저는 2010년 출판).

Polster, E., & Polster, M. (1973). *Gestalt therapy integrated: contours of theory and practice.* New York: Brunner/Mazel.

Rauschenberger, S. H. (1995). Fantasy proness and psycho-pathology. *Journal of Abnormal Psychology, 104*(2), 373-380.

Reivich, K., & Shatte, A. (2002). *The resilience factor*. New York: Broadway Brooks.

Resnick, M. D., Bearman, P. S., Blum, R., Bauman, K. E., Harris, K. M., Jones, J. et al. (1997). Protecting adolescents from harm: Findings from the national longitudinal study on adolescent health. *Journal of the American Medical Association, 278*, 823-832.

Rigby, K. (2008). *Children and bullying: How parents and educators can reduce bullying at school*. Blackwell Publishing.

Rouse, K. A. (2001). Resilient students' goals and motivation. *Journal of Adolescence, 24,* 461-472.

Rouse, K. A., Ingersoll, G. M., & Orr, D. P. (1998). Longitudinal health endangering behavior riskamong resilient and non resilient early adolescents. *Journal of Adolescent Health, 23*(5), 297-302.

Rubin, K. H., Bukowski, W., & Parker, J. G. (1998). Social, emotional and personality development. *Handbook of child psychology*, 619-700.

Russell, L., & Russell, J. (1995). *Change resilience*. Madison: Russell consulting inc.

Sanderson, C. A., & Cantor, N. (1995). Social dating goals in late adolescence: Implications for safer sexual activity. *Journal of Personality and Social Psychology, 68*(11), 21-34.

Sandler, I. N., Wolchik, S. A., & Ayers, T. S. (2008). Resilience rather than recovery: A contextual framework on adaptation following bereavement. *Death Studies, 32*(1), 59-73.

Schwartz, D., Kelly, B. M., & Duong, M. T. (2013). Do academically-engaged adolescents experience social sanctions form the peer group? *Journal of Youth and Adolescence,*

42(9), 1319-1330.

Seligman, M. E. P. (1991). *Learned Optimism*. New York: Knopf.

Seligman, M. E. P., Steen, A., Park, N., & Peterson, C. (2005). Positive psychology pregress: empirical validation of interventions American *Psychologist, 60*(5), 410-421.

Seligman, M. E. P., & Csikszentmihalyi, M. (2014). Positive psychology: An introduction. In *Flow and the foundations of positive psychology* (pp. 279-298). Springer, Dordrecht.

Selman, R. L. (1980). *The growth of interpersonal understanding: Developmental and clinical analyses*. New York: Academic Press.

Selman, R. L. (1981). The child as a friendship philosopher. In S. R. Asher & J. M. Gottman (Eds.), *The development of children's friendships* (pp. 242-272). New York: Cambridge University Press.

Shaffer, D. R. (1993). *Developmental psychology: Theory, research and applications. Monterey*, Calif: Brooks/Cole.

Shaffer, D. R. (2000). *Social and personality development* (4th ed.). Belmont, CA: Wadworth/ Thomson Learning.

Sharpe, L., & Trarrier, N. (1993). Towards a cognitive-behavioral theory of problem gambling. *British Journal of Psychiatry, 162*(3), 407-412.

Smith, P. K., Mahdavi, J., Carvalho, M., Fisher, S., Russell, S., & Tippett, N. (2008). Cyberbullying: Its nature and impact in secondary school pupils. *Journal of child psychology and psychiatry, 49*(4), 376-385.

Snyder, R., & Morris, H. (1978). Competence as a moderator of the similarity/attraction relationship: Development and application of a new index. *The Journal of Psychology, 99*(2), 235-244.

Solomon, J., & George, C. (2011). *Disorganized attachment and caregiving*. New York: Guilford Press.

Southam-Gerow, M. A. (2016). **정서조절을 이용한 아동청소년상담** (허재홍 역). 서울: 학지사. (원저는 2013년 출판).

Spangler, G., & Grossmann, K. E. (1993). Biobehavioral organization in secuerly and insecurely attached infants. *Child Development, 64*(5). 1439-1450.

Stadter, M. (1996). *Object relations brief therapy : the therapeutic relationship in short-term work*. Northvale, N. J. : Jason Aronson.

Steinberg, L. (2005). *Adolescence* (7th ed.). Boston: McGraw-Hill.

Sylvain, C., Ladouceur, R., & Boisvert, J. (1997). Cognitive and behavior treatment of pathological gambling: a controlled study. *Journal of Clinical and Consulting*

Psychology, 65, 727-732.

The economist (2015). Planet of the phones (2015.2.26.). https://www.economist.com/leaders/2015/02/26/planet-of-the-phones

Tugade, M. M. & Fredrickson, B. L. (2004). Resilient individuals use positive emotions to bounce back from negative emotional experience. *Journal of Personality and Social Psychology, 86*(2), 320-333.

van der Klok, B. (2014). *The body keeps the score.* New York, NY: Norton.

Von Glasersfeld, E. (1991). An exposition of constructivism: Why some like it radical. In *Facets of systems science* (pp. 229-238). Springer, Boston, MA.

Wagnild, G. M., & Young, H. M. (1993). Development and psychometric evaluation of the Resilience Scale. *Journal of Nursing Measurement, 1*(2), 165-178.

Wais, M., Rüpke, E., Glöckler, M., Goebel, W., van Doorn, M. (2019). **발도르프 성교육** (이정희, 여상훈 공역) 서울: 싱크스마트.

Waters, E., & Sroufe, L. A. (1983). Social competence as developmental construct. *Developmental Review, 3*, 79-97.

Webb, J., & Musello, C. (2018). **정서적 방치와 공허감의 치유** (강에스더 역). 서울: 학지사(원저는 2012년 출판).

Welfel, E. R. (2020). **상담 및 심리치료 윤리** (서영석, 조화진, 최바울, 김민선 공역) 서울: 박영사. (원저는 2016년 출판).

Werner, E. E. (1989). High-risk children in young adulthood: a longitudinal study from birth to 32 years. *American Journal of Orthopsychiatry, 59*, 72-81.

Werner, E. E., & Smith, R. S. (1992). *Overcoming the Odds: High risk children from birth to adulthood.* Ithaca: Cornell University Press.

Winch, R. (1971). *The modern family* (3th ed.). New York: Holt.

Winnicott, D. W (1997). **놀이와 현실** (이재훈 역). 서울: 한국심리치료연구소. (원저는 1991년 출판).

Wright, J. H., Basco, M. R., & Thase, M. E. (2006). *Learning cognitive-behavior therapy: An Illustrated Guide.* Washington, DC: American Psychiatric Pub.

Yontef, G. M. (1993). *Awareness, dialogue and process.* Highland New York : The Gestalt Journal Press.

Yontef, G. M., & Jacobs, D. M. (2010), Gestalt therapy, In D. Wedding and R. Corsini (Eds.), *Current psychotherapies* (9th ed.; pp. 309-348). Belmont: Brooks/Cole. 342-382.

Young, K. S., & Rogers, R. C. (1998). The relationships between depression and internet addiction. *Cyber psychology and Behavior, 1*(1), 25-28.

Zhou, P., Ahang, C., Liu, J., & Wang, Z. (2017). The relationship between resilience and internet addiction: A multiple mediation model through peer relationship and depression. *Cyber psychology, Behavior, and Social Networking, 20*(10), 634-639.

Zinker, J. (1978). *Creative process in gestalt therapy.* New York: Random House.

인명

내용

저자 소개

김영경(Kim Youngkung)

연세대학교 박사

현 라온심리상담센터 센터장

〈저서〉

인지행동상담: 이해와 활용(공저, 학지사, 2021)

분석심리학과 표현예술치료[기독(목회)상담총서 6, 한국기독교상담심리학회 편, 학지사, 2019]

초심상담사들이 궁금해하는 집단상담(학지사, 2018)

중독과 영성[기독(목회)상담총서 4, 한국기독교상담심리학회 편, 학지사, 2018]

〈논문〉

결혼갈등 부부를 위한 부부 적응 및 의사소통 활성화 집단상담 프로그램 개발(상담학연구: 사례 및 실제, 2021)

고등학생의 가족기능과 스마트폰 중독의 관계: 외로움과 영적 안녕의 매개효과(한국기독교상담학회지, 2017)

청소년의 스트레스와 인터넷 중독 및 도박행동과의 관계: 자기효능감과 자아탄력성의 조절효과 검증(한국청소년연구, 2013)

이헌주(Lee Hunju)
연세대학교 상담코칭학 박사
현 연세대학교 연구교수

〈논문〉

Exploring Socio-Demographic Factors Affecting Psychological Symptoms in Humidifier Disinfectant Survivors[공동, International Journal of Environmental Research and Public Health(SSCI), 2022]

포스트 코로나 시대 워킹맘의 육아 스트레스 경험과 적응 과정에 관한 연구(공동, 한국가족복지학, 2021)

주요 대상 상실에서의 조증 방어 역동과 임상적 적용(한국기독교상담학회지, 2020)

류성준(Ryu Sungjun)
연세대학교 상담코칭학 박사수료
현 공군 소령
공군 보라매리더십센터 리더십교관

초심상담사를 위한 아동 및 청소년 상담
Child and Adolescent Counseling

2022년 9월 25일 1판 1쇄 발행
2024년 4월 25일 1판 2쇄 발행

지은이 • 김영경 · 이현주 · 류성준
펴낸이 • 김진환
펴낸곳 • ㈜ 학지사
04031 서울특별시 마포구 양화로 15길 20 마인드월드빌딩
대표전화 • 02-330-5114 팩스 • 02-324-2345
등록번호 • 제313-2006-000265호

홈페이지 • http://www.hakjisa.co.kr
인스타그램 • https://www.instagram.com/hakjisabook

ISBN 978-89-997-2757-3 93180

정가 19,000원

저자와의 협약으로 인지는 생략합니다.
파본은 구입처에서 교환해 드립니다.